알기 쉽고 재미있는 일본 근대사

메이지(明治) 이야기 ❶

알기 쉽고 재미있는 일본 근대사

메이지(明治) 이야기 ❶

초판 1쇄 발행일_2007년 3월 25일
초판 2쇄 발행일_2015년 9월 10일

지은이_최승표
펴낸이_최길주

펴낸곳_도서출판 BG북갤러리
등록일자_2003년 11월 5일(제2003-000130호)
주소_서울시 영등포구 국회대로 72길 6 아크로폴리스 405호
전화_02)761-7005(代) ㅣ 팩스_02)761-7995
홈페이지_http://www.bookgallery.co.kr
E-mail_cgjpower@hanmail.net

ISBN 978-89-91177-36-9 04910
ISBN 978-89-91177-35-2-04910(세트)

알·기·쉽·고·재·미·있·는·일·본·근·대·사

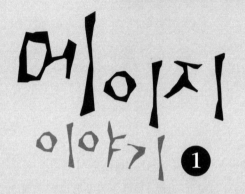

메이지 이야기 ①

최승표 지음

B
G 북갤러리

▌들어가며

　일본 역사에서 메이지(明治) 시대는 흔히 메이지 천황의 치세를 의미한다. 일본의 입장에서 메이지 시대는 역사상 가장 빛나는 시대이다. 일본에게 있어 그때는 급속한 근대화를 달성하고 청일전쟁과 러일전쟁에서 승리한 후 제국주의국가로 거듭나고 동북아시아의 강대국으로 발돋움한 시기였기 때문이다. 이와는 정반대로 우리 민족에게 메이지 시대는 결코 잊지 못할 치욕의 시대이다. 특히 메이지 말기에 우리 민족은 역사상 처음으로 일본의 식민지가 되었다.

　이러한 이유로 일본의 메이지 시대는 정한론 정변이나 명성황후 시해사건과 같은 한국사와 밀접하게 연관된 쟁점도 다수 포함되어 있다. 그래서인지 오늘날 한국에서 일본의 근대사는 한국사와 밀접한 관련이 있는 부분만을 중심으로 연구하고 다루는 경향이 두드러지게 나타나고 있는 것이 현실이다. 또한 일본 근대사를 본격적으로 다루고 있는 서적이라 하더라도 단편적으로 번역하여 소개하는 차원에 머무르고 있는 실정이다. 즉, 일본 근대사를 기술함에 있어 체계적이고 종합적으로 다루고 있는 서적은 거의 없다는 말이다. 결국 우리나라 사람들 중에서는 일본이 어찌하여 서구 이외의 국가 중에서는 유일하게 근대화에 성공했으며, 왜 패망의 길을 걷지 않으면 안 되었는지에 관해 제대로 알지 못하는 사람들이 부지기수다. 심지어 일본 근대사를 잘 모르면서 섣불리 친일적인 태도를 취하거나, 일본 근대사를 제멋대로 해석하고 받아들이는 경향마저도 나타나고 있다.

필자가 이 책을 쓰게 된 일차적인 목적은 바로 이러한 점을 시정하고, 일본 근대사의 진면목을 널리 알리자는 것이다. 다시 말해서 이 책은 본격적으로 일본 근대사를 연구하는 학술서는 아니지만, 독자들에게 일본의 근대사에 관해 최대한 이해하기 쉽게 알려주고자 하는 목적을 가지고 있다. 그래서 이 책은 우리나라 독자들이 일본의 근대사에 관해 알고 있어야만 하는 사항을 중심으로 서술하고 있다.

우리에게 있어 아직도 '가깝고도 먼 나라'인 일본. 그러나 우리는 일본을 제대로 알지 못한다. 일본을 제대로 알아야 일본을 극복하는 방법을 찾을 수 있지 않을까? 상대방의 가장 빛나는 시대를 탐구하여 일본 메이지 시대가 과연 어떠한 시대였는지 담담하게 추적해 보기로 한다.

연호로 따져서 메이지 시대는 형식상 메이지 천황이 즉위한 1868년(메이지 원년)부터 사망한 1912년(메이지 44년)까지를 의미한다. 따라서 원칙적으로 따지면 그 기간에 한정해서 서술해야 할 것이다. 그러나 진정으로 메이지 시대를 제대로 이해하기 위해서는 미국의 페리 제독이 내항하여 일본이 개국한 시점까지 거슬러 올라가지 않으면 안 된다.

일본이 어떠한 과정을 거쳐서 개국을 하게 되었고, 어찌하여 도쿠가와 막부가 멸망했는지를 알아야 메이지 시대의 일본이 눈에 제대로 보이기 시작하기 때문이다. 즉, 이 책을 1868년의 시점부터 시작한다면 메이지 시대를 쉽게 이해하기가 어렵다. 일본의 근대사가 시작하는 출발점을 어디에서 찾아야 하는지에 관해서는 논란의 여지가 있지만, 필자는 일본이 개국한 시점이야말로 일본의 근대사가 출발하는 시발점이라고 생각한다. 즉, 이 책은 페리 제독의 내항에서부터 메이지 천황이 사망한 시점까지 다루는 것을 원칙으로 한다. 시간상으로는 대략 60년 정도이다. 결코 긴 시간은 아니지만 일본 역사상 가장 격동적이고 파란만장한 시대인 만큼 복잡한 이야기가 전개된다. 필자의 능력으로 이것을 단 1권으로 압축하기 어렵기 때문에 3권의 시리즈로 나누어서 살펴볼 예정이다. 그 중에서 우선 제1권은 미국의 페리 제독이 일본을 개국시킨 무렵부터 도쿠가와 막부가 멸망한 시점까지를 다루고 있다. 제1권은 어디까지나 메이지 시대에 본격적으로 들어가기 전 단계에 해당하기 때문에 메이지 시대를 이해하는데 있어서 반드시 알아야만 하는 사항을 중심으로 간략하게 기술하기로 한다.

일본에서는 메이지 시대에 관한 막대한 분량의 연구가 축적되어 있다. 필자의 능력으로는 이것을 전부 소화하고 검토할 여유나 능력이 없다. 일본에서 메이지 시대에 관한 연구로는 크게 제2차 세계대전을 분기점으로 전기와 후기로 나눌 수가 있다. 전기를 대표하는 저작으로서 《유신사(維新史)》라는 제목으로 일본정부가 주도해서 간행한 공식적인 편찬 자료가 있다. 자료의 성격상 방대한 내용을 다루고 있으며, 《유신사》에는 오늘날에도 참고할만한 좋은 내용도 상당히 있지만 문제점도 역시 많다.

가장 큰 문제점은 일명 '왕정복고(王政復古) 사관' 의 관점에 입각해서 서술되었다는 점이다. 왕정복고 사관이라 함은 도쿠가와 막부의 멸망을 필연시하고 천황을 우두머리로 하는 메이지 정권의 탄생을 정당화하는 입장에서 기술된 것을 의미한다. 이러한 관점이 제2차 세계대전에서 패전하기 이전의 일본에서 메이지유신을 바라보는 시각을 결정했다.

일본의 경우 일본정부가 주도하는 차원에서 역사를 왜곡하거나 조작한다는 사실을 우리는 잘 알고 있다. 식민지 지배의 과정에서 일본은 우리 민족의 역사를 왜곡하거나 조작한 것은 물론이고, 자신들의 역사도 역시 그러했다. 물론 자신들의 역사는 좋은 방향으로 조작했을 것이라는 점은 긴 설명이 필요하지 않다. 《유신사》의 커다란 결점은 바로 여기에 있다. 따라서 오늘날에는 《유신사》가 사료적인 가치에서 차지하는 비중이 크게 떨어지지 않을 수가 없다.

후기에는 마르크스의 사상이 지대한 영향을 미쳤고 새로운 접근이 시도되었다. 경제적인 관점에서 분석이 시도되었고, 주류보다는 비주류인 민중이나 패배자의 관점에서 역사를 보는 시도가 활발하게 진행되었다. 그 결과 다양한 시각과 풍부한 자료를 제공한 것도 사실이다. 그러나 아직도 풀리지 않는 의문은 많이 존재하고 해석하기 곤란하거나 논쟁의 여지가 많은 논점도 다수 존재한다.

이렇게 된 근본적인 원인은 일본의 역사가들이 역사를 있는 그대로 바라보고 해석하기를 거부하는 태도가 밑바탕에 깔려있기 때문이다. 필자의 능력으로는 모든 의문을 해소하고 진실을 밝히는 것에 한계가 있다는 점을 인정하지 않을 수 없다. 그러나 필자의 능력이 닿는 한도에서는 진실을 추구하는 자세로 노력했다는 점은 알아주기 바란다.

이 책을 읽을 때 주의할 점은 날짜의 문제이다. 일본이 서양의 태양력을 채용한 것은 메이지 6년(1873년)부터이다. 따라서 그 이전의 역사 기술에 사용된 날짜는 음력에 의하는 것을 원칙으로 한다. 특별히 양력으로 표시할 경우에는 따로 양력에 의한 표기라는 사실을 밝힐 것이다.

또한 이 책에 등장하는 인물의 이름을 표기할 경우에는 일반적으로 가장 널리 알려진 이름을 사용했다는 점도 유의하기 바란다. 근대의 유명한 일본인 중에서는 성씨나 이름을 툭하면 바꾸는 경우가 많았다. 미천한 신분으로부터 출세한 이토 히로부미(伊藤博文)와 같은 경우가 그 대표적인 예이다.

아울러 신분이 높은 상류계층의 인물 중에는 본명보다는 호가 널리 사용된 경우가 종종 있었다. 예를 들어서 이 책에서 나오는 야마우치 요도(山內容堂)가 그 대표적인 예이다. 야마우치 요도의 본명은 야마우치 도요노리(山內豊範)이지만, 일반적으로는 그가 즐겨 사용했던 호인 요도(容堂)를 사용하여 이름을 표기하는 경우가 훨씬 많다. 이러한 경우에 불필요한 오해와 혼란을 막기 위해서 본명을 표기하기 보다는 가장 널리 알려진 명칭을 이름으로 사용했다는 점에 유의하기 바란다.

아울러 한자 표기의 문제가 있다. 잘 알려진 것처럼 일본에서는 특유의 간자체를 만들어서 한자를 표기한다. 이 책에서는 일본식의 간자체를 필요한 경우에는 사용했다는 점에도 유의하기 바란다. 일반적인 한자의 경우에 특별히 일본식의 간자체를 사용할 필요성은 별로 없으나 이름과 같은 고유명사의 경우에는 가급적 간자체로 표기했다.

2007년 3월

최승표

■ 차례

하코다테(箱館)

센다이
(仙台)

아이즈(会津)

미토
(水戸)

후쿠이(福井)

에도(江戶)

사쿠라(佐倉)

히코네(彦根)

교토
(京都)

구와나(桑名)

슨푸
(駿府)

시모다
(下田)

효고(兵庫)

히로시마
(広島)

후쿠야마(福山)

오사카
(大坂)

하기(萩)

고치(高知)

우와지마
(宗和島)

사가(佐賀)

나가사키
(長崎)

가고시마
(鹿児島)

제1장

개국

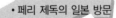

1

페리 제독의 일본 방문

1853년 6월 3일 오후 4시 무렵, 에도만(현재의 도쿄만)의 우라가(浦賀) 앞 바다에 선체를 검게 칠한 4척의 배가 나타나서 닻을 내렸다. 미국의 페리(M.C. Perry) 제독이 이끄는 미국 함대의 출현이다. 1852년 11월 4일에 노포크항을 출항하고 7개월에 걸친 항해 끝에 오키나와를 거쳐서 마침내 목적지인 에도만에 모습을 나타낸 것이다. 당시의 표현으로는 '흑선(黑船)'의 출현이었다.

본래 페리의 구상에 의하면 12척의 대함대를 이끌고 위풍당당하게 방문할 예정이었지만, 여러 가지 사정으로 인해 불과 4척으로 함대를 구성하게 되었다. 그러나 4척 중에서 2척은 당시 세계 최대급의 최신예 증기선이었다. 2척의 증기선은 굴뚝에서 검은 연기를 내뿜으며 나머지 2척의 범선을 견인했다. 그러면서 증기선은 부착된 바퀴 모양의 외륜을 회전시켜 에도만을 질주했다. 초기의 증기선은 스크루 대신 커다란 바퀴를 배의 양쪽에 붙이고 여기서 추진력을 얻었다.

증기선은 기함인 서스케해나호(Susquehana)와 미시시피호(Mississippi)였으며, 범선은 프리마스호(Primas)와 사라토가호(Saratoga)였다. 미시시피호(1,692톤)는 페리가 멕시코와의 전쟁에서 기함으로 사용하던 군함이어서 그가 개인적으로 애정을 가지고 있었지만, 가장 큰 군함 서스케해나호(2,450톤)를 기함으로 삼았다. 4척의 군함은 막부 측의 제지를 뿌리치고 에도만에 강제로 진입하자 전투태세를 갖추었다. 대포는 즉시 발포할 준비를 취했으며, 수병은 총을 들고 명령이 내려지면 즉시 전투에 임할 태세로 배의 가장자리에 늘어섰다.

페리 제독 방문 당시 에도 주변도

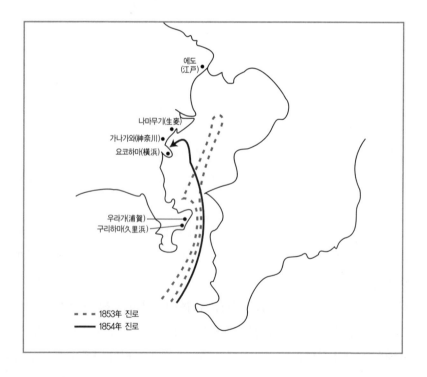

일본을 방문하기 앞서 페리는 단호한 결심을 했다. 개국을 계속 거부하는 일본을 개국으로 이끌기 위해서 문명국이 문명국에 대해서 하는 외교적인 예절을 배제하고 강압적 태도로 임한다는 것이다. 개국을 교섭하기 위해서 온 게 아니라, 흡사 전쟁을 하려고 온 것처럼 행동하기로 미리 마음을 먹고 있었다. 미국 함대가 우라가(浦賀)에 닻을 내리자 즉시 일본 측의 작은 경비선들이 달려와서 함대를 포위했고, 이윽고 기함인 서스케해나호에 작은 배가 접근했다. 그 배에는 통역인 우라가 봉행소(奉行所) 소속의 호리 다쓰노스케(堀達之助)가 타고 있었다.

봉행소는 막부가 전국의 주요 지점에 설치한 일종의 출장소이다. 도쿠가와 막부는 일본의 모든 영토의 소유자가 아니다. 상당수의 영토는 봉건영주인 다이묘(大名)가 통치하고 있었다. 그래서 막부는 중앙정부로서 전국을 통치하기 위해 중요한 지점을 확보하고 직할 영토로 정하는 방법을 택했다. 그 중의 하나가 우라가이다. 우라가를 막부의 직할로 삼은 이유는 에도만에 서양선이 빈번하게 출몰하는 것을 통제하기 위해서였다.

호리는 미리 소지한 식별표로 정체 불명의 함대가 미국 국적의 군함인 걸 알아챘다. 게다가 기함을 식별하는 방법도 잘 알고 있었으므로 곧바로 서스케해나호에 접근했다. 호리는 승선을 요구했으나 거절당했다. 그래서 그는 미국 함대가 나가사키로 퇴거하라고 요구하는 내용의 두루마리 문서를 군함 안으로 던져 넣었다. 그래도 반응이 없자 그는 큰소리로 외쳤다. "I can speech Dutch", 즉 네덜란드어를 할 줄 안다고 미국 측에 알린 것이다. 그러자 서스케해나호에서 한 사람이 모습을 나타내 그에게 응수를 했다. 미국 함대의 네덜란드어 통역인 포트만(Anton Portman)이었다.

일본을 방문하기 전에 페리가 고심했던 사항 중 하나가 바로 통역 문제였다. 일본에 영어를 구사할 능력이 있는 통역이 있으리라 기대하기 어려웠고, 미국에서는 일본어를 할 줄 아는 사람을 구하기 어려웠기 때문이다. 그가 미국을 출발할 당시 이 문제에 대해서 그다지 심각하게 고민하지 않았지만, 막상 중국에 도착하자 문제의 심각성을 알게 되었다.

중국에서 일본어를 할 줄 아는 통역을 쉽게 구할 수 있으리라는 낙관적인 기대가 깨졌기 때문이다. 페리가 중국에서 선발한 일본어 통역은 선교사인 윌리엄즈(Samuel Williams)다. 그러나 윌리엄즈는 표류하다가 구조된 일본인 어부에게서 일본어를 잠깐 배운 데 불과했고, 그나마 시간이 지나면서 대부분 잊어버린 상태였다. 고도의 외교교섭에서 일본어 통역을 기대할 수 있는 상황은 전혀 아니었으며, 기초적인 일본어 회화조차도 구사하기 어려운 상태였다. 다만 그는 중국에서 선교활동에 종사한 덕분에 중국어에는 능통했다. 결국 미국과 일본이 외교교섭을 하는 상황에서, 일본어와 영어를 동시에 구사할 줄 아는 통역이 없으므로, 엉뚱하게도 제3국어인 네덜란드어와 중국어로 교섭을 진행한다는 괴상한 상황이 전개되었다. 이것이 나중에 예상하지 못한 문제를 야기했다.

포트만은 네덜란드어로 호리에게 페리와 동격의 지위를 가진 고위관료가 아니면 승선을 허락할 수 없다는 뜻을 알렸다. 이것은 사전에 페리가 정한 방침으로서 어디까지나 일본과 대등한 관계에서 교섭을 진행하겠다는 의지의 표현이었다. 그러자 호리는 같이 있던 나카지마 사부로스케(中島三郎助)를 우라가 봉행소의 부봉행으로 소개했다. 미국 측은 이를 부지사(vice governor)로 해석했다.

부지사라면 고위관료이므로 승선의 자격이 있다고 인정되었다. 이리하여 나카지마와 호리가 승선을 허락받았다. 그러나 사실 나카지마는 우라가 봉행소 소속의 여력(与力)에 지나지 않았다. 여력은 굳이 오늘날의 경찰 조직으로 따지면 경위 정도에 해당하며, 조장이나 반장급의 낮은 지위였다. 즉, 계급 사칭을 한 것이다. 서양인을 오랑캐로 생각하는 마음이 있었으므로 거리낌 없이 계급을 사칭한 거지만, 일본 측의 불성실한 교섭 태도를 알게 해주는 대목이다.

사실 페리도 직위를 사칭했다. 페리가 미국정부로부터 부여받은 정식 지위는 동인도 함대 사령관(Commander in chief, U.S. East India Squadron)이었다. 그러나 페리가 막부에 제출한 문서에서 기재한 공식직함은 동인도와 중국, 일본해역의 함대 사령관(Commander in chief, U.S. naval forces in the East India, China and Japan seas)이다. 멋대로 중국과 일본해역도 관할 범위에 넣었다. 이것은 페리에게 부여된 정식 직함에 일본과 외교교섭을 할 권한이 명확히 나타나지 않았다는 사정을 감안해 고육지책으로 한 것이었다. 게다가 나중에 두 번째 방문에서는 더욱 직위를 확장해 특명대사(special ambassador)를 추가했다.

나카지마의 계급 사칭을 확인할 방법이 없었으나, 페리는 직감적으로 부지사에 해당한다는 주장을 믿지 않았다. 승선한 호리와 나카지마를 응접한 자는 페리의 부관인 콘티 대위였다. 페리는 사전에 최고위 관료가 아니면 직접 상대하지 않겠다고 결심했으므로, 선실 밖으로 나오지 않고 교섭을 유리하게 진행하기 위해 일부러 대위 계급의 하급 장교를 선택한 것이다. 나카지마는 콘티로부터 미국 함대가 일본을 방문한 목적이 대통령의 친서를 전달하기 위해서라는 설명을 듣자, 즉시 함대를 나가사키(長崎)로 회항하라고 요구했다.

나가사키는 당시 도쿠가와 막부가 대외교섭을 위해 개방한 유일한 무역항으로서, 역시 막부의 직할령이고 봉행소가 설치된 도시였다. 원칙적으로 일본을 방문하는 외국선은 나가사키에서 교섭을 진행하는 게 막부가 정한 법이었다. 페리도 이것을 알고 있었다는 것은 물론이다. 그러나 막부의 방침에 고분고분하게 따른다면 기선제압에서 밀린다는 점도 역시 잘 알고 있었다.

사전에 페리로부터 지시받은 대로 콘티는 나가사키로 회항하라는 나카지마의 요구를 단호히 거부하는 한편, 더 나아가 미국 함대를 포위한 일본의 선박들을 철수시키라고 요구했다. 게다가 불응할 경우 무력을 사용한다고 협박했다. 그러자 나카지마는 자리에서 일어나 선박의 철수를 지시했다. 일본 측과의 신경전에서 페리가 획득한 최초의 성과였다.

일본으로 출발하기 전 페리는 부득이한 경우에 방어의 목적으로만 무력을 행사하라는 지시를 본국 정부로부터 받았다. 일본과 친선관계를 맺는 게 페리를 파견한 주된 목적이라는 사실을 감안하면 당연한 지시이고, 미국의 경우 외국과 전쟁을 하려면 국회의 동의를 얻어야 하기 때문이다. 따라서 페리는 선제공격이나 전쟁을 할 수 있는 입장에 있지 않았으며, 페리가 무력으로 위협을 가하는 것은 허세였다. 그러나 이러한 사실을 일본 측은 모르고 있었다.

이것은 포커게임에서 낮은 패를 가지고 허세를 부리는 것과 마찬가지다. 상대방이 낮은 패로 허세를 부리는 사실을 눈치채면 게임에서 진다. 허세를 눈치채지 않게 하려면 태연자약하게 과감하고 적극적인 베팅이 필요한 법이다. 페리는 시종일관 기회가 있을 때마다 대담하게 일본 측을 위협하고 압박했다. 그리고 만약 허세가 통하지 않고 막부가 강경하게 대응한다면 교섭을 포기할 생각이었다.

다음날에는 우라가 봉행소 소속의 여력인 가야마 에이자에몬(香山栄左衛門)이 등장했다. 가야마는 화려하게 장식된 옷을 입고 우라가 봉행이라고 계급을 사칭했다. 미국 측은 이를 지사(governor)라고 해석했다. 페리는 부관 콘티와 아울러 서스케해나호의 함장인 뷰캐넌 중령과 참모장 아담즈 중령이 회견을 담당하도록 명령했다. 교섭의 내용은 전날 주장의 반복이었다.

나가사키로 회항하라는 일본의 요구를 미국 측이 완강하게 거부하며 실랑이를 벌였다. 그러나 페리는 이번에는 좀 더 강한 태도를 취했다. 만약 요구를 거부한다면 병력을 이끌고 해안에 상륙해 강제로 대통령의 친서를 전달한다는 것이다. 그러자 가야마는 에도(江戸)에 보고하고 지시를 받기 위해서 4일의 시간을 요구했고, 미국 측은 3일로 못 박는 것으로 교섭을 끝냈다. 게다가 미국 측은 문서를 교부하는 상대를 수상급(minister)의 최고위관료로 한다고 통고했다. 이 정도면 외교교섭을 하는 거라기보다는 막부에 대해 일방적인 지시를 하는 상황이다.

이 회견에서 가야마는 교양 있는 거동, 기품 있는 외모와 예의바른 태도로 미국 군인들의 호감을 샀다. 페리가 일본을 방문한 동안 접촉했던 일본인 중에서 좋은 인상을 심어준 유일한 사람이 가야마라고 해도 과언이 아니다. 이와는 반대로 미국 측은 같은 여력이자 부봉행을 사칭한 나카지마에 관해서는 좋지 않게 봤다. 나카지마는 포술에 일가견을 가진 전문가여서 서스케헤나호에 탑재된 최신형 대포를 단번에 알아보고 미국 측을 놀라게 했지만, 염탐하는 듯한 태도를 취하고 뻣뻣한 자세로 일관했기 때문에 반감을 심어준 것이다.

아무튼 페리는 일본에 체재하는 동안 가야마가 항상 교섭에 참가하기를 희망했고, 그는 본의 아니게 미국 군인들의 따뜻한 환대와 선물공세를 줄기차게 받았다. 그러나 이것이 원인이 되어 나중에 좌천당하는 비운을 겪게 된다. 동료들의 질시에 의한 모함 때문이었다.

한편, 막부의 회답을 기다리는 동안 남는 시간을 이용해 페리는 무장한 보트를 파견했고, 항의를 물리치면서 우라가 앞바다의 수심을 측량하기 시작했다. 막부를 압박하기 위한 전술이었다. 페리는 에도만의 측량이 미국의 법률에 따른 행위라고 억지 주장을 하며 항의를 일축했지만, 이러한 행동은 타국의 영해에서 행해진 명백한 국제법 위반이다.

오늘날 일본에서는 이러한 점을 반미감정에 입각해서 강하게 비판한다. 그러나 일본은 나중에 인접국가인 조선이나 중국에 대해서 온갖 종류의 국제법 위반을 저질렀다. 그러한 사실을 생각한다면 페리의 국제법 위반은 사소한 것에 지나지 않는다고 할 수 있다. 사람은 자신이 입은 피해에는 민감하게 반응하고 남에게 저지른 가해에 대해서는 둔감하기 마련이다. 그러나 일본의 경우 그 정도가 비정상적으로 지나치다. 아울러 타국의 영해에서 측량행위를 하며 상대방을 도발하는 수법은, 나중에 일어난 강화도 사건 당시에 일본이 그대로 모방한 수법이다.

우라가에 도착한지 3일째 되는 날 페리는 미시시피호를 앞세우고 본격적인 측량을 시작했다. 이번에는 우라가로부터 에도를 향해 북상하면서 더욱 깊숙이 전진한 측량이었다. 혹시 있을지도 모르는 공격에 대비해서 미시시피호는 포격 가능한 거리의 범위 안에 보트를 두고 엄호하는 상태로 신중하게 행동했다. 우라가 봉행소는 에도만을 수비하는 병력과 미국 측량대 사이에 벌어질지도 모르는 군사충돌을 막기 위해서 무척 고심하지 않을 수 없었다. 특이한 사실은 측량대의 보트에 백기를 걸었다는 점이다. 서양에서 백기는 일반적으로 교전 중에는 항복을 의미하지만, 교전 중이 아닐 경우에는 적대 의사가 없음을 나타낸다. 물론 일본 측은 그 의미를 알지 못했다.

노골적인 측량에 대해서 문의하기 위해 가야마가 방문하자, 미국 측은 내년 봄에 다시 방문할 때를 대비한 측량이라고 답변했다. 이러한 답변은 내년 봄 다시 방문할 거라는 사실을 암시하기 위해서 미리 페리가 만든 모범답변이었다. 측량대가 대담하게 에도만으로 깊숙이 들어와 측량을 실시한 것은 막부를 매우 놀라게 했다. 그 다음날은 가야마가 약속한 회답기일이었다.

막부의 지침을 전달하기 위해서 다시 등장한 가야마는 우라가에 임시로 응접소를 만들고 문서를 수령할 뜻을 알렸다. 그리고 문서에 대한 회답은 막부가 정한 법에 따라 나가사키에서 받으라고 전했다. 그러나 미국 측은 단호하게 이를 거부하고 회답도 역시 우라가에서 받겠다고 주장했다. 시종일관 미국의 페이스로 교섭을 진행하기 위해서 막부의 외교관례를 철저하게 무시하겠다는 의사표시였다.

이러한 도발적인 행동의 밑바탕에는 페리의 군사력에 대한 자신감이 있었던 것은 물론이다. 페리 제독이 아끼는 군함인 미시시피호는 대포가 12문에 불과하고 2천톤도 되지 않는 중형급의 함선이지만, 대포의 사정거리는 막부가 에도만에 배치한 해안포대의 2배 이상이었다. 당시 일본에서 가장 큰 배는 100톤급에 불과했다. 포격전에서 사정거리의 차이는 매우 중요한 의미를 갖는다. 해안포대가 함포보다 사정거리가 짧으면 의미가 없다. 해안포는 무조건 함포보다 사정거리가 길어야 한다. 군함은 위치를 자유롭게 이동하는 게 가능하지만, 해안포는 그렇지 않기 때문이다. 전투경험이 풍부한 페리는 이러한 사실을 잘 알고 있었고, 항상 해안포대의 사정거리 밖에 함대가 위치하도록 주의했다.

마침내 6월 9일 국서를 교부하는 역사적인 날이 왔다. 이날은 페리가 일본을 방문한지 일주일이 되는 날이다. 이를 위해서 상륙한 장소의 지명은 구리하마(久里浜). 그 전일에 가야마는 미국 함대를 방문해 회견의 세부절차를 합의했고, 한편으로 구리하마에서는 일본 측이 철야 작업으로 접견소를 임시로 만들었다. 막부로부터 미국의 국서를 접수하라고 명령받은 담당자는 우라가 봉행이었다. 물론 페리는 일본 측이 시종일관 계급 사칭을 한 덕분에 우라가 봉행이 아니라, 막부의 수석위원(State Council)과 접견하는 것으로 생각했다.

우라가 봉행은 정원이 2명이다. 한 명은 우라가에서 업무를 보고 다른 한 명은 에도에서 근무한다. 당시 우라가에 있던 봉행은 토다 우지요시(戸田氏栄)이고, 에도에서 근무하는 자는 이도 히로미치(井戸弘道)였다. 이날의 접견을 위해서 에도에 있던 우라가 봉행 이도가 구리하마에 급파되었다. 토다가 수석위원 행세를 하고, 이도는 그 보좌역으로 행세했다.

페리는 함대를 움직일 필수 요원을 제외한 나머지 인원에게 상륙을 명령했다. 물론 엄호를 위해서 증기선 2척을 근처에 배치하는 것도 잊지 않고 지시했다. 상륙하는 인원은 일본 측을 의식해 한껏 화려한 정장을 착용했다.

오전 11시 무렵 13척의 보트에 나누어 타고 미국 측의 상륙이 개시되었다. 상륙의 지휘자는 서스케해나호의 함장인 뷰캐넌 중령.

뷰캐넌은 300명 정도의 군악대와 해병대, 수병들을 정렬시키고 페리를 맞이했다. 페리는 서스케해나호에서 발사하는 13발의 예포의 포성을 들으며 상륙지점에 위풍당당하게 도착했다. 상륙한 그는 참모와 막료를 대동하고 즉시 회견장으로 향했다. 막부도 이에 뒤질세라 약 5,000명 정도의 경비병력과 선박에다가 대포까지 동원했지만, 전투준비를 하지는 않았다. 여기에 비해서 미국 측은 함포사격의 지원을 받으며 언제라도 전투에 돌입 가능한 태세를 갖추고 있었다.

응접실에 앉아 있던 2명의 우라가 봉행은 페리가 들어서자 자리에서 일어나 페리와 무언의 인사를 교환했다. 어색한 침묵이 한동안 흘렀다. 이윽고 통역인 호리가 침묵을 깨고 네덜란드어 통역인 포트만을 향해서 문서를 수령할 준비가 되었다는 사실을 알렸다. 그러자 페리는 소년병을 시켜 국서를 담은 훌륭하게 장식한 상자를 가져오게 했다. 그 상자를 2명의 미국 흑인 병사가 열어 문서를 건넸고, 이를 수령한 일본 측도 역시 미리 준비한 붉게 칠한 상자에 넣었다.

문서는 미국 대통령 필모어(Millard Fillmore)가 일본 황제 앞으로 보내는 친서와 페리의 신임장, 페리의 친서로 구성되었다. 그리고 신임장에는 앞서 말한 대로 페리가 멋대로 사칭한 직함이 기재되어 있었다. 여기에 대해 우라가 봉행의 행세를 한 가야마는 수령증을 미국 측에 교부했다. 수령증은 오랑캐의 문서를 수령한다는 식으로 무례한 어투를 사용했으나, 완곡하게 번역되어 미국 측의 반발은 없었다.

접수 절차가 끝나자 페리는 2, 3일 내로 오키나와를 거쳐 중국을 향해 떠나는 뜻을 알리고, 그 쪽으로 보내는 문서가 있다면 자신에게 맡기라고 신청했다. 그러나 일본 측은 아무런 반응을 나타내지 않았다. 어색한 침묵이 또다시 계속되었다. 그러자 페리는 내년 봄에 수교한 문서에 대한 회답을 듣기 위해서 다시 일본을 방문할 예정이라고 알렸다. 통역인 호리와 몇 마디의 응수가 있은 후, 또다시 침묵이 흘렀다. 일본 측의 우두머리인 토다와 이도는 시종일관 단 한마디도 하지 않고 그저 앉아 있었다.

사전의 방침대로 어떠한 외교적인 교섭도 하지 않고 단지 문서의 접수만 한다는 점을 행동으로 나타낸 것이다. 접대를 위한 음식물이 나올 기색도 전혀 없었다. 회견장에는 썰렁함이 가득 찼다. 사무라이들은 문서를 전달했으니 빨리 떠나라는 메시지를 미국 측에 무언의 침묵과 매서운 눈빛으로 전달했다. 이윽고 가야마와 호리가 문서를 넣은 상자를 끈으로 묶은 다음 퇴장했고, 이것을 계기로 페리와 그의 일행은 자리에서 일어나 물러났다. 이때까지 걸린 시간은 불과 30분 정도.

장장 7개월의 항해로 지구를 한 바퀴 돌아 일본에 도착해 마침내 역사적인 회견이 이루어 졌지만, 겨우 30분 정도의 간단하고 썰렁한 회견으로 끝났다. 막부의 따뜻한 환대를 기대한 건 아니었으나, 역시 아쉬움과 미련은 감출 수가 없었다. 해변에서 조개껍데기나 조약돌 등을 주우면서 미국 군인들은 떠나기를 주저했다.

회견이 무사히 끝나고 긴장이 풀린 탓에 막부의 경비병들과 구리하마의 주민들이 미국인을 구경하기 위해 무질서하게 몰려들었다. 페리를 비롯한 미국 군인들은 회견이 끝난 후 방심해서 무질서하게 행동하는 일본의 경비병들을 목격하고는, 일본의 군사력이 예상보다 훨씬 허약하다는 인상을 받았다고 한다. 서양인에 대한 두려움과 경계심을 능가하는 게 강렬한 호기심이었다.

오후 1시가 되어서야 미국 측은 물러났고 일본인의 군함 견학을 비로소 허락했다. 증기선과 최신식 무기에 대한 호기심에 가득 찬 일본인 무리들은 열심히 군함 내부를 돌아다니며 왕성한 탐구심을 나타냈다. 그 중에는 나카지마와 가야마도 포함되어 있었다. 단순한 구경이 아니라 진지하고 철저하게 조사하는 태도가 미국 측의 주목을 끌었다.

이윽고 샴페인을 비롯한 술이 제공되고 기분 좋게 술에 취한 일본인들은 증기선에서 물러났다. 그러나 그 다음에 벌어진 사태는 그들의 취기를 단숨에 날려버리기에 충분한 것이었다. 원칙대로 하면 용무를 끝낸 페리는 즉시 일본을 떠나야 했다. 그러나 페리는 막부의 퇴거 명령을 무시한다는 점을 행동으로 나타내기 위해서, 내년에 방문할 때를 대비한 측량과 조사를 한다는 명목으로 함대를 에도(江戶)를 향해 북상시킬 것을 명령했다.

용무를 마쳤으니 떠나라는 요구를 받았다고 순순히 떠나는 게 아니라, 떠나고 말고는 어디까지나 페리의 마음에 달려있다는 점을 행동으로 보여준 셈이다. 6월 9일과 10일에 걸쳐서 미국 함대는 에도만을 계속 북상했으며, 일본 측의 격렬한 항의를 뿌리치고 이윽고 10일에는 에도의 시가지가 선명히 보이는 지점까지 도달했다.

페리의 함대가 에도만에 들어왔다는 소식이 전달되어도 커다란 동요가 없었지만, 흑선을 직접 눈으로 보는 것이 가능하게 되자 에도 시가지에는 엄청난 혼란과 공포가 일어났다. 막부는 전쟁에 대비한 비상사태에 임하는 태세를 취하기에 이르렀다. 페리는 단지 함대를 에도를 향해서 움직인 데 불과했지만, 이것이 야기한 성과는 그의 예상을 훨씬 뛰어넘었다. 그것은 막부와 에도의 주민들에게 미국 함대의 위력을 직접 보여주고 막부 내부의 페리에 대한 강경론을 잠재우는 데 탁월한 효과를 발휘했기 때문이다.

오늘날의 도쿄(東京)에 해당하는 에도는 바다에 접하는 임해 도시이다. 그렇기 때문에 함대가 접근해 함포 사격이 가능한 위치에 있었고 바다로부터의 침공에 약점을 가지고 있었다. 이 점이 조선의 수도인 한양과 다르다. 한양은 한강을 거슬러 올라가야만 접근이 가능하고, 한강을 거슬러 올라가려면 강화도를 거쳐야 한다.

강화도에 요새를 만들고 강력한 대포를 배치하면 외국 함대의 접근을 막는 것도 가능하다. 그러나 에도는 그렇지 않았다. 게다가 에도는 고정인구만 하더라도 50만 명을 헤아리는 거대한 소비도시였다. 그래서 에도를 유지하기 위해서는 오사카를 비롯한 각지에서 물품의 해상수송에 의존하지 않으면 안 되었다. 섬나라의 특성상 해상수송에 대한 의존도가 절대적이므로 페리의 함대가 단지 에도만을 봉쇄하는 것만으로도 에도의 숨통을 죄는 게 가능했다. 이러한 약점을 페리는 미리 정확히 알고 있었다.

조선의 수도인 한양은 해상수송에 대한 의존도가 절대적인 정도는 아니었기 때문에, 병인양요 당시 프랑스 함대가 한강 입구를 몇 달간 봉쇄했음에도 불구하고 견딜 수 있었다. 그러나 에도는 그렇지가 않았다. 페리는 단지 에도를 향해서 함대를 전진시킨 것이지만, 이것을 받아들이는 막부는 심각하고 중대한 군사적 위협을 느끼지 않을 수 없었다. 이러한 페리 함대의 행동을 저지할 군사적 실력이 없다는 사실을 그들이 뼈저리게 자각하게 만들었던 것이다.

6월 12일 아침, 페리는 퇴거해 달라고 애원하는 가야마에게 약속한 대로 함대를 이끌고 수많은 구경꾼들이 지켜보는 가운데 오키나와를 향해 출발한다. 국서를 전달한 날로부터 5일이 지나고서야 물러난 것이다. 그는 일본을 떠나면서 일본과 대등한 입장에서 교섭한 것과 군사적 우월성을 막부에게 인식시킨 점에 대해 스스로 만족을 느끼는 한편, 다음에 방문했을 때 조약체결에 성공할 거라고 확신했다.

2

아베 마사히로의 대응

페리의 함대가 일본을 방문할 당시의 쇼군(將軍)은 제12대 쇼군인 도쿠가와 이에요시(德川家慶)였다. 그러나 이에요시는 중병에 걸려 사경을 헤매고 집무를 할 수 있는 상황이 아니었다. 즉, 페리 함대가 방문할 당시 막부의 실권은 노중(老中, 로쥬)의 수석으로서 대로(大老, 다이로)의 직함을 가진 아베 마사히로(阿部正弘)에게 있었다.

노중(老中)은 도쿠가와 막부의 최고 관직으로 정무의 전반을 다루며 정원은 3명에서 5명 정도였다. 일종의 합의제 정치를 하는 시스템이다. 굳이 조선과 비교하자면 정승에 해당하고, 다만 영의정·좌의정·우의정과 같은 석차가 없는 대등한 관계인 것이 특징이다. 경우에 따라서 특별히 노중 가운데 대로(大老)를 임명하고 강력한 지도력을 발휘하도록 하였는데, 아베는 바로 그러한 대로의 지위에 있었다.

대로를 오늘날의 수상에 비유하고, 노중을 장관에 비유하는 견해도 있지

아베 마사히로(阿部正弘)

만 옳은 지적은 아니다. 장관처럼 특정하게 맡은 직무가 없는 노중 자체가 수상에 해당되며 대로는 비상시에 임명되는 비상설직에 지나지 않는다. 노중이 되기 위해서는 '후다이(譜代) 다이묘'라는 조건이 필요하다.

후다이 다이묘는 도쿠가와 막부를 창시한 도쿠가와 이에야스(德川家康)가 천하의 패권을 장악한 세키가하라(関ヶ原) 전투 이후 자신을 보필한 가신 중에서 다이묘로 승격시킨 경우이다. 다시 말해서 이것은 도쿠가와 이에야스의 가신단 중에서 공적이 많은 인물들을 막부를 창설한 이후에 다이묘로 승진시킨 자들을 일컫는 것이다. 즉, 도쿠가와 막부의 통치시스템은 쇼군 아래에 이에야스에게 절대적으로 충성을 바치던 가신단의 후예들이 합의제 형태로 통치하는 구조를 갖추고 있었다. 굳이 조선과 비교하면 후다이 다이묘는 훈구세력에 해당한다.

아베는 후쿠야마(福山)번의 번주(藩主)로서 페리 제독이 내항할 당시 35세였다. 번주는 문자 그대로 번의 우두머리라는 뜻이며, 봉건영주를 의미하는 다이묘(大名)와 동의어이다. 그가 노중에 임명된 것은 25세의 무렵이었다. 도쿠가와 막부 역사상 노중의 최연소 기록은 23세로 노중이 된 마쓰야마(松山)번의 번주인 마쓰다이라 사다아키(松平定昭)가 있다. 그러나 사다아키는 막부 멸망 직전인 1867년 9월에 취임해 불과 한 달도 채우지 못했다. 아베는 기록상으로는 두 번째의 최연소로 노중이 된 인물이지만, 노중의 재직기간과 대로의 취임을 고려하면 사실상의 최연소에 해당한다.

통계상 도쿠가와 막부의 노중에 취임하는 평균 연령은 45세 정도이다. 노중은 출신 성분이 좋거나 뇌물을 뿌리는 등의 인사 청탁을 하면 어린 나이에도 될 수 있다. 그러나 막강한 권위와 권한을 가진 대로는 막부 관료들의 전폭적인 지지와 쇼군의 두터운 신임을 받을 정도의 능력을 인정받지 못하면 취임하기 어렵다. 250년이 넘는 도쿠가와 막부의 역사상 대로에 취임한 자는 불과 11명에 지나지 않는다고 한다.

아베가 매우 젊은 나이에 이례적으로 대로까지 승진한 것은 그가 탁월한 정치력을 갖고 있기 때문이었다. 조선의 경우에도 찾아보면 세조의 신임을 얻어 20대에 병조판서에 취임한 남이장군과 같은 인물이 있다. 그러나 남이장군은 정치적 재능이 없었던 탓에 터무니없는 모함을 받아 형장의 이슬이 되었다. 여기에 비해 아베는 많은 장점과 재능을 가진 뛰어난 인재였다.

우선 그는 재정의 전문가로서 당시 자타가 인정하는 막부 으뜸의 수완을 가지고 있었다. 게다가 유연하고 부드러운 인품으로 사람을 휘어잡는 매력이 있었고, 식견이나 통찰력이 뛰어나 유능한 인재를 알아보는 눈도 있었다. 나이에 어울리지 않게 상황판단이 빠르며 정치적으로 곤란한 문제를 원만하고 매끄럽게 처리하는 솜씨도 발군이었다. 이러한 점이 쇼군 이에요시에게 중용된 이유였다. 이에요시가 아베를 발탁한 이유는 막부가 야심적으로 추진한 덴포(天保)의 개혁이 좌절한 뒤에 혼돈과 분열의 양상을 보이는 정치상황을 수습하기 위한 조치였고, 그는 기대에 부응했다.

아베가 미국 함대의 출현을 보고받은 때는 페리 제독이 우라가를 방문한 6월 3일의 심야였다. 이때 그가 어떤 반응을 보이고 조치를 취했는지는 기록에 남아있지 않다. 또한 그 이후에도 특별한 조치를 취한 흔적은 없다. 에도만에 외국선이 출몰하는 상황은 이번이 처음이 아니었으며, 이러한 경우에 대비해서 미리 준비한 절차를 진행하면 그만이기 때문이다. 그러나 문제가 생겼다. 페리가 위협적인 태도로 강경하게 외교문서의 수령을 요구한 것이다.

이 문제는 아무리 대로의 직책에 있는 아베라 할지라도 쉽게 결정할 문제는 아니다. 아베는 풍부한 정치적 재능을 가지고 있었지만 중대한 단점이 한 가지 있었다. 바로 결단력이 부족하다는 것이다. 껄끄러운 정치적 문제를 원만하게 처리하는 솜씨는 발군이지만, 선택의 기로에서 결단을 내리고 그에 따라 과감하게 행동하는 스타일의 인물은 아니었다. 쇼군이 외교문서의 접수를 결단했다면 아베가 그 결단에 입각해서 사후처리를 매끄럽게 진행했을 것이다. 그러나 쇼군 이에요시는 제대로 의사표시도 할 수 없을 정도로 위독한 상태였다.

공교롭게도 페리는 쇼군이 없는 거나 마찬가지인 상태의 일본을 방문한 것이다. 아베는 독단으로 결단을 내리길 주저했다. 일이 잘못되었을 경우 정치적 책임을 혼자서 뒤집어 쓸 우려가 있었기 때문이다. 따라서 이러한 상황을 피하기 위해서는 누군가 강력한 권위를 가진 인물을 골라 정치적으로 제휴하는 방법 밖에는 없었다. 당시 막부의 상황에서 아베가 유일하게 선택할 수 있는 인물은 미토(水戶)번의 번주인 도쿠가와 나리아키(德川齊昭)가 있었다. 미토번은 '어3가(御三家)'의 하나이다.

3가(三家)는 도쿠가와 막부의 창시자인 도쿠가와 이에야스가 만든 3개의 번을 말한다. 이에야스는 장차 도쿠가와 종가의 대가 끊어지는 상황이 올지도 모르는 상황에 대비하기 위해서, 그러한 경우 종가를 계승할 후계자를 제도적으로 확보하기 위한 목적으로 3가를 만들었다. 신중하고 용의주도한 성격을 가진 이에야스다운 조치였다. 물론 쇼군을 보좌하는 역할도 기대되었다. 조선에는 이러한 제도적 장치가 존재하지 않았으므로 왕위계승을 둘러싼 피비린내 나는 골육상쟁을 거듭하다가, 급기야 강화도에서 짚신을 만들던 청년이 철종에 즉위하는 지경에 이르기도 했다.

이에야스는 9남 요시나오(義直)와 10남 요리노부(賴宣)와 11남 요리후사(賴房)에게 각각 영토를 주어서 오와리(尾張)번과 기이(紀伊)번과 미토(水

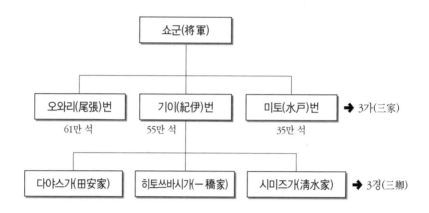

戶)번을 창설하게 했다. 도쿠가와라는 성씨의 사용을 허락받은 당당한 막부의 '로열패밀리 가문'이며, 평범한 다이묘와는 격을 달리한다는 점은 말할 것도 없다. 막부가 정한 다이묘의 서열 중에서 3가의 다이묘는 최상위급이다. 그렇기 때문에 3가의 번주라면 막부 내부에서 기본적으로 상당한 권위를 갖고 있었다.

본래 도쿠가와 나리아키는 쇼군 이에요시와 대립하다가 정치적으로 숙청된 과거가 있었지만, 페리가 일본을 방문할 당시는 아베의 주선에 의해 이에요시와의 관계를 회복하고 정치적으로 복권된 상태였다. 나리아키가 쇼군과 대립하게 된 근본적인 원인은 그의 성격 때문이다. 나리아키는 '열공(烈公)'이라는 애칭이 붙을 정도로 불같은 성격에 대단히 정력적이고 능동적이며, 권력에 대한 집착도 강해서 모든 일이 자기 뜻대로 되어야 직성이 풀리는 성격의 소유자였다. 자신의 뜻대로 일이 추진되지 않으면 상대가 쇼군이라 할지라도 거침없이 비판하고 공격하기를 주저하지 않았다. 단순히 쇼군을 보좌하는 위치에 만족할 인물이 아니었다.

이러한 사정으로 막부 내부, 특히 도쿠가와 혈족 사이에서 나리아키는 기피대상의 인물이었다. 그러나 그는 일반적인 다이묘 계층에서는 명망과 영향력이 있었다. 정력적으로 자기계발에 매진한 덕분에 학식이나 식견이 뛰어나다는 평판이 자자했고, 특히 해외정세에도 매우 밝았다. 따라서 그는 막부 내부의 여론형성에 지대한 역할을 할 수 있는 위치에 있었던 것이다. 게다가 왕성한 활동으로 미토번의 내정개혁에서도 발군의 업적을 이룩한 바 있는 그는, 특히 미토번에서 유래했기 때문에 '미토학(水戶學)'이라고 불리는 '존왕양이(尊王攘夷)' 사상의 권위자였다.

존왕양이 사상은 외국선이 출몰하고 개국을 요구하는 현상에 대응하기 위한 외세의 배격을 주장하는 국수주의 이론이고, 조선의 위정척사(衛正斥邪) 사상과 기본적인 취지는 마찬가지다. 본래 이것을 만든 의도는 쇄국정책을 추진하는 막부를 지지하고, 쇄국정책의 이론적인 정당성의 근거를 제공하기 위해서였다. 미토번은 지리적으로 해변을 끼고 있었던 사정으로 예전부터 외국선이 출몰하는 경우가 많았다. 이것이 자극이 되어 일본은 신의 나라(神国)이고, 일본 민족은 선택받은 민족이라는 식의 극단적인 민족주의 사상을 밑바탕으로 하여 서양의 오랑캐를 배척해야 한다는 이론을 만들어 냈다.

존왕양이에서 '양이(攘夷)'라 함은 문자 그대로 오랑캐를 물리치고 배척한다는 의미를 가지고 있다. 문제는 '존왕(尊王)'이다. 미토번의 학자 중 일부는 서양의 오랑캐를 물리칠 정신적인 기둥은 막부가 아니라 천황이라고 주장했다. 일본이 신의 나라인 이유는 신의 혈통을 이어받아 그 자손에 해당하는 천황이 통치하기 때문이라는 이유에서였다. 그래서 외세에 대항하기 위한 일본의 정신적 구심점은 천황이어야 한다고 생각한 것이다. 즉, 이 이론에 따르면 막부는 쇄국정책과 외세배격의 정책을 현실적으로 실행에 옮기는 주체에 불과하다.

존왕양이를 핵심으로 하는 미토학은 학문적으로는 별다른 가치가 없는 게 사실이다. 그러나 국수주의와 민족주의적인 생각에 바탕을 두고 외세배격의 이론을 만들어냈으므로, 존왕양이 사상은 일본의 지식인들과 지배계층에 널리 환영받고 확산되었다. 애초에 쇄국정책을 지지하기 위해서 만들어진 이 이론을 막부 역시 위험시할 필요는 전혀 없었다. 그러나 막부가 쇄국정책을 포기하고 개국으로 외교정책을 180도로 전환하면서 예상하지 못한 문제가 발생한다. 여전히 쇄국정책을 지지하는 자들이 존왕양이 사상에 근거해서 개국정책을 추진하는 막부를 적대시하고 천황을 자신들의 정신적 구심점으로 삼기 시작했다. 그리고 결국에는 존왕양이 사상이 현실정치에서 막부타도를 정당화하기 위한 이론으로 변질되고 말았다.

미토번이 도쿠가와 이에야스가 자신의 친아들을 내세워 직접 만든 번이고, 존왕양이 사상 자체가 본래는 막부를 지원하기 위해서 만들어진 이론이라는 점을 생각하면 기가 막힌 상황이 벌어진 것이다. 아무튼 이러한 이유로 존왕양이 사상의 근거지인 미토번의 도쿠가와 나리아키는 당시 일본의 지배층과 지식인들에게 강력한 영향력을 가진 존재였다. 특히 평범한 민족주의사상을 바탕으로 주장한 이론에 불과한 게 아니라, 나름대로의 정보수집으로 얻은 해박한 해외정보를 바탕으로 자신의 주장을 펼쳤기 때문에 더욱 그러하다.

국서를 수령하라는 페리의 요구를 받아들여야 하는지를 놓고 막부 내부에서 격렬한 논쟁이 발생했을 때, 아베가 상담하고 자문을 구하는 게 가능한 권위가 있는 인물은 나리아키밖에 없었다. 아베는 나리아키에게 편지를 보내서 그의 의견을 물었다. 나리아키가 평소에 주장한 양이(攘夷)의 사상에 따르면 단호히 국서 수령을 거부하고 전쟁도 불사해야 한다고 주장하는 게 옳다. 그러나 그는 국서의 수령도 수령거부도 곤란하다는 식의 애매한 대답을 했다.

만약 강경론을 주장해서 전쟁이 일어나고 막부가 패전하게 된다면, 패전의 책임을 나리아키가 뒤집어쓰게 된다. 에도만의 방어태세가 부실하고 전쟁의 승리가 보장된 것도 아닌 상황에서 섣불리 강경론을 주장하는 건 정치적으로 자살행위가 될 우려가 높았다. 게다가 페리의 의도를 정확히 모르는 상황에서는 더더욱 신중한 답변을 할 수 밖에 없는 형편이었다. 아베가 일부러 국수주의자의 대표자로 군림하는 나리아키에게 자문한 이유가 미국 함대를 쫓아내기 위한 목적인지 아닌지는 불분명하지만, 그의 애매한 답변으로 별다른 효과를 보지 못한 것이 사실이다.

정작 막부 내부의 강경론을 잠재우고 국서 접수를 결심한 결정적인 계기는 페리의 거침없는 도발행위였다. 측량을 빙자해 우라가를 북상해서 에도만에 깊숙이 진입한 것을 계기로 아베는 미국의 국서를 수령한다고 결심한다. 에도만의 방어태세가 부실하다는 점을 누구보다도 잘 알고 있었던 아베는 일단은 무력충돌을 피하는 게 최선의 방책이라고 생각했기 때문이다.

페리가 에도만을 방문하기 훨씬 이전부터 아베는 에도만의 방어태세가 취약하다는 약점을 대폭 보완하는 조치를 취하려고 했었다. 그러나 막부의 재정을 담당하는 실무자들이 불필요한 재정의 지출이라고 반대하는 바람에 뜻을 이루지 못했다. 아베는 주변의 강력한 반대를 물리치고 자신의 의지를 강압적으로 관철하는 타입의 인물은 결코 아니다. 만약 그의 의지대로 에도만의 방어를 대폭 강화했더라면 페리의 위협적인 태도는 별다른 효과를 발휘하지 못했을 것이다. 그러나 현실적으로 처한 상황은 미국 함대가 직접 에도를 공격하는 사태를 저지할 수가 없었다.

페리의 의도를 정확히 모르는 것은 그렇다 치더라도 미국 함대가 에도를 직접 공격할지도 모르는 상황이었으므로, 아베는 필요한 대책을 강구할 시간을 벌고 미국 측의 진의를 알기 위해서 국서를 받는다는 조치를 취했다. 나리아키도 결국 국서의 수령에 동조했지만, 결코 개국을 전제로 한 주장은 아니었다. 어디까지나 현실적인 전쟁의 위험을 회피하기 위한 임시방편이라는 인식에 바탕을 둔 것이었다. 즉, 아베를 비롯한 막부 내부에서는 국서의 수령이 결국 개국에 연결된다는 인식은 거의 없었고, 다만 현실적으로 미국 함대가 에도를 위협하는 상황을 회피하기 위한 임시방편의 수단으로 결정한 데 불과했다. 그렇다면 미국 대통령이 일본국 황제 앞으로 보낸 친서는 어떠한 내용이었을까?

여기서 재미있는 점은 서양에서는 당시 일본에 황제가 2명이 있다고 인식했다는 것이다. 물론 일본에는 천황이 있고 쇼군은 천황이 아니었지만 쇄국정책으로 인해서 이러한 사정을 제대로 인식하지 못했다. 오늘날 한국에서 일본의 왕을 천황(天皇)으로 불러야 하느냐 일왕(日王)으로 불러야 하는가에 관해서 논란이 있으나, 이 책에서는 천황이라는 호칭을 사용하기로 한다.

본래 천황이라는 호칭은 역사적인 의미가 있는 단어이다. 동아시아의 국제질서에서 '왕'이라는 호칭을 사용하기 위해서는 중국으로부터 책봉을 받아야 가능했다. 그러나 유별나게 자존심이 강한 민족성을 가진 일본은 이것을 거부했고, 그렇다고 해서 황제라는 칭호를 사용하면 중국을 자극할 우려가 있었다. 그래서 만들어진 단어가 일본 독자의 '천황'이라는 칭호이다. 결국 천황이라는 단어는 동아시아의 중화질서에서 일본이 '왕따'였다는 것을 상징한다. 물론 15세기에 쇼군이 명나라로부터 왕으로 책봉을 받은 사례도 있지만, 어디까지나 일본은 중화질서에서 이방인이자 존재가치가 희미한 오랑캐에 불과했다. 이것을 상징하는 단어가 바로 천황이다.

역사적인 의미에서 천황을 일왕이라는 칭호로 바꿔서 사용하면 불필요한 오해와 혼란을 일으킬 우려가 있다. 물론 현재는 굳이 천황이라는 호칭을 고집할 이유는 없다고 생각한다. 아무튼 서양에서는 당시 일본에는 종교적인 황제와 세속적인 황제가 있다고 여겼다. 세속적인 황제로 생각한 게 쇼군이고, 천황은 종교적인 황제로 여겼다. 이것은 중세의 서양을 연상하게 한다. 중세의 서양에는 종교적인 황제인 교황과 세속의 왕이 있었고, 이러한 생각에 바탕을 두고 일본에도 황제가 2명이 있다고 관찰한 것이다. 게다가 일본의 실체가 쇄국체제로 베일에 가려져 있었기 때문에 이러한 잘못된 오해는 오랫동안 고쳐지지 않았다.

미국이 수취인으로 지정한 일본국 황제는 물론 세속의 황제로 생각한 쇼군이었다. 필모어 대통령의 친서에는 특별한 내용이 있었던 것은 아니다. 간단하게 요약하자면 교통과 통신의 발달로 세계가 좁아지고 있는 국제정세와 미국이 서부개척을 하고 태평양에 진출하는 상황을 자세히 설명한 후에, 일본과 친선관계를 맺기 위해서 개국을 권고하는 서한이었다.

한편, 미국이 일본의 법률을 위반하거나 내정간섭을 하지 않는다는 내용도 있었다. 이를 곧이곧대로 해석하면 미국은 일본과 전쟁을 할 의사는 전혀 없다는 게 된다. 그러나 페리가 실제로 취한 행동은 편지의 내용과는 완전히 정반대였다. 애초에 페리가 일본의 법률에 따른다면 에도만에 나타나지 않고 나가사키로 가야만 했다. 게다가 나가사키로 회항하라는 요구를 무시하는 건 물론이고 도발행위마저도 했던 것이다.

미국 함대가 물러난지 3주일 정도 되는 시점인 7월 1일에 아베는 유명한 자문정책을 시작했다. 즉, 페리가 강압적으로 수령하도록 요구한 미국 대통령 친서의 내용을 번역해서 다이묘는 물론이고 널리 서민에 이르기까지 열람을 허용하고 의견이 있으면 제출하라고 요구한 것이다. 이것은 도쿠가와 막부의 역사상 전례가 없는 행동이다. 그때까지 막부가 외교정책에 관해서 타인의 간섭을 허용한 적도 없었고 의견의 제출을 요구한 경우도 없었다.

그럼에도 불구하고 아베가 군이 자문정책을 펼친 이유는 다른 사람의 생각을 살피는 한편, 막부가 처한 위기상황을 널리 알리고 국론을 통일하기 위한 목적이 있었다. 대부분의 다이묘는 물론이며, 에도에 거주하는 일반 서민에 이르기까지 무려 700개 가까이 되는 의견서가 제출되었다고 한다. 대다수의 의견은 페리의 무례한 행동에 분노를 표현하면서도, 전쟁의 위험을

훗타 마사요시(堀田正睦)

회피하기 위해서 페리가 막부의 답변을 듣기 위해 다시 오면 완곡하게 개국을 거절해서 돌려보낸다는, 그저 현상유지를 주장하는 정도에 불과했다.

비록 극소수이기는 하지만 이 기회를 이용해서 개국으로 정책을 바꿔야 한다는 주장도 있었다. 사쿠라(佐倉)번의 번주이자 노중인 홋타 마사요시(堀田正睦)가 대표적이다. 그는 서구열강의 군사적인 우월성을 지적한 후에 통상을 허락하는 것 이외에는 방법이 없다고 생각했다. 그러나 통상을 개시하고 10년 정도 지나 서구의 기술과 군사적 우월성을 흡수한 후에는 다시 쇄국의 상태로 돌아가는 게 바람직하다는 독특한 의견서를 제출했다.

결국 한정적이고 부분적인 개국론에 불과하나 막부의 요직에 있는 자가 이러한 의견을 제출한 것은 이례적이다. 그래서 아베가 자신의 후계자로 홋타를 눈여겨보는 계기가 되었다. 모처럼 아베가 자문정책을 펼쳤음에도 불구하고, 시대를 앞서나가는 통찰력을 가지고 적극적으로 개국을 주장한 의견은 아무도 없었다는 게 당시 막부가 처한 상황이다.

자문정치는 민주적이고 합리적인 방법이기는 하지만, 최고결정권자가 자문 받은 다수의 의견을 무시하기 어렵게 된다는 약점도 있었다. 또한 평소 정치에 관심이 없거나 정치에 관심을 가질 자격도 없는 신분에 있는 자에게 정치의식을 불어넣는 부작용도 생긴다. 게다가 막부가 외교문제를 자주적으로 결정하지 못하고 나약하다는 인상을 일반인에게 심어주는 점도 간과할 수 없었다.

아베의 성격이나 통치스타일을 생각한다면 파격적인 자문정치를 펼쳐도 별로 이상할 것은 없다. 그가 굳이 막부의 약체를 암시하는 인상을 주는 자문정치를 선택한 이유는 바야흐로 개국이 불가피하다고 느꼈기 때문이다. 아베가 자문을 받을 목적으로 미국 대통령의 친서를 공개하는 등 미국의 의도를 알리는 과정에서, 미국이 전쟁을 할 의사가 없다는 사실을 정확히 알리지 않았다는 점을 비판하는 견해도 있다. 그가 미국의 위협을 받아 불가피하게 개국한다는 방향으로 여론을 유도하기 위해서 이러한 행동을 했다는 것이다.

또한 만약 아베가 미국이 전쟁을 할 의사가 없다는 사실을 정확히 알렸다면 막부는 결국 페리의 개국 요구를 거절했을 거라는 결론마저 도출하고 있다. 그러나 페리가 실제로 일본에 와서 한 행동은 편지로 전한 내용과는 전혀 달랐다. 여차하면 에도만을 북상해서 에도의 시가지를 포격하거나 에도만을 봉쇄할지도 모른다는 시위행동을 했다.

앞서 서술한 것처럼 페리가 일본을 상대로 독단적으로 전쟁을 하기는 어려운 상황이었지만, 제한적인 전투행위나 해상봉쇄 정도는 임의로 가능했다. 즉, 본격적인 전쟁을 하지 않더라도 막부의 위신이나 권위에 치명적인 타격을 줄 가능성은 얼마든지 존재했다. 현실감각이 뛰어난 아베는 이러한 점을 중요시해서 미국 함대의 현실적인 위협을 가장 중요시했다고 생각된다.

아무튼 페리의 방문을 계기로 아베가 자문정치를 시작한 것이 막부 말기 정치사의 출발점이다.

3

미국의 아시아 진출과 개국 요구의 배경

본래 미국의 외교를 담당하는 부서는 국무성이다. 그래서 일본과의 외교 교섭은 원칙적으로 국무성이 해야 한다. 그런데 어째서 해군이 대일교섭을 주도한 것일까? 그 이유는 당시 미국의 연방정부가 매우 약체였다는 데 있었다. 1850년대 무렵 국무성에서 동아시아에 파견 가능한 직업 외교관은 고작 1명이었다고 한다. 가장 중요한 관심사는 어디까지나 중국과의 무역이기 때문에 개국 협상을 위해 일본에 외교관을 파견할 여유는 없었다.

이미 조약이 체결된 국가의 경우 현지에서 활동하는 상인이나 선교사 중에서 외교관을 충당하면 그만이지만, 조약을 체결하려면 전문적인 외교지식을 갖춘 직업 외교관을 파견해야만 한다. 그럴만한 여유가 있는 상황이 아니었으므로 해군이 나선 것이다. 또한 해군을 이용하면 우월한 군사력을 앞세워 교섭을 유리하게 진행할 수 있다는 장점도 있었다. 그러나 일본과 교섭을 위한 기본방침은 어디까지나 국무성이 주도했고, 이것이 일본에 파견된 페리와 중국에 주재하는 국무성의 유일한 직업 외교관인 마샬(Marshall) 사이에 갈등의 씨앗이 된다. 그것은 페리가 해군에 소속되어 있으나 임무의 성격상 국무성의 지시에 따라서 행동한다는 애매한 상태에 있었고, 국무성이 동아시아에 파견한 최고위급 외교관료인 마샬이 페리의 사명에 비협조적인 태도를 취했기 때문이었다. 마샬은 페리에게 중국에서 미국의 권익을 지키기 위해 사용하도록 함선 1척을 제공하라고 요구했다. 그러나 가뜩이나 군함의 부족에 고민하던 페리에게 있어서 그것은 받아들일 수 없는 요구였고 일본에 가기도 전에 서로 마찰이 생긴 것이다.

서구열강 중에서 미국이 가장 먼저 적극적으로 일본의 개국을 시도한 이유는 무엇일까? 미국이 페리를 파견하기 훨씬 이전부터 영국이나 러시아를 비롯한 서구열강들이 일본에 사절을 파견하거나 파견할 계획을 먼저 세웠다. 특히 러시아는 시베리아와 사할린을 개척하면서 일본과 이웃사촌이 되었다. 그러나 가장 유리한 위치에 있는 국가는 역시 아시아에 가장 강력한 해군력을 전개시킨 영국이었다.

영국은 기본적으로 중국에서의 권익 확대에 지대한 관심을 가졌으며, 극동의 섬나라에는 별다른 관심이 없었다. 그래서 아편전쟁의 승리 이후 일본을 개국시킬 계획을 세우고도 계속 좌절되었다. 중국 남부를 차지하는 게 일본에서 무역의 독점적 지위를 차지하는 것보다 훨씬 이익이 많은 상황에서 굳이 일본에 적극적으로 접근할 이유가 없었던 것이다. 세계적인 규모로 제국주의 전쟁을 벌이고 있던 영국의 시야에서 일본은 보잘 것 없는 존재에 불과했다. 그래서 영국은 미국이 페리를 파견한다는 사실을 알면서도 방관하는 태도를 취했던 것이다.

한편, 미국의 아시아 진출은 영국이 아편전쟁에 승리하면서부터 시작된다. 여기에 편승해 미국은 중국과 조약을 체결하고 이를 계기로 아시아에 본격적으로 개입하기 시작했다. 미국이 중국에 접근하기 위해서는 미국 동부에서 대서양과 인도양을 거쳐서 가는 방법과 미국 서부에서 태평양을 횡단해 가는 방법이 있다. 아무래도 태평양을 횡단하는 쪽이 거리상으로 짧고 시간도 단축되었다. 태평양을 횡단할 경우에는 중간에 기항지가 필요하다. 특히 증기선은 물과 석탄을 보급할 수 있는 보급기지가 반드시 필요했다.

여기에 일본을 개국시켜야 하는 이유가 있었다. 그러나 이것은 미국의 서부개척을 전제로 하는 것이다. 황량하고 척박한 미국의 서부는 순조롭게 개척이 진행되었지만, 그 발전의 속도는 느렸다. 연방정부에게 서부개척에 적극적으로 투자할 재정상 여유가 없었다는 점은 물론이다. 그러나 1848년에 멕시코와의 전쟁에서 승리, 캘리포니아가 미국의 영토로 편입되고 금광이 발견되자 그 유명한 골드러쉬가 시작되었다. 이를 계기로 폭발적인 속도로 서부개척이 진행되었으며, 일본을 개국시키기 위한 필요성이 높아지고 분위기가 무르익기 시작했다.

다른 한편, 포경업을 지원하는 문제도 있었다. 미국의 포경업은 북태평양의 풍부한 어장을 발견하면서 1840년대에 들어서자 10배 이상의 폭발적인 신장세를 나타냈다. 당시는 석유가 발견되지 않았으므로 필요한 기름은 고래에서 추출했다. 그래서 포경업은 서구문명을 뒷받침하는 중요한 산업이었다.

북태평양의 거친 바다에서 조업하던 미국의 포경선이 종종 난파해서 미국 선원들이 일본 연안에 표류하는 일이 생겼고, 일본이 쇄국정책에 입각해 표류선원들을 포로처럼 엄중히 다루었기 때문에 미국을 자극했다. 게다가 송환을 기다리며 억류생활 도중 선원이 자살하는 사건이 일어나기도 했는데, 이것이 도쿠가와 막부에 의해서 고의적으로 살해당한 것으로 잘못 보도되면서 미국의 국내 여론을 들끓게 만드는 사건이 일어나기도 했다.

이러한 와중에 일본의 쇄국정책에서 비롯된 경직된 태도가 미국을 크게 분노하게 만든 것은 유명한 모리슨(Morrison)호 사건에서부터 시작되었다.

1837년 6월에 홀연히 우라가(浦賀)에 나타난 미국의 포경선이 모리슨호였다. 그 배는 포경선이므로 당연히 비무장이었으며, 7명의 일본인 표류어민을 송환하고, 이를 빌미로 개국과 통상을 요구하기 위해서 방문한 것이다. 그렇지만 막부의 외국선 격퇴령에 따라서 해안포대는 외국의 군함으로 오인하여 즉시 포격해서 쫓아냈다.

나중에 네덜란드를 통해 진상을 알게 된 막부는 당황했지만 이미 엎질러진 물이었고, 미국 내부에서는 특유의 미국식 휴머니즘에 바탕을 두고 선의를 가지고 접근한 비무장의 선박을 공격했다고 크게 논란이 일어났다.

미국은 전통적으로 자국에 대해서 비인도적인 행위를 하면 지나칠 정도로 흥분하는 기질이 있다. 사실 모리슨호는 표류어민을 반환한다는 겉으로 드러난 인도적인 목적의 뒤에 개국과 통상을 요구한다는 흑심이 있었지만, 어디까지나 자신들의 인도적인 휴머니즘만을 강조하고 분노했다. 물론 미국의 포경선 중에는 조업을 중단하고 일본의 표류어민을 구조한 후에, 순수하게 인도적인 휴머니즘에 바탕을 두고 일본으로 송환하려고 노력하는 경우도 많았다. 포경선에 탑승한 선원의 입장에서 조업을 중단하는 건 막대한 경제적 손실을 의미했으나 여기에 개의치 않은 것이다.

아무튼 모리슨호 사건은 그 이후 오랫동안 일본의 야만과 비인도적인 태도를 상징하는 사건으로 미국에서 회자되었다. 미국의 포경업 발전을 뒷받침하는 투기적인 상업자본가들은 이러한 상황을 이유로 연방정부에 대해서 포경선을 위한 안전한 피난처와 보급항의 확보를 요구하며 끊임없이 로비를 해왔다. 당시 미국에서 포경업이 차지하는 중요성을 생각했을 때, 이들의 요구를 언제까지나 무시하기도 어려웠다. 여기에 일본을 개국시켜야 하는 또 하나의 중요한 이유가 있었다.

지금까지 설명한 것에서 알 수 있듯이 미국이 가장 중요시한 것은 중국과 무역을 위해서 아시아로 항해하는 도중의 중간기항지로서 일본의 가치다. 일본과 무역을 하고 무역의 이익을 얻는 건 어디까지나 부차적으로 고려되는 사항이었다. 물론 장래 시간이 흐르면 일본과의 무역도 역시 중요성을 가지게 될지도 모른다. 그러나 당장은 태평양을 횡단하는 도중의 중간기항지를 확보하는 문제와 북태평양에서 조업하는 포경선의 보급과 휴식을 위한 항구를 확보하는 문제가 절실한 필요성을 가진 급선무였다. 즉, 일본을 개국시킬 절실한 필요성을 느끼지 못하는 다른 서구열강의 국가와는 다르게 미국에게 있어서는 반드시 해결해야만 하는 과제. '목마른 자가 우물을 판다'는 속담이 있는 것처럼 일본을 개국시키기 위해서 미국이 앞장서 나선 이유가 바로 여기에 있었다.

본래 도쿠가와 막부는 대형선박의 건조를 금지했다. 지방 봉건영주인 다이묘들이 강력한 해군력을 보유하지 못하도록 억제하기 위해서였다. 이러한 이유로 시간이 지나면서 배를 만드는 조선기술이 쇠퇴했고, 믿을 수 없을 정도로 많은 수의 어선이 난파하고 표류하는 사건이 일어나게 되었다. 표류어민 중에서는 기구한 팔자로 외국에서 생활하는 경우가 많았다.

특히 미국과 관련해 유명한 인물로는 존 만지로(John 万次郎)가 있다. 그는 본래 도사(土佐)번 출신의 어민으로 본명은 나카하마 만지로(中浜万次郎)였으며, 조업 도중에 표류하다가 미국의 포경선에 구출되어 그대로 미국으로 갔다. 그 후 미국에서 백인 가정에 위탁되어 서구식 교육을 받고 다시 포경선에 탑승, 포경선원으로 활동하던 도중 돌연 일본으로 귀국했다.

외국생활을 하다가 돌아온 만지로는 위험한 인물로 격리되어 막부의 심문을 받았다. 막부는 외국에서 송환되어 오는 표류어민들을 위험시하고 격리하는 방법을 취하는 게 보통이었다. 그렇다고 엄격하게 죄인 취급을 하는 것은 아니었지만, 곱게 고향으로 돌려보내면 본의 아니게 습득한 해외의 사정에 관한 자세한 정보를 일반인에게 퍼트릴까봐 우려했기 때문이다. 원칙적으로 해외 사정에 관한 정보는 오로지 막부만이 독점해야 하는 사항이었다.

어쨌든 직접 미국에서 생활하고 돌아온 만지로의 진술 덕분에, 막부는 페리 제독이 오기 전부터 미국의 국내사정에 관한 매우 상세하고 자세한 정보를 알 수 있었다. 또한 미국이 개국을 위해서 군함을 앞세운 사절단을 파견할 예정이라는 사실마저도 알았다. 일본으로 돌아가면 불투명한 미래가 기다리고 있다는 사실을 잘 알면서도, 만지로가 굳이 일본으로 귀국한 이유는 미국이 사절단을 파견할 예정이라는 사실을 막부에게 알리기 위해서였다. 그는 개국 이후 유창한 영어실력을 바탕으로 통역으로 활약하다가 존왕양이 사상을 신봉하는 자에게 암살당하는 비운을 겪는다.

한편, 미국에서는 1850년에 테일러의 사망으로 부통령에서 대통령을 승계하여 취임한 필모어와 국무장관 웹스터(Webster)는 적극적인 대외팽창정책을 추진했다. 명백한 신의(神意, Manifest Destiny)가 사상적인 배경이었다. 이는 간단히 말해서 미개인을 개화하고 문명의 길로 이끄는 것이 하나님으로부터 부여받은 백인의 사명이자 숙명이라는 주장이다.

제국주의적 침략사상을 정당화하고 미화하는 이론이지만, 기독교에 바탕을 둔 미국 특유의 독특한 사명감과 의무감을 동기로 해서 만들어졌다. 이러한 상황에서 동인도 함대사령관인 얼릭(Aulick)은 눈치 빠르게 일본을 개국시키기 위한 사절로 자신을 파견하라고 제안해 대통령 필모어로부터 승인을 얻는다.

1851년 5월 29일에 일본에 파견하는 사절로서 신임장을 수여받고, 6월 10일에는 조약체결에 관한 전권을 위임받았다. 그러나 그는 불행하게도 임무수행을 위해 아시아로 가는 도중에 부하와 인간관계의 알력을 일으켰으며, 언론이 이 사실을 대대적으로 보도한 탓에 중국에 도착하기도 전에 해임되고 말았다. 여기서 페리가 후임자로 임명되기에 이른다.

본래 미국과 멕시코와의 전쟁 당시 미국 함대를 지휘한 사령관이 얼릭이었고 부사령관이 페리였다. 게다가 페리는 일본을 개국시키기 위한 방법에 관해서 해군장관으로부터 자문을 요구받고 기본계획을 입안하여 제출한 장본인이다. 이 때문에 얼릭의 후임자로 페리가 적임자로 여겨져 선발된 것이나, 이것은 결코 페리가 원하는 바는 아니었다. 그는 좋은 기후조건을 갖춘 지중해에 파견되어 군생활의 마지막을 안락하고 편안하게 보내길 원했다.

페리는 아버지나 형도 해군 출신인 해군 가문에서 자랐으며 미국의 증기선 개발을 주도한 인물이었다. 미국 최초의 증기선인 풀턴호의 개발을 담당했고 함장도 맡았다. 또한 멕시코와 전쟁에서도 활약을 했지만, 본질적으로 정치군인이 아니라 야전군인이므로 눈부신 출세는 하지 못했다.

일본을 개국시킨다는 어려운 임무에 난색을 표시하다가 집요한 설득에 굴복하여 마침내 승낙하는 대신, 그는 증기선 4척을 포함해 12척의 대함대를 지원받는다는 약속을 얻고 준비를 추진한다. 그러나 여러 가지 사정으로 대함대의 구성은 곤란했고, 좀처럼 출발하지 못했다. 시간에 쫓기는 상황에서 사용가능한 함선을 먼저 출발시키고 최후의 희망으로 증기선 프린스턴호의 완성을 기다렸지만, 결국 사용불능으로 판명되자 11월 4일 미시시피호를 타고 페리는 홀로 노포크를 출항했다.

일본으로 출발하기에 앞서 페리가 국무성으로부터 받은 대일교섭의 훈령은 3가지로서 얼릭에게 준 것과 기본적으로 동일한 내용이다. 첫째는 태평양을 횡단하는 미국의 증기선에게 석탄을 보급하기 위한 항구를 확보할 것, 둘째로는 일본 연안에서 난파한 미국 선원의 인도적인 대우와 송환에 관해서 협의할 것, 셋째는 일본을 방문한 미국의 선박이 필요한 경우 화물을 매각하거나 물물교환을 하기 위해 입항하는 항구를 확보하는 것이었다.

일본과 본격적인 무역관계에 들어가는 건 부차적인 문제이므로 통상조약을 체결하라고 요구받지는 않았다. 화친조약을 체결하고 일본과 친선관계를 맺기 위해서 방문하는 것인 만큼 가급적 예의바르게 행동하라고 명령받았으며, 아울러 불가피한 경우가 아니면 무력행사를 자제할 것도 요구받았다. 그러나 페리의 요구로 대폭적인 자유재량권도 부여했다. 이에 따라서 중대한 실수를 저지르지 않는 이상 면책을 보장받았다. 그가 서슴없이 무력을 앞세워 막부를 압박한 이유가 여기에 있었다.

또한 페리의 강력한 요청으로 자신의 임무수행에 지장이 없는 한도에서만 마샬에게 군함을 제공한다고 합의했다. 그러나 마샬이 이것을 무시했기 때문에 앞서 서술한 대로 페리와 충돌한 것이다. 당시 중국은 태평천국의 난으로 대혼란에 빠져 있었고, 중국에서 미국의 권익을 지키기 위해서 마샬은 군함이 절실하게 필요한 상황이었다. 그는 때마침 페리의 함대가 아시아에 오게 되자, 자신의 목적을 위해서 이용하길 원했다.

이러한 사정을 모르는 것은 아니지만 페리는 자신에게 부여된 역사적인 사명이 우선한다는 확고한 신념이 있었다. 페리는 일본과의 교섭에서 최선의 결과를 얻을 거라고 낙관하지 않았다. 역시 군인답게 차선책을 마련했다. 일본을 방문하기에 앞서 오키나와를 방문하고 증기선을 위한 석탄보급기지를 확보하려고 하였다. 마찬가지의 목적으로 오키나와의 훨씬 남쪽에 위치한 오가사와라(小笠原) 제도(諸島)를 방문했다. 일본의 개국에 실패하면 최소한 오키나와와 오가사와라를 확보하려고 노렸다. 이러한 준비를 마치자 드디어 일본 본토를 향해서 출발한 것이다.

비록 페리는 일본과 본격적인 전쟁을 할 입장에 있지는 않았으나, 군사적 우위를 바탕으로 도발행위를 해서 여기에 분노한 막부가 공격해오면 제한적인 전투를 할 생각은 가지고 있었다. 힘의 우위를 과시하는 것을 통해 개국을 성공시키기 위해서였다. 지극히 군인다운 발상이었다. 그러나 만약 힘의 우위를 보여줬음에도 불구하고 막부가 굴복하지 않고 강경하게 버틴다면, 오키나와와 오가사와라를 확보하는 데 만족하고 물러난다는 것이 애당초 그가 세운 계획의 기본 골격이다. 하지만 최초의 방문에서 막부가 도발행위에 대항하기는커녕 저자세로 일관한 것은 그의 예상을 뛰어넘는 정도였고, 강압적으로 밀어붙이면 장래 일본을 개국시킬 수 있다는 자신감을 심어주기에 충분했다.

4

프티아틴과 러시아의 접근

　미국의 페리 제독이 우라가를 떠나고 불과 1개월 후인 1853년 7월 18일 나가사키에 러시아 함대가 홀연히 모습을 나타냈다. 해군중장 프티아틴(Evfimi Putiatin) 제독이 이끄는 4척의 함대였다. 미국이 일본을 개국시키기 위해서 함대를 파견한다는 정보를 입수하고 황급히 파견한 사절단이었다.

　이미 9년 전에 프티아틴은 러시아 황제에게 일본을 개국시키기 위한 사절의 파견을 건의했지만 사정상 실현되지 못했다. 그러나 이번에는 뒤로 미룰 수가 없었다. 일본과 접촉한 역사는 러시아가 미국보다 훨씬 오래되었고, 굴러들어온 돌에게 밀리는 것은 러시아의 자존심이 용납하지 않았다.

　본래 계획대로 한다면 러시아 함대가 페리의 함대보다 먼저 일본을 방문했어야 옳았다. 그것은 페리보다 2개월 정도 출발시기가 빨랐기 때문이다. 그러나 미국이 증기군함을 파견한다는 정보를 입수하자 러시아도 구색을 맞추기 위해서 증기군함을 마련해야 했다. 후진국인 러시아에는 그럴듯한 증기선의 제조능력이 없는 것은 물론이며, 시간도 촉박한 탓에 영국에서 증기선을 구입해서 수송선으로 개조하고 보스톡(Vostok)으로 명명한다. 여기에 더해 기함인 팔라다(Pallada)호는 노후한 탓으로 자주 고장을 일으켰고, 수리하기 위해 항해를 종종 중단해야만 했다. 이 때문에 결국 페리 함대보다 1개월이나 늦게 일본을 방문하게 된 것이다.

이러한 사정으로 프티아틴은 미국과의 경쟁에서 이미 선수를 빼앗긴 사실을 잘 알고 있었다. 게다가 증기군함을 앞세운 강력한 해군력이 없다는 점도 역시 뼈저리게 느끼고 있었다는 것은 물론이다. 당시 미국은 증기선의 제조능력에 관해서는 영국을 능가할 정도였으므로, 러시아는 증기군함의 면에서 미국의 경쟁상대가 되지 못했다. 그러나 프티아틴은 노련한 정치군인이었다.

본래 황제의 시종무관이라는 자리는 아무나 차지하는 보직이 아니다. 황제와 군부의 중간에 서서 수완을 발휘해야만 버티는 게 가능하다. 프티아틴은 시종무관으로 장기간 근무하면서 러시아 황제의 신임이 두터운 인물이다. 게다가 동북아시아에서 러시아의 권익을 지키기 위한 외교사절로 활동한 풍부한 경험을 가지고 있었다. 러시아는 보잘 것 없는 함대를 파견했지만 프티아틴이라는 존재는 이를 보충하고도 남았다.

일본 근해에 도착한 프티아틴은 나가사키로 향했다. 막부가 정한 법에 의하면 용건이 있는 외국선은 일단 나가사키를 방문해서 교섭을 진행해야만 한다. 이것을 잘 알고 있는 그는 막부가 정한 법을 얌전하게 따랐다. 원래 프티아틴도 러시아의 외무장관으로부터 페리처럼 에도로 직행하라고 명령받았지만, 주어진 상황을 고려해 임기응변을 발휘한 것이다. 야전군인인 미국의 페리가 에도만에 나타나 무력시위를 하면서 거칠고 난폭하게 행동한 것과 비교하면 엄청난 차이가 있는 행동이었다.

노련하고 세련된 정치군인과 단순하고 무식한 야전군인의 차이가 명확히 드러나는 부분이다. 전쟁이 발생하면 야전군인이 필요할지 몰라도 외교교섭을 하는 경우에는 정치군인이 훨씬 더 적임자다. 미국이 증기군함을 앞세워서 힘에 의한 외교를 구사했다면, 러시아는 노련한 정치군인을 앞세운 지능적인 외교를 펼쳤다.

러시아가 일본에 개국을 요구하기 위한 사절을 파견한 건 이번이 처음이 아니다. 19세기 초기 일본과 러시아는 긴장관계에 있었다. 동방정책을 추진한 러시아가 시베리아를 석권하고 베링해협을 발견하면서 태평양으로 진출을 시도했기 때문이다. 캄차카 반도와 사할린으로 진출한 러시아는 일본과 국경을 확정하는 건 물론이며 무역의 필요성도 느꼈다. 알래스카를 비롯한 시베리아 동쪽의 개척을 진행하기 위해서는 식량을 비롯한 막대한 물자의 보급이 필요했지만, 당시 척박한 시베리아를 통과하기는 너무나 어려웠고 부동항이 없어서 바다로부터의 해상수송도 지장이 많았다.

그 결과 필요한 물자의 현지조달을 목적으로 일본과 무역을 원했고, 교섭을 위해서 레자노프(Nikolai Rezanov) 등을 파견한 과거가 있었다. 그러나 쇄국체제 하의 막부는 이것을 완강히 거부했고 러시아와 소규모 무력충돌까지 발생했으나, 결국에는 소강상태에 들어갔다. 이것을 계기로 일본에서는 '쇄국'이라는 단어가 등장하고, 쇄국체제를 정당화하기 위한 이론을 만들기 시작했다. 러시아의 개국 요구를 거절하고 쇄국정책을 정당화하기 위한 이론적인 명분을 확고히 할 필요가 있었기 때문이다.

이러한 경위가 있었으므로 프티아틴이 받은 사명은 페리에 비해 복잡했다. 일본을 상대로 개국과 무역의 개시에 관한 교섭과 아울러 국경의 확정도 요구받았다. 게다가 프티아틴은 동아시아에서 활동한 풍부한 경험이 있었으므로 이왕 동아시아를 방문한 것을 기회로 중국과의 무역에 관해서도 교섭하라고 지시받았다.

러시아 함대의 내항 소식은 페리 함대가 떠나고 한숨을 돌렸다고 생각한 막부의 입장에서는 설상가상의 상황이었다. 프티아틴이 나가사키에 입항하고 10일이 지난 후인 27일 그 소식이 에도의 막부 수뇌부에게 전달되었다. 때마침 쇼군 이에요시(家慶)가 사망해서 국상(国喪) 중에 있었고 페리에 대한 대책마련으로 경황이 없는 막부는 러시아의 요구를 물리치려고 결심을 굳혔다. 그러나 마치 이것을 잘 알고 있다는 듯이 프티아틴은 자신의 요구가 받아들여지지 않을 경우, 함대를 이끌고 직접 에도를 방문할 거라고 알리며 은근히 협박을 가했다.

황급히 방침을 바꾼 아베 마사히로는 쓰쓰이 마사노리(筒井政憲)와 가와지 도시아키라(川路聖謨)를 파견하기로 결정하였다. 이 두 사람 모두 아베가 직접 발탁한 유능한 인재들이다. 게다가 이들은 개국과 무역을 적극적으로 지지하는 견해를 가지고 있었다. 아베가 러시아를 상대로 어떻게 대응하려고 의도했는지를 간접적으로 알 수 있는 대목이다.

막부의 교섭담당자들이 에도를 출발한 때는 프티아틴이 나가사키에 도착하고 3개월이나 지난 시점인 10월 30일이었다. 새로운 쇼군 이에사다(家定)가 취임하고 7일 후에 출발한 것이다. 막부의 내부사정이 복잡해서 늦어진 것이지만, 프티아틴이 처한 사정도 역시 복잡했다. 유럽에서 크림전쟁이 발발했다는 소식을 나가사키에 도착한 수송선을 통해서 입수했기 때문이다.

크림전쟁은 투르크를 사이에 놓고 프랑스·영국의 연합군과 러시아가 대결한 전쟁으로, 전쟁의 목적은 러시아의 남하 저지와 나폴레옹의 몰락 이후 누가 유럽의 주도권을 차지하는가에 있었다. 당시 유럽의 초강대국끼리 벌인 전쟁이므로 전쟁의 여파는 동아시아에도 미쳤다. 동아시아에 주둔한 영국과 프랑스의 함대가 자국의 무역선을 보호하는 한편, 러시아의 무역선을 나포하고 러시아 함대를 격파하기 위해서 수색활동을 개시했다.

나가사키에 있던 프티아틴은 바늘방석에 앉아 있는 기분이었지만 겉으로는 전혀 내색을 하지 않았다. 영국과 프랑스의 연합함대와 마주치게 된다면 빈약한 함대를 이끌고 있는 프티아틴은 죽거나 포로가 될 운명이었다. 그러나 만약 일본 측이 이를 알게 되면 교섭에 막대한 지장이 생길 것은 뻔했다. 그래서 조급하게 굴지 않고 겉으로는 오히려 느긋하고 여유 있는 자세를 나타냈다.

이러한 태도를 보인 덕분에 막부도 서두르지 않았다. 그래서 교섭은 12월에 들어서자 비로소 시작되었고 4번의 회견이 있었다. 최초의 회견 후에 프티아틴이 막부의 교섭단을 기함인 팔라다호로 초대했다. 여기서 언제라도 출항할 준비를 갖추고 있는 러시아 함선에 납치될까봐 우려해 격론이 벌어졌으며, 만약에 대비한 비장한 각오를 하는 해프닝도 일어났다.

사실 프티아틴은 영국과 프랑스의 연합함대가 나가사키에 나타날까봐 도망갈 준비를 하고 있었던 것이지만, 이것이 일본인들의 오해를 불러일으킨 것이다. 우여곡절 끝에 비장한 마음가짐으로 기함인 팔라다호를 방문하자 뜻밖에도 프티아틴은 몸소 마중 나와 안내하고 76세의 고령인 가와지를 직접 부축하는 등 예의바른 태도를 보였다. 그리고 극진한 환대를 베풀어 일본 측의 의심을 일거에 날려버렸다.

경계심이 풀린 탓에 그 이후로 교섭은 별다른 마찰 없이 진행되었으며, 회담의 초점은 사할린과 쿠릴열도에 관한 국경의 확정문제에 집중되었다. 그러나 예상대로 프티아틴이 원하는 대답은 듣기 어려웠다. 다시 말해 러시아의 요구에 대한 회답 연기가 막부의 기본방침이었다. 이것은 아베 마사히로가 도쿠가와 나리아키의 강경한 주장에 양보한 결과다. 나리아키는 아베의 정치적 파트너가 된 이후 사사건건 아베를 견제하며 일본이 개국의 방향으로 나가지 못하도록 방해공작을 펼쳤다.

영국과 프랑스 함대의 수색에 쫓기며 시간적 여유가 없었던 프티아틴은 막부 앞으로 개국을 권고하는 충고의 서간과 체결하고자 원하는 조약의 초안을 전달하고 일단 물러나기로 결심한다. 그러나 해가 바뀌어 1854년 1월 8일의 출발에 앞서 열린 1월 4일의 송별회에서 프티아틴은 뜻밖의 커다란 수확을 얻었다.

화기애애한 분위기와 극진한 환대에 방심한 가와지가 무심코 프티아틴의 유도심문에 말려들어, 만약 외국과 조약을 체결하는 경우에는 러시아에게도 같은 대접을 해준다는 약속을 했다. 비록 문서가 아니라 구두약속이지만 막부의 교섭담당 최고수뇌가 분명히 최혜국 대우에 관해서 약속한 것이다. 노련한 프티아틴은 이를 흘려듣지 않았고 나중에 이것을 물고 늘여져 러시아에 대한 최혜국 대우를 획득했다. 그것은 페리가 화친조약 체결을 위해 아직 2번째의 일본 방문을 하기도 전의 시점이었다.

페리가 일본과 화친조약을 체결하고 나중에 본국으로 돌아가 가장 자랑한 것이 일본을 상대로 최혜국 대우를 얻어냈다는 점이다. 어째서 외교교섭에서 야전군인보다는 노련한 정치군인이 적임자인지 잘 나타내는 에피소드였다. 당시 막부의 외교담당자 중에서 최고의 식견과 기량을 가진 인물로 인정받던 가와지는 프티아틴조차도 그의 인품과 기량을 격찬했으나, 실무경험의 부족으로 큰 실수를 하고 말았다.

최초의 교섭을 마치고 나가사키를 출발하자 프티아틴은 일단 중립지역인 필리핀 마닐라로 향했다. 거기서 겨울을 보내고 3월 22일 나가사키로 다시 돌아와 보급을 받은 후, 29일에 출항해서 러시아의 세력권인 연해주에 무사히 안착했다. 여기서 그는 문제가 많은 팔라다호를 버리고 기함을 디아나(Diana)호로 교체하기로 결정했다. 그리고 일본과 두 번째 교섭을 위해 8월 24일 출항했고, 홋카이도의 하코다테(箱館)를 거쳐 9월 18일에 느닷없이 오사카 앞바다에 모습을 나타냈다. 일본 측의 주목을 끌고 자극을 주기 위해서 의도적으로 한 행동이었다.

놀란 막부는 프티아틴에게 에도만 근처에 위치한 시모다(下田)로 올 것을 요구했고, 러시아 함대는 10월 15일 시모다 앞바다에 도착했다. 이 시점은 페리가 이미 일본과 최초로 화친조약의 체결에 성공한 뒤였다. 게다가 영국과 프랑스의 함대에 발견될까봐 전전긍긍하는 상황이었다. 그러나 프티아틴은 낙담하지 않고 의연한 태도를 견지했다. 이러한 상황에서 설상가상으로 시모다에서 제1차 회담이 있은 다음날인 11월 4일 지진이 발생하여 해일이 러시아 군함을 덮쳤다.

해일의 충격으로 프티아틴이 타고 온 기함 디아나(Diana)호는 커다란 손상을 입어 끝내 침몰하고 만다. 막부는 러시아 사절을 위해서 범선을 다시 건조하기로 결정을 내렸다. 이것은 막부에게 막대한 재정적 부담이 되는 것이지만, 러시아와 교섭을 담당한 가와지의 건의가 큰 힘을 발휘했다. 가와지는 아베의 신임이 두텁기 때문에 그의 생각을 관철하는 게 가능한 위치에 있었다. 프티아틴과 교섭을 담당한 막부의 관료들은 해일이 덮쳤을 당시 침착하게 부하들을 지휘해 조난당한 일본인을 구조하려고 애쓴 프티아틴의 인품에 크게 감동했다.

막부의 교섭위원들은 이미 크림전쟁이 발발했다는 정보를 입수하고 프티아틴이 매우 곤란한 상황에 빠져있다는 점을 잘 알고 있었다. 그러나 여기에 굴하지 않고 해일로 인해서 타고 온 군함마저 잃은 최악의 상황에서도 그가 보여준 침착하고 의연한 태도에 그들은 깊은 인상을 받지 않을 수가 없었다.

프티아틴이 일본 해역에서 발생한 피해라며 막부의 부담으로 범선을 새로 제작해 달라고 요구해도 그들이 그것을 터무니없는 요구라고 분개하기는커녕 순순히 받아들인 이유가 여기에 있었다. 물론 순수하게 프티아틴을 돕겠다는 호의에 의해서만 나온 행동은 아니다. 이 기회를 이용해 서양식 범선의 제조기술을 손에 넣겠다는 생각도 있었다.

비록 범선의 제작은 일본의 목수들이 했지만, 설계도 작성과 기술지도는 러시아 측이 담당했다. 배가 만들어진 장소의 이름을 따서 새로운 범선은 헤다(戶田)호라고 명명되었다. 아무튼 이를 계기로 일본은 단숨에 서양식 범선의 제조기술을 손에 넣게 된다. 그것은 개국의 선물이라고 해도 과언이 아니다. 서양식 범선은 거친 바다에서 항해하기 적합한 구조로 만들어졌으므로, 연안 항해를 목적으로 만들어진 기존의 일본식 범선과는 근본적인 차이가 있었다. 그래서 일본이 서양식 범선을 제조하기 위해서는 외부의 기술지도와 노하우가 필요했는데, 러시아가 본의 아니게 이를 해준 것이다.

본래 프티아틴은 다시 일본을 방문하기 전, 미국의 페리와 연합해서 일본에 개국을 강요하려는 생각을 가지고 있었다. 미국에게 빼앗긴 주도권을 만회하고 페리의 발목을 잡기 위해서다. 그러나 일본을 개국시킨다는 역사적인 공로를 다른 사람과 나눠가질 생각이 없는 페리는 이를 단호하게 거부했고, 결국 프티아틴은 독자적인 길을 모색해야만 했다. 그래서 일본에 대해서 예의바른 태도로 호감을 사는데 주력한 것이다.

뜻하지 않은 사고가 발생했음에도 불구하고 프티아틴이 예전에 제출한 조약 초안과 이미 체결된 미일화친조약에 바탕을 두고 교섭은 신속하게 진행되었다. 애당초 프티아틴은 자신이 처한 불리한 상황을 감안해서 만약 일본이 무역과 통상의 개시를 허락한다면 사할린과 쿠릴열도를 통째로 일본에게 넘길 생각마저 가지고 있었다고 한다. 그러나 막부가 통상을 한사코 거부했기 때문에 국경문제에 대해서는 별다른 양보를 하지 않았다. 사할린에 대해서는 국경을 정하지 않고, 쿠릴열도에만 경계를 정하는 것으로 낙착된다.

그 결과 일본은 쿠릴열도 남부에 있는 4개의 섬을 얻었다. 당시 사할린은 일본인과 러시아인이 같이 섞여서 거주했으므로 명확한 경계를 정하기가 애매했다. 어차피 나중에 통상을 허용하는 게 불가피했다는 상황을 감안하면, 과감하게 통상의 개시를 협상의 재료로 활용해서 일본이 사할린과 쿠릴열도를 모조리 차지하는 것도 어렵지 않은 상황이었다. 막부가 개국의 과정에서 저지른 가장 뼈아픈 외교적 실책이 바로 이 부분이다. 그러나 당시 막부의 입장으로서는 척박하고 별다른 장점도 없는 땅을 얻기 위해서 통상을 허용하는 건 있을 수 없는 일이었다. 덕분에 일본은 오늘날에도 이 문제와 관련해서 러시아와 영토분쟁을 하고 있다.

러시아와 일본 사이의 러일화친조약은 1854년 12월 21일에 조인되었지만, 국경에 관한 문제를 제외하고는 미일화친조약과 별다른 차이가 없었다. 그래서 자세한 내용은 생략하기로 한다. 다만 예전에 가와지가 프티아틴에게 한 구두약속을 바탕으로 러시아가 최혜국 대우를 손에 넣었다는 점과 미일화친조약과는 다르게 영사재판권을 명문으로 규정했다는 게 특색이다.

한편, 프티아틴은 일본을 방문하는 중간기항지로서 조선의 거문도를 유용하게 활용했다. 당시 영국에 의해서 해밀턴 항(Port Hamilton)으로 명명되고 외국선박의 기항지로서 널리 활용된 이 섬 덕분에 조선과 러시아가 접촉하는 계기도 만들어졌다. 프티아틴은 거문도 주민들에게 조선의 국왕 앞으로 보내는 개국을 권고하는 서한을 맡겼다고 한다. 물론 쇄국을 취하는 상황에서 거문도 주민들이 그러한 문서를 전달했을 가능성은 거의 없었다.

5

미일화친조약의 체결

최초의 방문을 마치고 중국 해역에 머물러 있던 페리는 프티아틴의 러시
아 함대가 개국을 위한 교섭을 위해서 일본을 방문했다는 사실을 알게 되자,
자기보다 먼저 외교적 승리를 쟁취할까봐 우려해 초조해졌다. 게다가 프랑스
함대가 행선지를 알리지 않고 출항한 걸 의심해 서둘러 다시 일본으로 되돌
아갈 결심을 했다. 페리의 함대가 막부의 제지를 무시하고 또 다시 에도만을
깊숙이 들어가 가나가와(神奈川) 앞바다에 정박한 것은 1854년 1월 14일이
었다. 최초의 교섭을 마친 프티아틴이 나가사키를 떠나고 1주일 정도 지난
시점이다.

이번에는 함대가 증강되어 7척이었고, 증기군함도 2,415톤의 포헤탄
(Powhattan)호가 추가되어 3척이 되었다. 당시의 기술수준으로 겨울바다를
항해하는 것은 위험한 일이지만 조급증에 걸린 페리는 항해를 강행했다. 일
본 측은 전에 약속한 대로 우라가 앞바다로 되돌아가라고 주장했으나, 페리

는 기선제압을 의식해서 완강하게 거부하고 오히려 측량대를 파견하여 에도만을 더욱 깊숙이 북상하는 태도를 나타냈다. 게다가 1월 25일에는 미국의 초대 대통령인 워싱턴의 생일을 기념한다는 명목으로 대포를 발사하기도 했다.

야전 출신의 군인인 만큼 페리는 공포분위기를 조성하는 데 뛰어난 재능을 발휘했다. 별다른 이유도 없이 대포를 발사해 공포분위기를 조성하는 수법도 역시 나중에 일본이 조선에 대해서 개국을 강요하기 위해 모방한 방법 중 하나이다. 그러자 페리의 예상대로 막부가 양보했고, 가나가와 근처의 요코하마(橫浜)를 새로운 교섭 장소로 결정했다. 오늘날에는 거대한 대도시지만 당시의 요코하마는 불과 수십 가구가 모여 사는 작은 촌락에 지나지 않았다.

최초의 회견은 1개월 정도가 지난 1854년 2월 10일이 되어서야 시작되었다. 페리의 고집으로 응접소의 건물을 요코하마에 새로 만들어야 했기 때문이다. 미국은 이를 조약관(条約館, Treaty House)이라고 불렀다. 재미있는 점은 공사에 동원된 일본인들이 단추에 열광했다는 사실이다.

당시 아시아에서는 의복에 끈을 주로 사용하고 단추는 드물었다. 일본인들은 미국 해군의 정복에 붙어있는 금빛으로 반짝이는 황동단추에 지대한 관심을 보이며, 손짓이나 몸짓으로 단추를 달라고 해서 물물교환을 하거나 애원 또는 구걸을 했다. 일단 단추를 얻으면 마치 황금으로 만든 귀한 보물이라도 얻은 것처럼 기뻐서 날뛰었다고 한다. 처음에는 기쁜 마음으로 응했던 미국 측도 나중에는 짜증을 느낄 정도였다.

회견을 위해서 페리가 상륙하는 모습은 최초로 일본을 방문했을 당시와 별다른 차이는 없었다. 미리 상륙한 해병대와 수병들이 전투태세로 정렬한 후 군함에서는 축포를 쏘고 군악대가 음악을 연주하는 동안, 부관과 수행원을 거느린 주인공 페리가 화려하게 등장한다는 수순이었다. 다만 최초의 방문시보다 규모가 더욱 확대되었다는 점이 특색이다.

막부의 교섭대표는 하야시 후쿠사이(林復斎). 전통적으로 하야시(林) 가문은 도쿠가와 이에야스의 총애를 받던 하야시 라잔(林羅山) 이후로 막부의 기본통치이념으로 채택된 주자학의 강의와 보급을 담당했다. 오늘날 한국에서는 일본이 주자학이나 성리학과는 별다른 관련이 없다고 오해하는 사람도 있으나, 유교문화권에 속하는 나라 중에서 주자학의 영향을 받지 않은 국가는 없다고 해도 과언이 아니다. 도쿠가와 이에야스가 주자학을 채용한 이유는 역시 충효사상 때문이다. 이에야스는 어디까지나 그 범위 내에서만 주자학을 이용하려고 했다.

하야시 가문은 이것 외에도 전통적으로 막부의 외교교섭을 담당하는 역할을 했다. 특별한 이유는 없었고 한문에 능통하고 유식하다는 데 착안한 것이다. 그래서 하야시가 막부의 교섭 대표로 임명되는 것은 예정된 수순이었다. 그렇다고 하야시는 만만히 볼 상대는 아니다. 왜냐하면 1850년부터 《통항일람(通航一覽)》이라는 제목으로 막부의 대외교섭 자료집을 그가 저술했기 때문이다. 무려 345책의 방대한 분량에 이르고 페리가 일본에 오기 직전에 완성했다. 이러한 하야시의 진가는 곧바로 나타났다.

최초의 회견에서는 일단 일본 측이 미국 대통령의 친서에 답변하는 문서를 제출하고, 페리가 여기에 대해서 미리 준비한 체결하고자 원하는 조약의 초안을 제출하는 것으로 탐색전을 마쳤다. 그런 후에 페리는 본격적인 공격을 시작했다. 우선 표류하다가 부득이하게 일본에 체류하게 된 외국의 선원들을 학대하고, 아울러 미국이 구조한 일본의 표류어민을 수령하기 거부하거나 죄수처럼 구금하는 이유를 따졌다. 유명한 모리슨호 사건을 의식한 발언으로 미국의 전통적인 인권외교이다. 우월한 군사력을 앞세워 위협을 가하면서 그 정당성을 인권이나 휴머니즘에서 구하는 게 미국 외교의 특징이었다.

미국은 오늘날에도 마음에 들지 않는 국가를 상대로 이러한 방법을 즐겨 사용한다. 다만 제국주의 시대가 아니라서 직접 전쟁을 하기보다는 군사적 위협과 경제제재를 혼합해 사용하는 점이 다르다. 그리고 페리는 표류어민에 대해서 비인도적인 행위를 하는 일본을 '인류공동의 적'으로 규정했다. 오늘날 미국의 부시가 사용해서 유명해진 '악의 축'보다 수준 높은 표현이다.

게다가 한술 더 떠서 페리는 자신의 요구를 받아들이지 않는다면 일본 근해와 캘리포니아에 대기 중인 함대를 집결시켜 100척 이상의 군함으로 일본을 공격한다고 협박을 했다고 한다. 당시 미국의 해군력을 감안하면 터무니없는 허풍이다. 그런데 이 부분은 사실 여부를 놓고 많은 논쟁을 불러 일으켰다. 왜냐하면 미국 측의 어떠한 공식·비공식의 기록에도 이러한 발언이 수록되어 있지 않기 때문이었다.

이것은 오로지 일본 측이 작성한 회견기록에만 존재한다. 그렇다면 진상은 어떻게 된 것일까? 페리가 이러한 발언을 한 것은 사실로 보인다. 그렇다면 페리는 협박한 사실을 일부러 감춘 것일까? 그렇게 생각되지는 않고 일본을 압박하기 위한 수단으로 별다른 죄의식 없이 사용한 것으로 추측된다.

페리는 공식보고서인 《일본 원정기》를 비롯해서 많은 기록을 남겼지만 의외로 누락된 부분이 많다. 예를 들면 페리는 자신의 60회 생일에 대한 어떠한 기록도 남기지 않았다. 인간에게 60번째의 생일은 의미가 각별한 법이고, 특히 당시의 평균수명을 고려하면 더욱 그러하다. 게다가 관절염에 시달리면서 중대한 사명을 가지고 머나먼 외국에서 보내는 것이며, 군인으로서 자신의 경력을 화려하게 장식하는 마지막 시점에서 맞은 생일이다. 그러나 페리는 쓰던 개인일기에서조차도 아무런 감상을 적지 않았다.

이러한 이유로 고의적으로 사실을 은폐하기 위해서 감춘 건 아니라고 생각된다. 이것과 유사하게 일본 측의 기록에는 있고 미국 측에는 전혀 없거나, 반대로 미국이 작성한 기록에만 존재하는 사항이 여러 가지가 있었다.

그 때문에 이것의 진실 여부를 놓고 일본의 사학계에서 논쟁이 벌어지고는 했었다. 그러나 그것이 그다지 의미 있는 논쟁거리가 아닌 것은 분명하다.

페리의 공격에 하야시는 논리정연하게 반박했다. 아편전쟁 이전에는 페리의 주장이 사실이나 그 이후에는 정책을 바꿔서 표류어민을 받아들이고 있다는 사실을 지적하는 한편, 외국의 표류선원의 경우에도 이제는 인도적인 대우를 한다는 사실도 아울러 지적하여 페리의 비난과 공격이 현실과 다르다는 점을 지적했다. 그리고 모리슨호 사건이 이미 오래전에 발생한 사건이라는 사실을 꼬집으며, 이것을 전쟁의 명분으로 내세우는 게 인도적인 거냐고 반문하면서 반격을 가했다.

뜻밖의 반격에 페리는 잠시 말문이 막혀 침묵을 지켰다가, 이번에는 통상에 관한 조약의 체결을 제안하였다. 하야시는 인명을 구조한다는 인도적인 문제와 이익을 추구하는 무역은 별개의 것임을 명확하게 구분하고, 자급자족을 하는 일본이 무역을 할 필요성을 느끼지 못한다고 반박했다. 또다시 깊은 생각에 잠긴 페리는 이윽고 통상은 요구하지 않는다고 발언하고 만다.

강압적으로 밀어붙이면 통상조약의 체결도 가능하다는 걸 잘 알고 있었으나, 페리는 자신에게 주어진 사명에 비추어 볼 때 일단 일본을 개국시키는 게 급선무라고 생각해 욕심을 내지 않았다. 한 우물만 파겠다는 전략이다. 논리정연하게 페리의 공격을 반박한 하야시의 답변덕분에, 최초의 교섭을 마친 후 장래 교섭의 윤곽은 확실히 잡혔다. 외국선박에 대한 보급과 수리를 위한 항구를 개방하고 표류민의 구조를 인정하는 데 초점을 맞춰 협상하며, 통상은 보류한다는 방침이 묵시적으로 합의된 것이다. 그렇기 때문에 최초의 회견 후에는 실무적인 세부합의를 정하는 것으로 매끄럽게 진행되었다.

최초의 교섭이 끝나고 페리가 준비한 선물 증정식이 있었다. 이 선물을 적재한 수송선을 기다리기 위해서 그의 2번째 일본 방문이 늦어졌다. 그만큼 신경을 써서 준비한 것들이었다. 선물의 품목은 수백 가지에 이르렀지만, 가장 돋보이는 것은 페리가 특별주문해서 만든 실제로 작동이 가능하도록 정교하게 축소한 증기기관차의 모형과 100미터의 레일이었다.

비록 모형이지만 객차의 길이가 3.2미터, 폭이 2.2미터에 이르는 커다란 모형이었다. 게다가 페리는 이 정밀모형을 작동시키기 위해서 설치기사까지 고용해 일본에 데리고 왔다. 그리고 빛의 속도로 메시지를 전달할 수 있는 전신기도 있었지만 전신기는 일본 측의 통신의 중요성에 대한 인식 부족으로 별다른 관심을 끌지 못했다. 오늘날 일본은 미국을 능가하는 철도선진국이다. 일본의 기술적 잠재력을 알고 있었다면 페리는 일본에게 증기기관차의 정밀모형을 전달한 사실을 후회했을 것이다.

선물 중에서 가장 많은 품목은 농기구나 농작물의 종자였다. 당시 농업국가인 일본에게 이러한 농업관련 물품을 선물하는 게 이상하게 보일지도 모르지만, 오늘날에도 미국에서 가장 경쟁력을 가진 산업 중 하나가 농업이다. 미국 경제의 막강한 장점 중 하나는 1차 산업인 농업에서부터 최첨단 IT산업에 이르기까지 골고루 발전했다는 사실이다. 특히 농업은 광대한 농토를 기반으로 최신장비를 이용하여 고도로 기계화되어 있으며, 게다가 유전공학의 도움으로 엄청난 생산력을 자랑한다. 농업에 자신이 있기 때문에 농업과 관련된 품목이 가장 많았다. 또한 이것은 당시 미국이 산업혁명을 이룩한 공업국가가 아니라 농업국가라는 사실도 간접적으로 나타냈다.

나중에 일본 측이 답례로 쇼군의 명의로 보낸 선물은 공예품이나 농산물, 축산물 등이 대부분이었다. 페리는 막부가 보낸 성의 없는 선물에 별다른 관심을 보이지 않았지만 특별히 좋은 돌을 선물로 요구했다. 워싱턴 기념비를 만드는데 쓰이는 돌 하나를 일본에서 가져가기를 원했기 때문이다. 또한 페리는 일본을 방문하기 이전부터 개인적인 욕심으로 일본의 희귀한 식물이나 동물의 표본을 수집하길 희망했으나, 주어진 임무의 성격상 소원을 이루기는 어려웠다.

그 후 열린 회담에서는 어떤 항구를 개방하는가에 초점이 맞춰졌다. 막부가 가장 신경을 쓴 중대한 관심사가 바로 이 부분이다. 일본이 원해서 자발적으로 개국하는 것이 아니므로, 개국의 영향을 최소한으로 제한하기 위해서는 되도록 번화한 지역에서 멀리 떨어진 곳을 선정해야만 했다. 당시 막부의 입장을 고려하면 당연한 거지만, 이러한 소극적인 태도가 후세에 무능한 막부가 불평등조약을 체결했다고 비난받는 주요한 원인이 되었다.

미리 결정한 방침대로 페리는 이미 국제무역항의 기능을 하고 있던 나가사키를 제외하고 최소한 3개의 항구를 개방하라고 요구했다. 이미 오키나와는 확보했다. 북태평양에서 조업하는 미국의 포경선을 위해서 홋카이도의 항구 중 하나를 개방하는 게 불가피했는데, 하코다테(箱館)가 선정되었다. 그 덕분에 막부는 하코다테를 막부의 직할령으로 몰수하고 봉행소를 설치해야만 했다. 한편, 페리는 막부가 애초 하코다테는 막부의 직할령이 아니라고 거부하는 태도를 나타내자, 스스로 하코다테에 가서 협의한다고 말했다. 그리고 나중에 정말로 직접 방문하여 하코다테를 관찰한 결과, 좋은 항구의 입지를 가졌다고 만족감을 나타냈다. 당시 홋카이도를 통치한 것은 마쓰마에(松前)번이었다.

또한 태평양을 횡단하는 선박을 위한 중간기항지로서 일본은 시모다(下田)를 제안했다. 시모다는 이미 봉행소가 설치된 막부의 직할령이므로 감시하기가 편했고 에도로부터 상당히 떨어진 지역이었다. 시모다는 결코 좋은 항구의 입지는 아니었으나, 페리는 순수하게 중간기항지를 선정한다는 관점에서 시모다를 받아들였다.

다른 한편으로 페리는 시모다에 '유보(遊步)구역'의 설정을 막부에게 인정시켰다. 유보구역이라 함은 자신이 원하는 대로 산책을 하거나 자유롭게 돌아다니는 게 가능한 범위를 말한다. 이것은 개항장에서 일본 측의 통제를 받지 않는다는 점을 상징하기 위해서 페리의 강력한 요구로 인정된 것이다.

커다란 외교적 성과는 아니지만 페리는 나중에 이것을 빛나는 외교적 승리로 여기며 무척 자랑했다. 이러한 유보구역이라는 개념은 일본이 강화도 사건 후에 조선과 개국협상을 하는 과정에서 같은 수법으로 사용한 것이다.

아울러 페리는 막부에 대해서 명백한 치외법권을 요구할 생각도 있었지만 중국어 통역인 윌리암즈의 건의를 받아들여 포기하기로 결정했다. 윌리암즈는 오랜 세월동안 중국에서 선교사 활동을 하면서 서구열강이 치외법권을 방패로 저지르는 횡포를 눈으로 직접 목격한 탓에, 자신의 양심과 소신에 따라서 페리에게 치외법권에 관한 요구를 하지 말도록 강력하게 건의했다. 그래서 페리는 조약에 치외법권에 관해 간접적으로 암시하는 조항이 포함되도록 하는 정도에 머물렀다. 즉, 화친조약의 제4조에 미국시민이 '공정한 법률'에 복종해야 할 것이라는 내용을 넣었다. 이것은 해석하기에 따라서 치외법권을 의미할 수도 있었으나, 노골적인 치외법권을 나타내는 조항은 아니었다. 그 대신에 최혜국 대우에 관한 사항은 확실하게 손에 넣었다.

최혜국 대우는 A라는 국가가 상대국(여기서는 일본)과 조약을 체결해서 얻은 특권이나 이익을, 이미 조약을 체결한 B라는 국가도 최혜국 대우의 조항이 있으면 특별한 절차 없이 자동적으로 획득하는 것을 말한다. 그렇기 때문에 최혜국조항을 삽입하면 비록 페리가 체결한 조약의 내용이 아무리 부실하다고 해도 큰 걱정이 없게 된다.

최소한 외교상 이익에서 다른 서구열강에 뒤지지 않는 게 제도적으로 보장되기 때문이다. 그래서 최혜국 대우를 획득한 것은 '아마추어 외교관'인 페리에게는 가장 커다란 성과로 자랑해도 무리가 아니었다. 물론 페리는 이미 몇 개월 전에 러시아의 프티아틴이 비록 구두약속이지만, 최혜국 대우를 손에 넣었다는 사실을 모르고 있었다. 최혜국 대우 자체는 커다란 문제가 아니지만 한쪽 당사자에게만 일방적으로 인정되는 점에서 논란이 된다.

나중에 중대한 문제를 일으킨 것은 미국 영사를 시모다에 두느냐 아니냐를 둘러싸고 일어났다. 페리는 조약을 체결하고 18개월의 유예기간을 둔 후에 미국의 영사를 시모다에 둔다고 요구했다. 다시 말해 미국이 원한다면 언제든지 시모다에 외교관을 파견할 수 있도록 요구한 것이다. 표면상으로는 일본에 체류하는 미국인의 권익을 보호하기 위해서 필요하다고 주장했지만, 사실은 장래에 직업 외교관인 미국의 영사로 하여금 막부와 통상조약을 체결하도록 만들기 위한 포석이었다.

여기에 대해서 하야시는 원칙적으로 거부했다. 그러나 미국 측의 기록으로는 하야시가 이를 승인한 것으로 되어 있었다. 어째서 이러한 중대한 차이가 발생했을까? 이는 중간에서 통역을 담당한 네덜란드어 통역인 모리야마 에이노스케(森山栄之助)의 어학실력이 부족한 탓이 아니고 농간을 부린 결과로 여겨지고 있다.

모리야마는 미국과 일본 양쪽이 협상과정에서 충돌하거나 쟁점이 될 사항에 대해서는 갈등을 완화하기 위해 멋대로 통역을 하고 왜곡시켰다. 이것이 가장 두드러지게 나타난 사례가 바로 미국 영사의 시모다 주재 문제였다. 대부분의 주요한 쟁점은 이미 페리와 하야시가 최초의 회견에서 묵시적으로 합의가 된 상태로 진행되어 커다란 충돌이 없었으나, 시모다의 영사주재에 관해서는 정직하게 통역하면 양국이 정면충돌할 우려가 있었다. 여기서 모리야마는 임기응변을 발휘한 것이다.

일본어와 영어를 동시에 능숙하게 구사할 수 있는 능력을 가진 통역이 없었으므로 네덜란드어와 한문, 영어, 일본어가 교차하면서 번역과 통역에서 차이가 발생할 여지는 항상 있었다. 그러나 모리야마는 네덜란드어 통역을 전문으로 하는 가문에서 태어나 네덜란드어에 능통했고 영어도 어느 정도는 구사할 수 있었다. 그래서 미국과 일본 양쪽에서 신임이 두터웠다. 이러한 사정으로 모리야마가 이 문제에 관해서 번역이나 통역을 어학실력의 부족으로 잘못했다고 보기는 어렵다. 막부의 통역담당자 중에는 모리야마의 행동을 견제할 어학실력을 갖춘 인물이 없었다.

　나중에 모리야마는 교체되고 최종조약문의 검열은 다른 사람이 했지만, 이미 네덜란드어판의 조약문에서는 페리의 요구대로 미국에게 일방적으로 영사주재권을 명문으로 인정했다. 네덜란드어판이 미국에게 교부된 조약문이었다. 여기에 대해서 한문판에는 시모다의 영사주재는 양국이 합의한 경우에 한해 인정된다고 규정되어 있었다. 그러나 중국어 통역인 윌리엄즈는 이 문제에 대해서 이의를 제기하지 않았다. 윌리엄즈가 일부러 몰랐던 시늉을 했던 것인지, 그게 아니면 직무태만에서 야기된 결과인지는 알 수가 없다. 게다가 한문판이 막부의 수뇌부에게 최종조약문으로 제출되었으므로 이러한 차이를 막부는 전혀 알지 못했다.

　설사 알았다 하더라도 막부의 교섭요원들에게는 상황을 역전시킬 능력은 없었다. 그 결과 끝내 이러한 중대한 차이가 있는 사실을 양국의 수뇌부가 모르는 채로 조약 체결에 이르게 된 것이다. 공식적인 조약문은 형식상 일본어와 영어로 작성되었지만, 영어판은 네덜란드어판을 그대로 번역한 것이고 일본어판은 한문판을 바탕으로 번역해서 작성되었다.

　최종단계에서 영어판과 일본어판을 슬쩍 대조하면 금방 차이를 알 수 있었지만, 영어와 일본어를 동시에 독해할 수 있는 사람은 아무도 없었다. '아마추어 외교관' 페리가 유능한 통역을 구하지 못한 사실이 미국에게 뜻밖의 행운을 안겨다 준 것이다. 한편, 막부의 교섭요원 중에서 이러한 중대한 실수에 대해 나중에 책임을 지고 엄한 문책을 받은 사람은 없었다.

　협상이 진행되는 동안에 양국 교섭담당자들의 사적인 대화나 접촉도 빈번하게 이루어졌다. 이러한 가운데 미국 측의 주목을 끈 것은 미국 함대를 방문하는 일본인들이 거의 예외 없이 최신식 무기와 증기군함에 지대한 관심을 보였다는 점이다. 이것은 1차 방문 때도 마찬가지였으나, 특히 연발 리볼버 권총에 대해서는 열광적인 반응을 보였다. 당시의 기술력으로 연발권총은 매우 정교하게 만들어진 최첨단 무기다. 미국의 군인들이 호의로 권총을 쏴보게 하면 어린아이처럼 좋아하고 서로 다투면서 권총을 만져보려 했다고 한다.

이러한 상황을 생생하게 목격하면서 미국의 군인들은 일본인들의 호전성에 대해서 의심했지만, 적어도 도쿠가와 막부가 해외침략을 한 적은 없다는 사실을 잘 알고 있었으므로 그저 호기심이 강한 것으로 여겼다. 그러나 이것이 얼마나 커다란 판단착오인지는 나중의 역사가 증명한다. 페리나 그의 참모들은 일본인들의 손재주가 뛰어난 것은 이미 간파하고 있었다. 그러나 호전성에 관해서는 눈앞의 상황을 보고도 '설마' 라고 생각했다.

한편, 강화도 조약의 체결 당시 일본은 조선 측에 개틀링 기관총을 선물로 증정했다. 당시로서는 드물게 이 총은 수 백발의 총탄을 연속해서 발사할 수 있는 강력한 화력을 가진 수동식 연발총이었고, 일본에도 보유수량이 많지 않은 귀중한 선물이었다. 페리가 증기기관차의 정밀모형을 회심의 선물로 준비한 것처럼 일본은 개틀링 기관총을 비장의 선물로 마련하여 사격시범을 보였다. 그러나 조선 측은 일부 군인을 제외하고 거의 무관심한 반응을 보였다고 한다. 민족성의 차이가 사소한 예에서도 무의식적으로 드러나는 것을 알 수가 있다.

조약체결의 최종단계에서 실랑이가 벌어진 원인은 미국 측이 조약문에 쇼군의 서명을 요구하면서 비롯되었다. 당시 서양의 관습을 고려하면 서명을 요구하는 건 당연했지만, 막부의 입장에서 본다면 매우 도발적인 요구다. 오랑캐가 쇼군의 친필서명을 요구하는 것 자체가 대단히 무례한 행동으로 막부의 수뇌부를 곤혹스럽게 만들었다.

결국 노중들이 쇼군을 대신해 서명한다고 낙착을 봤지만 문화적인 차이에서 비롯되는 오해와 갈등은 도처에서 일어났다. 가장 널리 알려진 것이 공중목욕탕에서 남녀가 함께 목욕하는 습관이나, 속옷만 입고 거의 나체에 가까운 상태로 돌아다니는 데 대해 페리가 야만적인 풍습이라고 강하게 비판한 점을 들 수가 있다. 당시 유럽이나 미국의 문화 관념으로는 받아들이기 어려운 풍습이다. 특히 남녀가 같이 목욕하는 습관에 대해서 미국의 관찰자들은 '음란한 민족'이라는 표현까지 사용해가며 원색적인 비난을 가하였다.

또한 페리는 막부가 볼거리로 제공한 일본식 씨름인 스모경기를 관전하고는 대단히 강한 역겨움을 느꼈다고 한다. 그의 관점으로 스모는 스포츠가 아니라 비정상적인 체구를 가진 씨름꾼들이 펼치는 기괴한 장난에 불과했다. 이와는 반대로 미국의 함선에 탑승한 막부 관리들은 제공되는 서양요리에 혹평하기를 주저하지 않았다. 일본음식보다 향신료를 지나치게 많이 사용해 입맛에 맞지 않았기 때문이다. 페리는 일본인들의 환심을 사기 위해서 일부러 솜씨 좋은 요리사를 고용해 동행시켰고 풀코스의 만찬요리를 대접했지만 결과는 신통치 않았다.

조약 체결은 1854년 3월 3일에 끝났으나, 절차상으로는 아직 비준을 받아야 하는 문제가 남아있었다. 미국의 헌법에 따르면 상원의 동의를 얻어야 한다. 조약 체결 4일 후에 참모장 아담스 중령이 조약의 등본을 지참해 사라토가호를 타고 캘리포니아로 직행했다. 파나마를 거쳐서 워싱턴에 도착한 때는 3개월 후이고, 만장일치로 간단하게 상원의 비준을 받았다.

이미 대통령이 필모어에서 피어스로 바뀐 뒤였다. 아담스는 미국에 도착하고 2개월 후에 뉴욕을 출발, 유라시아 대륙을 육로로 횡단해서 시모다로 돌아왔다. 조약을 체결한지 무려 9개월이나 지난 1854년 12월 9일이었다. 양국 사이에서 비준서가 교환되고 정식으로 효력이 발효된 것은 1855년 2월 21일이다.

페리는 조약이 체결되고 나서도 3개월 정도 일본에 머물다가 오키나와로 향했고, 오키나와를 상대로 조약을 따로 체결했다. 당시 형식적으로 오키나와는 독립된 왕국이 수립되어 있었으므로 별도로 조약을 체결해야만 했기

때문이다. 그러나 막부와 체결한 조약과는 다르게 치외법권이나 자유무역에
관한 규정도 있었다. 임무를 마친 페리는 홍콩으로 귀환하고 함대의 지휘권
을 부하에게 넘긴 후 귀국 길에 올랐다.

6

영국과의 자발적 개국

영국은 아편전쟁을 통해서 동아시아의 국제질서에 대변동을 일으킨 장본인이다. 중화질서는 붕괴하기 시작했다. 역사 교과서를 포함해 일본에서 근대사를 다루는 서적에서는 거의 예외 없이 아편전쟁에 관한 언급이 나온다. 그러나 한국에서 아편전쟁은 세계사에서 다루지 국사교과서나 역사책에서는 거의 언급하지 않는 게 사실이다.

그 이유는 비록 형식적인 종주국이지만 조선이 이웃 국가인 중국에서 벌어진 아편전쟁을 강 건너 불구경하는 정도로 무관심했기 때문이었다. 그러나 도쿠가와 막부는 아편전쟁에 관해서 전쟁 발발의 초기부터 상세한 정보를 입수했고 커다란 충격을 받았다. 아편전쟁에서 중국이 일방적으로 패배했다는 소식은 일본 전역에 널리 퍼져나갔으며 지배층과 지식인에게 전율을 안겨다 주었다.

사실 따지고 보면 중국 역사상 오랑캐에게 정복당하고 유린당한 예가 수 없이 많이 나온다. 아편전쟁에 패배한 청나라 역시 중국 본토에서 오랑캐라고 멸시하던 만주족이 세운 국가이다. 따라서 언뜻 생각하기에 이 문제를 가지고 일본이 민감하게 반응할 이유는 없는 것처럼 보인다. 그러나 영국은 중국이 상대한 그 어떠한 오랑캐와도 차별되는 특징을 가지고 있었다. 바로 아편전쟁에 그 특징이 잘 나타나 있다.

아편전쟁의 가장 큰 특징은 전쟁의 부도덕성이다. 다른 국가에 아편을 판매하기 위해서 전쟁을 하는 것은 그때까지 동아시아 역사에서는 유례가 없는 사건이었다. 중국을 침략한 기마민족은 정복욕이나 굶주림 때문에 전쟁을 했으며, 아편을 판매하기 위해서 전쟁을 한다는 경우는 없었다. 오늘날 미국이 이라크를 침공한 것을 놓고 명분 없는 전쟁이라는 비난이 높으나, 아편전쟁은 명분이 없는 차원을 넘어서 부도덕의 극치를 보여준 전쟁이었다. 이 때문에 당시 영국 의회에서도 전쟁에 반대하는 목소리가 높았지만, 국익을 우선한다는 차원에서 전쟁을 강행했다.

일본을 개국시킨 페리는 이러한 영국에 대해서 '비양심적인 정부'라는 표현을 즐겨 사용했다. 영국은 중국과 무역에서 손해 보는 상황을 반전시키려고 아편을 판매해 무역의 이익을 추구하고, 중국이 이를 제지하자 가차 없이 전쟁을 일으켜 상대를 짓밟는 깡패와 같은 행동으로 일본의 지배층과 지식인의 간담을 서늘하게 만들었다. 이로 인해 다음 차례는 일본이 아닌가라는 강한 위기의식이 생기는 것도 당연한 일이다.

아편전쟁은 중국 역사상 최초로 기마민족이 아니라 해양민족에게 유린당했다는 점에서 또 다른 특징이 있었다. 바로 이것이 막부를 공포에 떨게 만들었다. 아편전쟁 당시 수만 킬로미터 떨어진 섬나라인 영국으로부터 대규모 병력을 파견, 홈그라운드의 이점을 가지고 있는 중국을 상대로 근대적인 무기와 화력을 앞세워 일방적으로 격파하는 것은 당시로서는 상상을 초월하는 군사력이었다.

물론 이것은 막강한 해군력의 뒷받침이 있었기 때문에 가능한 것이다. 오늘날에도 해외에 대규모 병력을 파견해 지속적인 전쟁수행이 가능한 능력을 가진 국가는 거의 없다고 해도 과언이 아니다.

막부는 아편전쟁의 상세한 소식을 계기로 해군력의 중요성은 자각했지만, 현실적으로 대영제국을 만들어낸 영국 해군은 나폴레옹조차도 격파하지 못했다는 사실을 잘 알고 있었다. 결국 그들은 영국이 중국에 이어 일본을 노리고 침공한다면 속수무책으로 당할 수밖에 없다는 사실을 깨달았다. 과거 몽고의 침공을 물리칠 수 있었던 이유는 일본이 잘나서가 아니라, 태풍의 도움과 몽고가 해군력을 거의 가지고 있지 않았던 것이 원인이다. 그러나 영국은 이와는 반대로 지상군은 결코 최고라고 할 수는 없지만, 해군력만큼은 자타가 공인하는 세계 최강이었다.

이러한 사실을 뼈저리게 느끼고 전전긍긍하던 막부는 황급히 대외정책을 180도 전환한다. '이국선(異国船) 격퇴령'을 '신수(薪水)급여령'으로 바꾼 것이다. 다시 말해 기존에는 정체불명의 외국선이 일본 해안에 접근하면 대포를 쏴서 격퇴하는 것이 기본방침이었지만, 아편전쟁을 계기로 외국선이 접근하면 땔나무와 식수를 줘서 곱게 돌려보낸다는 유연한 방침으로 바꿨다. 이국선 격퇴령을 고집하면 영국이 이를 빌미로 일본을 공격할지도 모른다고 우려해서 취한 조치였다.

이러한 극적인 방침전환을 하게 된 계기는 영국이 아편전쟁의 승리 후에 그 여세를 몰아 일본을 개국시키려 한다는 정보를 네덜란드로부터 입수했기 때문이라고 한다. 도쿠가와 막부가 얼마나 겁을 먹었는지 알 수가 있다. 그러나 이와는 정반대로 조선의 대원군은 프랑스인 신부를 처형해 병인양요를 유발하고, 대동강에서 제너럴셔먼호를 불태워 신미양요의 빌미를 제공했다.

아무튼 막부는 아편전쟁 이후 항상 서구열강에게 전쟁의 빌미를 제공하지 않도록 각별히 신경을 썼고, 이것이 결국 페리 제독의 횡포에 무력으로 강경하게 대응하지 못하고 개국을 허용하는 근본적인 원인이 되었다.

아편전쟁을 계기로 서구열강의 군사력의 우위는 중국에 널리 알려졌지만, 다른 한편으로 서구열강에 대한 잘못된 편견을 갖게 되는 계기도 만들었다. 당시까지 동양의 도덕관념으로 보면 아편전쟁은 터무니없이 부도덕한 전쟁이었다. 전쟁의 패배로 서구열강이 가진 우수한 군사력과 과학기술은 부득이하게 인식하지 않을 수가 없었으나, 그 이외에는 여전히 동양이 우월하다는 관념을 만들어 냈다. 특히 아편전쟁을 의식해 도덕이나 윤리의 면에서 우월감을 가졌다.

따지고 보면 중국이 승전국 영국으로부터 배워야 할 점은 단지 과학기술만이 아니었다. 민주적인 정치제도, 사회제도, 자유무역을 바탕으로 한 자본주의 경제체제 등 거의 모든 분야에 걸쳐서 배워야 할 게 많았지만, 이러한 '문명의 차이'를 제대로 인식하지 못했다. 그래서 중국은 아편전쟁의 패배에도 불구하고 전면적인 근대화나 개혁을 추진하길 거부한 것이다.

한편, 일본에서는 무사계급을 중심으로 아편전쟁에 패배한 중국에 대한 멸시의 감정이 널리 확산되기 시작했다. 사람은 자기가 보고 싶은 관점에서 사물을 보기 마련이다. 무(武)를 숭상하는 무사계급이 지배하던 도쿠가와 막부의 상황에서, 거대한 중국이 일본과 규모가 비슷한 섬나라 영국에게 일방적으로 패배했다는 사실을 경멸하는 것은 당연할지도 모른다. 이것과 마찬가지의 관점에서 조선에 대한 멸시의 감정도 널리 존재했었다. 그것은 임진왜란 당시 중국이 조선을 도와주지 않았다면 한반도를 식민지로 지배할 수 있었다는 군사적인 우월감 때문이다.

조선에 대한 멸시의 감정을 밑바탕에 두고 있다보니 막부의 요청으로 조선이 파견한 조선통신사를 도쿠가와 막부에 조공을 바치러 오는 것으로 인식하는 일본인도 당시부터 상당수 존재한 게 사실이다. 특히 지배계급의 정점에 위치한 다이묘 중에서도 그러한 인식을 가진 자가 많았다. 도쿠가와 막부와 조선이 어떠한 관계에 있었냐고 묻는다면, 서로 친선을 도모하던 대등하고 평등한 관계로 규정하는 것이 교과서적인 설명이다. 그러나 실제로는 서로가 상대방을 경멸하고 혐오하는 사이라고 해도 과언이 아니었다.

도쿠가와 막부는 군사적 관점에서 조선을 약소국으로 여겼고, 조선은 문화적인 관점에서 일본을 오랑캐로 경멸했다. 그렇기 때문에 조선통신사의 파견이 시간이 갈수록 흐지부지 되었음에도 불구하고 그대로 방치한 것이다. 아무튼 아편전쟁을 계기로 발생한 일본의 중국에 대한 멸시의 감정은 청일전쟁에 승리하면서 확고한 고정관념으로 정착되었다.

영국은 아편전쟁의 승리 후에 일본을 개국시키려는 시도를 여러 차례 추진했다. 그러나 영국 본국의 입장으로는 당분간 동아시아에서는 '중국 길들이기'에 중점을 두었고, 이 때문에 대규모 함대를 일본에 보낼 여유가 없었다. 포함외교를 구사하려면 막강한 함대의 존재는 필수였지만, 막상 일본에 함대를 파견하려고 하면 애로호 전쟁, 태평천국의 난 등의 사건이 터지면서 좌절되었다. 이러한 상태는 일본의 개국 이후에도 계속되었으나, 1854년 7월 15일 느닷없이 영국 함대가 나가사키에 입항한다. 스털링(James Stirling) 제독이 이끄는 4척으로 구성된 함대였다.

이미 일본은 미국이 개국시킨 상태다. 그렇다면 어째서 갑자기 나타난 것일까? 그 이유는 크림전쟁 때문이다. 크림전쟁이 발발하자 동아시아에 주둔한 영국 함대에게도 작전명령이 하달되었다. 흑해에서 발발한 전쟁의 여파가 동아시아에까지 파급된 것이다. 7월 8일에는 영국과 프랑스의 연합함대로 구성된 병력이 캄차카 반도의 페트로파블로프스크를 공격했으나, 결국 실패로 끝났다. 스털링은 그 직후 일본을 방문했다.

나가사키에 입항한 스털링은 크림전쟁에 일본이 중립을 지킬 것인지를 확인하고, 중립을 지킬 경우에 전시 중립국의 의무를 요구하기 위한 목적을 가지고 있었다. 아울러 프티아틴의 함대가 나가사키에 머물고 있으면 이를 섬멸할 생각이었지만, 이미 러시아 함대는 나가사키를 떠났으므로 이 임무는 포기했다.

느닷없는 영국 함대의 입항에 당황해하는 나가사키 봉행을 면담한 스털링은 빅토리아 여왕의 명의로 작성된 선전포고서와 중립국으로의 포고문을 제시하고, 막부가 크림전쟁에 중립을 지킬 의향이 있는지 확실히 태도를 결정하라고 요구했다. 게다가 일본이 전시 중립국이 되는 경우, 작전 중의 영국 함대가 필요할 때 일본 항구에서 일정기간 체재할 수 있는 권리가 있다는 사항도 알렸다. 결국 개국을 요구하는 게 아니라, 영국 함대를 위해서 일본 항구를 임시로 사용할 수 있는 권리를 요구한 것이다. 다른 한편으로 일본의 항구가 러시아 함대의 보호막이 되지 못하도록 방지한다는 목적도 아울러 포함되었다.

문제는 이러한 스털링의 의도가 정확하게 일본 측에 전해지지 않은 점이다. 스털링은 외교적인 교섭을 하기 위해서 방문한 외교사절이 아니므로, 일본의 표류어민을 통역으로 동반하고 왔다. 애당초 배운 것이 별로 없는 표류어민에게 고난도의 국제법에 관한 사항을 통역하도록 시키는 건 무리다. 스털링도 이러한 문제점을 의식하고 자신의 요구사항을 5가지로 정리한 문서를 일본 측에 제시했지만, 이것 역시 정확하게 일본어로 번역되지 못했다. 일단 영어를 네덜란드어로 번역한 다음, 이것을 다시 일본어로 번역하는 과정을 밟았기 때문이다.

물론 스털링이 요구한 사항의 전반적인 취지는 이해했지만, 세부적인 내용에 들어가서는 스털링의 요구나 의도를 정확히 이해하기가 불가능했다. 예를 들어 일본 측은 교전국 군함이 군사작전을 하던 중에 일본의 항구로 입항하는 것과, 통상적인 항해 도중에 폭풍우와 같은 천재지변을 피하기 위해서 항구로 피난하는 경우의 차이점을 명확히 인식하지 못했다.

원칙적으로 교전국 함선이 군사작전을 수행하는 도중에 중립국의 항구에 들어가는 것은 인정되지 않는다. 그것은 중립국으로부터 도움을 받는 결과가 되기 때문이다. 중립국은 이에 위반하는 교전국 함선을 항구로부터 추방할 수 있으나, 국제법에 관한 지식이 부족한 일본 측은 이러한 점을 정확히 이해할 수 없었다. 그래서 나중에 막부는 영국과 프랑스의 연합함대가 군사작전을 하던 도중에 보급 등을 위해서 일본의 항구에 빈번하게 출입하는 것을 추방하거나 제지하지 않았다.

특히 캄차카 반도와 연해주 부근에서 작전을 하던 영국과 프랑스의 함대가 홋카이도의 하코다테(箱館)를 마치 동맹국의 항구처럼 이용했다. 바로 이러한 점을 노리고 스털링은 일본 측에게 전시 중립국에 관한 정확한 개념을 이해하도록 도우려는 적극적인 노력을 하지 않았다. 설사 막부가 전시 중립국의 개념을 정확히 이해했더라도, 영국과 프랑스의 함대를 추방한다는 대담한 행동을 취하기는 어려웠을 것이다.

막부가 가장 염려한 것은 초강대국 사이의 전쟁에 휘말려 본의 아니게 피해를 받는 가능성에 있었다. 약소국인 일본의 입장에서는 당연한 우려다. 그래서 이것을 중시해 스털링의 요구를 해석하다보니 문제가 발생했다. 막부가 특히 신경을 곤두세운 것은 일본의 항구 내에서 서구열강의 군함끼리 교전하는 경우다. 그래서 중립국 항구에서 교전국의 함선이 준수해야 할 사항을 위반하면 추방하는 게 가능하다는 것을 임의적으로 확대해석했고, 스털링의 의도와는 다르게 중립지역인 일본의 항구나 그 근처에서 교전을 무조건 금지한다고 받아들였다. 더 나아가 당시 나가사키 봉행이었던 미즈노 타다노리(水野忠德)는 이 기회에 영국과 화친조약을 체결하고자 원했다.

미즈노는 아베가 발탁한 유능한 인재 중 하나였으며, 크림전쟁의 불똥이 일본에 파급하지 않게 하기 위한 최선의 방책 중의 하나가 영국과 친선조약을 체결하는 거라고 인식했다. 페리가 일본을 방문할 당시만 해도 부득이하게 개국을 한다는 입장에 있었던 일본이 크림전쟁을 계기로 자발적으로 영국과 조약의 체결에 나서는 상황이 되었다. 상대방과의 의사소통에 문제가 있는 상태에서 조약을 체결하는 상황은 피하는 게 바람직했지만, 열강끼리 벌이는 전쟁에 말려들지 않기 위해서 강행했다.

애당초 스털링은 일본과 조약을 체결하기 위해서 온 것은 아니었다. 게다가 여기에 관한 위임을 영국 정부로부터 받은 것도 아니지만, 거절할 이유는 없었다. 이렇게 해서 최혜국 대우에 관한 조항을 포함하는 영일협약이 체결되었다. 스털링은 명확히 최혜국 대우를 협약 내용에 포함시켰지만, 일본 측은 의사소통의 문제로 제대로 인식하지 못했다. 이것이 나중에 논쟁의 씨앗이 되었으나, 결국에는 약소국 일본이 양보할 수밖에 없었다.

협약의 대체적인 방향은 매우 온건한 내용이었다. 일본에게 아쉬울 게 없어서 오만하게 횡포를 부린 페리 제독과는 다르게, 스털링은 전쟁을 하고 있는 입장이고 일본의 협력이 필요한 탓도 있어서 일본이 정하는 방침과 법을 준수하는 태도로 일관했다. 일본이 가장 두려워한 영국이 오히려 실제로는 온순하게 일본과 협약을 체결한다는 웃지 못할 결과를 낳았다.

한편, 스털링이 멋대로 일본과 조약을 체결한 사실은 나중에 영국 본국의 외무성으로부터 승인을 얻었지만, 당시 중국에 파견된 무역감독관인 볼링(John Bowring)의 비위를 건드렸다. 볼링은 당시 영국이 동아시아에 파견한 관료 가운데 최고위직의 인물이었다. 그는 예전부터 일본의 개국을 시도했으나, 영국 해군의 비협력으로 뜻을 이루지 못하고 있었다. 볼링은 일본을 개국시키기 위해서는 상당한 규모의 함대가 필수적이라는 생각을 고집했기 때문에, 진작에 일본을 개국시킬 수 있는 기회를 번번이 놓쳤다.

비록 소규모 함대를 이끌고 일본에 가더라도 배후에 막강한 대영제국의 해군이 있다는 사실을 강조하면 충분했지만, 볼링은 융통성이 부족했다. 도쿠가와 막부가 영국의 군사력에 잔뜩 겁을 집어먹고 있는 상황이므로, 소규모 함대를 인솔하고 방문해도 공갈협박을 사용하면 성공 가능성은 매우 높았다. 볼링은 엉뚱하게도 스털링이 자신이 할 일을 가로챘기 때문에 불만이 이만저만이 아니었고, 심지어는 스털링이 체결한 영일협약 자체를 부정하는 태도마저도 나타냈다.

한편, 그는 스털링이 멋대로 체결한 영일협약을 사후에 승인한 본국의 외무성도 역시 비난했으며, 본격적인 통상조약을 체결하기 위해 일본으로 가려고 했다. 그러나 크림전쟁의 와중에서 함대를 차출하기는 곤란했다. 영국 함대를 지휘하는 스털링은 러시아의 상선과 군함을 수색해서 포획하거나 섬멸하는 작전을 수행할 목적으로 함대를 이끌고 빈번하게 출동했다. 결국 나중에 본국에서 파견한 엘긴(Earl of Elgin, James Bruce)이 불과 2척의 함선을 이끌고 일본과 통상조약을 체결하는 임무를 부여받았다. 만약 볼링이 융통성 있게 행동했더라면 그가 일본과 통상조약을 체결한 최초의 인물로 기록되었을지도 모른다.

아무튼 영국과 자발적으로 화친조약을 체결한 것을 계기로 막부는 크림전쟁 당시 영국의 동맹국이었던 프랑스와도 조약을 체결하지 않을 수가 없었다. 더 나아가 이왕 내친김에 프러시아나 스페인, 포르투갈을 비롯한 유럽의 주요 국가들과도 자발적으로 화친조약을 체결한다는 적극적인 방향으로 나아갔다. 페리 제독이 최초로 일본을 방문했을 당시와 비교한다면 격세지감을 느끼게 할 정도로 극적인 외교방침의 전환이었다. 즉, 일본이 자발적인 개국의 방향으로 나아가게 된 것은 페리 제독과 화친조약을 체결한 결과가 아니라, 크림전쟁과 여기에 수반하는 영국 함대의 방문이 결정적인 계기였다. 당시 도쿠가와 막부가 영국을 무척 두려워했다는 점을 생각하면 그것은 당연한 결과일지도 모른다.

7

해리스의 방일과 미일통상조약

1856년 7월 21일, 홀연히 한 명의 미국인이 미국 군함을 타고 시모다에 모습을 나타냈다. 그리고 스스로를 미국이 파견한 일본주재 영사로서 시모다에 부임했다고 소개했다. 바로 초대 미국 주일영사인 해리스(Townsend Harris)였다. 예고 없는 방문에 시모다 봉행인 이노우에 기요나오(井上淸直)는 당황했다. 앞서 말한 대로 영어판의 미일화친 조약 제11조에 미국이 원하면 일방적으로 외교관을 일본에 파견할 수 있다고 규정했다는 사실을 알지 못했기 때문이다.

이노우에의 입장에서는 아닌 밤중에 홍두깨였다. 일본어로 작성된 미일화친조약에 미국과 일본이 협의한 경우에 외교관을 파견한다는 규정을 근거로, 시모다 봉행소는 해리스가 즉시 미국으로 돌아가라고 요구했다. 그러나 해리스의 완강한 저항으로 이노우에는 부득이하게 시모다에 일시적으로 머무는 것을 허용한다는 방침을 세우고 시모다 교외에 있는 옥천사(玉泉寺)라는 절을 숙소로 지정했다.

옥천사가 시모다에 속하지 않는다는 이유로 해리스는 시모다에 주재할 권리를 내세우며 처음에는 거부했지만, 일시적으로 머무는 숙소라는 전제 하에 8월 5일 옥천사에 들어갔다. 막부는 외국인에게 사찰을 숙소로 제공하는 경우가 많았다. 사찰은 보통 인적이 드문 곳에 있으므로 일본인의 시선을 자극할 우려가 적었다는 게 가장 중요한 이유였다.

그렇다면 어째서 미국은 예고도 없이 서둘러 영사를 파견했을까? 막부의 경직된 태도가 문제의 근본적인 원인이었다. 막상 화친조약이 체결되었지만 막부는 조약의 규정에 통상에 관한 내용에 없다는 사실을 앞세워 시모다를 방문한 미국선과의 무역을 완강하게 거절하는 것은 물론이며, 미국인이 상륙하면 사실상 추방했기 때문이다. 여기서 페리가 체결한 화친조약의 문제점을 공격하는 비난의 목소리가 높아졌고, 서둘러 자유무역을 위한 본격적인 통상조약 체결을 목적으로 파견하게 된 것이다.

이러한 이유로 파견된 해리스는 본래 뉴욕에서 도자기 수입상을 했고 직업상 동양에 대해 관심과 흥미가 있었다. 그는 단순히 무역만이 아니라 뉴욕대학 설립에도 깊이 관여하는 등 '뉴요커'로서 탄탄한 입지가 있었으며, 초대 주일영사에 발탁된 것도 바로 이러한 뉴욕을 배경으로 한 뉴욕 상인들의 강력한 추천과 지지가 있어 가능했다.

미국의 수도는 워싱턴이지만 사실상의 중심도시는 뉴욕이다. 해리스가 뉴욕을 출신배경으로 가진 것이 초대 주일영사에 발탁되도록 만든 든든한 자산이었다. 그는 뉴욕에서 도자기 수입상으로 사업에 실패한 후, 직접 아시아로 건너가 극동무역에 종사했으나 역시 실패했다. 여기서 그는 인생의 새로운 전환점으로 극동에서 외교관이 되고자 결심한다.

애당초 그는 페리 제독의 일본 방문에 참가하길 원했지만, 페리가 민간인의 참여를 거절한다는 방침을 세웠기 때문에 그 희망을 이루지 못했다. 그 후 미일화친조약이 체결되자 초대 주일영사 자리에 눈독을 들인 해리스는 적극적인 로비활동을 벌여 마침내 성공을 거두고, 통상조약의 체결이라는 중대한 임무를 가지고 일본을 방문하게 된 것이다.

숙소로 지정된 옥천사에 들어가기 전 해리스는 연락을 받고 에도로부터 긴급히 돌아온 시모다 봉행 이노우에와 회견을 했다. 그 자리에서 통상조약의 체결을 목적으로 온 사실을 밝히지 않고 외교관으로서 미국 시민의 보호를 위해서 왔다고만 알리고, 치외법권과 미국인에 대한 영사재판권이 있다는 사실을 강조했다. 난감한 상황에 빠진 시모다 봉행소는 막부에 해리스가 시모다에 주재하는 것을 허용해야 하는지에 관한 훈령을 요청하지 않을 수가 없었다.

막부 내부에는 의견이 분분했지만 강경하게 해리스를 쫓아내야 한다는 의견은 없었고, 결국 해리스의 시모다 주재를 인정하기로 결정했다. 그리고 이 훈령을 전달한다는 명목으로 목부(目付)의 직책에 있는 이와세 타다나리(岩瀬忠震)가 시모다에 직접 가서 해리스를 만났다. 이와세 역시 아베가 발탁한 신진관료로서 개국과 무역의 개시에 대해 남다른 비전을 가진 인물이었다. 해리스는 이 자리에서 특유의 허풍으로 영국이 일본을 본격적으로 공격하기 위해서 준비 중이라고 알리고, 직접 막부의 수뇌를 만나 자세한 이야기를 전하고 싶다고 요청했다. 그러나 이에 대해서 막부는 별다른 반응을 보이지 않았다.

일본과 최초로 통상조약을 체결하라는 사명을 부여받았으나, 해리스는 여기에 관해서 국무성으로부터 특별한 가이드라인을 지시받은 것은 없었다. 모든 것을 해리스에게 위임하고 태국과 동등한 수준이면 만족한다는 정도였다. 해리스는 일본에 오는 도중 태국과 통상조약을 체결했으며 그것을 모범답안으로 생각하고 있었다. 10월에 막부 앞으로 서간을 보낸 그는 에도에 직접 가서 쇼군에게 대통령의 친서를 전달한 후에, 일본의 장래에 닥친 중대사건에 관한 할 말이 있음을 알리고 시모다 봉행에게 에도 방문을 허가해 주도록 요구하였다.

해리스의 계획은 쇼군에게 대통령의 친서를 건네고, 그 기회를 이용해 막부의 수뇌를 설득해서 통상조약을 체결한다는 간단한 아이디어였다. 그 편지에서도 영국의 일본 침략 의도를 과장해서 공갈협박을 하는 한편, 이와는 반대로 미국의 선량하고 우호적인 태도를 강조하는 해리스 특유의 외교적인 흑백논리를 유감없이 사용하였다.

본래 스코틀랜드인의 혈통을 가진 해리스는 영국에 대한 강한 반감을 가진 인물이었고, 이것은 막부가 반영(反英)감정을 가지고 있는 것과 마찬가지였다. 해리스가 반영감정을 가지게 된 계기는 할머니와 어머니의 영향 때문이라고 한다. 그는 결혼하지 않고 평생 독신으로 살았으며, 어머니를 모시고 같이 살았으므로 '마마보이'라는 악평도 들었다. 그러나 그것은 효심이 깊은 것으로 보는 게 옳다고 생각된다.

한편, 막부는 패튼(Paeton)호 사건을 계기로 반영감정을 가지게 되었다. 이것은 네덜란드 본국이 나폴레옹에게 점령되었을 당시 이를 견제할 목적으로, 영국 군함 패튼호가 네덜란드 국기를 걸고 네덜란드 무역선으로 위장하여 나가사키에 입항한 후에, 데지마(出島)에 있는 네덜란드 상관을 접수하려고 시도한 사건을 말한다.

패튼호는 정체가 발각되자 항구 내에서 인질극을 벌이다가 탈출했고, 나가사키 봉행이 여기에 대해 책임을 지고 자살하는 등 커다란 파문을 일으켰다. 이 사건을 계기로 일본에서 영국의 평판은 땅에 떨어졌다. 게다가 영국이 아편전쟁을 시작으로 동아시아 침략을 본격화하자 두려움과 공포를 느끼며 영국에 대한 반감이 더욱 강해지게 되었다.

이러한 해리스의 요구에 대해서 막부는 시모다 봉행소가 알아서 처리할 것을 지시하고 해리스의 서간에 대한 회답을 보내지 않았다. 12월에 들어서자 시모다 봉행과 회견한 해리스는 막부가 반응을 보이지 않는 이유를 날카롭게 추궁하였다. 이노우에가 일본에는 외국인에게 문서로 회답하는 법률이 없다고 궁색한 변명을 하자, 해리스는 자신의 일기에 지상 최대의 거짓말쟁이라고 비난하면서 자신을 무시하고 농락하는 데 매우 분노하는 반응을 적었다. 그리고 회견의 다음날 다시 서간을 막부에 보냈다.

그 내용은 막부가 자신의 서간에 회답을 하지 않는다고 비난하면서 역시 예전과 마찬가지의 공갈협박으로 점철된 것이었다. 그러나 여전히 막부는 반응을 보이지 않았다. 해리스는 집요하게 3번째의 서간을 다음해인 1857년 3월 막부에 제출했다. 내용은 점점 과격해져 노골적으로 위협과 공갈을 하기에 이른다. 일본에 부임하고 몇 개월이 지나도 막부가 별다른 반응을 보이지 않자, 분노와 초조함이 높아진 해리스의 심리상태를 알 수 있는 대목이다.

여기서 막부는 집요하게 귀찮게 구는 해리스와의 교섭을 시모다 봉행소에 위임할 것을 결심하고, 이를 해리스에게 통고하게 했다. 본래 막부의 외교를 담당하는 신진관료들은 해리스의 에도행에 대하여 반대한 것은 아니다. 그러나 최종결정권을 가지고 있는 아베 마사히로가 결단을 내리지 못했다. 그 이유는 도쿠가와 나리아키가 맹렬하게 반대했기 때문이다. 나리아키는 해리스가 에도에 오면 통상조약 체결에 연결될까봐 몹시 우려했고, 결국 나리아키의 예감은 적중하고 말았다.

나리아키의 주장에 인식을 같이하는 보수파가 많았으므로 아베는 곤란한 입장이었다. 아베는 부득이하게 정치적으로 나리아키와 손을 잡았지만, 나리아키는 이 기회를 이용해 자신의 정치적 위상을 강화하는 데 혈안이 되어 있었다. 즉, 나리아키는 아베의 정치적 파트너라기보다는 정적에 가까운 행동을 하면서 아베가 쇄국정책을 포기하지 못하도록 강력하게 견제했다. 이것을 알지 못하는 해리스는 막부가 무성의하고 무책임하게 대응한다고 여기고 분노에 가득 찬 반응을 나타낸 것이다. 다른 한편, 막부 내부에서 해리스의 에도행을 적극적으로 주장한 사람은 이와세였다. 그는 해리스와 통상조약의 체결을 전제로 이 기회를 활용해 진취적인 방향으로 외교정책을 대전환해야 한다고 생각하고 있었다.

아무튼 이렇게 해서 시모다 봉행 이노우에와 해리스와의 외교교섭이 시작되었다. 해리스는 먼저 외교교섭을 승인한 막부의 전권위임장을 시모다 봉행에게 요구했다. 전권위임장의 개념조차 모르는 일본 측과의 교섭은 우여곡절이 많았지만, 외교에 관한 기초적인 지식도 없는 시모다 봉행과의 교섭은 해리스의 외교적 승리를 보장하지 않을 수 없었다. 결국 9개조로 구성된 '시모다 협약'이 체결된다.

주요 내용은 나가사키를 추가로 미국에게 개방하는 것과 영사재판권, 화폐의 교환에 관한 규정, 시모다와 하코다테의 미국인 거류에 관한 사항 등이었다. 역시 가장 큰 문제는 영사재판권이라는 치외법권의 인정이다. 해리스 자신이 매우 놀랐을 정도로 막부 측의 이의제기 없이 간단하게 받아들여졌다. '어린애 팔 비틀기'라는 속담을 생각나게 하는 대목이다. 물론 일본은 자신들이 당한 것과 똑같은 수법을 나중에 조선을 상대로 사용했다.

시모다 봉행 이노우에는 해리스와 외교교섭이 가능한 전권위임을 받았으므로, 해리스의 요구를 들어주는 대신 미국 대통령의 친서를 접수하는 것이 당연하다고 생각하고, 시모다 협약의 체결 후에 이를 요구했다. 물론 대통령 친서를 넘겨주면 해리스가 에도로 갈 명분이 없어진다. 이것을 잘 알고 있는 해리스는 완강하게 저항했으며 쇼군에게 직접 전달해야 한다는 주장을 굽히지 않았다. 막부가 시모다 봉행에게 외교교섭을 위임한 진정한 의도는 대통령 친서를 접수해서 해리스의 에도행을 봉쇄하기 위한 것이었지만, 노련한 해리스에게는 그것이 통하지 않았다.

여기서 벽에 부딪친 이노우에는 에도로 가서 당시 나가사키에 출장 중인 이와세와 미즈노(水野忠德)의 의견을 들은 후에 통상조약 체결의 방향으로 나가야 한다고 주장했다. 이노우에는 러시아사절 프티아틴과 외교교섭을 담당한 가와지 도시아키라의 친동생으로, 역시 아베 마사히로가 발탁한 유능한 신진관료 중 하나이며 시모다 봉행소의 실세였다. 이노우에의 주장은 막부 내에서 격렬한 논쟁을 일으켰지만, 결국 대체적으로 그의 주장에 입각한 방침이 취해졌다. 즉, 무역이나 통상에 관해서는 당분간 연기하지만, 해리스의 에도행이나 통상조약의 체결은 피할 수 없다는 것이다.

이러한 방침을 가지고 시모다로 돌아온 이노우에는 해리스를 만나 에도행이 허가되었다는 사실을 알렸다. 다만 대통령의 친서는 쇼군에게 직접 전달하기 어렵다는 이유로, 그 대신 노중에게 제출하라고 요구했으나 역시 해리스는 완강하게 거부했다. 여기서 또다시 대통령의 친서를 누구에게 제출하느냐를 놓고 지루한 줄다리기가 거듭되었다. 또한 중대사건의 내용에 관해 미리 알아두기 위해서 그 내용을 말해 달라고 이노우에가 요구했으나, 막부의 태도를 의심하는 해리스는 이것마저도 완강하게 거부하는 등 어른과 어린애의 말다툼과 같은 유치한 공방전도 벌어졌다.

이렇게 교섭이 막다른 벽에 부딪쳐서 진전이 없는 와중인 1857년 7월 20일 미국의 군함이 시모다에 입항했다. 이노우에는 해리스가 군함을 타고 직접 에도로 가는 상황을 가장 두려워하였다. 1년 가까이 에도행을 원하는 해리스의 집요한 요구를 거부하는 게 가능했던 이유는 해리스가 막부의 제지를 뿌리치고 직접 에도에 갈 방법이 없었기 때문이다.

마치 이 문제를 해결해 주기 위해서 온 것처럼 홀연히 나타난 미국 군함 덕분에, 이노우에는 황급히 에도에 이 사실을 알리고 해리스의 요구를 전적으로 들어줄 것을 요청했다. 어린아이와 말다툼을 하던 어른이 때마침 나타난 험상궂게 생긴 아이의 부모를 보고 당황하는 듯한 태도였다. 미국 군함이 출현하고 불과 4일 만에 해리스의 요구를 전적으로 받아들여 에도로 가는 것이 승인되기에 이른다. 막부가 정식으로 이를 포고한 날짜는 8월 17일이었다.

비록 미국 군함의 간접적인 지원을 받아 문제가 수월하게 해결되는 방향으로 진행했지만, 해리스는 페리가 행한 거칠고 난폭한 포함외교를 되풀이하고 싶지 않았다. 그는 직접 군함의 위력을 보이는 것보다는 서구열강에 의한 동아시아의 위기상황을 알리고, 공갈과 협박으로 원하는 바를 달성하고자 하였다. 해군 제독 페리와 외교관인 해리스와의 차이점이 바로 여기에 있었다. 고려의 서희가 거란군을 물리치고 강동 6주를 획득한 경우에 그랬던 것처럼, 진정으로 유능한 외교관은 세치의 혀만으로 원하는 바를 얻을 수가 있어야 한다.

이어서 실무적인 절차의 협의에 들어갔지만 해리스의 요구가 거의 전부 받아들여졌다. 예를 들어 쇼군을 만나서 어떻게 인사를 하느냐에 관해서 이노우에는 엎드려 절하라고 요구했으나, 해리스는 유럽식으로 서있는 상태로 목례를 3번 한다고 주장했고, 결국 해리스의 주장이 관철되었다. 이밖에도 논쟁의 대상이 될 쟁점은 많았지만 일사천리로 해리스에게 유리한 방향으로 진행되었다.

10월 7일 마침내 해리스는 시모다를 출발해 에도로 향했다. 에도에 도착한 것은 1주일 후였으나, 도중의 검문소에서 국제법상 외교관의 신체불가침 특권을 내세우며 검문을 거부했고, 역시 그의 희망대로 받아들여졌다. 숙소로는 번서조소(蕃書調所)가 지정되었다. 10월 18일에는 아베 마사히로의 퇴임 이후 막부의 실권을 계승한 개국론자 홋타 마사요시(堀田正睦)와 최초의 대면을 하고, 10월 21일 에도성에 들어가 쇼군을 알현했다.

해리스는 정신박약의 증세가 있는 쇼군 이에사다(家定)가 의사표시를 제대로 못하고 행동이 이상한 것을 눈치챘지만 별다른 내색을 하지는 않았다. 친서의 전달식은 페리가 구리하마에 상륙해서 대통령 친서를 전달할 때와 비슷하게 썰렁한 분위기에서 싱겁고 간단하게 끝났다. 다만 페리는 증기선과 해병대와 군악대를 동반하고 위압적인 분위기를 연출하며 전달했으나, 해리스는 오직 네덜란드어 통역인 휴스켄(Henry Heusken)만을 동반한 것이 차이점이었다. 휴스켄은 네덜란드인으로 영어, 독일어, 프랑스어의 구사능력도 있었다.

쇼군을 알현한 다음날 해리스는 홋타 앞으로 편지를 보내 중대 문제에 관해 진술할 준비가 되었다고 알렸으며, 예전부터 그를 만나고 싶은 기대를 가지고 있었던 홋타는 즉시 만날 일정을 잡았다. 홋타는 결코 마지못해 해리스를 에도로 불러들인 게 아니었다. 개국론을 지론으로 가진 홋타는 진작부터 해리스를 에도로 불러들여 그의 주장을 듣고 싶어 했지만, 아베 마사히로가 결단을 내리지 못했으므로 실천에 옮기지 못했었다. 그러나 아베가 물러나고 홋타가 막부의 수뇌가 되었기 때문에 이제는 그 누구의 눈치를 볼 필요도 없이 즉시 일정을 잡은 것이다.

이리하여 26일 홋타의 저택을 해리스가 방문하고 홋타와 더불어 동석한 막부의 개국론을 지지하는 실세들 앞에서 장장 2시간이 넘게 연설을 했다. 연설의 주된 내용은 전부터 해리스가 편지로 주장한 공갈협박의 내용을 기본으로 하였는데, 그것을 보다 자세히 보충하는 형태로 직접 막부의 수뇌와 실세들 앞에서 글이 아닌 입으로 주장한 데 지나지 않았다.

연설의 주된 내용은 먼저 미국이 선량하고 우호적인 국가인 것을 강조하고, 영국이 일본을 침략하려 노리고 있다고 과장해서 주장했다. 다른 한편으로 과학기술과 교통의 발전으로 세계가 좁아지고 있는 상황을 자세히 설명하고, 자유무역의 장점을 부각해서 자유무역이 시대의 대세라고 주장했다. 만약 미국과 조약을 체결하게 되면 선량한 미국이 일본의 독립을 유지하는 데 도움을 줄 수 있다는 사탕발림도 잊지 않았다. 그리고 영국이 현재 군함 50척으로 일본 근해에 육박하고 있다고 겁을 주었다. 그래서 '깡패국가' 영국으로부터 일본을 보호하기 위해서 '정의롭고 우호적인' 미국과 조약을 체결하라고 권고하였다.

　조약의 내용으로는 외교관의 에도 주재, 자유무역, 개항장의 추가를 제안했다. 연설의 통역은 물론 휴스켄이 했는데, 일본 측의 네덜란드어 통역이 당시 일본에 존재하지 않는 단어들을 번역하는 과정에서 뜻이 정확하게 전달되지 않은 부분도 많았다. 그렇지만 홋타는 해리스가 말하고자 하는 대체적인 취지는 그럭저럭 이해했다. 해리스는 미국이 선량하고 우호적인 국가라는 점을 강조하기 위해서 미국이 아시아에 영토적 야심이 없다는 것과 해외에 아편의 판매를 금지하고 있으며, 애로호 전쟁에 참전하라는 영불 양국의 권유를 거부한 사실 등을 들었다.

　이러한 주장은 미국 국무성이 평소에 선전하던 바를 앵무새처럼 충실하게 반복한 것이다. 그러나 해리스의 연설을 묵묵히 듣고 있던 홋타를 비롯한 막부의 요인들은 미국이 해외에 식민지를 보유하고 있지는 않지만 멕시코와의 전쟁으로 영토를 확장한 사실을 알고 있었다. 또한 공식적으로는 아편의 판매를 금지하고 있으나 미국의 무역상들이 실제로는 중국에서 아편을 판매하고 있다는 사실도 잘 알고 있었다. 물론 해리스의 면전에서 반론을 제기하지는 않았고 열심히 경청하는 진지한 자세를 보였다. 막부의 수뇌부가 이러한 사실을 정확히 알고 있었던 까닭은 나중에 자세히 언급하는 것처럼 네덜란드로부터의 정보제공 덕분이다.

　연설의 청취를 하고 2일 후인 28일에 홋타는 막부의 주요 인사들에게 해리스가 한 연설의 청취록을 공개하고 의견을 제출하도록 요구했다. 대다수 의견은 통상조약 체결에 찬성이었다. 다만 소극적으로 시세에 응해서 부득이하게 체결한다는 인식이 대부분이었고, 개국론자인 쓰쓰이(筒井政憲)와 같이 적극적으로 통상조약의 체결과 자유무역을 주장하는 견해가 드물게 있었다.

　이때 나가사키로부터 에도로 귀환 중에 있었던 이와세는 급히 편지를 써서 특출한 의견을 제출한다. 물론 자유무역을 지지하는 의견이었으나, 주장하는 내용의 핵심은 요코하마 개항의 제의였다. 이와세는 당시 일본의 경제 수도인 오사카의 경제력을 자유무역의 실시를 계기로 에도로 옮겨 에도를 전국 경제의 중심지로 만들고, 이를 바탕으로 막부의 중흥을 도모하자고 주장했다. 물론 요코하마가 지리적으로 에도와 가깝기 때문에 무역에 대한 통제가 쉽다는 점도 강조했다.

오늘날 요코하마는 한국의 인천과 비슷한 역할을 하고 있다. 즉, 수도의 외항(外港)의 역할을 한다. 막부 내부에서 식견이나 재능을 인정받아 강력한 영향력을 가진 이와세의 아이디어가 당시 불과 수십 가구의 작은 촌락인 요코하마를 오늘날의 대도시로 만드는 계기가 되었다. 그러나 이와세의 아이디어는 결국 막부의 중흥에 연결되지 못했고 에도를 전국 경제의 중심지로 만들지도 못했다. 그러나 에도를 계승한 메이지 시대의 도쿄가 일본 경제의 중심지가 되는 밑바탕이 되었다.

통상조약 체결의 골격을 구상하기 위해서 홋타는 11월초에 가와지·나가이·이노우에 등 쟁쟁한 신진관료 5명을 선발해 해리스에게 파견한다. 회견은 해리스의 연설에 대한 의문점이나 궁금한 점을 질문하고 해리스가 답변하는 형식으로 진행되었다. 해리스는 그들의 질문에 명쾌하고 알기 쉬운 답변을 주었다. 즉, 영사의 직무와 권한, 영사를 파견하는 목적, 자유무역의 실체 등에 관한 문답이 행해졌다. 이것은 해리스가 막부의 핵심관료들을 대상으로 사실상 국제법 강의를 한 것이고, 일본이 국제법의 존재에 관해서 본격적으로 인식하는 계기가 되었다.

또한 해리스는 이 회견에서 장래 체결될 통상조약에 반드시 포함될 내용으로 생각되는 사항을 적은 문서를 건넸다. 금방이라도 통상조약 체결을 위한 실무협의에 들어갈 것 같은 분위기였다. 그러나 그 이후 1개월이 지나도록 막부는 이렇다 할 적극적인 반응을 보이지 않았다. 막부 내부의 의견 조율과 통상조약의 구체적인 내용에 대한 검토에 시간이 걸렸기 때문이다.

기다리다 지친 해리스는 또다시 무력을 배경으로 공갈협박을 했고, 12월 초 훗타는 다시 해리스와 만나서 자유무역과 해리스의 에도 주재를 허용한다고 알리면서 세부적인 교섭에 들어갔다. 해리스와 교섭을 담당하도록 전권을 부여받은 자는 이노우에와 이와세였다. 이노우에는 해리스가 일본을 방문한 이래 가장 빈번하게 접촉한 인물이고, 이와세는 막부 내부에서 개국론자의 리더였으므로 적절한 배치였다.

　교섭에 들어가자마자 해리스는 시모다를 출발할 당시부터 가지고 있었던 네덜란드어로 된 조약 초안을 제시했다. 교섭을 시종일관 리드하고 기선을 제압하기 위한 술수였다. 막부의 기본방침은 어디까지나 네덜란드나 러시아와 체결한 추가조약의 한도에서 미국과 통상조약을 체결한다는 방침이었다. 이것은 해리스의 생각과는 어긋나는 것이다. 그는 막부의 개입이나 통제가 없는 전면적인 자유무역을 전제로 한 통상조약을 체결하고자 원했다.

　그 후에 15차례 정도 교섭이 계속되었지만 기선을 제압하고 주도권을 가진 해리스의 요구가 대부분 관철되었다. 무역을 위해 개방하는 항구에 관해서는 이와세가 예전에 주장한 요코하마의 개항이 두드러진 특징이었다. 해리스는 요코하마가 좋은 항구의 입지를 가진 점은 인정했으나, 무역항으로서 장래 발전 가능성에 대해서는 회의적이었다. 그러나 이와세의 강력한 요구가 받아들여져 요코하마의 개항이 결정되었다. 다만 조약에 공식적으로 나타난 지명은 요코하마가 아니라 가나가와(神奈川)였다. 가나가와는 페리가 상륙해서 화친조약을 교섭한 곳이고, 그 근처의 마을 중에서 가장 컸기 때문에 편의상 가나가와를 명칭으로 사용한 것이다.

　한편, 해리스는 막부의 환심을 얻기 위해 조약 내용 중에 아편의 판매금지를 삽입하자고 주장하고 이것이 그대로 받아들여졌다.

　통상 조약 체결에 있어서 막부가 가장 신경을 쓴 문제는 외국인이 무역을 빌미로 일본의 국내를 자유롭게 돌아다니지 못하도록 막는 데 있었다. 이 점에 관해서 막부는 해리스의 협박에도 굴복하지 않는 강경한 자세를 나타냈다. 결국 타협안으로 에도와 오사카의 개시(開市)를 막부가 인정하는 대신에 외국인의 일본 국내여행은 원칙적으로 허용되지 않고, 유보구역을 개항장에서 반경 10리로 일괄 적용하는 것으로 합의되었다.

조선에서 10리는 4킬로미터이지만 일본에서는 40킬로미터다. 단순히 산책이나 운동을 위한 거리로서는 별다른 불만이 없었다. 그러나 외국 상인이 일본 국내를 자유롭게 돌아다니지 못하면 무역에 상당한 지장이 발생한다. 이것이 전쟁에 패배해 굴욕적인 조약을 체결하고 개국한 중국과 그렇지 않은 일본의 중대한 차이점이다. 중국의 경우 외국인이 무역이나 기독교의 포교를 위해서 자유롭게 여행할 수 있도록 조약에 규정되어 있었다. 외국인이 국내를 자유롭게 활개치고 돌아다니면 민족주의적인 배외감정을 가진 국민들을 자극하기 마련이고, 이것이 계기가 되어 민중의 지지를 얻는 외세배격을 위한 운동으로 발전해 서양의 선교사나 무역상들을 살해하게 된다.

이를 빌미로 서구열강이 개항장에 군대를 주둔시키고 조계(租界)라는 이름으로 자치구역을 확보한다. 이 조계를 바탕으로 더욱 식민지화를 확대시킨다는 악순환이 반복되는 게 중국의 실상이었다. 그러나 일본은 전쟁에 패배하고 개국한 것이 아니므로 이러한 현상이 일어나지 않았다.

개국 이후 존왕양이파 낭사들이 외국인 습격과 테러를 하는 탓에 요코하마에 영국을 비롯한 외국의 군대가 주둔하기는 하였지만 소규모였고, 중국의 조계와 같이 사실상 외국의 영토처럼 강력하게 자치를 인정받는 정도로 성장하지는 않았다. 눈에 보이지 않으면 마음도 멀어지는 법이다. 일본의 민중이 직접 외국인을 눈으로 보고 그들의 횡포나 약탈을 겪었다면 사정이 달라졌을지도 모르나, 개국 이후 일본에서 외국인을 구경하려면 요코하마나 나가사키와 같은 개항장에 직접 가야만 했다.

일반인들이 개국과 무역의 개시에 의해서 직접 영향을 받은 것은 물가상승에 의한 고통을 받는 정도에 불과했다. 그 정도로는 대규모 외세배격 운동으로 발전하기 어렵다. 막부가 완강하게 외국인의 국내여행을 거부한 것이 결국은 일본이 중국과 다른 길을 가는 중요한 복선이 되었다. 그러나 오늘날 이러한 점은 거의 인정받지 못하고, 국제법에 무식한 막부가 불평등 조약을 체결한 점에 대한 비난이 대부분이다. 어차피 당시 일본의 국력이나 능력으로는 서구열강과 불평등조약의 체결을 피하기는 어려웠다. 하지만 막부가 개국과 무역의 부작용을 최소한으로 줄이려고 노력한 점은 인정받아야 할 것이다.

해리스는 아편판매 금지조항을 삽입해서 일본을 위하는 척하면서도 실제로는 미국의 국익을 가장 우선시했다. 영사재판권에 의한 치외법권은 이미 시모다 협약에서 합의했기 때문에 추가적으로 별다른 논의는 없었다. 문제는 관세였다. 막부는 관세의 부과와 그 비율의 결정에는 상당한 주의를 기울였지만, 관세자주권 그 자체에 관해서는 무감각했다. 그런데 해리스는 막부의 관료들에게 관세자주권의 중요성에 대해 알려주지 않았다.

예전에 영사를 에도에 두기 위해서 막부의 핵심관료들을 상대로 친절하고 상세한 국제법 강의를 한 것과는 매우 대조적인 태도였다. 게다가 수출세에 관한 특혜의 대가로 미국이 일본에 대해서 최혜국 대우를 부여해야 했음에도 불구하고, 이에 관해서는 꿀 먹은 벙어리가 되었다. 해리스는 이와세를 비롯한 막부의 관료가 세율 등에 무지하다는 점을 악용해서, 그를 신뢰하는 막부관료들을 배신하고 최대한 미국에 유리하도록 교섭 방향을 유도했다.

해리스와의 교섭에 실질적인 주도권을 가지고 있던 이와세는 교섭의 최종 단계에서 조약의 비준서 교환 장소를 워싱턴으로 하자고 제안, 해리스를 깜짝 놀라게 했다. 이것은 이와세가 직접 미국 워싱턴을 방문하고 싶다는 욕심에서 비롯된 제안이지만, 불행하게도 나중에 그는 숙청당하고 미국에 가보지 못했다. 그렇지만 그의 파격적인 제안 덕분에 일본 최초로 외교사절단이 정식으로 미국을 방문한다는 역사적인 사건을 만들어 냈다.

또한 이와세는 통상조약 조인에 대한 막부 내부의 지지를 얻어내기 위해서 활발한 설득공작을 추진했다. 문제는 홋타가 통상조약 체결에 대한 반발을 누르기 위해서 천황의 칙허를 얻으려고 시도하면서 비롯되었다.

막부가 실질적으로 일본을 통치한다는 현실에 비추어 볼 때, 상징적인 존재에 지나지 않는 천황에게 통상조약의 체결을 승인해 달라고 접근해야 할 이유는 없었다. 이미 홋타의 4번에 걸친 통상조약 체결에 관한 의견의 자문과 진행중인 상황을 자세히 설명한 덕분에, 막부 내부에서 반대의 분위기는 상당히 제거되었다.

그럼에도 불구하고 홋타는 통상조약 체결의 정당성을 획득하고 개국에 비판적인 천황과 조정의 반발을 잠재울 수 있다는 일석이조를 생각하고 교토로 갈 결심을 굳혔다. 통상조약 체결에 정당성을 얻어내고 거국일치의 합의를 얻겠다는 속셈이나, 이것이 나중에 홋타의 돌이킬 수 없는 정치적 실수가 된다. 이와세는 해리스를 방문하여 천황의 칙허를 얻기 위해서 교토에 가야 하므로 통상조약의 조인을 2개월 유예해 달라고 요청했다.

해리스는 이러한 상황을 이해하지 못했다. 그래서 진정으로 일본의 주권을 가진 자가 누구인지에 대해서 의문을 가지게 하는 계기를 만들었다. 서양인에 의한 '천황의 재발견'이었다. 만약 천황이 조약의 승인을 거부할 경우의 대책을 문의했지만, 이와세는 지극히 낙관적인 전망을 가지고 천황의 칙허를 얻는 것은 형식적인 요식행위에 불과하다고 답변했다. 이렇게 해서 통상조약 체결에 관한 최종 결정은 뒤로 미루어지게 되었다.

8

네덜란드와 일본

도쿠가와 막부 초기에 유럽 국가 중에서 스페인·네덜란드·포르투갈·영국이 일본과 접촉을 했다. 이 중에서 무역을 하는 관계에 있었던 나라는 영국과 네덜란드였다. 기독교의 침투를 방지하기 위해서 스페인과 포르투갈은 추방되었고, 영국은 무역의 이익이 별로 없다는 이유로 자발적으로 철수했다. 결국 남은 국가는 네덜란드만이었다.

네덜란드가 쇄국을 기본방침으로 하는 막부와 관계유지에 성공한 비결은 기독교의 전파에는 별다른 관심이 없고, 오로지 무역의 이익만을 추구하면서 막부의 환심을 사는데 성공했기 때문이다. 막부가 쇄국체제를 완성하자 네덜란드는 1641년에 막부의 명령으로 히라도(平戶)로부터 강제로 이전해 나가사키 항구의 내부에 만든 데지마(出島)라는 자그마한 인공섬에 상관(商館)을 만들고 일본에 대한 무역독점을 확고하게 보장받았다.

데지마는 나중에 나가사키항에 매립되어 지금은 형체조차 남아있지 않지만, 당시에는 상관장 이하의 저택과 창고, 사육장, 유원지, 막부의 출장소 등이 설치되었다(현재는 나가사키시가 데지마의 복원사업을 진행하고 있다). 이것은 조선이 일본과 교역을 위해서 만든 왜관(倭館)을 연상하게 한다. 그러나 조선은 그 어떠한 유럽의 국가와도 직접 무역을 하지는 않았다. 이것은 개국 이전에는 사소한 차이에 불과했으나, 나중에 개국이라는 외교상의 코페르니쿠스적인 전환점을 맞이하면서 엄청난 차이를 야기하게 되었다.

최초에는 수십 척의 네덜란드 선박이 해마다 찾아와 활발한 무역이 행해졌다. 그러나 시간이 지나면서 은의 유출을 우려한 막부의 무역 제한으로 서서히 감소했으며, 마침내 1790년 이후에는 해마다 1척의 방문만을 허용하고 무역액의 엄격한 제한도 설정되었다. 유명한 하멜 표류기도 나가사키로 향하던 네덜란드 선박이 난파된 결과 제주도에 표류한 네덜란드인의 이야기다.

네덜란드는 무역을 독점하는 대신 막부의 요구로 약간의 의무를 부담했다. 가장 중요한 것이 네덜란드 상관장이 1633년 이후 매년 에도에 가서 쇼군을 알현하고 외국의 진귀한 물건을 헌상하는 의무다. 대수롭지 않은 의무인 것처럼 보이지만 상관장 이하의 서기, 의사, 통역 등 100명 이상의 수행원을 동반하고 나가사키를 출발해서 한 달 이상을 소비해 에도까지 가야만 했다. 여행 비용으로만 1만 2천량이 소비되었다고 한다. 1만 2천량이면 규모가 작은 번의 1년 수입을 능가하는 액수이다.

에도에 체재하는 동안에 외출이 금지되었지만 숙소로 일본의 학자나 지식인들이 방문해서 서로의 지식과 정보를 교환하는 경우가 많았다. 이것은 조선통신사가 일본을 방문한 경우를 연상시키나, 조선통신사는 네덜란드처럼 오랑캐로 취급된 게 아니므로 오히려 막부에게 막대한 재정적 부담을 안겨주었다는 점에서 다르다.

네덜란드의 또 다른 의무는 풍설서(風說書)의 제출이다. 풍설서는 일종의 해외정보수집 보고서의 성격을 가지고 있었으나, 특별히 노력해서 정보를 수집하라고 요구받은 것은 아니다. 네덜란드의 무역선이 네덜란드령 동인도를 출발해 나가사키까지 오는 동안 각지의 항구로부터 보고 들은 것을 간단히 기록해서 나가사키 봉행소에 제출하는 정도에 머물렀다.

풍설서는 한편으로 유럽의 정세에 관해서 상세하게 알려주는 역할도 했다. 이러한 덕분에 나폴레옹과 같이 유명한 인물은 당시 일본의 지배계층이나 지식인들에게도 널리 알려졌을 정도다. 네덜란드는 풍설서를 통해서 거짓정보를 알리는 경우는 없었지만 사실을 숨기는 사례가 종종 있었다. 예를 들어 프랑스 대혁명이 발생한 사실을 몇 년이 지난 후에야 막부에게 알렸다. 그것은 대일무역에 지장이 생길까봐 우려했기 때문이다.

아편전쟁이 발생하고 동아시아의 국제관계에 지각변동이 생기자 막부는 풍설서의 내용을 최대한 자세히 기록해서 보고하라고 네덜란드 측에 요구했다. 게다가 특별히 관심이 있는 사항에 관해서는 '별단풍설서(別段風說書)'라는 특별보고서를 작성해 제출하라고 명령했다. 별단풍설서는 극비문서로 취급되어 막부 내부에서도 노중 이상만 열람 가능한 것으로 취급되었다. 이러한 덕분에 개국하기 훨씬 이전부터 막부는 유럽의 국제정세와 동아시아 정세에 대해서 상세하고 정확한 정보를 입수하는 게 가능했다.

그 결과 페리 제독이 일본을 방문할 거라는 사실이나 예정된 방문시기도 미리 알 수 있었고, 심지어는 페리 제독이 이끌고 오는 함선의 이름까지도 알았다. 물론 이것은 네덜란드가 특별히 첩보조직을 동원해서 수집한 정보는 아니고, 유럽이나 미국 신문의 기사를 발췌하거나 정리한 데 불과했다. 그러나 쇄국체제 아래에 있는 막부에게 그것은 대단히 귀중한 정보였다.

이 정보를 바탕으로 아베는 우라가 봉행소에 유능한 인재를 배치하고 페리의 방문에 대비한 사전준비를 하였다. 그러나 페리의 강경한 행동방침이나 전쟁도 불사한다는 태도에 관해서는 미리 알지 못했다. 이러한 점은 페리와 직접 접촉해서 그의 생각을 알기 전에는 불가능한 일이다. 풍설서가 전해준 정보는 일본이 중국이나 조선과는 개국 이후에 다른 길을 가는 중요한 이정표의 하나가 되었다.

대원군이나 고종이 개국 이전에 유럽의 국제정세와 동아시아 상황에 관한 정확하고 자세한 정보를 알고 있었다면 조선의 역사는 많이 달라졌을 것이다. 조선은 전통적으로 정보수집에 무감각했지만, 일본은 그렇지 않았다. 막부는 네덜란드에게만 정보를 의존한 게 아니라 중국에서 나가사키를 방문하는 무역선으로부터 중국에 관한 정보를 수집했고, 홋카이도를 통한 러시아로부터의 정보수집에도 노력했다.

도쿠가와 막부가 조선에 통신사의 파견을 요청한 것도 중국의 정세에 관한 정보수집이 중요한 이유 중 하나였다. 도쿠가와 이에야스는 중국 본토를 정복한 청나라가 몽고처럼 일본을 침공할까봐 매우 우려했으므로, 이에 관한 정보를 얻기 위해서 조선이 통신사를 보내줄 것을 간절히 원했던 것이다.

또한 풍설서는 개국 이후 일본 최초로 발행한 신문의 밑바탕이 되었다. 개국 이전의 풍설서는 극비문서였지만, 개국과 통상이 현실화되면서 풍설서를 극비로 할 이유가 없어졌다. 오히려 막부의 개국정책을 널리 알리기 위해서 풍설서의 내용을 일반에게 공개하다가 이것이 신문으로 발전한 것이다. 이 신문의 이름이 〈바타비아신문〉이다. 바타비아는 네덜란드령 동인도의 총독부가 위치한 본거지로서 오늘날 인도네시아의 자카르타에 해당한다.

네덜란드는 단순히 일본과 무역만을 하는 관계는 아니었다. 자연과학에 대한 공헌도 무시할 수 없을 만큼 지대한 영향을 주었다. 당시 일본에서는 네덜란드로부터 수입된 학문을 '난학(蘭學)'이라고 하고, 난학을 연구하는 사람을 '난학자(蘭學者)', 네덜란드로부터 수입된 서적을 '난서(蘭書)'라고 칭했다. 난학은 네덜란드와의 접촉이 무척 제한적이기 때문에 체계적으로 순조롭게 발전하기가 어려웠다. 게다가 막부가 난학을 탄압한 탓도 있어서 막부 후기에는 난학의 발전이 정체상태를 나타낸다.

여기에 구세주와 같이 등장한 인물이 지볼트(Philipp Franz van Siebold)였다. 지볼트는 본래 독일 바이에른 태생의 의사로서, 민족학도 아울러 배웠으므로 평소 동양연구에 뜻이 있었다. 1822년에 지볼트는 네덜란드령 동인도 육군병원의 군의관에 임명되었다. 네덜란드는 지볼트를 일본에 파견하기로 결정했다. 그 이유는 일본에 대해 관심이 많은 지볼트의 연구를 후원하기 위해서라기보다는 쇄국정책으로 베일에 가려진 일본에 관한 정보의 수집과 조사를 그에게 기대했기 때문이다.

1823년 지볼트는 나가사키의 네덜란드 상관에 의사로 근무하라는 명령을 받고 27세의 나이로 일본에 왔다. 그는 막부의 허가를 얻어 나가사키 교외에 진료소를 겸한 나루타키숙(鳴瀧塾)이라는 이름의 학교를 개설했다. 원칙적으로 서양인이 데지마를 벗어나는 것은 금지되었지만, 지볼트는 외과와 안과, 산부인과에서 실력을 인정받았기에 가능했다. 표면상으로는 진료와 더불어 의학을 배우고자 하는 일본인을 가르치기 위한 목적을 내세웠다. 그러나 지볼트가 자연과학 전반에 걸쳐 풍부한 지식을 가지고 있다는 사실이 알려지면서, 지볼트의 문하에 난학을 배우고자 하는 자들이 일본 각지로부터 몰려들었다.

이곳을 기반으로 지볼트는 직접 약초를 심어서 약을 만들고 임상강의도 하는 등 성심성의껏 일본인 학생들을 가르쳤다. 그의 지도로 막부 말기의 유력한 난학자들이 대거 배출되었다. 한편으로 지볼트는 서양의 과학기술에 관심이 많은 다이묘나 막부의 관료와 교제하면서 서로의 지식과 정보를 교환했다. 이것이 가능했던 이유는 네덜란드 상관장이 매년 에도를 방문하는 행사에 수행원 자격으로 참가했기 때문이다. 그러나 지볼트의 일본에 대한 연구가 소위 '지볼트 사건'을 일으키는 계기가 되었다.

지볼트가 일본에 관한 정보를 수집하려고 열중하는 행위가 수상한 행동으로 막부의 의심을 샀다. 그는 1828년 임기가 끝나 네덜란드령 동인도로 돌아가기로 예정되어 있었다. 그런데 때마침 불어 닥친 태풍으로 나가사키항에 정박 중이던 지볼트가 귀환을 위해서 탑승할 예정인 네덜란드 선박이 난파당하는 사건이 일어났다. 난파된 배의 잔해로부터 그가 미리 배에 선적했던 막부가 해외반출을 금지한 자료가 다수 발각되었다. 막부가 가장 민감하게 반응한 것은 역시 지도의 유출이었다. 지볼트는 이노우 타다타카(伊能忠敬)가 제작한 일본본토와 홋카이도를 측량해서 작성한 정밀한 지도를 가지고 있었다. 이것은 막부의 관료인 다카하시 카게야스(高橋景保)로부터 지볼트가 소장한 서적과 네덜란드령 동인도 지도와 물물교환으로 입수한 것이다.

난파선의 유류품에서 직접 지도가 발견된 것은 아니지만, 이를 계기로 막부는 전부터 의심하고 있었던 다카하시를 심문해서 지볼트가 일본의 측량지도를 소지한 사실을 알아내고는 반납을 명령했다. 그는 지도를 복사한 뒤 반납했다. 또한 지볼트는 막부의 의사인 하부 겐세키(土生玄碩)와 안과 치료에 관한 지식과의 교환으로, 쇼군이 하부에게 하사한 도쿠가와 가문의 접시꽃 문장이 새겨진 화려한 예복을 가지고 있다는 사실도 발각되었다.

이리하여 다카하시는 감옥에서 사망하고 하부는 무사의 자격을 박탈당하는 한편, 재산도 몰수당했다. 그 이외에 네덜란드어 통역들을 비롯해서 다수의 관계자가 처벌을 받았다. 지볼트의 문하생 중에서도 처벌자가 나왔지만, 난학에 대한 전면적인 탄압으로까지는 발전하지 않았다.

문제는 지볼트를 어떻게 다루느냐였다. 지볼트는 막부의 입장에서 보면 스파이 행위를 한 것이므로 엄한 처벌을 받아야 마땅했다. 그러나 막부는 독일인 지볼트로 인해서 네덜란드와 관계가 악화되는 사태는 피하고 싶었다. 그래서 그는 1829년 9월 막부로부터 추방명령이라는 관대한 처분을 받고 일본을 떠났다.

그 후 지볼트는 《Nippon》이라는 제목으로 일본에 관해서 방대한 내용을 다룬 대작을 저술했다. 일본에 장기간 체재했지만 일본 국내를 자유롭게 여행한 것이 아니었음에도 불구하고 일본에 관한 체계적인 연구서를 저술한 것이다. 그것이 가능했던 이유는 지볼트의 일본인 제자들 덕분이었다. 그는 일본인 문하생들에게 개별적으로 일본에 관한 과제를 주고 네덜란드어로 논문이나 보고서를 제출하게 했다. 과제는 일본의 동식물과 농업, 역사, 지리, 풍속, 의학 등 다양한 분야에 걸쳐 이루어졌다.

한편으로 지볼트는 기회가 있을 때마다 일본에 관한 조사를 게을리 하지 않았다. 그는 상관장을 수행해서 에도에 갈 때 기압계나 고도계, 온도계, 습도계 등의 기구를 가지고 각지에서 측정을 하는 한편, 식물이나 동물의 표본을 수집하는 것에도 열심이었다. 게다가 지볼트는 3명의 네덜란드인 조수를 거느리고 있었으므로 수집한 방대한 자료를 체계적으로 정리하는 게 가능했다.

《Nippon》은 페리 제독이 일본을 방문할 때 가장 결정적으로 참고한 서적이다. 페리 제독이 미국 의회에 제출한 공식 보고서인 《일본원정기》를 읽어보면 일본에 관한 다양한 분야의 많은 정보를 가지고 있다는 것을 알 수 있다. 그 대부분이 지볼트가 수집한 정보들이었다. 지볼트는 페리가 일본을 개국시키기 위해서 출발할 당시 미국 함대에 참가하기를 희망했다. 그러나 페리는 그가 막부로부터 추방명령을 받았으므로 막부의 비위를 건드릴 우려가 있다는 이유로 결국 거절하고 만다. 그럼에도 불구하고 지볼트는 포기하지 않고 러시아의 프티아틴과 접촉, 고용되어 유익한 조언을 했다. 프티아틴이 일본과의 교섭을 성공적으로 수행한 배경에는 지볼트의 존재가 배후에 있었다. 그가 일본을 다시 방문한 것은 막부가 네덜란드와 수호조약을 체결한 다음해인 1859년이고 1862년까지 일본에 체재했다.

지볼트 사건이 터진 이후에도 네덜란드와 막부의 우호관계에 커다란 변동은 없었다. 그러나 1840년 아편전쟁이 발발하고 네덜란드가 일본과 무역을 독점하는 특권에 먹구름이 찾아왔다. 네덜란드의 힘으로는 영국의 동아시아 진출을 막을 힘이 없었다. 동아시아의 국제정세가 급변함에 따라서 일본이 쇄국체제를 유지하는 것도 어렵게 되었다.

여기서 네덜란드는 막부에게 개국을 권고하기로 결심했다. 이것의 배후에도 역시 지볼트가 있었다. 지볼트의 건의가 채택되어 1844년 네덜란드 국왕인 윌렘(Willem) 2세의 명의로 개국을 권고하는 친서를 육군장관 쿱스(Coops)가 휴대하고 국왕의 특사라는 자격으로 군함을 타고 나가사키를 방문했다.

네덜란드가 일본과 무역을 개시한 이래 군함을 파견한 것은 그때가 최초였다. 어쨌든 일본이 자발적으로 개국할 수 있는 기회가 찾아왔다. 그러나 막부는 이를 가볍게 일축했다. 네덜란드도 그 이상은 일본에게 적극적으로 개국을 권고할 생각은 하지 않았다. 다만 풍설서를 통해 일본이 개국을 해야만 하는 게 필연적으로 되어가고 있는 국제정세에 관한 사실을 자세히 알려주며, 막부가 스스로 깨닫고 개국을 결심하도록 정보를 제공하는 노력은 게을리 하지 않았다.

그러한 상태로 시간이 계속 흐르다가 페리 제독이 일본을 방문하기 전년인 1852년 6월 네덜란드 상관장으로 새롭게 쿠르티우스(Jan H.D. Curtius)가 데지마에 부임했다. 쿠르티우스는 네덜란드령 동인도 총독부의 고위관료로서, 네덜란드 본국 정부가 일본을 기필코 개국시킨다는 방침을 실현하기 위해서 파견한 회심의 카드였다. 네덜란드가 갑자기 이러한 적극적인 방침을 결정한 이유는 미국 때문이다. 미국은 1852년 5월 정식으로 네덜란드에게 일본을 개국시키기 위한 사절을 파견할 예정이라는 방침을 통고하고 협조를 요청했다. 네덜란드는 대일 무역 독점에 커다란 타격이 올까봐 우려해서 미국에 앞서 미리 선수를 치기로 결심한 것이다.

나가사키에 도착한 쿠르티우스는 막부 앞으로 네덜란드 국왕의 서간을 제출하고, 장래 발생할 게 확실한 미국의 개국 요구에 대한 대책으로 조약의 초안을 제시하면서 네덜란드와 먼저 조약을 체결하자고 제안했다.

조약 초안의 기본 내용은 지볼트가 기초하고 네덜란드 정부가 수정한 것으로서, 일본에게 상당히 유리한 방향으로 되어 있었다. 지볼트는 일본으로부터 추방당한 신세였지만 진정으로 일본을 사랑한 일본 애호가였다는 사실을 알게 해주는 에피소드이다. 조선의 경우에도 조선을 위해서 애쓴 외국인이 많으며, 대표적으로 미국의 선교사인 알렌을 들 수가 있다. 그러나 알렌은 속으로는 조선인을 경멸했다고 한다.

한편, 조약 초안의 주요 내용은 무역항을 나카사키에 국한하는 것과 무역 규모의 제한에 관한 사항을 비롯해서 관세제도와 치외법권을 설정하고 외교관의 주재를 허용하는 것 등이다. 중국이 아편전쟁에 패배하고 그 이후 서구 열강과 체결한 조약과 비교하면 네덜란드의 일본에 대한 호의를 느낄 수가 있다. 네덜란드가 이정도로 호의적인 태도를 나타낸 건 물론 자국의 이익을 위한 점도 있으나, 막부가 보여준 의리 있는 행동에 대한 보답의 측면도 있었다.

네덜란드 본국이 나폴레옹에게 유린당하고 영국에게 점령되는 고난의 시기에, 네덜란드는 나가사키에 무역선을 파견할 여유조차 없었다. 네덜란드의 무역선이 나가사키를 방문하지 않은 때도 여러 차례 있었고, 미국을 비롯한 외국의 선박을 고용해 임시로 무역선에 충당한 때도 종종 있었다. 그러나 그러한 상황을 알면서도 막부는 네덜란드와 우정을 지켰으며, 유럽에서 네덜란드라는 국가 자체가 없어진 상황에서도 나가사키의 데지마에는 네덜란드의 국기가 여전히 휘날렸다.

네덜란드가 여기에 대해서 감동한 것은 물론이다. 그래서 네덜란드는 서구열강이 일본에 접근하는 것을 막을 능력은 없었지만, 일본이 중국처럼 서구열강의 밥이 되는 사태를 방관하려고도 하지 않았다. 쿠르티우스의 제안은 일본이 자발적으로 유리한 입장에서 개국할 수 있는 최후이자 결정적인 기회였다. 이때가 페리의 함대가 미국을 출발하기 2개월 정도 전의 시점이었다.

그럼에도 불구하고 막부는 역시 개국을 결단하지 않았다. 굴러 들어온 복을 차버린 것이다. 안이한 생각으로 사태의 중요함을 깨닫지 못했다. 개국을 결단한다는 것은 보통의 결단력으로 되는 게 아니기 때문이다. 쇄국체제를 포기한다는 건 도쿠가와 막부가 탄생한 이래 고수해 온 외교정책을 근본적으로 바꾸는 것을 의미하므로, 보통의 결단으로는 안 되고 정치생명을 건 '대결단'이 필요하다. 아베 마사히로는 앞서 말한 대로 결단력이 부족했으며, 평소 개국론을 신조로 가진 인물도 아니었다.

마침내 페리가 일본을 방문해 화친조약을 체결하는 데 성공하자 쿠르티우스는 몹시 초조하게 되었다. 네덜란드가 일본에 대한 무역의 이익을 독점하는 시대는 끝났다는 사실은 진작부터 인식하고 있었으나, 일본이 개국한 이후에도 네덜란드가 무역의 우위를 확보하길 원했기 때문이다. 초조함을 감추고 인내심을 발휘하며 사태를 관망하던 쿠르티우스에게 기회가 찾아왔다. 페리의 증기군함을 앞세운 횡포에 자극을 받은 막부가 해군력의 증강을 원하고 여기에 관한 도움을 네덜란드에게 요청한 것이다.

쿠르티우스는 이 기회를 놓치지 않고 막부의 군사력 증강을 돕는 조건으로 미국이나 러시아가 막부를 상대로 얻은 외교적인 성과를 획득하고자 했다. 도쿠가와 막부의 환심을 얻어서 원하는 목적을 이루는 것은 네덜란드의 전통이자 특기였다. 게다가 네덜란드는 영국이 등장하기 이전에는 유럽 최강의 해군력을 자랑하던 나라다. 그렇기 때문에 그것이 들어주기 어려운 요구는 아니었다. 그는 막부의 요청에 대해 먼저 슴빙(soembing)호라는 이름의 군함 1척을 네덜란드 국왕이 기증하는 형식으로 막부에 헌납한다고 알렸다. 그리고 그 군함을 연습함으로 하여 네덜란드 해군장교가 항해술 등을 전수하기로 하였다.

슴빙호는 포 6문을 갖춘 720톤의 증기선으로 네덜란드 군사교관들을 태우고 1855년 7월에 나가사키에 도착했다. 그리고 그 해의 10월에는 나가사키에 해군전습소(伝習所)가 창설되기에 이르렀다. 교관은 슴빙호를 타고 온 펠스 뤼켄(Pels Rüken) 해군 중령 이하 22명이었다. 이것이 네덜란드가 파견한 제1차 군사고문단이다.

오늘날에는 강대국이 약소국을 위해서 군사고문단을 파견하는 게 드문 현상은 아니다. 특히 냉전시대에는 흔히 있었다. 그러나 당시로서는 파격적인 것이었다. 마치 개국하기를 기다렸다는 듯이 유럽의 국가가 야만국으로 간주되는 일본을 위해서, 군사고문단을 파견하고 연습함까지 갖다 바치는 것은 아주 이례적인 사례였다.

일종의 해군사관학교에 해당하는 해군전습소에는 입학자격에 특별한 제한을 두지 않았으므로, 막부에 소속된 무사인 하타모토(旗本)뿐만 아니라 개개의 번에 소속된 무사인 번사(藩士)의 입학도 허가되었다. 수업방식은 학과수업을 먼저하고 그 후 항해실습에 나서는 방식으로 했다. 과목은 전습소의 성격상 항해술·측량술·조선술·기관학·지리학 등과 같은 해군에 관련된 과목과 아울러 포술훈련, 기병훈련, 소총훈련 등을 병행했다.

처음에는 일본인 생도들의 기초실력 부족으로 진도가 나가지 않았다. 수업은 당연히 네덜란드어로 진행되었으나 네덜란드어를 알아듣지 못하는 건 물론이고, 특히 기하학을 비롯한 수학에 관한 지식의 부족으로 어려움을 겪었다고 한다. 그러나 1년 정도 시간이 지난 후에는 상당한 발전을 보이기 시작했다.

네덜란드로부터 수입된 서적을 번역하여 단편적으로 지식을 습득하는 것에서 탈피, 네덜란드가 파견한 유능한 교관으로부터 직접 체계적으로 교육을 받을 기회가 제공된다는 사실은 획기적인 것이다. 게다가 막부 소속이 아니라 번에 소속된 번사의 경우는 습득한 지식과 기술을 일본의 각지에 전파하는 역할도 하였다.

재미있는 사실은 개개의 번이 파견한 번사의 경우에는 해군에 관련된 지식보다는 소총훈련이나 포병훈련 등 육군에 관련된 것의 습득에 열중하는 자가 많았다는 점이다. 어차피 대부분의 번에서는 해군을 창설하거나 증기군함을 보유할 경제적 능력이 없다. 그러나 육군이라면 다르다. 직업군인인 사무라이는 어느 번에나 널려 있었다. 근대적인 육군을 창설하려면 소총이나 대포에 관한 지식과 운용 노하우가 필요하다. 이것을 익힐 목적으로 입학한 번사가 많았다는 것이다.

한편, 제2차 군사고문단은 2년 후인 1857년 8월 나가사키에 도착했다. 막부가 거금을 투자해서 네덜란드에 주문한 군함인 야판(Japan)호에 탑승한 카텐다이케(Huijssen van Kattendijke) 이하 37명의 군사교관들은 전임자들과 임무를 교대했다.

마침 막부는 에도에 해군조련소를 창설할 계획을 갖고 있어서 생도들이 스스로 조정할 수 있게 된 슴빙호를 1857년 초에 에도로 불러들였기 때문에 적절한 타이밍에 맞는 교대였다. 야판(Japan)호는 나중에 간린마루(咸臨丸)라고 명명되었으며, 미국을 방문한 막부의 사절단을 수행하여 호위함으로써 일본 최초로 태평양을 횡단한 배로 유명하다. 이 배는 포 12문에 100마력이며, 톤수는 정확하게 알려져 있지 않다.

제1차 군사고문단의 우두머리인 펠스 뤼켄은 나중에 네덜란드 본국의 해군장관이 되었고, 제2차 군사고문단의 단장인 카텐다이케는 외무장관까지 출세했다. 이것만 봐도 네덜란드가 얼마나 우수한 교관들을 신경 써서 파견했는지를 짐작하게 해준다. 아시아 국가 중에서 이러한 특별한 혜택을 받은 국가는 필자가 아는 한 일본 밖에 없다. 조선의 종주국으로 행세하던 중국마저도 조선을 위해서 이러한 혜택을 주지는 않았다. 개국 이후 조선은 해군력 증강을 목적으로 중국의 천진(天津)으로 생도를 파견했으나 별다른 소득이 없었으며, 결국에는 해군력이 괴사상태에 이르렀다. 도쿠가와 막부가 네덜란드와 지속적인 우호관계를 맺은 사실이 개국 직후부터 조선과 일본의 차이를 만들어내기 시작했다.

　선박을 가지고 있으면 유지·보수의 필요성이 생긴다. 특히 선박의 밑바닥에 붙은 어패류는 배의 속도를 떨어트리는 주요한 원인이 되므로 정기적으로 이를 제거해 줄 필요성이 있었다. 중세의 선박이라면 크기가 작기 때문에 해안으로 옮겨서 하면 그만이다. 그러나 선박이 1,000톤급 정도의 대형이라면 문제가 달라진다. 도크(dock)를 만들어 거기서 수리나 보수를 해야 한다.

　막부는 거액을 들여 구입한 증기선의 수리와 함선의 제조를 위해 조선소 건설의 필요성을 느꼈다. 도크를 만드는 게 기술적으로 어려운 과제는 아니나, 문제는 도크의 물을 뽑아내는 데 있었다. 선박을 도크에 수납하고 물을 밖으로 배출해야지 선박 밑바닥의 수리나 청소가 가능해진다. 엄청난 양의 물을 밖으로 빼내는 것은 사람의 힘으로는 어렵고 증기기관을 동력으로 하는 양수기가 필요하다. 또한 선박의 수리에는 공작기계가 필요했다. 이 문제를 해결하기 위해서 막부는 역시 네덜란드에 도움을 요청했다.

　이리하여 1856년 11명의 네덜란드 기술자와 기계설비가 도착하고 동년 10월 나가사키에 선박부품의 제조와 선박수리를 위한 시설의 건설이 시작되었다. 당시 막부는 재정형편이 악화된 상황이었으나 불가피한 출혈로 인식했다. 처음에는 나가사키 제철소라고 명명하고, 나중에는 그냥 제철소라고 했다. 제철소라고 이름을 붙인 이유는 철을 다루는 점에 착안한 것이다.

　재정형편상 완성은 1861년이 되어서야 가능했지만, 증기기관을 동력으로 공작기계를 비롯한 관련 설비를 갖춘 일본 최초의 근대적 공장이 되었다. 더 나아가 선박의 제조를 위한 시설도 갖추려고 공사를 시작하여 1864년에 완성했으나, 이때는 이미 규모가 훨씬 큰 요코스카(横須賀) 제철소의 건설이 시작되어 소형 증기선 몇 척을 완성하는 데 그치고 말았으며, 주로 선박의 수리를 담당하는 정도에 머물렀다. 일본 최초의 근대적인 조선시설이나 기계 공장도 역시 네덜란드의 손길이 닿았다.

쿠르티우스는 1855년 7월 승빙호와 1차 군사고문단이 도착하자 막부에 네덜란드와 화친조약 체결을 위한 초안을 제출했다. 네덜란드는 다른 서구의 국가와는 다르게 이미 일본과 무역관계에 있었던 만큼, 나가사키에 막부가 설정한 여러 제한을 폐지하고 네덜란드의 지위개선에 주안점을 둔 것이 특징이었다. 예를 들어 종교의 자유를 허용하거나 나가사키에서 행동의 자유를 보장해달라고 요구했다.

주의할 점은 무역의 제한을 완전히 철폐하는 내용은 아니라는 것이다. 무역상의 제한을 완전히 철폐하기 위해서는 통상조약을 따로 체결해야만 했다. 한편으로 네덜란드는 미국이나 러시아가 획득한 외교상의 이익도 원했다. 막부는 별다른 이의가 없었다. 네덜란드로부터 해군력 증강에 파격적인 지원을 받는 상황에서 괜히 마찰을 일으킬 필요가 없었기 때문이다. 이리하여 양력으로 1856년 1월 네덜란드와 일본 사이에 화친조약이 체결되기에 이르렀다.

쿠르티우스에게는 감격적인 순간이지만 그는 이것에 만족하지 않았다. 그는 더 나아가 통상조약의 체결을 원했고, 특히 경쟁 국가를 물리치고 일본과 가장 먼저 체결하고자 했다. 그러나 막부는 개국 이후 점점 복잡해지고 있는 국내외 정세로 인해서 적극적인 의욕을 보이지 않았고, 무역 규제를 완화한 추가조약을 체결하는 수준에 머물렀다.

추가조약이 체결되기에 이른 원인은 쿠르티우스가 마침 중국에서 일어난 애로호 전쟁, 즉 제2차 아편전쟁에 관한 자세한 정보를 제공하고 막부가 중국의 전철을 밟지 않도록 권고한 게 효과를 발휘한 탓이다. 다른 한편으로 막부가 장래 러시아와 추가조약 체결에 대비한 모범답안으로서 먼저 네덜란드와 추가조약을 맺으려고 했던 것도 그 이유 중 하나였다. 그러나 추가조약을 체결한 시점에서 이미 미국이 일본과 통상조약을 체결하고 조약의 조인을 기다리고 있는 상황이었다.

일본에 온지 몇 년이 지났지만 쿠르티우스는 아직 에도에 가서 쇼군을 알현하지도 못하고 있었다. 결국 일본에 온지 6년째인 1858년이 되어서야 에도로 가는 것을 허락받고, 4월에 도착하여 쇼군을 비롯한 막부 수뇌를 만나는 게 가능했다. 쿠르티우스는 숙소를 방문한 막부의 외교실무 담당자인 나가이 등에게 평소의 지론을 역설했다. 즉, 서구열강의 침략에 대처하기 위해서 먼저 네덜란드와 통상조약을 체결, 조인하고 그것에 입각해 대처해야 한다는 것이다.

당시 막부 수뇌인 이이 나오스케(井伊直弼)는 이미 미국과 통상조약을 체결하고 조인할 예정인 상황을 감안해서 네덜란드를 비롯한 다른 서양 국가에게도 통상조약의 조인을 허락할 결심을 하고, 나가이와 이와세 등을 실무 담당자로 하여 네덜란드와 통상조약을 교섭하도록 시켰다. 이리하여 1858년 6월에는 일본과 미국 사이에 통상조약이 조인되고, 7월에는 네덜란드도 통상조약의 조인에 이르게 되었다. 그러나 네덜란드가 그동안 일본과 조약체결을 위해서 기울인 노력에 비하면 허무한 결과였다.

네덜란드는 일본과 가장 먼저 통상조약을 체결하는 데 실패했고, 다른 서구 국가와 나란히 취급되었다. 일본을 가장 먼저 개국으로 이끈 미국이 통상조약도 가장 먼저 획득했으며, 결국 외교상으로 네덜란드와 일본의 특별한 관계는 끝났다고 해도 과언이 아니다. 이렇게 된 원인은 역시 네덜란드가 아니라 네덜란드의 성의 있는 태도에 대해 불성실하게 반응한 막부에게 있다고 봐야 한다. 쿠르티우스는 일본이 개국으로부터 통상조약의 체결에 이르는 과정에서 헌신적으로 노력하고 일본의 역사에 많든 적든 영향을 미쳤지만, 알찬 결실을 맺지 못하고 일본을 떠나게 되었다.

제2장

웅번의 진출

1

아베의 퇴진과 고메이 천황의 등장

인간은 외부에서 자극이나 충격을 받으면 본능적으로 자신을 보호하려고 한다. 인간이 만든 조직도 마찬가지다. 도쿠가와 막부 역시 개국이라는 미증유의 사태를 맞이해서 이에 대처하려는 움직임을 보이는 것은 당연했다. 이미 언급한 것처럼 아베 마사히로는 본래 개국론을 신조로 가진 인물은 아니었지만, 유연한 사고방식과 처세술을 가졌으므로 개국이라는 상황의 변화에 맞춰 정책의 전환을 시도하고 막부의 체질을 개혁하려고 하였다.

문제는 막부 내부의 개혁에 반대하는 보수세력의 반대와 견제를 어떻게 물리치느냐에 있었다. 아베에게 강력한 지도력이나 카리스마가 없었으므로 이것이 개혁을 성공시키는 관건이었다. 본래 그는 미일화친조약이 체결되자 이에 대해 책임지고 사퇴하려 했다. 막부가 정한 대외정책의 기본 틀이라고 할 수 있는 쇄국정책을 어겼다는 것을 그 이유로 들었다. 그러나 그의 후임자가 될 마땅한 인물이 없었던 사정으로 재신임을 받아 유임되었다. 그렇다고 막부 내부의 보수세력이 아베를 강력히 지지한 것도 아니다. 여기에 아베의 고민이 있었다.

개혁의 출발점의 하나로서 먼저 아베는 번서조소(蕃書調所)의 창설을 추진했다. 기존에 존재하던 막부의 과학기술을 담당하는 부서인 천문방(天文方) 부속으로 외국문서의 번역을 담당하는 기관을 확대·개편하여 새롭게 창설하려는 의도였다. 단순한 번역의 차원이 아니라 그것은 어학 교육기관과 연구기관을 겸비한 조직으로 구상했다. 즉, 기존의 성리학에 대신하는 서양의 학문과 어학을 본격적으로 연구하고 보급하기 위한 기관으로 만들려고 생각한 것이다. 애초에는 양학소(洋學所)라 명명하려고 했으나, 막부 내부의 반대로 번서조소로 이름이 바뀌는 우여곡절을 겪었다.

번서조소에서 '번서(蕃書)'는 오랑캐의 서적을 의미하며, 서양의 서적에 대한 경멸감에서 만들어진 단어로서 개혁에 저항하는 세력의 존재를 나타내는 상징적인 단어 중 하나였다. 창설 작업은 아베가 등용한 가와지나 이와세를 비롯한 유능한 신진관료들이 주도했으며, 1857년 1월 개소식을 하고 학생 191명을 상대로 수업을 개시했다.

교수진의 대부분은 막부 출신이 아니라 번으로부터 등용된 인물이었다. 네덜란드로부터 수입된 난학을 연구하고 발전시킨 주체가 대부분 재야의 인물들이었으므로 이러한 현상이 나타나는 것은 불가피했다. 이는 막부 직속의 무사들에게 개국이라는 새로운 변화에 곧바로 대응할만한 유능한 인물이 없었다는 사실을 보여주는 대목이다. 이 때문에 학생의 출신성분을 막부 소속의 무사로 한정하지 않고 일반 번의 무사로 확대했다.

학업성적이 우수하고 운이 좋으면 막부 신하로 등용될 기회를 잡을 수 있었으므로 지원자가 몰려 인기가 좋았다. 그러나 아베가 퇴진하고 나중에 이이 나오스케가 정권을 잡자 번서조소의 규모는 대폭 축소되었다. 그 후 나오스케의 암살과 더불어 다시 규모가 확장되고, 1863년 8월에는 개성소(開成

所)로 명칭을 변경했다. 게다가 1864년부터는 영어·네덜란드어·러시아어·프랑스어·독일어의 5가지 어학과목 이외에 수학·화학·기계학·지리학 등의 9개 전문과목이 추가되기에 이른다.

번서조소의 창설은 일본의 서양학문에 대한 태도가 번역으로부터 체계적인 학문연구로 변모하는 계기를 만들었다. 그러다가 1865년에는 정치정세를 반영해 군사학교의 성격도 겸하게 되었지만, 막부 멸망 후에는 메이지 신정부에 접수되어 개성(開成)학교로 이름이 바뀌고 나중에 도쿄대학으로 발전하는 모태가 되었다. 또한 번서조소의 교육을 담당한 교수 출신자들이 메이지 시대의 계몽운동을 주도한 세력이 되었으며, 근대적이고 체계적인 학문연구기관의 씨앗을 일본에 뿌렸다. 번서조소는 아베가 추진한 개혁의 성과 중에서 가장 성공적인 것이었다고 평가할 수 있다.

한편, 아베는 해군력 강화를 위해 나가사키에 해군전습소 창설을 추진했다. 여기에 관한 자세한 설명은 네덜란드와 관련된 항목에서 설명했으므로 생략하기로 한다. 아울러 대형선박의 건조를 금지하는 법령의 해제도 단행하여 막부뿐만 아니라 개개의 번도 해군력을 강화할 수 있도록 조치를 취했다. 이와는 반대로 육군의 강화에는 막대한 차질을 빚었다. 에카와 히데타쓰(江川英龍)가 사망한 사건이 뼈아픈 타격이었다.

본래 에카와는 막부의 직할령 중 하나인 이즈(伊豆)반도의 통치를 담당하는 지방관이었다. 프티아틴의 기함인 디아나호가 해일로 인해 침몰하자 막부의 명령으로 새로운 선박의 건조를 담당한 장본인이 바로 에카와다. 과거 그는 정치적으로 숙청된 상태에 있었지만, 아베 마사히로가 구제해서 다시 등용됐다. 육군의 개혁을 추진하기 위해서 아베는 그에게 큰 기대를 걸었다. 왜냐하면 에카와는 아베가 집권하기 이전에 막부가 야심적으로 추진했던 덴포(天保)의 개혁에서, 군사개혁을 담당한 유명한 다카시마 슈항(高島秋帆)으로부터 직접 가르침을 받은 제자였기 때문이었다.

텐포의 개혁에서 군사부분의 개혁은 아편전쟁의 영향으로 막부군을 근대적인 군대로 탈바꿈하는 데 중점을 두었다. 이것을 담당한 다카시마는 서구식의 근대적인 군사제도에 조예가 깊었고 일정한 성과를 올린 것도 사실이었다. 그러나 정치정세의 변화에 따라 결국 개혁이 흐지부지되었다.

이러한 다카시마의 직계제자인 에카와는 서양식 군대와 대포에 해박한 지식을 가진 당대 일류의 권위자였다. 이것을 증명하듯이 그는 자신이 통치하던 이즈 지방에 반사로를 건설하는 한편, 철제대포는 물론이고 포탄의 생산 능력마저도 갖췄다. 서양의 오랑캐를 물리치기 위해서 성능이 좋은 대포를 만드는 방법을 배우기 원하는 자는 에카와를 찾아가는 게 가장 확실한 방법이라고 널리 인식될 정도였다.

게다가 그는 소총으로 무장한 농민에 의한 군대를 만든다는 구상도 가지고 있었다. 이것은 오늘날의 징병제와 유사한 발상이다. 에카와가 일찍 사망하지 않았다면 막부군이 도바(鳥羽)·후시미(伏見) 전투에서 패배하지 않았을 거라는 평가가 있을 정도였지만, 아베가 그를 중용하기 전 54세의 나이로 홀연히 사망하고 말았다. 이리하여 육군의 군사개혁은 막대한 지장을 받지 않을 수가 없었다.

다른 한편으로 아베는 해방국(海防局)이라는 새로운 기구를 설치한다는 구상도 가지고 있었다. 기존에 존재하던 해방괘(海防掛)를 확대 개편해서 대외정책을 총괄하는 강력한 합의체로 만들려고 생각한 것이다. 즉, 그가 구상한 해방국은 대외적인 외교업무의 처리와 해안방어를 중점으로 하는 국방의 업무도 아울러 겸비한 기관이었다. 오늘날로 치면 외교부와 국방부를 합친 것과 비슷한 성격을 가진 셈이다. 개국을 맞이한 막부의 가장 중요한 업무가 대외문제로 옮겨지고 있는 상황을 고려하여 이러한 구상을 했다.

만약 아베의 생각대로 해방국이 실제로 만들어졌다면 막부의 권력이 이 기관으로 집중될 것임은 분명한 사실이다. 또한 그는 해방국의 멤버들에게 자문을 받고 대외문제의 연구를 시키는 부속기구를 만든다는 구상도 아울러 제시했다. 이 부속기구에는 출신성분을 묻지 않고 해외정세에 관한 지식과 식견을 갖춘 다양한 분야의 인물을 발탁해 등용할 예정이었다. 그러나 가와지를 비롯한 막부의 유력한 관료들이 난색을 표시하며 반대했다. 특별한 이유도 없이 매달 12번이나 회합, 토론과 연구를 한다는 게 현실적으로 어렵다는 이유를 내세웠다.

정작 실제로 반대한 가장 중요한 이유는 해방국 부속기관에 막부 소속이 아닌 인물들을 등용하려고 한 것이 원인이었다. 기존 관례에 비추어보면 막부의 최고의사를 결정하는 과정에 막부 직속의 신하나 도쿠가와 혈족 이외의 사람이 참가한 적은 없었다. 아베의 구상이 실현되면 정치혁명이라고 해도 무방할 정도의 큰 변화가 생기는 셈이다. 아베는 출신성분이나 소속을 묻지 않고 오직 능력만을 기준으로 인물을 발탁하는 버릇이 있었고, 이것이 예전부터 문벌사회를 진리로 굳게 믿는 막부 내부의 보수 세력을 자극해 왔었다.

적극적으로 개국을 추진하던 진보적인 세력이냐 마지못해 개국에 찬성한 보수세력이냐를 묻지 않고서, 아베가 기존의 관행과 관례를 뛰어넘으려고 시도하면 사사건건 제동이 걸렸다. 개국과 자유무역을 지지하던 막부의 신진관료들은 대부분 아베가 발탁해 등용한 인물들이었고, 특히 이들 중 상당수는 아베의 후원으로 출신성분의 한계를 뛰어넘어 눈부시게 출세한 경우였다. 그럼에도 불구하고 권력의 핵심에 막부 소속이 아닌 인물들을 등용하는 문제에 관해서는 정면으로 반대한 것이다. 이들 역시 본질적으로는 문벌사회의 기득권자라는 한계를 탈피하지 못했다.

정작 아베의 개혁정책에 결정적인 타격을 준 사건은 1855년 10월 2일 에도 일대를 강타한 대지진이었다. 진도 7 전후로 추정되는 강력한 지진으로 즉사자만 4,000명이 발생했고, 붕괴된 가옥이 최소한 1만 4천호에 이르렀다고 한다. 게다가 화재가 발생해서 더욱 피해를 확산시켰다. 이것은 도쿠가와 막부 역사상 최대 규모의 자연재해로 기록될 정도로 에도 시가지에 심각한 타격을 줬다. 다른 곳도 아니고 도쿠가와 막부를 상징하는 에도에서 일어난 사건이므로 막부가 사태를 방치하기는 곤란했다. 그래서 재해복구를 위해 막대한 비용과 정력을 소비해야만 했으며, 가뜩이나 재정적인 곤란을 겪는 막부는 개혁을 추진할 여력을 잃고 말았다.

바야흐로 본격적으로 개혁을 추진하려고 하는 찰나에 터진 대지진으로 아베는 의욕을 상실했다. 이 사건이 발생한 직후인 10월 9일 사쿠라(佐倉)번의 번주인 홋타 마사요시(堀田正睦)가 아베의 후계자로 전격적으로 발탁되었다. 그것은 아베의 정치적 파트너인 나리아키조차도 사전에 전혀 몰랐을 정도로 느닷없는 조치였다.

이렇게 해서 아베는 퇴임하게 되었으나, 그의 후임자로서 평소부터 개국론을 확고한 신조로 가지고 있는 홋타를 발탁했다는 것을 보면 아베가 어떠한 의도를 가지고 있었는지 알 수 있다. 또한 그의 정치적 파트너인 나리아키와 여기에 관해서 사전에 아무런 협의나 상의를 하지 않은 사실도 눈여겨볼 점이다.

숙청되었던 나리아키를 구제해 준 장본인이 바로 아베이고 또한 페리 제독의 내항을 계기로 정치적 파트너로 삼아서 협조를 구했지만, 야심만만한 나리아키는 이 기회를 이용해 아베를 넘어서 쇼군처럼 행세하려고 들었다. 이렇듯 나리아키와의 제휴도 원만하게 진행하지 못하는 상황에서 개혁의 추진에 대한 온갖 반발은 물론, 설상가상으로 유례가 없는 대지진까지 일어나자 아베는 미련을 갖지 않고 물러난 것이다. 이리하여 막부의 주도권은 홋타에게 넘어갔다. 이것은 막부가 개국과 자유무역을 추진한다는 방향이 확실한 방침으로 자리 잡은 것을 의미했다. 권력을 잡은 홋타는 앞서 본 것처럼 미국의 해리스를 에도로 불러들여 면담하고 통상조약 체결을 적극적으로 추진했다.

고메이(孝明)천황

인재를 알아보는 남다른 감각을 지닌 아베가 후계자로 눈여겨 볼 만큼 홋타는 개국론을 확고한 신조로 가지고 추진할 능력을 가진 인물이었다. 그러나 그는 뛰어난 정치 감각은 없고 유연한 처세술이 빈약하다는 단점이 있었으며, 이것이 결국에는 홋타의 실각과 아울러 개국을 추진하던 진보적인 세력을 몰락하게 만드는 비극의 시초가 됐다. 아무튼 이렇게 해서 아베의 시대는 막을 내렸다.

한편, 페리가 일본을 방문할 당시 일본의 천황은 23세의 고메이(孝明) 천황이었다. 고메이 천황은 메이지(明治) 천황의 아버지로서 중세 이후 일본의 천황 중에서는 가장 개성이 뚜렷한 천황임에 의문의 여지가 없다. 이러한 평가를 얻은 이유는 역시 페리가 내항한 이래 일본의 정치무대에서 좌충우돌의 행동을 한 덕분이다. 그는 이미 페리가 오기 전부터 평범한 천황이 아니라는 사실을 드러냈다.

1846년 미국의 비들(Biddle) 제독이 지휘하는 미국 군함이 우라가에 나타나 개국의사를 타진하는 사건이 발생하자, 천황은 불안감을 감추지 못하고 막부에게 외국선에 대한 대책을 요구하였다. 당시 비들은 중국과 조약 체결을 위해서 아시아를 방문한 것이었으며, 도중에 일본에 들러 개국의 의사를 타진하고 막부가 거절하자 순순히 물러났다. 그냥 슬쩍 찔러본 데 불과했다. 이 사건을 계기로 당시 막부의 수뇌인 아베 마사히로는 불안에 떠는 천황을 안심시키기 위해 종종 조정으로 상황 보고를 하도록 조치를 취했다.

그 이후 마침내 페리가 일본을 방문하자 에도뿐만 아니라 천황과 조정도 동요했고, 교토의 방어대책에 고심했다. 게다가 러시아의 푸티아틴이 이끄는 함대가 막부를 압박할 목적으로 느닷없이 오사카 앞바다에 모습을 나타내자, 일시적이지만 교토를 발칵 뒤집어 놓았다. 그러나 천황이 페리와 체결한 화친조약에 대해서 특별한 불만을 가진 것은 아니었다.

화친조약은 문자 그대로 친선관계의 도모를 위한 조약이고, 교토에 미치는 영향은 미미했기 때문이다. 이러한 상태로 한동안 잠잠했지만, 미국이 파견한 해리스의 요구로 막부가 급기야 통상조약을 체결하려고 하자 천황과 조정의 동요는 심각하게 되었다. 통상조약의 체결이 실질적인 개국으로 연결되고 오사카가 개항될까봐 매우 우려한 탓이다.

오사카는 본래 바다에 인접한 도시가 아닌 교토의 외항(外港)에 해당한다는 성격을 가지고 발전한 도시이며, 오사카가 개항되면 교토도 당연히 그 영향권에 들어가게 된다. 즉, 오사카의 개항으로 말미암아 교토에도 외국인이 출몰하는 사태가 생길지도 모른다는 우려가 크게 증폭된 것이다. 막부의 실세인 홋타가 통상조약의 승인을 요청하기 위해서 교토에 온다는 사실을 알게 된 천황은 통상조약을 좌절시키기로 결심했다. 이를 위해서는 막부를 편드는 내부의 적을 제거하는 것이 먼저다.

천황을 우두머리로 하는 일본의 조정(朝廷)에는 좌대신(左大臣)·우대신(右大臣)·내대신(內大臣)·대납언(大納言)·납언(納言) 등의 전통적인 관료조직이 있었다. 물론 이것은 중국의 당나라로부터 율령제도의 전래에 영향을 받아 만들어진 것이다. 그러나 무사정권이 실질적으로 일본을 통치함에 따라 이러한 관료조직은 껍데기에 불과한 존재가 되고 만다. 조정을 실질적으로 움직이는 것은 관백(関白)과 무가전주(武家伝奏)와 의주(議奏)의 3개의 보직이 있었다.

관백은 천황을 보좌해서 조정을 통할하는 수상 내지 국무총리에 해당하고, 천황이 미성년이면 '섭정(摂政)'을 두고 성년이면 '관백'을 두었다. '의주'는 관백을 도와 조정 내부를 단속하고 천황과 관백의 중간에서 조정하는 역할을 했다. 또한 '무가전주'는 막부와 조정 사이에서 의사소통과 의견조율 등을 담당하는 보직이었다. 쉽게 말해 의주는 교토 조정의 원내총무에 해당 하며, 무가전주는 원외총무에 해당한다. 천황과 조정이 세상과 담을 쌓고 교토에 사실상 유폐되어 있는 상황에서 굳이 복잡한 관료조직은 필요하지 않았고, 간단하게 3개의 보직으로 운영되는 것도 별로 이상한 현상은 아니 었다.

이 무렵에 조정의 실권을 장악하고 있던 인물은 '태각(太閤)' 다카쓰카사 마사미치(鷹司政通)였다. '태각'이라는 칭호는 관백으로 30년 이상을 근무 한 데 대한 명예의 표시다. 마사미치는 고메이 천황과 무려 42세의 나이 차 이가 있었으며, 고메이 천황이 태어나기도 전부터 관백으로 근무하고 있었던 당시 조정 공가(公家)의 대표적인 인물이다.

무사계급에는 당연히 '무가(武家)'라고 칭해지는 무사의 가문이 있었고, 이 중에서 최고봉은 물론 번의 우두머리인 번주이자 봉건영주인 다이묘 가 문이다. 이것과 마찬가지로 조정에도 전통적인 귀족계급으로 구성된 가문이 존재했다. 이를 '공가(公家)'라고 한다. 조정의 역사가 매우 오래된 만큼 이 러한 공가계급도 대단히 복잡하고 위계서열이 엄격했다. 특히 그 중에서 위 계서열이 높은 귀족을 '공경(公卿)'이라고 칭했다.

막부 말기에는 128개의 공가 가문이 있었고, 이 중에서 최고봉인 5개의 가문을 '5섭가(五摂家)'라고 불렀다. 관백은 이 5섭가의 출신자만이 될 수 있었다. 또한 비록 실권은 없지만 좌대신이나 우대신도 역시 섭가(摂家)의 출신자만이 독점하는 관직이었다.

아울러 천황은 5섭가 출신의 여자와만 결혼할 수 있었다. 즉, 5섭가는 천 황과 사돈으로 맺어진 혈연관계였다. 천황에게는 혈족이 있기 마련이다. 예 를 들어 천황에게 동생이나 형이 있으면 이들도 가문을 만든다. 이것이 '친 왕(親王)' 가문이고 4개가 있었다. 그러나 친왕의 가문도 궁중의 석차가 섭가

보다는 하위였다. 결국 교토에서 5개의 섭가보다 상위에 있는 인물은 오로지 천황밖에 없었다.

120개가 넘는 공가의 가문은 각각의 연줄에 의해서 5섭가 중 어느 하나와 긴밀한 관련을 맺고 소속했다. 그래서 조정 내부에는 일종의 파벌이 5개가 형성되어 있었으며, 이를 '문류(門流)'라고 불렀다. 공가 중에는 5섭가와 같이 최고의 귀족가문도 있었지만, 신분이 매우 낮은 평공가 가문이 대부분이었다.

공가 사이의 위계서열이 매우 엄격했던 관계로 평공가는 각기 소속된 5섭가의 가신과 다름없는 관계다. 또한 평공가의 생활수준도 귀족의 신분임에도 불구하고 일반 백성과 별다를 바가 없었다. 다카쓰카사(鷹司) 가문은 이러한 5섭가 중 하나였다. '태각' 다카쓰카사 마사미치는 고메이 천황보다도 혈통이 우수했고, 다카쓰카사 가문은 막부의 전폭적인 지지 아래 무려 50년 이상 계속해서 조정의 관백을 독점하고 있었다. 5섭가의 필두가문이 다카쓰카사가 아니라 고노에(近衛) 가문이라는 점을 생각하면 이러한 현상은 이례적이다.

다카쓰카사 마사미치는 대외문제에 관해서 조정이 막부에 '대정(大政)'을 위임한 이상 막부가 결정할 일이라는 생각을 가지고 있었고, 통상조약의 조인에 관해서도 부득이한 것으로서 긍정적이었다. 막부를 편드는 태각의 이러한 생각에 거부감을 가지는 공가도 많았지만 감히 태각을 상대로 반박하는 자는 없었다. 고메이 천황이 통상조약의 조인을 저지하고자 한다면 태각과의 대결이 불가피하였다.

젊은 천황은 상대가 상대인 만큼 혼자서 타도하기에 역부족이라는 사실을 잘 알고 있었고, 5섭가 중에서 통상조약 조인에 부정적인 생각을 가지고 있었던 고노에(近衛) 가문과 규죠(九条) 가문을 천황 편으로 포섭하려고 정치공작을 시도했다. 당시 현직의 관백은 규죠 가문의 규죠 히사타다(九条尚忠)였고,

좌대신은 고노에 가문의 고노에 타다히로(近衛忠熙)였다. 천황은 이들에게 태각의 타도에 대한 지지와 충성을 요구했다.

이렇게까지 고메이 천황이 태각의 타도에 적극적으로 나선 이유의 밑바탕에는 다카쓰카사 가문에 대한 강렬한 적개심이 있었다. 고메이 천황의 할아버지인 고카쿠(光格) 천황은 재위 당시 막부에 대해서 정치적으로 자립하려는 시도를 하였다. 방계의 혈통으로 천황이 된 고카쿠 천황은 혈통상의 취약점을 보완하기 위해 천황의 권력을 강화하려고 도모했다. 이러한 고카쿠 천황의 돌출행동을 제지하고 견제해 좌절시킨 장본인이 당시 관백이었던 다카쓰카사 스케히라(鷹司輔平)였다. 그는 '태각' 마사미치의 할아버지에 해당하는 인물이다.

다카쓰카사 스케히라는 고카쿠 천황의 숙부에 해당하고 왕손이었다. 혈통상 우위와 막부의 전폭적인 지지를 바탕으로 관백의 권력이 천황을 월등히 능가하는 현상이 반세기 이상 계속되었다. 할아버지인 고카쿠 천황을 닮아서 야심을 가지고 있었던 고메이 천황은 장래 정치적으로 자립을 하겠다는 포부를 가지고, 막부의 앞잡이 노릇을 하는 다카쓰카사 가문을 언젠가는 손보려고 벼르고 있었다. 다카쓰카사 가문이 혈통상 우위를 앞세워 방계의 혈통을 가진 천황을 사사건건 업신여긴 점도 적개심에 불을 붙인 이유 중 하나였다. 이러한 때에 통상조약 승인의 문제가 대두하자 고메이 천황은 기회를 놓치지 않았다.

1858년 2월 5일 노중 홋타가 교토에 들어오자 고메이 천황은 다카쓰카사 마사미치와 정면으로 충돌했다. 마사미치는 42세 연하의 애송이 천황과 정면대결을 하기보다는 은퇴하는 편을 선택했다. 상식과 논리가 통하지 않고 막무가내로 통상조약의 승인을 거부하는 철없는 천황에게 환멸을 느낀 것이다.

비록 태각을 무력화시키는 데 성공했지만, 이 사건을 계기로 고메이 천황의 문제점이 노출되었다. 왜냐하면 논리 정연한 논법과 이론으로 마사미치를 물리친 게 아니라, 어린아이처럼 터무니없는 억지와 고집으로 상대를 질리게 만들어서 승리를 쟁취했기 때문이다. 아무튼 고메이 천황의 정치적 자립의 출발점이 여기서 시작되었다.

이를 계기로 천황은 자신의 정치적 영향력을 확대하고 통상조약 거부의 정당성을 얻기 위해서 막부를 모방한 자문정치를 구사하였다. 그래서 조정의 주요 공경들을 상대로 의견 제출을 요구했다. 오랜 세월동안 현실 정치세계와 동떨어져 별천지인 교토에서 생활한 우물 안의 개구리나 마찬가지인 공가들에게 변변한 정치적 의견이나 식견이 있을 리가 없었다. 그러나 천황은 절망하지 않고 자신이 시도하는 정치적 시위운동에 자신감을 나타냈다.

한편, 홋타는 교토에 오기 이전부터 통상조약 승인의 칙허를 얻는 데 매우 낙관적으로 전망했다. 기존의 막부와 조정의 관계를 생각하면 무리도 아니었다. 전통적으로 막부가 천황에게 원하는 것이 있는 경우 관백과 무가전주에게 금품공세를 하고 설득을 요청하면 일사천리로 문제가 해결되었다.

기존의 천황은 결재서류에 도장을 찍는 존재에 지나지 않았고, 관백이 요청하는 대로 칙서를 만들어서 주면 그만이었다. 그러나 고메이 천황은 꼭두각시 천황이 되기를 거부했다. 본래 천황이나 5섭가는 생계유지를 위해서 막부가 지급하는 쌀에 의존해야만 했다. 막부가 주는 천황의 연봉은 3천석이었고, 관백은 1천석이다. 그것은 다이묘의 수준도 되지 않았다.

막부는 천황이나 조정이 막부 소속의 관계자 이외의 자와 접촉하는 것을 원칙적으로 엄격하게 금지했다. 그래서 천황이나 조정의 경제적 자립은 불가능했다. 관백이나 무가전주와 같은 조정 중신이 막부의 요청에 적극적으로 협조하면, 부수입으로 많은 금품을 막부로부터 얻는 게 가능했다. 짐승을 길들이는 방법 중에서 가장 손쉬운 것이 우리에 가둬놓고 먹이를 조절하는 방법이다. 도쿠가와 막부는 이러한 방법으로 천황과 조정을 길들여 왔다.

훗타 역시 교토에 오면서 상당한 양의 금품을 준비하는 것과 아울러, 개국의 필연성을 주장하기 위해서 국제정세에 관한 자세한 정보를 담은 책자와 해리스의 연설을 수록한 청취록도 준비했다. 게다가 막부의 개국론을 지지하는 관료 중에서 가장 뛰어난 가와지와 이와세를 참모로 거느리고 왔다. 천황의 칙허를 얻지 못하면 그의 정치적 입장이 곤란하게 되므로 나름대로 상당한 준비를 하고 온 것이다. 훗타의 낙관적인 전망의 밑바탕에는 이러한 준비가 있었다.

금품공세를 펼쳐서 조정 수뇌부의 환심을 얻은 다음에, 통상조약의 체결이 불가피하다고 논리적으로 설득해서 납득시킨다는 작전이었다. 그러나 천황과 충돌한 태각이 은퇴하면서 일이 꼬이기 시작했다. 천황을 통제할 인물이 없어진 것이다. 훗타는 막부의 실세이지만 고메이 천황을 직접 만나 설득할 수 있는 신분은 아니었고, 이러한 상황을 역전시킬 뾰족한 해법을 찾지 못했다. 그는 지적이면서 논리적인 사고방식을 가진 인물이자 유능한 행정관료이지만, 배후에서 전개하는 막후교섭이나 비열한 정치공작에는 서툴렀다. 게다가 타협을 거부하고 막무가내로 행동하는 인물에게는 논리적인 설득이 통하지 않았다.

급기야 천황은 통상조약을 저지하기 위해 평공가의 무리들까지 끌어들였다. 관백인 규죠 히사타다가 직무의 성격상 막부를 펀드는 방향으로 전환했기 때문이다. 훗타의 금품공세도 역시 한몫을 했다. 다급해진 천황은 열렬하게 고노에(近衛) 가문에게 지원을 요청했지만, 고노에 타다히로는 자신에게 불똥이 튈까봐 우려해 소극적인 태도로 일관했다. 그러나 그대로 당하고 있을 천황이 아니었다. 고메이 천황은 극약처방으로 평공가를 동원하기로 결심하였다.

공가 가문의 2/3를 넘는 무려 88명을 동원하여 관백에게 통상조약 반대를 주장하도록 배후조정을 하고, 이를 바탕으로 당당하게 통상조약을 사실상 거부하는 내용의 칙명을 만들어 홋타에게 건네주도록 했다. 미천한 신분의 평공가가 집단으로 정치적인 활동과 시위를 하는 것은 전례를 찾아보기 힘든 사건이었다. 고메이 천황은 자신의 야망을 위해 금기를 깨고 교토 조정 내부에서 발언권이 없었던 평공가에게 정치의식을 심어주는 계기를 만들었다.

곤란한 입장에 처한 홋타가 통상조약을 거부하는 내용의 칙허를 받아들이지 않으려고 하자, 그렇다면 통상조약을 좌절시키기 위해서 외국과 전쟁도 불사한다는 뜻을 전하게 했다. 자신이 원하는 바를 달성하기 위해서는 외국과 전쟁이 일어나도 상관없다는 식의 이러한 막나가는 천황의 행동에 홋타 역시 어쩔 도리가 없었다. 그는 시종일관 천황의 페이스에 끌려 다니다가 자신의 주장과 포부도 제대로 펼치지 못하고 4월 5일 교토를 떠나서 20일에 에도로 돌아왔다. 천황은 도쿠가와 막부 시대의 그 어떠한 천황도 이루어내지 못한 자신의 정치적 승리에 스스로 만족해하고 감격했지만, 이것은 오래가지 않았다.

2

사쓰마번의 개혁과 나리아키라

사쓰마(薩摩)번은 큐슈(九州)의 서남단에 위치한 석고(石高) 73만 석의 번이다. 중심지는 가고시마(鹿兒島). 석고는 쌀의 생산량을 의미하며 번의 경제력과 인구를 상징하는 형식적인 지표의 의미를 가진다. 이곳은 도자마(外樣)번이며, 번주는 시마즈(島津) 가문이다. '도자마번'이라 함은 세키가하라 전투 당시에 도쿠가와 이에야스의 동군에 대항해서 서군 편에 참전한 번을 말하며, 원칙적으로 막부의 요직에 취임하는 게 불가능한 일종의 역적 취급을 받는 번을 지칭한다.

19세기 초반이 지날 무렵에 사쓰마번은 500만 량이라는 천문학적인 부채를 가지고 있었다. 석고가 73만 석이라고 해서 그 전부가 사쓰마번의 재정 수입이 되는 것이 아니고, 그 중의 40%를 세금으로 거둬들인다. 결국 연간 재정 수입은 30만 석 정도이다. 돈으로 따지면 30만 량에 해당한다. 쌀의 시가는 농사의 풍흉에 따라 변동이 있지만, 일반적으로 쌀 1석이 금 1량으로 거래되었다.

아무튼 30만 석이면 막대한 수입이다. 그러나 필수적인 지출도 있고 도쿠가와 막부가 도자마 다이묘를 견제하기 위해 참근교대(参勤交代)를 비롯한 재정 부담을 강요했기 때문에 여유로운 재정을 확보하기는 어려웠다. '참근교대제'라 함은 격년마다 다이묘가 에도에서 생활하는 것을 의무로 하는 제도이다. 다이묘의 위신과 체면도 있고 다른 다이묘와의 경쟁의식도 있어서, 최소한 수백인의 수행원을 동반한 화려한 행렬을 이끌고 에도에 가서 1년간 생활해야 하므로 막대한 비용 지출을 강요받게 되었다.

에도에 가까운 위치에 있는 번은 반년마다 참근교대를 하지만 에도와 거리가 멀리 떨어진 번은 1년 단위로 결정되었다. 그렇지만 에도와 거리가 멀리 떨어진 번은 여행비용만 하더라도 거액을 지출해야 했다. 가고시마에서 에도까지 가려면 당시의 교통수단으로는 한 달 이상의 시간을 소비해야만 했다. 게다가 많은 수행원을 동반하면 더욱 오래 걸리는 것은 당연하다.

사쓰마번이 500만 량이라는 천문학적인 부채를 가지게 된 원인은 번주였던 시마즈 시게히데(島津重豪)의 방탕한 사치 덕분이다. 시게히데는 서구문물을 애호하는 다이묘로 이름이 높았다. 일본에서는 이를 '난벽(蘭僻) 다이묘'라고 한다. 즉, 네덜란드로부터 수입된 서구문물에 지대한 관심을 보이고 집착하는 다이묘라는 뜻이다. 시게히데는 풍류를 알고 멋을 아는 다이묘로서 대규모 화원을 건설하고 문화예술의 진흥에 막대한 돈을 소비하는 등 방탕하게 재정을 낭비한 탓으로, 사쓰마번을 사실상 파산상태에 빠지게 만들었다.

계산의 편의를 위해서 사쓰마번 재정 수입의 50%인 15만 석 정도를 매년 빚을 갚기 위해서 적립한다 하더라도, 빚을 완전히 갚으려면 수십 년의 시간이 필요하고 5만 석을 적립한다면 100년의 시간이 걸린다. 이러한 만성적인 재정적자는 단지 사쓰마번의 문제만은 아니고 19세기에 일본의 거의 모든 번에서 나타나는 보편적인 현상이었다. 심지어 도쿠가와 막부조차도 재정난에 허덕였다.

이 문제를 해결하기 위해서 시게히데는 즈쇼 쇼자에몬(調所笑左衛門)이라는 하급무사를 발탁했다. 이때가 1827년 무렵이다. 시게히데는 즈쇼에게 재정난 해결을 위한 전권을 위임하는 대신 5년 내에 500만 량의 부채를 해결하고 아울러 50만 량 정도의 비자금을 마련하라고 지시했다. 이것은 거의 불가능에 가까운 임무이다. 그러나 즈쇼는 결국 해냈다. 비록 주어진 시한인 5년을 초과했지만 500만 량이라는 천문학적인 부채를 해결하고 비자금도 만들어 냈다. 역사는 불가능하게 보이는 것을 실현하면서 만들어지는 법이다.

그렇다면 즈쇼는 어떠한 방법으로 이 문제를 해결했을까? 당연한 이야기지만 할 수 있는 모든 방법을 동원한 것은 물론이다. 우선 채권자들인 에도나 오사카의 금융업자로부터 빚을 떼어먹는 방법을 사용했다. 떼어먹는 게 가능한 빚은 전부 떼어먹었다는 것이다.

이 방법은 당시 권력자들이 채무를 해결하기 위해서 흔히 사용했다. 수법은 간단하다. 채권자들로부터 차용증을 새롭게 써준다고 차용증을 제출하도록 명령한 후, 차용증을 몰수하고 무이자에 250년 할부로 채무를 변제한다고 일방적으로 통고했다. 터무니없는 부당한 조치이나 민간인의 신분을 가진 고리대금업자들이 봉건영주의 신분을 가진 다이묘를 상대로 항의해도 한계가 있기 마련이다.

한편, 즈쇼는 일반 백성들을 상대로 무자비한 착취도 실시했다. 특히 사쓰마의 특산물이라고 할 수 있는 흑설탕의 전매제를 실시하여 막대한 이익을 올렸다. 그러나 이것만으로는 단시간에 부채를 모두 해결하기에는 역부족이었다. 돈을 많이 버는 방법으로는 역시 장사가 최고다. 즈쇼는 밀무역의 네트워크를 만들어 무역의 이익을 추구했다. 일본 국내를 상대로 한 밀무역뿐만 아니라 국제적인 규모의 밀무역 네트워크를 만들었다. 이것은 막번(幕藩)

체제에 대한 중대한 위반이었다.

막번체제는 도쿠가와 막부가 중앙정부의 역할을 하는 한편, 300개 정도의 번이 각각의 영지를 통치하는 일종의 독립국가연합에 가까운 정치체제이다. 막부가 중앙정부로서 군림하기 위해서는 개개의 번을 압도적으로 능가하는 경제적·군사적 실력이 있다는 것을 전제로 한다. 이처럼 막부가 경제적으로 압도적 우위의 실력을 확보하기 위한 방법은 광대한 직할영지의 확보 이외에 전국에 산재해 있는 주요 광산의 운영과 무역의 독점이 있었다. 즉, 막부의 허가 없이는 번과 번끼리 직접 무역을 하는 것이 금지되었고, 해외무역은 나가사키를 통해서 오로지 막부만이 독점하는 사항이었다. 그러나 즈쇼는 이것을 무시한 것이다. 국내 밀무역을 위해서 홋카이도나 동북지방의 특산물을 수입하여 서일본의 각지에 판매하는 방법을 택했다. 그리고 중국과 국제무역을 위해서는 사쓰마번의 황금알을 낳는 거위인 오키나와를 이용했다.

오키나와는 당시의 지명으로는 류큐(琉球)라고 하며 겉으로는 독립된 왕국이 통치하는 섬이었다. 15세기 무렵에 통일된 왕국을 만들고 형식적으로는 중국에 조공을 바치고 책봉을 받았지만, 사실상 사쓰마번의 지배 하에 있었다. 사쓰마가 오키나와를 침공해서 점령한 것은 도쿠가와 이에야스가 막부를 수립하고 6년째에 해당하는 1609년으로, 당시 번주였던 시마즈 이에히사(島津家久)의 지휘 아래에서 행해지고 이에야스의 승인을 얻었다.

사쓰마번이 오키나와를 노린 이유는 풍부한 사탕수수의 확보와 연간 10만 석 이상의 쌀 생산량과 아울러 중국과 무역의 이익에 있었다. 굳이 이것을 이에야스가 승인한 이유는 막강한 군사적 실력을 가진 사쓰마를 회유하기 위한 목적도 있었고, 중국에 조공을 바치는 게 싫어서 류큐 왕국을 중국과 비공식 접촉의 창구로 활용하기 위해서였다. 그러나 이것은 도쿠가와 이에야스의 돌이킬 수 없는 생애 최대의 실수가 되었다. 호랑이에게 날개를 달아준 꼴이 되었기 때문이다. 사쓰마번은 오키나와를 이용해서 중국과 무역을 한다는 특권 아닌 특권을 누렸다. 나가사키가 당시 일본의 공식적인 대외창구라면 오키나와는 비공식적인 무역창구로서 기능했다.

한편, 즈쇼는 무역만으로는 부족하여 심지어 위조화폐의 제작에까지 손을 뻗었다. 본래 전국에 유통하는 화폐의 제조권은 막부가 독점하는 사항 중 하나였다. 그러나 사쓰마는 오키나와를 통치하기 위한 자금을 명목으로 때때로 막부로부터 허가를 받아 기간과 액수를 정하여 화폐를 만들 수 있는 특권을 부여받았다. 이러한 특권은 오로지 사쓰마번만이 가진 것이었다. 오키나와는 이래저래 사쓰마번에게 행복을 안겨다 주는 존재였다. 비록 화폐를 만들 수 있는 기술이 있어도 막부의 허가 없이 멋대로 화폐를 만들면 위조화폐가 된다. 즈쇼가 정확히 어느 정도 분량의 위조화폐를 제조했는지 명확한 기록이 남아있지 않지만 엄청난 액수인 것은 분명했다.

이러한 사쓰마번의 행동은 당시 일본 경제를 교란하고 막부에게 막대한 경제적 손실을 안겨다 준 게 사실이다. 그러나 그것은 사쓰마가 '웅번(雄藩)'으로서 부상하는 발판을 마련하는 계기가 되었다. 웅번이라는 개념의 정확한 정의를 내리기는 어렵다. 개국 이후 일본의 중앙정치무대에 등장한 경제적·군사적 실력을 가진 번을 의미하나 그것은 일정한 규칙이 있는 건 아니었기 때문이다. 웅번의 개념에 관해서 가장 그럴듯한 설명에 의하면, 일단 후다이(譜代)번은 웅번의 개념에서 제외된다. 도쿠가와 이에야스의 가신단에서 유래하는 후다이번에게는 중앙정치에 참가하는 길이 제도적으로 보장되어 있었다. 그래서 중앙정치에 발언력을 행사하는 방법이 제도적으로 차단되었거나 곤란한 번이 일차적으로 웅번의 대상이 되었다.

경제적·군사적 실력이 있다고 인정받으려면 대략 10만 석 이상의 석고를 가지고 있어야 했다. 그러나 이것만으로 웅번의 자격이 갖춰지는 것은 아니었다. 개국과 이에 야기되는 정치적 혼란과 위기를 극복하려는 의지와 전망을 갖추고, 중앙 정치에 참가하는 게 가능한 리더와 인재를 확보해야 웅번이 성립했다. 사쓰마번의 경우에는 시마즈 나리아키라(島津斉彬)라는 발군의 리더가 등장하면서 웅번으로 성장하고 중앙정치에 진출하게 되었다.

본격적으로 즈쇼가 재정개혁에 착수하자 시게히데는 은퇴하고 이윽고 시게히데의 손자인 시마즈 나리오키(島津斉興)가 번주에 취임했다. 나리오키는 즈쇼와 함께 재정의 재건에는 성공했으나, 그 후에 나리오키의 후계자 상속을 둘러싼 분쟁이 발생했다. 나리오키의 아들 중에서 상속 후보로 건재한 자는 장남인 나리아키라(斉彬)와 막내인 히사미쓰(久光)가 있었다. 나리아키라는 정실인 가네코(周子)의 아들이었고, 히사미쓰는 첩인 오유라(お由羅)의 소생이다.

상식에 비추어 보면 당연히 장남 나리아키라가 번주가 되어야 하지만, 나리아키라는 번주인 나리오키나 즈쇼를 비롯한 나리오키의 가신들로부터 기피되었다. 그 이유는 증조할아버지인 시게히데가 직접 양육했으므로, 시게히데의 영향을 받아 서양의 문물을 애호하는 취미를 가졌기 때문이다. 그래서 나리아키라가 번주가 된다면 시게히데처럼 사치와 낭비를 일삼아서 모처럼 일구어낸 번의 재정을 또다시 파탄시킬지도 모른다고 우려되었다. 게다가 나리아키라에게는 자식 복이 없어서 남자아이만 무려 6명이 요절하는 등 그가 번주가 되면 후계자가 될 마땅한 아들이 없는 것도 고려되었다. 이런 이유로 나리아키라는 40대가 되어도 번주에 취임하지 못하고 있었다.

문제는 나리아키라가 매우 명망이 있는 뛰어난 인물이었다는 점이다. 그는 시게히데의 가르침으로 동양과 서양의 학문에 두루 조예가 깊었으며, 식견이나 인품으로도 발군이었고 명군이 될 그릇이라는 평판이 자자하였다. 이러한 변수로 사쓰마번 내부에서는 하급무사를 중심으로 나리아키라를 후계자로 추진하는 나리아키라 옹립파가 생겨나게 됐다. 그 밑바탕에는 즈쇼 일파에 대한 반감이 있었다.

부채해결에 혈안이 된 즈쇼의 무자비한 착취에 직접 고통을 맛보는 계층은 일반 백성과 가난한 하급무사였다. 만약 히사미쓰가 차기 번주로 취임하게 되면 즈쇼 일파는 계속 사쓰마번의 실권을 장악할 가능성이 높았다. 이를 저지하기 위해서는 나리아키라가 번주가 되어야 한다는 것이다. 결국 나리아키라에 대한 기대감과 오유라에 대한 증오심, 즈쇼 일파에 대한 혐오감과 거부감이 복합적으로 작용하여 나리아키라 옹립파가 만들어졌다.

개국과 근대화를 추진하려고 생각하는 나리아키라의 정책에 대한 지지 때문이 아니라, 답답하고 괴로운 현실을 타파해줄 구세주로서 기대한 것이다. 그렇다면 나리아키라의 아버지이자 후계자의 결정권을 가진 나리오키는 나리아키라에 대해서 어떻게 생각했을까? 현재 남아있는 유일한 사료에 의하면 나리아키라를 의심이 많을 뿐만 아니라, 배짱과 용기도 없고 서구의 문물 등 쓸데없는 것을 좋아하는 인물로 봤다. 일반적인 세간의 평가와는 엄청난 차이가 있었던 것이다.

이러한 관점은 나리오키와 나리오키의 측근세력인 즈쇼 일파에게 거의 공통된 인식이었다. 즈쇼는 이미 1848년 음독자살을 했지만 즈쇼 일파는 나리오키의 두터운 신임을 바탕으로 여전히 건재했다. 즈쇼가 음독자살한 이유는 막부로부터 오키나와에 도래하여 개국을 요구하는 영국이나 프랑스 함대에 관한 사실을 제대로 보고하지 않는다고 추궁당했기 때문이었다. 하지만 실제로는 일단 본격적으로 조사가 시작되면 그가 재정개혁의 과정에서 저지른 상상을 초월하는 엄청난 비리가 드러날까봐 우려해서 자의반 타의반으로 자살한 것이다.

한편, 상속 후보 중 하나인 히사미쓰(久光)는 별다른 평판은 없었으나, 아버지인 나리오키를 닮아서 건실하고 착실한 인물로 평가되었다. 그리고 나리오키는 자신을 닮은 히사미쓰를 은근히 총애했다. 히사미쓰의 생모인 오유라는 과거의 행적이나 출신성분이 불분명한 하찮은 신분의 여자였다. 그러나 타고난 미모로 나리오키의 마음을 사로잡고 즈쇼 일파와 결탁해서 친아들

히사미쓰를 번주로 추대하려는 운동을 은밀히 추진하였다. 여기에 격분한 나리아키라 옹립파 중에서 과격파가 오유라의 암살을 계획하지만 사전에 발각되고 말았다.

비록 측실이지만 번주가 총애하는 오유라에 대한 암살 계획은 번주에 대한 반역이나 마찬가지다. 분노한 나리오키는 무자비한 숙청을 명령했고 1849년 12월 다카사키 고로에몬(高崎五郎右衛門)을 비롯한 3명의 사형, 11명의 할복 등 50여 명이 숙청당하는 사건이 일어났다. 이것을 흔히 오유라 소동이라고 한다.

혹독한 숙청을 피해서 나리아키라 옹립파 중 일부는 번을 탈출했고, 지쿠젠(筑前)번의 번주인 구로다 나가히로(黑田長簿)와 접촉하여 나리아키라의 옹립을 위해서 도와달라고 의뢰했다. 나가히로는 본래 시게히데의 9남으로 나리아키라와도 혈연관계에 있었다. 역시 시게히데의 영향으로 서양문물에 대한 애호가로 이름이 높은 다이묘였다.

나가히로는 참근교대의 기회에 에도에 가서 평소부터 친분이 있었던 막부의 실권자 아베 마사히로와 상담을 했다. 아베는 예전부터 나리아키라의 인물 됨됨이와 품성을 잘 알고 있었으며, 이것을 기회로 강대한 실력을 가진 사쓰마번을 아군으로 끌어들일 수 있다는 정치적 계산도 고려하여 나리아키라의 번주 취임을 도와줄 결심을 했다.

1850년 12월 에도에 도착한 사쓰마번의 번주 나리오키는 쇼군 이에요시(家慶)로부터 찻그릇(茶器)을 선물로 받았다. 쇼군이 무사신분을 가진 다이묘에게 칼이 아니라 찻그릇을 하사하는 것은 은퇴를 암시하는 의미라고 한다. 배후에서 이에요시를 움직인 건 물론 아베 마사히로였다. 이리하여 1851년 2월 나리오키는 은퇴하고 마침내 나리아키라가 43세의 나이로 사쓰마번의 번주에 취임하기에 이른다. 나리아키라는 1851년 5월 신임 번주로서 가고시마에 입성했다. 페리가 일본을 방문하기 2년 전의 일이다.

이리하여 즈쇼라는 탁월한 재정가가 빈사상태에 빠진 사쓰마번의 재정을 재건하고, 뛰어난 자질을 갖춘 지도자 나리아키라가 뒤를 이어서 집권한다는 환상적인 바통터치가 이루어졌다.

오늘날을 기준으로 하면 43세는 젊은 나이다. 그러나 전국시대의 유명한 무장인 오다 노부나가(織田信長)가 즐겨 사용한 표현처럼 당시 일본에서는 인생을 50년으로 봤다. 따라서 43세는 인생의 절정기를 지나서 황혼기에 해당한다. 실제로 나리아키라는 치세기간이 7년 반이고, 정확히 50세에 사망했다. 비록 치세기간이 7년 반이지만 참근교대제로 인해서 가고시마에 머무르며 통치한 기간은 3년 정도에 불과했다. 나리아키라는 자신이 '준비된 다이묘'라고 요란하게 광고하지는 않았으나, 막상 번주에 취임하자 실제로는 준비된 다이묘로서의 기량을 유감없이 발휘했다.

일단 번주에 취임한 후 나리아키라의 특색은 인사문제에 별다른 조치가 없었다는 점이다. 나리아키라가 평범한 인물이라면 다이묘가 되자마자 자신의 취임에 반대한 자를 색출하여 정치보복에 열을 올렸을 것이다. 그렇다고 자신을 번주로 옹립하기 위해서 노력한 자들에게 특별히 보답한 것도 아니었다. 그저 자신의 지시사항을 충실히 이행할 인물을 선발하는 정도에 머물렀다.

오늘날 한국에서는 인사(人事)가 만사(萬事)라는 표현을 즐겨 사용하는 것처럼 인사문제를 중요시한다. 그러나 지도자가 진정으로 유능하다면 인사문제에 크게 신경 쓸 필요는 없다. 유교에 입각한 이상적인 지도자는 능력이 뛰어난 지도자가 아니라 덕을 갖춘 지도자이다. 삼국지의 인물 중에서 전통적으로 가장 좋은 평가를 얻는 인물이 유비다. 유비는 무능하고 우유부단한 지도자이지만 덕이 있는 인물이다. 덕이 있어서 제갈공명과 같은 탁월한 참모나 관우나 장비라는 용맹하고 의리 있는 아우들을 얻어 마침내 촉나라의 건국에 성공했다. 지도자가 덕이 있지만 무능하다면 유능한 인재를 얻는 게 성공의 관건이 되지 않을 수가 없다. 제갈공명이 없었다면 유비는 어떻게 되었을까? 그래서 인사가 만사라는 표현이 나오게 된 것이다.

'준비된 다이묘' 로서 나리아키라는 개국 후의 일본이 나아갈 방향과 동아시아의 국제정세를 항상 시야에 두고 묵묵히 자신의 길을 갔다. 그토록 기다려 번주가 된 상황에서 정치보복 따위에 정력을 낭비할 시간은 없었다. 그의 인품이 정치보복에 열중할 정도로 졸렬하지도 않았다. 히사미쓰와는 후계자의 자리를 놓고 경쟁한 사이였고 이복동생이었으나, 번주에 취임한 이후에도 결코 적대시하거나 반감을 가지고 대하지 않았다.

길지 않은 치세기간이지만 나리아키라의 업적을 대표하는 것으로는 집성관(集成館) 사업이 있다. 나리아키라는 평소에 '물리와 화학이 경제의 근본' 이라고 주장할 정도로 과학기술에 대한 인식과 조예가 깊었다. 과학기술이 고도로 발전한 오늘날에도 과학기술에 대한 깊은 식견을 가진 정치가는 드물다. 하물며 당시에는 그야말로 희귀한 존재였다. 그는 연구시설로서 제련소를 바탕으로 개물관(開物館)을 만들었고, 집성관은 일종의 종합제조공장이었다.

집성관 사업을 개시하는 데는 즈쇼가 축적한 자금이 커다란 도움이 된 것은 물론이다. 나리아키라는 과학기술의 진흥이 부국강병의 기초라는 확신을 가지고 사업을 추진했다. 집성관은 반사로 2기와 용광로에 바탕을 두고 경금속과 철재 생산을 주축으로 빵, 유리, 도자기, 농기구, 사진기, 약품, 화학제품, 선박, 대포와 소총, 화약 등의 중공업과 경공업을 넘나드는 다양한 물품을 생산하는 공장이었다. 최고 전성기에는 하루에 1,200명이 넘는 인원이 근무했다고 한다.

당시에 1,200명의 종업원이면 그야말로 초대형 공장이다. 게다가 연구소에 해당되는 개물관(開物館)에서는 전신기나 가스등의 실험, 전기에 의해 폭발시키는 지뢰·기뢰의 실험, 고구마로부터 알코올의 추출, 백색 염료의 제조 등을 하며 실용화를 도모했다. 또한 기계방적, 광산 개발, 증기기관차·증기

선 개발, 수력발전 등이 추진되는 한편, 생산한 물품의 수출을 통한 무역의
진흥에 노력하고, 유학생의 해외파견까지도 계획했다. 그 중에서도 유리에
착색해서 만든 색유리 공예품은 오늘날까지 그 평판이 높다. 짧은 치세기간
을 감안하면 단기간에 방대한 사업에 손을 댄 것을 알 수가 있다.

중요한 사실은 서양의 기술지원에 의해서 만든 게 아니라 대부분 자력으
로 했다는 점이다. 물론 사쓰마번 외부에서 기술자나 지식인을 초빙하는 경
우는 있었지만, 직접 서양인과 접촉해서 개발을 추진한 것은 아니었으며 네
덜란드로부터 입수한 서적을 번역하고 연구해서 이루어낸 성과였다. 예를 들
어 나리아키라는 일본에서 최초로 증기선 제작에 성공했다.

이것을 위해서 나리아키라는 네덜란드어로 된 서적에 있는 간단한 도면을
참고했을 뿐이다. 물론 그것만으로 제작에 성공했다고는 믿기 어렵고 증기기
관의 작동원리에 관해서도 미리 알고 있었을 가능성이 높다. 어쨌든 운코마
루(雲行丸)라고 이름을 붙인 소형 증기선의 제작에 성공을 했다. 그렇지만
역시 한계를 노출하지 않을 수 없었다.

소형 증기선으로는 군함이나 수송선으로서 별다른 가치가 없다. 대형 증
기선이 필요했다. 이를 위해서는 공작기계와 본격적인 대규모 조선시설을 갖
춰야 했으나, 나리아키라는 여기에 필요한 최신의 지식이 없었고 쇄국체제
아래에서 직접 수입하기도 어려운 상황이었다. 결국 미래에 대한 가능성을
제시하는 데 불과했다. 하지만 미래에 대한 가능성을 제시했다는 것이 갖는
가치는 무시할 수가 없다. 실제로 일본이 경쟁력 있는 선박을 제조하기 시작
한 것은 러일전쟁이 끝난 후이고, 결국 메이지 시대 말기에 이르러서야 조선
공업이 본격적인 궤도에 올랐다. 나리아키라가 제시한 미래에 대한 가능성은
메이지 시대의 일본에 많든 적든 영향을 주었다.

이와는 별도로 나리아키라는 막부가 해군력 강화를 위해서 대형선박 건조
금지 법규를 해제하자, 1854년 말에 마스트가 3개인 쇼헤이마루(昇平丸)라

는 이름의 서양식 범선도 만들었다. 그는 이 범선을 막부에 헌납하기로 결정했으며, 다음해인 1855년의 4월 에도만에서 막부의 요인들이 지켜보는 가운데 직접 시운전을 했다. 그리고 이를 계기로 하얀색 바탕에 붉은 원을 그려넣은 히노마루(日の丸)가 일본의 국기로 제정되기에 이르렀다.

오늘날 히노마루는 일본제국주의의 상징으로서 주변국가의 증오의 표적이지만, 본래 나리아키라의 의도는 선박의 식별을 목적으로 했다. 기존에는 소속된 번을 나타내는 깃발만 선박에 내걸고 항해를 해도 상관이 없었다. 그러나 개국이라는 역사적 전환점을 맞이해 외국 선박과 나란히 어깨를 겨루기 위해서는 국가를 상징하는 국기의 제정도 필요하다고 인식한 것이다. 나리아키라가 의도하는 진정한 목적은 장차 중앙집권적인 통일국가를 실현해야 한다는 것을 고려한 포석이었다.

히노마루는 나리아키라가 임의적으로 만들어낸 깃발에 불과하며 도쿠가와 막부를 상징하는 깃발이 아니라는 이유로, 막부 내부에서는 반대의견도 많았던 것이 사실이다. 그러나 아베 마사히로가 나리아키라의 주장을 지지했기 때문에 1854년 7월 히노마루가 정식으로 일본 선박을 상징하는 깃발로서 결정되었다.

한편, 외교면에서도 나리아키라는 일본 전체를 시야에 두고 러시아의 침입을 막을 목적으로 당시 일본의 영토가 아니던 홋카이도를 일본 영토에 편입시켜야 한다고 강력히 주장했다. 이를 위해서 미토번으로 하여금 홋카이도의 개척을 실시하자고 주장하는 한편, 직접 사쓰마번의 무사를 파견해서 홋카이도의 지리를 조사하고 개척에 관한 구상을 가다듬었다.

또한 동아시아의 국제정세를 감안하여 동아시아 연대론을 주장하였다. 그는 서구 열강의 침략에 맞서기 위해서는 일본과 중국이 손을 잡고 공동으로 대처해 나가야 한다고 생각했다. 그러나 중국이 이를 거부하고 열강의 식민지가 된다면 중국 남부의 복건성(福建省)을 점령하고 이를 바탕으로 서구열강과 맞서야 한다는 주장도 했다.

이것을 제국주의적인 침략사상에 바탕을 두고 실행하면 일제의 대동아공영론과 매우 유사하다. 실제로 나중에 메이지 시대를 맞이한 후 중국에서 의화단의 난이 발생하자, 일본은 육군이 주축이 되어 복건성을 점령하려고 시도했다. 그렇지만 기본적으로 그는 아시아 민족끼리의 단결과 연대를 통해 서구열강에 대처해야 한다는 인식을 가지고 있었고 이것을 중요시했다.

아무튼 나리아키라 역시 제국주의적인 사상을 가진 인물이라는 점은 부인하기 어렵다. 왜냐하면 그는 섬나라 일본이 동아시아의 영국과 같은 존재가 되기를 원했기 때문이다. 또한 국방에 있어서 나리아키라는 대포와 소총을 주축으로 한 근대적인 군대를 창설하려는 노력도 기울였다. 이를 위해 육군의 서구식 편성과 훈련, 해군의 창설, 해안포대의 건설 등도 추진했다.

재미있는 사실은 사쓰마번 내부에서 이러한 나리아키라의 놀라운 성과에 대한 인식이 희박하고 냉담했다는 점이다. 즈쇼 일파를 비롯한 보수파는 나리아키라가 하는 행동을 서구문물을 애호하는 것으로부터 나온 취미 생활 정도로 인식했고, 대부분의 번사들은 근대화와 부국강병이 필요한 이유를 알지 못했다. 그렇다고 나리아키라가 스스로 주변사람들에게 자신이 하는 행동의 정당성이나 당위성을 설명하기 위해서 열심히 노력한 것도 아니었다.

그는 자신의 사상이나 생각을 체계적으로 정리해서 홍보하거나 후세에 알리는 데는 무관심했고, 그저 자신이 옳다고 믿는 방향으로 확신을 가지고 묵묵히 매진했다. 사쓰마번 내부에서 이러한 나리아키라의 성과가 제대로 인식되기 시작한 것은 나중에 가고시마만에서 벌어진 영국 함대와의 전투에서 패배한 이후다. 비록 그가 이루어낸 행동을 이해하지는 못했지만 나리아키라의 업적과 성과는 널리 일본에 알려지고 좋은 평판을 얻었으며, 이것이 사쓰마번 청년 무사들의 자랑과 긍지의 원천이 되었다.

지금까지 설명한 것처럼 나리아키라는 기존의 명군(名君)과는 성격이 다른 다이묘였다. 명군은 도쿠가와 막부 시대에 번의 통치에서 좋은 실적을 남긴 다이묘에게 붙이는 명예로운 칭호였다. 그러나 나리아키라는 단지 번의 통치에 국한해서 실적을 남긴 게 아니라, 일본과 동아시아를 시야에 두고 개국 이후의 정세를 감안하여 막번체제의 수정을 시도했다. 이러한 점은 에도 시대의 일반적인 명군과 현저히 다른 점이다.

명군은 정치체제의 틀이나 국제정세라는 전체적인 규모를 시야에 넣고 중앙정치에 관여하는 일은 없었다. 그렇기 때문에 명군과 다르다는 것을 나타내기 위해서 '유지(有志) 다이묘'라는 명칭이 사용되었다. 문자 그대로 뜻을 가진 다이묘라는 의미이며, 이러한 유지 다이묘 그룹이 막부 말기에 극소수이지만 존재했고, 나리아키라는 그 대표적이고 가장 뛰어난 유지 다이묘였다.

3

요시노부 옹립운동

미토(水戶)번의 번주로 명망이 높았던 도쿠가와 나리아키(德川斉昭)의 7남인 요시노부(慶喜)는 어릴 적부터 영특하다고 소문이 나서 다른 가문에서 양자로 맞이하려는 의뢰가 많았다. 그러나 나리아키는 세자가 사망하는 만약의 경우를 대비해 예비세자로서 요시노부를 데리고 있었다. 그런데 쇼군 이에요시(家慶)의 명령으로 요시노부는 히토쓰바시(一橋) 가문의 상속을 위한 양자로 들어가게 된다. 히토쓰바시 가문은 '어3경(御三卿)'의 하나이다.

앞서 설명한 것처럼 도쿠가와 이에야스는 생전에 도쿠가와 종가의 혈통이 끊어질 경우를 대비해서 오와리번·기이번·미토번의 3가(家)를 만들었다. 이러한 이에야스의 신중하고 용의주도한 조치가 빛을 발하는 때가 왔다. 도쿠가와 종가의 혈통이 7대 쇼군인 도쿠가와 이에쓰구(德川家継)에서 끊어진 것이다. 이에쓰구는 몸이 약해서 불과 8세의 나이로 사망했다.

6대 쇼군이었던 이에노부(家宣)는 이를 미리 예상하고 이에쓰구가 일찍

사망했을 경우의 후계자로서, 3가의 하
나인 오와리번의 요시미치(吉通)를 점
찍었다. 그러나 불운하게도 그는 이에쓰
구보다 먼저 죽었다. 그래서 부득이하게
기이번의 요시무네(吉宗)가 8대 쇼군에
취임했다. 문제는 오와리번 요시미치의
동생들이 요시무네가 쇼군에 취임한 데
격렬하게 반발했다는 점이다. 특히 요시
미치의 동생인 무네하루(宗春)가 앞장
서서 정면으로 쇼군 요시무네를 공격하

요시노부(慶喜)

고 노골적으로 반기를 들었다. 요시무네가 신속하게 사태를 수습하지 않는
다면 오와리번과 기이번의 골육상쟁이 끊임없이 되풀이 될 상황이었다. 이
때문에 요시무네가 만든 게 '3경(卿)'이다. 창설의 목적은 물론 요시무네가
쇼군에 취임한 것을 계기로 그 이후의 쇼군을 기이번의 혈통으로 굳히기 위
한 의도였다. 이러한 탓에 도쿠가와 막부 역사상 오와리번 출신의 쇼군은
탄생하지 않았다.

요시무네는 2남인 무네타케(宗武)에게 '다야스 가문(田安家)'을 만들게
하고, 4남인 무네타다(宗伊)에게 '히토쓰바시 가문(一橋家)'을 만들게 했다.
여기에 요시무네에 이어서 9대 쇼군이 된 도쿠가와 이에시게(德川家重)의 2
남 시게요시(重好)가 '시미즈(淸水家) 가문'을 창립했다. 이렇게 만들어진 3
개의 가문을 '3경'이라고 한다.

3가와의 차이점은 3가는 다이묘지만 3경은 다이묘가 아니고, 에도에 저택
을 주어 살게 했다는 점이다. 그래서 막부로부터 직접 10만 석을 지급받았
다. 다야스(田安)·히토쓰바시(一橋)·시미즈(淸水)는 각각의 저택이 위치한
에도의 지명에서 유래하는 단어이다. 3경은 다이묘가 아니므로 직접 통치하

는 영지도 없었으며, 10만 석의 영지는 막부가 직접 관리하고 3경이 관여하지 않았다. 그래서 직속의 가신이나 군대도 없다고 봐야 한다. 게다가 최초에는 가문의 상속자가 없는 경우에도 상속을 위한 양자를 맞이하지 않고 공석으로 두었다. 흔히 말하는 가문과는 성격이 다른 특수한 가문이었기 때문이다. 공석이 될 경우는 세자 후보에서 탈락한 쇼군의 아들이 계승하다가, 나중에는 3경의 출신자들이 번갈아가며 양자상속을 했다.

3경은 쇼군을 비롯해서 도쿠가와 혈족의 가문에 후계자가 없으면, 가문의 상속을 위한 양자로 보내져 가문의 혈통을 유지하기 위한 해결사 역할을 담당했다. 이러한 3경의 하나인 히토쓰바시 가문에 1847년 쇼군 이에요시의 명령으로 미토번의 혈통을 가진 요시노부가 양자로 들어간 것이다. 그것은 이에요시가 나리아키와 화해를 위해서 취한 조치였다. 그 배후에는 아베 마사히로의 건의가 있었다. 그러나 이것이 엉뚱하게도 요시노부의 전설을 만들어 냈다.

기본적으로 기이번의 혈통에서 유래하는 3경에 미토번 혈통의 이질 분자가 양자로 들어간 것은 이변 중의 이변이고 파격 중의 파격이었다. 본래 3경을 창설한 취지를 생각하면 3경의 출신자가 미토번의 후계자로 들어가는 건 가능해도 그 반대의 경우는 있을 수가 없는 일이었다. 당시의 상식으로는 납득하기 어려운 조치가 오해를 일으키고 황당무계한 전설을 만들어 냈다. 즉, 쇼군 이에요시가 영특한 요시노부의 가능성을 간파하고 쇼군의 후계자로 삼기 위해서 요시노부를 히토쓰바시 가문의 양자로 택했다는 것이다. 11대 쇼군인 이에나리(家斉) 이후로 쇼군이 히토쓰바시 가문에서 배출되는 상황이어서 마치 사실인 것처럼 소문이 퍼져 나갔다.

이렇게 영특하다고 소문난 요시노부를 14대 쇼군에 옹립하려는 움직임이 일어났다. 13대 쇼군인 이에사다(家定)는 아직 살아 있었지만, 정신박약 증세가 있는데다가 신체가 허약해 오래 살지 못할 것이 누구의 눈에도 분명하

마쓰다이라 요시나가(松平慶永)

게 인식되었기 때문이다. 도쿠가와 막부 역사상 처음이자 마지막으로 쇼군의 계승을 둘러싼 정치적인 분규였다. 사실 평소라면 분규가 발생할 여지가 없었다. 기슈(紀州)번의 번주인 도쿠가와 이에모치(德川家茂)로 아무런 이의 없이 결정되었을 것이다.

이에모치(家茂)는 11대 쇼군인 도쿠가와 이에나리(德川家斉)의 손자에 해당한다. 또한 12대 쇼군 이에요시의 아들이자 13대 쇼군인 도쿠가와 이에사다는 종형제이다. 미토번 혈통의 요시노부와는 비교도 되지 않는 혈통의 우월성을 가지고 있었다. 이에모치는 몸이 허약하고 1858년 당시에 불과 4세로 나이도 매우 어렸지만, 쇼군의 지도력이 아니라 노중들의 합의에 의해서 운영되는 막부 통치시스템의 성격상 큰 문제는 아니었다. 그러나 개국을 비롯한 내우외환의 위기가 찾아온 상황에서 이에모치에 비해 똑똑하고 나이도 어느 정도 있는 요시노부가 쇼군이 되어야 한다는 게 요시노부 옹립파의 주장이었다. 즉, 개국의 여파 중 하나로서 쇼군의 계승을 둘러싼 분규가 일어난 것이다.

이처럼 요시노부를 쇼군으로 추대하려고 활동한 대표적인 인물은 에치젠(越前)번의 번주인 마쓰다이라 요시나가(松平慶永)였다. 석고 32만 석인 에치젠번은 도쿠가와 이에야스의 차남인 히데야스(秀康)가 세키가하라 전투 승리 이후에 에치젠을 영지로 하사받고 만든 번이다. 도쿠가와 이에야스의 장남인 노부야스(信康)는 이에야스를 의심하는 오다 노부나가(織田信長)의 강압으로 할복자살을 했고, 2대 쇼군은 이에야스의 3남인 히데타다(秀忠)가 계승했다.

결국 에치젠번은 도쿠가와 이에야스의 친아들이자 동생에게 쇼군의 자리를 양보한 사람의 혈통을 가진 번이다. 그러나 도쿠가와 성씨를 사용하는 3가와는 다르게 마쓰다이라(松平) 성씨를 사용했다. 마쓰다이라는 도쿠가와 이에야스의 본래의 성씨이고, 로열패밀리에 해당하는 3가라도 3가의 번주와 세자를 제외한 나머지 자식들은 마쓰다이라 성씨를 사용해야만 했다.

에치젠번은 비록 3가나 3경은 아니지만 혈통에 대한 자부심이 대단히 강했다. 막부 내부에서 정한 다이묘의 서열에서도 3가와 아울러 최상위급에 속하는 것은 물론이다. 또한 혈통에 있어서 이에야스의 가신단에서 유래하는 후다이 다이묘와는 질적으로 다르기 때문에, 원칙적으로 후다이 다이묘로 구성되는 노중이 될 자격은 없었다.

요시나가(慶永)가 요시노부 옹립을 적극적으로 추진한 이유는 요시나가 자신이 쇼군의 후보에서 탈락한 비운의 인물이었기 때문이다. 그는 본래 3경의 하나인 다야스 가문 출신이다. 막부의 명령으로 에치젠번의 양자로 들어가고 상속을 받아 에치젠번의 번주가 되었는데, 만약 양자로 들어가지 않고 그대로 다야스 가문에 남아있었으면 유력한 제14대 쇼군 후보가 되었을 가능성이 높았다.

또한 요시나가는 요시노부보다 나이가 10세나 연장이고, 똑똑한 인물이라는 평가에서도 요시노부에게 뒤지지 않았다. 특히 혈통에 있어서는 미토번 혈통인 요시노부와는 비교도 되지 않는 우위에 있었다. 이런 이유로 요시나가는 쇼군의 계승문제에 남다른 관심을 갖고 요시노부의 옹립을 추진한 것이다. 개국으로 야기된 내우외환의 위기를 극복하기 위해서는 요시노부가 최적의 인물이라는 것이 요시나가의 주장이었다.

한편, 요시노부 옹립파의 실질적인 리더는 사쓰마번의 번주인 시마즈 나리아키라였다. 나리아키라는 직접 요시노부를 만나고 인물 됨됨이에 대해서 탐색한 후, 쇼군의 그릇이라는 확신을 얻고 운동을 배후에서 주도했다. 그는 사쓰마번 차원에서 추진한 근대화 사업의 성공에만 만족하지 않았다. 일본이

서구열강에 맞서 독립을 유지하기 위해
서는 막부와 개개의 번도 근대화를 추진
해야 하고, 아울러 막부의 강화를 위해
서는 유능하고 능력 있는 인물이 쇼군이
되어야 한다고 생각했다. 즉, 혁명을 하
려고 한 게 아니라, 어디까지나 막번체
제의 강화를 위한 방편으로서 요시노부
옹립을 추진한 것이다.

야마우치 요도(山內容堂)

따지고 보면 나리아키라가 번주에 취
임할 수 있었던 것도 막부 수뇌인 아베
마사히로의 도움이 있었기 때문이었다. 그래서 도자마(外樣) 다이묘이면서
도 막부를 위해서 노력한다는 사실이 불가사의한 것도 아니다. 물론 여기에
는 나리아키라 자신이 요시노부를 발판으로 중앙정계에 진출하여 일본 전체
의 개국과 근대화를 리드한다는 야심도 있었다.

나리아키라는 나이나 식견이나 기량에 있어서 요시노부 옹립파의 리더가
되기에 부족함이 없었다. 다만 도자마 다이묘이므로 표면에 나서 활동할 수
있는 위치에 있지는 않았다. 막번체제에서 도자마 다이묘는 아웃사이더였고,
막부의 통치시스템 안에서는 별다른 정치적 발언권이 없었다. 그래서 명문
중에서도 명문인 에치젠의 요시나가가 표면에서 목소리를 높여 요시노부 옹
립을 주장했고, 여기에 동조하는 다이묘가 지지를 표명하는 방향으로 추진된
것이다.

요시노부 옹립을 지지한 유력한 다이묘로는 도사(土佐)번의 야마우치 요
도(山內容堂)와 우와지마(宇和島)번의 다테 무네나리(伊達宗城) 등을 들 수
가 있다. 이들이 당시 일본을 대표하는 유지 다이묘 그룹의 멤버들이었다.
그리고 나리아키라와 요시나가는 아베 마사히로를 설득해서 양해를 얻었고,
아베가 발탁한 유능한 신진관료들이 요시노부 옹립을 지지했다.

결국 일본의 개국을 지지하는 그룹이 중심이 되어 요시노부의 쇼군 계승을 주장한 것이다. 물론 개국론자는 아니지만 요시노부의 친아버지인 미토번의 나리아키도 당연히 요시노부 옹립파에 포함된다. 이것이 한층 문제를 복잡하게 만들었다. 그것은 막부 수뇌부 사이에 형성된 나리아키에 대한 반감으로 인해서, 나리아키의 친아들이 쇼군이 되는 데 대한 거부감이 은연중에 형성되었기 때문이다.

흔히 일본에서 요시노부 옹립파를 '히토쓰바시파(一橋派)'라고 칭하며, 이에모치 옹립파를 '난기파(南紀派)'라고 한다. 이러한 도식적인 분류는 이해하기에는 편할지 몰라도 실상을 정확히 반영한 것은 아니다. 요시노부 옹립파는 막부 내부에서나 다이묘 중에서도 극소수에 불과하고, 말없는 대다수는 쇼군 계승문제에 관심이 없거나 당연히 혈통이 우수한 이에모치가 계승할 것으로 생각했다.

도쿠가와 막부의 통치시스템은 쇼군이 유능한지 아닌지에 관계없이 작동하는 관료기구를 가지고 있었기 때문에, 애당초 쇼군의 계승문제가 정치적 쟁점이 될 여지는 적었다. 그래서 요시노부 옹립파는 목소리를 높여 요시노부를 뛰어난 인물로 과대포장하고 요란하게 요시노부를 지지하는 운동을 펼쳤다. 그러나 호응은 미미했다.

한편, 굳이 이에모치 옹립파라고 할 수 있을 정도로 적극적으로 활동한 세력은 이에모치가 번주로 있는 기슈(紀州)번의 가신인 미즈노 타다나카(水野忠央) 정도에 불과했다. 미즈노가 적극적으로 움직인 이유는 출세 욕구 때문이었다. 비록 신분상으로는 기슈번의 가신에 불과했지만 통치하는 영지의 석고가 무려 35만 석에 이르기 때문에 다이묘가 되기를 간절히 원했다. 이러한 숙원을 풀 수 있는 절호의 기회가 이에모치가 쇼군이 되는 것이다.

요시노부 옹립파는 운동의 성공가능성이 희박한 것을 만회하기 위해서 조정의 권위를 빌려 목적을 이루려 하였다. 여기서 사쓰마의 번주인 나리아 키라는 연가(緣家)의 관계에 있었던 조정의 유력한 가문인 고노에(近衛) 가문에 손을 뻗었다. 시대가 아무리 변해도 끼리끼리 노는 인간의 속성은 변하지 않는 법이다. 무사의 최고봉인 다이묘 가문과 조정의 유력한 주요 가문이 서로 인척관계를 맺거나, 다이묘 가문끼리 인척관계를 맺는 일이 당시 일본에서는 흔히 있는 일이었다. 이러한 관계를 '연가'라고 한다.

오늘날 한국에서도 재벌가문들이 서로 인척관계를 맺거나, 대통령을 비롯한 고위공직자의 가문과 인척관계를 맺는 경우가 흔하다. 그러나 연가는 일단 인척관계를 맺으면 지속적으로 대를 이어가면서 그 관계를 유지하는 게 특색이다. 폐쇄적인 중세의 신분사회를 생각하면 별로 이상한 것도 아니다. 그렇기 때문에 연가의 관계에 있는 가문끼리의 유대관계는 단순한 인척관계 사이를 훨씬 초월하여 끈끈하다.

사쓰마번의 시마즈(島津) 가문은 당시 무사가문의 명문 중의 명문으로서, 조정의 5섭가 중에서도 필두가문인 고노에(近衛) 가문과 연가의 관계에 있었다. 그래서 고노에 가문을 통해서 요시노부를 쇼군의 후보로 하라는 천황의 칙명이 나오도록 요청했다. 그러나 고노에 가문은 조정의 가장 유력한 가문이지만 천방지축으로 날뛰는 고메이 천황을 움직일 위치에 있지는 않았으며, 복잡한 조정 내부의 권력투쟁 때문에 적극적으로 나서려고 하지 않았다. 애초에 무리한 요청이었다.

쇼군의 계승 문제는 막부의 내부사정으로서 천황이 간섭할 사항도 아니고, 당시 고메이 천황의 권위나 정치적 발언력이 막부를 마음대로 움직일 수 있을 정도로 강력한 상황도 아니었다. 고메이 천황이 막부에 대해서 압도적인 우위에 서게 된 것은 이이 나오스케가 암살된 이후의 일이다. 게다가 요시노부 옹립을 지지하는 세력의 대다수가 개국을 지지하는 입장에 있었던 점을 감안하면, 설사 천황에게 쇼군의 계승문제에 개입할 정도의 영향력이 있었다 하더라도 적극적으로 나설 가능성은 희박했다.

한편으로 나리아키라는 오오쿠(大奥)에도 손을 썼다. 오오쿠는 쇼군의 부인이나 측실 등이 거주하는 에도성의 한 구역을 말한다. 쇼군이 사는 에도성은 한국으로 따지면 정부종합청사와 청와대를 합친 것과 비슷한 구조였다. 즉, 크게 나눠 막부의 관료가 근무하는 구역과 쇼군의 주거 구역으로 나눌 수가 있었다. 이 중에 오오쿠는 당연히 쇼군의 주거구역에 속했고, 막부가 쇠퇴의 길을 가고 쇼군이 허약해지자 배후에서 막강한 영향력을 행사하게 되었다. 조선의 '여인천하'와 비슷한 양상을 나타내는 근거지였다.

이처럼 쇼군을 배후에서 조종하는 오오쿠를 장악해야지 요시노부 옹립운동이 수월해진다. 그래서 나리아키라는 양녀인 아쓰히메(篤姫)를 쇼군 이에사다의 정실부인으로 시집보냈다. 즉, 나리아키라는 비록 형식적이지만 쇼군 이에사다의 장인에 해당한다. 그러나 이에사다는 정신박약 증세를 보였으므로 요시노부 옹립의 설득공작을 할 대상으로는 부적합했다. 게다가 다이묘가 되고자 하는 야망을 가진 기슈번의 미즈노 타다나카가 오오쿠에 무차별 뇌물공세를 펼친 탓에, 아쓰히메는 오오쿠의 장악도 불가능한 상황이었다.

이러한 나리아키라의 정치비서 역할을 하면서 실무담당자로 활동한 인물이 나리아키라가 직접 발탁한 사이고 다카모리(西郷隆盛)다. 사이고는 성하사(城下士)의 말단계급의 신분이었다. 사쓰마번은 가마쿠라(鎌倉) 막부 이래 700년의 유구한 역사를 자랑하는 번인만큼 무사계급의 비중도 다른 번에 비해서 현저히 높았고 무사의 계층구조도 복잡했다. 500년의 역사를 가진 조선의 경우에도, 후기에 이르면 양반의 수가 증가하고 사상적으로나 출신성분에 있어서 복

사이고 다카모리(西郷隆盛)

잡해지는 양상이 나타나는 것과 마찬가지다.

사쓰마번의 무사는 크게 나누면 성하사(城下士)와 외성사(外城士)로 구분할 수가 있다. 성하사는 문자 그대로 사쓰마번의 번주가 사는 본거지 가고시마성의 시가지에 거주하는 무사를 말하며, 외성사는 가고시마성 밖에서 살고 있는 자를 지칭한다. 그래서 외성사는 보통 '향사(鄕士)'라고 일컬어진다. 양자의 중요한 차이는 성하사는 사쓰마번의 관료조직에 등용될 수 있다는 점이다. 그러나 향사는 관직에 취임할 수 없기 때문에 생계유지가 곤란했고, 사실상 농민처럼 농사를 지어서 생계를 유지하는 경우가 많았다.

도쿠가와 막부의 직속 가신인 하타모토(旗本)의 경우에도 절반 정도는 막부의 관직에 취임하지 못하고 생계유지에 극히 곤란을 겪었다. 또한 사쓰마번에는 시마즈 가문과 혈연관계로 1만 석 이상의 영지를 하사받은 가신이 몇 명 있었다. 1만 석 이상이면 다이묘급이다. 그러한 거물급의 가신에게는 독자적으로 가신이 있기 마련이다. 즉, 가신의 가신이 있다는 말이다. 이를 '사령사(私領士)'라고 불렀다.

사이고는 성하사의 말단이므로 전체적으로 보면 중급에 해당하는 신분이고 하급무사는 아니었다. 넉넉한 생활을 하기에는 부족하나 생계유지에 곤란을 겪는 신분은 아니다. 보통 메이지 유신의 원동력이 된 무사들이 하급무사라는 인식이 강하지만, 실제로는 상당수의 주요 인물들이 하급무사라기 보다는 중급 이상의 무사였다. 어쨌든 사이고는 성하사의 말단이기 때문에 출세에는 한계가 있었고, 18세에 최초로 관직에 취임하여 농민을 감독하는 관리의 조수로 임명되었다. 이후 나리아키라에게 발탁될 때까지 10년간에 걸쳐서 그러한 일을 했고, 이러한 인연을 계기로 사이고는 농민을 사랑하는 농본주의적인 생각을 갖게 되었다.

사이고 가문은 직접 오유라 소동에 관계하지는 않았다. 그러나 오유라 소동으로 할복자살을 명령받은 사람 중 하나인 아카야마 유키에(赤山靭負)의 가신이 바로 사이고의 친아버지인 사이고 기치베(西鄕吉兵衛)였다. 아카야마는 유언으로 자신의 피가 묻은 속옷을 사이고 다카모리에게 주라고 부탁했다고 한다. 이때 사이고의 나이는 23세였고 잔혹한 숙청사건으로 커다란 충격을 받았지만, 나리아키라의 옹립에 뜻을 같이하는 친구들과 어울리며 별다른 행동을 하지는 않았다.

그 후 사이고가 흠모하던 나리아키라가 마침내 번주로 취임했고, 1854년 나리아키라가 참근교대를 위해서 에도로 출발할 때 수행원으로 느닷없이 발탁됐다. 그리고 가고시마를 출발한 후 잠시 휴식을 취할 때, 나리아키라는 마침 우연히 생각난 듯이 사이고를 불러서 자연스럽게 최초의 대면을 했다. 나리아키라가 구체적으로 어떠한 계기로 말단신분에 있는 사이고를 발탁하게 되었는지는 알 수가 없지만, 사이고가 종종 제출한 빈곤한 농민구제에 관한 의견서가 그의 관심을 끌었을 것이라는 추측이 있다.

아무튼 일행이 에도에 도착하자 사이고는 정방역(庭方役)이라는 보직에 취임했다. 에도의 사쓰마 번저(藩邸)의 정원을 관리하는 하찮은 자리에 불과하나, 번주와 직접 접촉하고 대화를 나누는 게 가능했다. 즉, 권력자와의 물리적 거리가 가깝기 때문에 번주의 마음에 들면 권력의 핵심에 접근하는 것도 어렵지 않았다. '번저(藩邸)'라 함은 문자 그대로 번이 소유한 저택이라는 의미이며, 출장소와 숙소의 성격을 복합적으로 가지고 있었다.

나리아키라는 요시노부 옹립운동을 추진하는 과정에서 사이고에게 심부름하는 역할을 주었다. 즉, 사이고는 각지를 돌아다니며 쟁쟁한 인물들과 접촉하면서 식견과 정치적 역량을 키울 수 있는 기회를 얻은 셈이다. 아울러 나리아키라로부터 직접 세심한 지도와 영향을 받으며 그의 분신과 같은 존재로 거듭났다. 이것이 나중에 무엇과도 바꿀 수 없는 사이고의 귀중한 정치적 자산이 되었다.

이러한 상황에서 요시노부 옹립파에게 결정적인 타격이 된 사건이 1857년

6월에 발생한 아베 마사히로의 돌연한 사망이었다. 향년 39세의 너무나 젊은 나이였다. 아베의 죽음은 암살이라는 주장도 있지만 확실하지는 않고, 어쨌든 요시노부 옹립파와 막부의 운명을 암울하게 만드는 커다란 손실이라는 점은 분명하다.

아베는 나리아키라를 비롯한 유지 다이묘 그룹의 설득을 받아들여 요시노부를 차기 쇼군으로 한다는 데 동의했다. 그리고 이를 위해서 막부 내부의 개국정책을 리드하는 유능한 신진관료들이 요시노부 옹립을 지지하도록 배후에서 조종하는 핵심인물이었다. 유능한 신진관료들 대부분이 아베가 직접 발탁한 인물들인 만큼, 비록 막부의 수뇌부에서 물러난 이후에도 영향력을 잃지는 않았다. 그러나 아베의 사망으로 요시노부 옹립파의 막부에 대한 발언권은 크게 약화되었으며, 요시노부를 쇼군으로 만드는 게 성공할 가능성도 희박해졌다.

4

⬤

요시다 쇼인과 쇼카촌숙

이미 일본을 개국시키는 것으로 페리 제독은 일본의 역사에 획기적인 변화를 야기했다. 그러나 그 이외에도 또 다른 중대한 영향을 줄 수 있는 기회가 있었다. 1854년 3월 28일 밤 두 명의 일본인이 작은 배를 타고 은밀히 미국 함대에 접근했다. 죠슈(長州)번 출신의 요시다 쇼인(吉田松陰)과 동행자인 가네코 쥬스케(金子重輔)가 바로 그들이다. 그 때는 화친조약을 체결한 후 25일째에 해당하는 날이었다.

미국 함대에 승선한 그들은 밀항을 원하고 태워줄 것을 요구하였다. 막부가 정한 법에 의하면 일본인이 막부의 허가 없이 무단으로 해외에 나가는 것이 금지되었으며, 이를 위반하면 사형에 처할 수 있을 정도로 중대한 범죄였다. 이러한 사정을 설명하며 쇼인은 태워달라고 간절히 애원했다. 그러나 페리는 이제 막 조약을 체결한 상태라는 점을 고려해 밀항자를 승선시켜 막부를 자극하는 사태를 피하고 싶어 했다.

결국 페리는 그들의 요구를 거절하고
는 보트에 태워 다시 해안으로 보냈다.
본래 쇼인은 프티아틴의 러시아 함대에
동승해서 밀항할 계획을 세우고 나가사
키로 갔지만, 그곳에 도착하기도 전에
러시아 함대가 떠났기 때문에 차선책으
로 미국 함대에 접근한 것이었다. 쇼인
이 밀항을 시도했던 동기는 외국의 사정
을 직접 눈으로 보고 견문을 넓혀서, 서
구열강의 실체를 파악하고 이를 물리칠
방법을 찾기 위한 목적이었다.

요시다 쇼인(吉田松陰)

밀항 시도의 배후에는 그가 존경하는 사부이며 희대의 인재인 사쿠마 쇼
잔(佐久間象山)이 있었다. 쇼잔은 서양 오랑캐의 실체를 탐구하기 위해서 쇼
인이 외국에 직접 나가려는 생각에 찬성하고 크게 격려했다. 만약 막부에 발
각되면 죽을지도 모르는 위험한 상황이었지만 사부나 제자 모두 그런 것에
신경을 쓸 위인이 아니었다. 만약 이때 쇼인이 밀항에 성공했다면 일본의 근
대사는 크게 바뀌었을 것이다. 페리의 입장에서는 단순히 밀항의 요구를 거
절한 데 불과했으나, 본의 아니게 일본의 역사에 미묘하면서도 중대한 영향
을 주었다.

다시 해안으로 돌아온 쇼인은 가네코와 함께 봉행소에 출두해 자수했다.
쇼인의 소지품에서 밀항 시도를 격려하는 사부 사쿠마 쇼잔의 글과 시문이
발견되었으므로 쇼잔도 역시 체포되었다. 막부 내부에서는 쇼인을 사형에
처해야 한다는 의견이 많았지만, 아베 마사히로는 쇼인의 사부인 사쿠마 쇼
잔이 뛰어난 인재라는 사실을 잘 알고 있었기 때문에 관대한 처분을 내렸다.
쇼잔은 순진하게 자수한 바보 같은 제자 덕분에 이후로 무려 9년간이나 유
폐되었다. 게다가 나중에는 쇼인의 제자들에게 암살되는 비운을 맛봤다.

사쿠마 쇼잔(佐久間象山)

　사쿠마 쇼잔은 마쓰시로(松代)번 출신으로 페리가 최초로 일본을 방문할 당시 마침 에도에 있었으므로, 소식을 듣고 즉시 현장으로 달려가 망원경으로 미국 함대를 관찰하고 주시했다. 굳이 계보로 따지면 양명학자에 해당하지만 평범한 학자나 사상가가 아니었다. 쇼잔은 아편전쟁의 소식을 접하자 위기의식을 느끼고 일본이 나아갈 방향을 진지하게 모색했다. 그 결과 얻은 결론이 오랑캐의 술(術)로 오랑캐를 제압한다는 것이었다.

　이것은 본래 중국의 유명한 사상가인 위원(魏源)의 발상이다. 위원은 아편전쟁 당시 중국의 흠차대신으로 영국을 자극해서 전쟁을 유발한 임칙서의 절친한 친구였다. 그는 아편전쟁에 패배하고 숙청당한 임칙서로부터 넘겨받은 자료를 바탕으로 연구를 거듭하여 아편전쟁 후 중국이 다시 부강해질 수 있는 방법을 모색한 결과, 위와 같은 결론을 얻었다. 이것은 중국에서 서구 열강을 보는 관점이 군사력과 과학기술은 서양이 우위에 있지만, 도덕적으로나 윤리로는 중국이 우월하다는 사고방식에 바탕을 두고 있었다.

　이를 잘 나타내는 것으로서 '동양의 도덕, 서양의 예술'이라는 쇼잔이 즐겨 사용했던 표현이 있다. 그러나 쇼잔은 위원과는 다르게 단지 이론의 차원에만 머물지 않고, 직접 서구의 과학기술을 실제로 배워 습득하려고 하였다. 프랑스인 쇼멜(Chomel)이 편찬한 백과사전을 참고해 포도주, 가스등, 기구, 동판 사진기 등을 스스로 만들면서 실험을 했다. 게다가 외국의 오랑캐를 물리칠 수단으로서 대포의 중요성을 자각하고 역시 자청해 대포의 제조방법도 배웠다. 그 결과 쇼잔은 페리의 함대가 방문할 당시 이미 미국 함대가 장비한 대포와 사정거리가 비슷한 대포를 만들 수 있는 능력을 갖추고 있었다.

페리의 방문을 계기로 쇼잔은 일본이 적극적으로 개국해야 한다고 주장했다. 단지 개국을 거절하고 외국 함대를 물리치는 것은 근시안적인 '소양이(小攘夷)'라는 이유로 배척했다. 오히려 그는 이 기회에 적극적으로 개국해서 서구의 문물을 받아들이고 무역을 통해 부국강병을 추구한 후, 이를 바탕으로 서구열강과 나란히 강대국이 되는 것이 진정한 양이인 '대양이(大攘夷)'라고 칭했다. 일본은 이미 페리가 방문할 당시부터 미래에 관한 올바른 방향과 모범답안을 제시하는 인물이 있었던 것이다.

주의할 점은 그가 주장하는 개국사상의 밑바탕에는 강력한 민족주의와 국수주의가 있었다는 사실이다. 그는 일본 민족이 세계에서 가장 우수한 민족이라는 확고한 신념을 가질 정도로 국수주의적인 성향이 매우 강한 인물이었다.

이러한 현상은 당시 일본의 지식인에게는 흔히 나타나는 특징으로서 특이한 점은 아니다. 그러나 서양의 오랑캐를 물리치기 위한 궁극적인 수단으로 개국과 부국강병을 주장한 것은 매우 독특하고 걸출한 주장이었다. 스스로 철저한 연구를 통해서 서구문물의 우수성을 잘 알고 있었기에 이러한 주장을 하는 게 가능했다. 개국 당시의 일본에서 쇼잔만큼이나 서구문물에 대한 조예와 인식을 가진 인물은 없었다고 해도 과언이 아니다.

아울러 그는 제국주의적인 사상도 가지고 있었다. 이것은 서구열강의 제국주의적인 침략행태에 영향을 받은 탓도 있지만, 본래부터 일본 지식인들은 국수주의 사상에 바탕을 두고 주변 국가들을 오랑캐로 멸시하는 경향이 강했다. 중국이 중화사상에 바탕을 두고 주변 국가를 오랑캐라고 멸시한 것처럼, 조선이나 일본에서도 지식인들이 나름대로 중화질서에 대한 가치관을 만들고 이를 바탕으로 주변 국가들을 멸시했다.

특히 조선의 경우 명나라가 멸망한 이후 중국을 지배한 청나라를 오랑캐인 만주족이 건국했다는 이유로 멸시하며 상당한 거리를 두었던 것이 사실

이다. 가뜩이나 일본의 지식인들이 이러한 사고방식을 밑바탕에 가지고 있는
상황에서 아편전쟁을 신호탄으로 동북아시아에 침략을 개시한 서구열강의
제국주의 행태를 목격하자, 일본 역시 주변 국가를 침략해서 서구열강과 맞
서야 한다는 제국주의 사상을 가지게 되는 것도 불가사의한 점은 아니다. 물
론 조선의 지식인들도 서구열강의 침략에 불안감과 위기의식을 느끼기는 했
지만, 이것을 가지고 제국주의적 침략사상과 연결하지는 않았다. 여기에는
문(文)을 중시하는 기풍을 가진 국가와 무(武)를 중시하는 국가의 차이점과
도 깊은 관련이 있다.

당시 일본에서는 국수주의와 민족주의에 바탕을 두고 일본의 전통적인 철
학이나 종교, 역사 등을 연구하는 학문을 '국학(国學)'이라고 칭했고, 중국
에서 수입된 성리학이나 양명학을 중심으로 하는 학문을 한학(漢學)이라고
부르면서 엄격하게 구별했다. 이러한 현상은 중국이나 조선과는 크게 다른
점이다.

흔히 미토학이라고 부르는 존왕양이 사상의 뿌리가 이러한 국학에 있다는
점은 물론이다. 학문적으로 별다른 가치가 없으나, 이것에 바탕을 두고 민족
적인 주체성을 확립하고 외세배격과 더 나아가 제국주의적 침략사상을 만들
어 냈다. 당시 일본에서 지식인이라면 누구나 국학을 반드시 배웠던 만큼,
개국 무렵에 일본의 지식인이나 정치인 중에서 제국주의적 침략사상을 갖고
있지 않은 인물은 거의 없었다고 해도 과언이 아니다.

지금까지 설명한 것처럼 쇼잔은 개국을 계기로 근대화와 부국강병을 달성
한 후에 궁극적으로는 서구열강에 맞설만한 제국을 건설해야 한다는 사상을
가진 대표적 인물이었다. 그러나 이러한 목적을 위해서 도쿠가와 막부를 타
도해야 한다는 발상은 가지고 있지 않았다. 오히려 막부를 강력한 중앙정부
로 만들어 진정한 통일국가를 달성해야 한다고 생각했다. 그의 사상과 주장
은 존왕양이 사상과는 국수주의적 측면을 비롯한 많은 부분에서 공통하면서

도 개국과 부국강병을 주장했다는 점에서 결정적인 차이점이 있었다. 게다가 막부를 지지했기 때문에, 궁극적으로 막부를 타도하고자 원하는 존왕양이세력에게 암살당한 것이다.

비록 쇼잔은 발군의 능력과 재능을 가지고 있었음에도 불구하고, 여러 가지 사정이 겹쳐서 중용되지 못했으며 그의 뜻을 펼칠 기회가 없었다. 그러나 그가 제시한 방향이 다른 지식인들에게 커다란 영향을 준 것은 물론이고, 유능한 제자들을 통해 후세에 전달되었다.

쇼잔이 아끼던 제자 가운데 하나였던 쇼인은 그를 위대한 인물이자 스승으로 여기고 그로부터 지대한 영향을 받았다. 그렇다고 오랑캐를 물리치기 위한 목적으로서 궁극적으로 개국과 부국강병을 추구해야 한다는 쇼잔의 인식을 그의 애제자인 쇼인도 함께 공유한 것은 아니었다. 왜냐하면 쇼잔이 '대양이(大洋夷)'에 관한 확고한 생각을 정립한 시기는 쇼인의 밀항 시도에 연루되어 그 후에 장기간 유폐생활을 하던 도중이었기 때문이다.

만약 쇼인이 미국 함대를 따라서 외국에 나갔다면 스스로 견문한 것을 바탕으로 개국과 부국강병의 필요성을 깨달았을지도 모른다. 그러나 그는 그 기회를 잡지 못했으므로 스승인 쇼잔과는 다르게 존왕양이 사상에 치우치게 되었다. 그 결과 쇼인이 길러낸 존왕양이 사상을 신봉하는 제자들에게 쇼잔이 암살당하는 기묘한 상황이 벌어진 것이다.

일단 투옥된 요시다 쇼인은 고국인 죠슈번의 노야마 감옥(野山獄)에 이송되어 수감되었다. 감옥에서 쇼인은 600권 이상의 서적을 독파하는 한편, 죄수들을 상대로 서예와 맹자의 강의를 시작했다. 비록 죄수들을 대상으로 한 것이지만, 여기서 교육자로서 쇼인의 비범한 재능이 발휘되었다. 맹자의 성선설을 신봉하는 쇼인은 성심을 다해서 죄수들을 가르치고 효과가 있는 것을 눈으로 확인했다.

1855년 12월 병의 요양을 핑계로 출옥한 쇼인은 숙부인 다마키 분노신(玉

木文之進)이 만든 쇼카촌숙(松下村塾)에서 맹자의 강의를 시작하였다. 그것은 비록 출감했어도 자유로운 신분이 아니므로 부득이 쇼카촌숙에 머문 것에 불과했다. 쇼카촌숙은 문자 그대로 마쓰시타촌(松下村)에 있는 숙(塾)이라는 의미였다. 조선에서는 사설학교를 의미하는 단어로 '서원(書院)'이라는 단어가 보편적으로 사용되었으나, 일본은 중국의 영향으로 '숙(塾)'이라는 단어를 가장 즐겨 사용했다.

쇼인이 평범한 인물이었다면 죠슈번의 번교(藩校)인 명륜관(明倫館)에서 강의하기를 원했을 것이다. '번교'는 문자 그대로 번에서 설립한 학교이고 상급무사의 자제를 대상으로 고등교육을 실시하기 위해서 만들어졌다. 당시 일본에서 유력한 번은 대부분 자체적으로 번교를 만들고 상급무사의 자제를 대상으로 고등교육을 시켰다. 개개의 번이 가진 기풍이나 특성에 따라 번교의 교과과정은 상당히 달랐으며, 반드시 상급무사의 자제가 아니더라도 입학을 허용한 경우도 많았다.

본래 쇼인은 일종의 군사학에 해당하는 병학(兵學)을 대대로 가르치는 요시다(吉田) 가문의 양자로 들어간 인물이었다. 무를 숭상하는 기풍이 강한 당시의 일본에서 병학을 교과과정에서 중요시한 것은 물론이다. 그래서 신분상 명륜관에서 강의할 충분한 자격이 있었다. 이러한 이유로 그 자신이 출옥 후 명륜관에서 가르치기를 희망한다면 소원을 이루기는 어렵지 않았다. 그러나 번교에 소속되어 강의를 하게 되면 정해진 교과과정에 구속을 받아야만 했다.

자유로운 성격을 가진 쇼인은 그러한 속박을 피하고, 자신이 원하는 것을 마음껏 가르치기 위해서 쇼카촌숙을 택한 것이다. 그는 밀항 시도를 하기 이전에도 유학이나 여행을 간다는 목적으로 멋대로 죠슈번의 통제를 벗어나 유람을 다닌 과거가 있었다. 이것은 경우에 따라서는 사형에 처할 수 있을 정도로 중대한 범죄다. 그러나 죠슈번은 나중에 자세히 언급하는 것처럼 인재를 중시하는 기풍이 있었으므로 별다른 처벌을 받지 않았다. 밀항 시도라는 중죄를 저지르고 투옥된 쇼인이 감옥에서 출감하여 제자들을 가르치는 게 가능했던 이유도 죠슈번의 수뇌부가 그를 유능한 인재로 인정했기 때문이다.

이처럼 자유로운 길을 택한 쇼인은 불과 3년 정도 쇼카촌숙에 머물렀고 직접 제자를 가르친 것은 1년 정도 밖에 되지 않는다. 그러나 이 짧은 시간 동안의 활동이 쇼인을 역사적인 인물로 만들었다. 그는 비록 학문적으로 대성하지 못했지만, 교육자로서는 발군의 능력을 발휘해 죠슈번의 존왕양이파 청년들을 양성했기 때문이다. 이 청년들 중에서 막부타도에 중요한 역할을 하고 메이지 시대 일본의 주역이 된 인물이 많았다. 유명한 이토 히로부미 (伊藤博文)도 쇼인의 제자 중 하나였다.

오늘날 일본에서는 쇼인을 교육자로서 서양의 페스탈로치에 비유할 정도이다. 그렇다면 쇼인의 교육 비결은 무엇일까? 겉으로 보기에 특별한 것은 별로 없었다. 그저 주변의 청소년들을 모집해서 가르친 것이지, 의도적으로 재능 있는 소년들을 선발해 강의를 한 것은 아니었다. 쇼인이 밀항을 기도해서 투옥당한 사실이 있었으므로 수상하고 위험한 인물로 여기고, 그에게 자식을 맡기기 꺼려하는 학부모도 많았다. 물론 쇼인을 존경해서 명륜관의 교육에 만족하지 못하고 일부러 찾아온 자도 있었다.

또한 제자의 대부분은 청소년이지만 쇼인보다 나이가 많은 자도 있었다. 교과과정도 겉으로 보기에는 평범했다. 맹자를 강의하는 것이 당시로서는 특별한 게 아니었다. 서양에 관한 최신의 지식을 강의하는 것도 아니고, 학교의 규모도 30명 정도를 가르치는 매우 조촐한 수준이었다. 게다가 제자의 신분을 무사출신에 한정하지 않았으며, 신분의 구별 없이 그로부터 가르침을 받기 원하는 자라면 누구라도 받아 들였다. 그래도 제자의 대부분은 역시 무사계급이었다. 그러나 쇼인의 자유로운 성격이 교육의 내용에 그대로 투영되었다.

강의 장소에 있어서도 제한이 없었다. 때로는 제자들과 함께 밭을 일구면서, 때로는 쇼카촌숙의 확장공사를 하면서 가르치는 식이었다. 게다가 강의 시간에 있어서도 제자들과 밤을 세워가며 토론하는 경우가 빈번했다고 한다. 강의를 하는 방에 특별히 쇼인의 자리로 지정된 장소가 없었으므로 제자들과 함께 섞여서 강의와 토론을 했다. 다시 말해 스승과 제자의 엄격한 상하관계가 없이 마치 동료나 친구처럼 대한 것이다. 그럼에도 불구하고 성심성의껏 가르친 덕분에 제자들로부터 절대적인 존경을 받았다.

교과서에 있어서도 제자가 배우기 원하는 교과서를 선택했으며, 때로는 쇼인이 제자의 학습능력을 고려해서 직접 교과서를 선택하는 등 교재에 관해서도 매우 유연하게 처신했다. 이러한 점들은 오늘날의 대안교육이나 열린교육을 연상하게 하지만 분명한 차이가 있다. 대안교육은 어디까지나 공교육의 문제점을 보완하기 위해서 시도되는 것이지만, 쇼인은 공교육(명륜관)을 의식하고 보완한다는 식의 생각은 전혀 없었다.

이러한 쇼인의 교육방식에 있어서 또 다른 특징은 토론을 매우 중시했다는 점이다. 사서오경을 달달 외우는 식의 지식의 주입에 주안점을 두지 않았으며, 제자들과 토론하는 것을 중요시하고 실천에 옮겼다. 제자들이 피동적인 지식의 습득에 열중하게 하지 않고, 자유롭게 생각을 말하고 능동적으로 사고하는 지식인이 되라고 요구하였다. 그는 당시 사설학교에서 일반적이었던 시험제도나 학생에 대한 능력별 등급제도 등에도 무감각했다.

토론의 주제도 맹자에 국한되지 않고 시국에 관한 시사토론이 많았다. 때로는 쇼인이 쓴 일기나 여행을 떠난 제자가 쇼인에게 보낸 편지를 대상으로 토론하는 등 토론의 대상에 특별한 제한을 두지 않았다. 결국 쇼인은 당시 일본의 시국에 관한 토론과 강의를 통해서 제자들에게 존왕양이 사상을 자연스럽게 심어주고 쇼카촌숙을 일종의 정치학교로 만들어 버린 것이다. 그는 제자들에게 항상 능동적으로 생각하고 자신이 옳다고 믿는 신념을 위해서 행동하는 지식인이 되라고 요구하였다.

비록 쇼인이 아무리 뛰어난 교육자라 하더라도, 단지 그것만으로는 쇼카촌숙을 그토록 유명하게 만드는 것은 불가능하다. 뛰어난 제자를 배출했기 때문에 불멸의 명성을 얻는 게 가능했다. 쇼인의 제자에는 '쌍벽'으로 칭해지는 두 명의 뛰어난 인재가 있었다. 구사카 겐즈이(久坂玄瑞)와 다카스기 신사쿠(高杉晋作)가 바로 그들이다.

구사카 겐즈이(久坂玄瑞)

나이로 따진다면 다카스기가 구사카보다 한 살 많지만 둘은 절친한 사이였다. 구사카는 명륜관의 교육에 만족하지 못하고 뛰쳐나와 쇼인의 제자가 되었으며, 다카스기는 명륜관에 통학하고 있었으나 구사카의 끈질긴 권유로 일단 쇼인을 한 번 만나기 위해서 방문했다. 쇼인은 구사카와 함께 찾아온 다카스기를 관찰하고는 장래 큰일을 할 인물이라고 말했다고 한다. 그 말에 끌렸는지 다카스

다카스기 신사쿠(高杉晋作)

기는 쇼카촌숙을 드나들기 시작했다. 쇼인과 다카스기의 나이 차이는 9세, 구사카와는 10세에 불과했다.

본래 다카스기는 검술연습에 열중했으므로 학업에 부족한 점이 많았고, 쇼인은 다카스기가 구사카에 대해 라이벌 의식을 가지고 있다는 것을 이용해서 그를 자극시켰다. 그래서 지기 싫어하는 성격의 다카스기는 열심히 공부해 학업성취도가 크게 진보했다고 한다. 게다가 다카스기는 타고난 지도력

으로 쇼카촌숙 출신자들의 리더가 되었다.

한편, 쇼인은 구사카를 천재라고 평가했으며, 자신의 여동생을 주어 매제로 삼았다. 그런데 구사카는 쇼인의 여동생이 못생겼다는 이유로 처음에는 결혼을 완강히 거부했다고 한다. 쇼인이 개인적으로 가장 아낀 제자는 구사카이지만, 다카스기 신사쿠가 실제로는 가장 중요한 인물이었다. 왜냐하면 다카스기는 죠슈번의 명문 무사가문 출신이고, 상급무사의 자제로서 죠슈번 권력의 중추에 접근하는 게 가능했기 때문이다.

번교인 명륜관을 창설한 장본인이 바로 다카스기의 할아버지이고, 아울러 그는 죠슈번의 재정개혁에 중대한 공헌을 했다. 다카스기는 아웃사이더 그룹인 쇼카촌숙의 리더이면서, 동시에 권력의 중추에 연결되는 기득권자라는 묘한 이중적인 지위를 가졌다. 그래서 그는 쇼카촌숙 멤버를 권력의 중추에 끌어들이는 핵심적인 연결고리가 되었다. 미천한 하급무사 출신인 이토 히로부미가 출세의 발판을 마련한 것도 역시 다카스기와 절친한 친구사이였기 때문이다. 이토 히로부미(伊藤博文)의 히로부미(博文)라는 이름을 지어준 것도 다카스기였다.

또한 쇼인은 제자의 단점을 교정하기 보다는 장점을 살리는 걸 중시했다. 다카스기의 경우에는 고집이 매우 세고 모든 것을 자기식대로 해석하는 경향을 보였다. 그러나 쇼인은 다카스기의 단점을 섣불리 교정하려 하지 않고 남의 말을 받아들이지 않지만 타협하지 않는 개성으로 여겨 오히려 장점으로 승화시켰다. 이러한 덕분에 다카스기는 괴팍하게 돌발행동을 하는 버릇을 고치지 못하고 주변 인물들을 곤란하게 만들기도 했다.

쇼카촌숙의 쌍벽인 구사카와 다카스기에다가 이리에 구이치(入江九一)와 요시다 도시마로(吉田稔麿)를 합쳐서 흔히 쇼카촌숙의 '4천왕'이라고 칭했다. 그들이 죠슈번의 미래를 이끌어 나가는 핵심인물이 되었다.

쇼인은 오늘날 한국에서 정한론(征韓論)을 주장한 대표적 인물의 하나로 지목되어 비난받고 있다. 잘 알려져 있는 것처럼 정한론은 한마디로 말해서 한반도를 침공해 일본의 영토로 만들어 버리자는 주장이다. 원래대로 하자면 조선의 국호를 사용해서 정조론(征朝論)이라고 호칭하는 것이 옳다. 그러나 정조론이라고 할 경우에 교토의 조정을 정벌하자는 의미로 오해를 받을까봐 우려해 정한론으로 바꾸었다고 한다.

확실히 쇼인은 그러한 주장을 하였지만 당시 일본의 지식인들이 제국주의적 침략사상을 보편적으로 가지고 있었다는 점을 고려할 때, 특별히 정한론을 이유로 쇼인만을 비난하기는 어렵다. 일본의 유명한 역사서인 《일본서기(日本書紀)》에 한반도를 정벌했다는 내용이 적혀있는 것을 근거로, 국수주의와 민족주의의 강력한 영향을 밑바탕으로 만들어진 존왕양이를 주장하는 지식인들은 한반도를 장차 일본의 식민지로 만들어야 한다는 허무맹랑한 주장을 했다. 그래서 정한론을 이유로 비난하려면 당시 일본의 지식인 전체를 비난해야 옳다. 그러나 쇼인이 제자들에게 준 영향을 생각하면 가볍게 넘길 문제는 아니다.

그가 키워낸 제자들이 메이지 시대의 죠슈번 출신자의 핵심이 되고 쇼카촌숙 출신의 이토 히로부미와 야마가타 아리토모(山県有朋)가 정한론을 실제로 실행했다는 점이 중요하다. 결국 쇼인이 정한론으로 비난받는 것도 잘난 제자들 덕분이라고 해도 과언이 아니다. 잘난 제자들이 아니었다면 쇼인이 정한론을 주장했든 아니든 관심조차 받지 못했을 것이다. 그리고 페리가 그를 받아들여 미국 함대에 탑승하고 외유를 떠났다면 이러한 잘난 제자들을 길러내지 못했을 것도 분명한 사실이다.

5

대로 이이 나오스케

이이 나오스케(井伊直弼)는 석고 35만 석의 히코네(彦根)번의 번주였다. 히코네번은 도쿠가와 이에야스의 유명한 사천왕 중의 하나인 이이 나오마사 (井伊直政)를 시조로 하는 번이다. 나오마사는 용맹함과 충성심으로 이에야스가 가장 총애하던 가신이었고, 사천왕의 막내로서 막부 창설에 기여한 공적으로 히코네번이 가진 자부심과 긍지는 대단히 강했다. 이러한 사정으로 히코네번의 이이(井伊) 가문은 막부의 수뇌인 노중에 빈번하게 취임하는 단골멤버였으며, 막부의 후다이 다이묘 중에서는 명문 중의 명문이었다.

본래 나오스케는 히코네의 번주가 될 가능성이 거의 없었다. 자식이 많기로 소문난 제11대 번주인 이이 나오나카(井伊直中)의 14번째 아들로 태어났기 때문에 그는 양자로 다른 가문에 입양되기도 어려운 형편이었다. 청년으로 성장한 나오스케는 스스로 매목사(埋木舍, 우모레기노야)라고 이름을 붙인 저택에 300석을 지급받고 살면서 자신의 불우한 상태를 한탄하며 생활했다. 아무리 다이묘의 자식이라 하더라도 가문의 상속자가 되지 못하면 그에게는 평범한 무사와 다름없는 인생이 기다리고 있었다. 그러나 절망적인 상황에서도 그는 문무의 수행을 게을리 하지 않았고, 다양한 취미생활을 하면서 자기계발에 힘쓰며 보냈다고 한다.

이러한 은둔생활이 계속되던 중 뜻밖에도 번주인 맏형에게 세자가 없는 상태에서 상속자로 지정된 둘째형이 사망하는 사건이 일어났다. 그래서 나오스케가 32세의 나이로 맏형의 양자가 되어 세자에 취임했다. 마치 영화나 소설에서 나올 법한 기막힌 인생역전이었다. 1850년 맏형이 사망하자 그는 번주에 취임하였고 히코네번의 번주인 만큼 막부의 보수파 다이묘의 대표적 인물로 성장하게 된다.

마침내 노중에 승진한 나오스케는 좋든 싫든 쇼군의 후계문제에 점점 깊이 관여할 수밖에 없었다. 막부 내부 보수파의 입장은 개국과 통상조약 체결에 반대였고, 요시노부(慶喜)가 쇼군이 되는 것에도 역시 거부감을 나타냈다. 게다가 보수파는 요시노부 옹립을 지지하는 개국파 신진관료들에 대해서도 강한 반감을 가지고 있었다.

후다이 다이묘 중에서도 리더의 입장에 있었던 나오스케는 이러한 보수파의 입장을 대변하여 활동했다. 개인적으로 그는 요시노부의 친아버지인 도쿠가와 나리아키에 대해서 강렬한 라이벌 의식을 가지고 있었다. 나리아키가 아베 마사히로에게 중용된 것에 비하여 자신은 상대적으로 소홀히 대접받자 자존심이 크게 상하고 강한 불만을 갖지 않을 수가 없었다. 그래서 나리아키의 친아들인 요시노부를 쇼군 후보로 옹립하는 운동에 대해 내심 불쾌하게 생각한 것은 당연하다.

요시노부 옹립운동이 어느 정도 진행되었는지 잘 몰랐기 때문에, 나오스케는 애당초 이에모치(家茂)를 쇼군으로 옹립하려고 그다지 적극적으로 추진하지 않았다. 그러나 요시노부 옹립운동을 추진한 핵심인물이라고 할 수 있는 사쓰마번의 번주 나리아키라가 막부뿐만 아니라 교토의 조정에까지 접촉하고 있다는 정보를 입수하자, 그는 커다란 위기감을 느끼고 사태를 방치하지 않겠다고 결심을 굳혔다.

비록 나오스케는 뛰어난 정치적 재능을 가진 인물은 아니었으나, 한 가지 남다른 장점을 가지고 있었다. 바로 과감한 결단력과 실행력을 가지고 있다는 점이다. 그것은 아베 마사히로에게는 없는 장점이었다. 나오스케는 홋타가 교토에서 통상조약의 칙허를 얻는 데 실패했다는 사실을 알자 그를 실각시키기 위한 준비를 은밀히 추진했다.

통상조약을 승인하는 칙허를 얻지 못한 홋타가 에도로 돌아오고 3일째가 되는 1860년 4월 23일 이이 나오스케의 대로(大老) 취임이 전격적으로 공표되었다. 이것이 도쿠가와 막부 역사상 최후의 대로 취임이었다. 본래 홋타는 교토에서 통상조약 승낙의 칙허를 얻는 데 성공하면 요시노부를 쇼군의 후계자로 결정한다는 칙허도 아울러 얻을 생각이었다. 그러나 이것이 실패한 후에 에도로 돌아와서는 요시노부 옹립운동의 간판인물인 에치젠(越前)의 요시나가를 자신의 후계자로 대로에 취임시켜 요시노부의 쇼군취임을 도모하려고 하였다.

이러한 사실을 잘 알고 있는 나오스케는 서둘러 선수를 쳐 대로에 취임한 것이다. 사실상의 쿠데타나 마찬가지였다. 막부 내부의 보수파 다이묘들이 절대적으로 그를 지지했으므로 쿠데타가 수월하게 가능했다. 그러나 그는 곧바로 홋타를 파면하는 조치를 취하지는 않았다. 홋타로 하여금 천황의 칙허가 없는 상태로 통상조약의 조인을 하도록 시키고, 그 책임을 뒤집어 씌워 파면한다는 계획을 세웠기 때문이었다. 요시노부의 쇼군 취임에 반대하는 나오스케가 전격적으로 대로에 취임한 결과, 차기 쇼군은 이에모치로 결정된 것이나 마찬가지였다.

사전에 계획한 것처럼 나오스케는 6월 19일 통상조약의 조인을 결정하고,

전권위원인 이와세와 이노우에에게 가나
가와(神奈川)에서 해리스와 조약의 조인
을 하도록 명령했다. 그리고 그 4일 후에
여기에 대해 책임을 물어서 홋타를 파면
했다. 정치적으로 문제를 일으킬만한 결
정은 자신이 내리고, 그 책임은 정적에게
전가한다는 유치한 수법이었다. 그리고
6월 25일에는 차기 쇼군으로 이에모치를
결정하고 이를 정식으로 공표했다.

이이 나오스케(井伊直弼)

이러한 식으로 행동하면 요시노부 옹
립파의 강한 반감을 사는 것은 당연하다. 흥분한 요시노부 옹립파는 에도성
으로 몰려가 나오스케에게 거칠게 항의했다. 여기에는 요시노부 옹립파의 간
판인물인 에치젠의 요시나가는 물론이고, 당사자인 요시노부와 아울러 그의
친아버지인 나리아키와 그의 아들로서 새롭게 미토번의 번주로 취임한 요시
아쓰(德川慶篤) 등이 포함되었다. 이러한 행동은 점잖고 교양 있는 상류층이
하는 처신은 아니었다. 그들은 농민들이 세금 부과에 불만이 있을 경우 관청
으로 몰려가서 항의하는 식의 천박한 행동을 한 것이다. 나오스케는 이들에
게 가차 없이 근신이나 은거처분을 내렸다.

이러한 나오스케의 횡포에 반발한 것은 비단 요시노부 옹립파뿐만 아니었
다. 교토의 고메이 천황도 크게 화가 났다. 천황이 심혈을 기울여 추진한 통
상조약의 체결 반대를 나오스케가 멋대로 철저하게 무시했기 때문이다. 급기
야 고메이 천황은 측근들에게 천황의 자리에서 물러날 뜻을 내비치기에 이
른다. 즉, '천황 노릇 못해 먹겠다'는 의사표시였다.

막부와 마찰을 일으킬까봐 우려한 주변의 만류로 일단 퇴위 의사는 철회
했다. 그 대신 5섭가의 다카쓰카사(鷹司) 가문이나 고노에(近衛) 가문으로

하여금 천황의 승인을 얻지 않은 통상조약 체결에 불만을 나타내는 내용을 담은 조칙의 사본을 유력한 번에 전달하는 것으로 타협을 봤다. 여기에는 다카쓰카사 가문과 연가의 관계에 있는 미토번과 아울러 고노에 가문과 연가의 관계에 있는 사쓰마번이 주요한 수신자가 된 것은 물론이다. 조칙의 원본은 물론 막부 앞으로 보냈다. 막부의 허락 없이 멋대로 조칙의 사본을 만들어 직접 다이묘에게 보내는 것은 막부의 권위에 대한 정면도전이었다.

이것에 만족하지 않고 천황은 나오스케에 대한 증오심으로 막부를 편드는 관백이나 무가전주를 숙청하려는 움직임도 나타냈다. 막부의 허락도 없이 멋대로 다이묘와 접촉하고 관백을 비롯한 조정의 핵심적인 인사도 건드리는 거침없는 고메이 천황의 행동은 나오스케를 자극하지 않을 수 없었다. 게다가 천황이 직접 미토번과 접촉하는 것은 미토번의 실권자인 도쿠가와 나리아키에게 강한 라이벌 의식을 가진 나오스케의 입장에서는 매우 도발적인 행위였다.

사실 천황이 미토번에 보내도록 한 조칙의 사본에 특별한 내용이 있는 것은 아니었다. 단지 막부의 행동이 천황의 마음을 괴롭게 한다는 식의 구절이 있는 데 지나지 않았다. 그러나 나오스케는 사태를 방치하지 않기로 결심을 굳혔다. 막부의 권위를 예전과 같이 회복하기 위해서 교토의 불온한 세력들을 숙청하기로 한 것이다. 나오스케의 심복인 나가노 슈젠(長野主膳)이 숙청의 주도적인 역할을 했다. 나가노는 본래 히코네번 출신은 아니었다. 그러나 나오스케가 극적으로 히코네번의 세자로 취임하기 이전부터 절친한 친분을 가지고 있었던 덕분에, 나오스케의 정치참모이자 심복으로서 두터운 신임을 받고 있었다.

교토에서 활동하고 있던 존왕양이파 지사들뿐만 아니라, 나오스케의 정치적 라이벌의 측근들도 숙청의 표적이 되었다. 그 중에서 가장 주목할 만한 중요한 인물이 에치젠번의 하시모토 사나이(橋本左內)다. 하시모토는 에치젠의 번주인 마쓰다리아 요시나가의 브레인으로서, 요시노부 옹립운동의 핵심적인 역할을 했을 뿐만 아니라 개국과 부국강병을 지지하는 논리를 만들어 주변에 커다란 영향을 주었다.

나이는 불과 25세에 지나지 않았지만 워낙 똑똑했으므로 요시나가에게 발탁되어 중용된 인물이다. 그가 발탁된 배후에는 사쓰마번의 번주 나리아키라의 정치비서로 요시나가와 긴밀한 접촉을 가지고 있었던 사이고의 추천이 있었기 때문이라고 한다. 사이고는 자신보다 나이는 어리지만 하시모토의 재능과 식견을 매우 높게 평가하고 그로부터 많은 영향을 받은 것으로 알려져 있다.

하시모토는 막부의 권위를 개국 이전의 상태로 회복하려는 나오스케와는 정치적으로 완전히 정반대의 입장에 있었다. 그는 요시노부를 쇼군으로 추대하고 웅번이 이를 뒷받침하여 막부와 웅번에 의한 연합정권을 만드는 정치체제재편을 시도했다. 게다가 궁극적으로 그는 중앙집권적인 통일국가를 달성하고 부국강병을 실현하여 국력을 기르는 한편, 이를 바탕으로 서서히 한반도를 비롯한 주변 국가의 영토를 잠식하면서 서구열강과 당당히 맞서는 제국주의국가로 발전하는 게 일본의 바람직한 미래라고 굳게 확신했다.

이러한 하시모토의 주장과 사상은 사실상 메이지 시대의 일본의 미래상을 묘사한 것으로 봐도 과언이 아니다. 다만 그는 외교적으로 러시아와 친밀한 동맹관계를 맺어야 한다고 생각했다. 개국 당시 러시아의 푸티아틴이 보여준 세련되고 매너있는 태도가 그에게 좋은 인상을 준 결과였다. 어쨌든 하시모토의 재능과 식견이 발군이기 때문에 나오스케의 입장에서는 가장 위험한 인물로 여기는 것도 당연했다. 그래서 라이벌 요시나가의 날개를 꺾기 위해서 하시모토는 창창한 젊은 나이에 사형에 처해졌다.

한편, 죠슈번의 요시다 쇼인도 이 때 사형을 당한 중요인물 중 하나다. 쇼인은 교토에서 활동한 게 아니므로 막부의 직접적인 표적이 될 인물은 결코 아니었다. 그러나 그는 제자들을 통해서 교토의 정세를 소상히 알고 있었고, 막부가 숙청을 개시해 존왕양이에 뜻을 같이 하는 정치적 동지들이 체포당하고 있다는 소식을 듣자 흥분해서 이성을 잃었다. 그래서 나오스케의 심복으로 교토에서 숙청을 총지휘했던 노중 마나베 아키카쓰(間部詮勝)의 암살을 계획하고는 이를 실천하려 했다. 대담하게도 그는 죠슈번의 수뇌부에 노중의 암살을 위한 무기와 탄약의 지원을 요청했다.

사태를 우려한 죠슈번은 쇼인을 다시 투옥시키지 않을 수 없었다. 쇼인이 가만히 있었으면 가벼운 처벌로 끝났을 가능성이 컸다. 그러나 그는 심문을 받기 위해서 에도로 이송되자 자발적으로 막부의 관리에게 노중의 암살계획을 자백하고 말았다. 성심을 가지고 사람을 대하면 자신의 뜻을 관철할 수 있다는 평소의 신념에 따른 행동이었다. 쇼인의 황당한 주장과 생각에 별다른 관심이 없었던 막부도 노중을 암살하려고 계획하는 불순분자를 방치할 수는 없었다.

쇼카촌숙 출신의 제자들조차도 이성을 잃고 폭주하는 스승에게 등을 돌렸다. 정상적인 상식을 가진 사람이라면 흥분해서 물불을 안 가리고 날뛰는 쇼인에게 협조하고 동조할 턱이 없었다. 이렇듯 심혈을 기울여 키워낸 제자들에게까지 버림받고 모든 것을 포기한 쇼인은 마지막 희망으로 '초망굴기(草莽崛起)'를 주장하기에 이른다. 즉, 현실의 정치체제를 바꿀 힘을 가진 마지막 보루로서 재야에 묻힌 무명의 지사들과 민중에게 기대를 건 것이다.

비록 쇼인은 자신의 생각과 뜻을 실천할 기회를 얻지 못하고 사형에 처해졌지만, 그의 황당무계한 계획에 협조를 거부해 절교를 선언한 수제자 다카스기 신사쿠에게 계승되었다. 그 결과 그것은 나중에 자세히 언급하는 기병대(奇兵隊)라는 형태로 실현되기에 이른다. 나오스케의 숙청으로 처벌받은 자는 100명이 넘었다고 한다. 도쿠가와 막부가 창시된 이래 최대 규모였다. 이를 계기로 교토에서 활약하던 존왕양이파 세력은 막대한 타격을 입었지만,

막부의 탄압이 이들의 세력을 완전히 제거하여 박멸하는 수준에까지는 이르지 못했다.

존왕양이세력을 교토에서 완전히 없애기 위해서는 양이를 부르짖으며 이들의 정신적 지주역할을 하는 고메이 천황을 제거하지 않으면 안 되었다. 그러나 제아무리 나오스케라 하더라도 숙청의 손길을 직접 천황에게 뻗지는 못했다. 하지만 천황을 보좌하는 측근들에게 근신처분을 내리는 한편, 관백이나 무가전주 등의 인사를 막부의 희망대로 원상 복귀시켰다. 평소의 기세 등등했던 태도와는 다르게 고메이 천황은 예상 외로 막부가 매우 강경한 태도를 타나내자, 그저 숨죽이고 사태를 관망하는 입장으로 돌아설 수밖에 없었다. 이때부터 나오스케가 암살되는 시점까지 교토는 정치적으로 소강상태를 유지했다.

이러한 숙청이 마무리 될 무렵에 미국과 체결한 통상조약의 비준을 위한 사절단이 일본을 출발했다. 일본 역사상 최초로 서양에 보내는 공식사절단이다. 당초 이러한 사절단을 보내려고 한 사람은 미국에 직접 가보고 싶어 했던 이와세 타다나리였지만, 이와세는 통상조약 조인 후 나오스케에 의해서 숙청당했으므로 엉뚱한 사람이 가게 되었다. 나오스케는 홋타의 파면을 계기로 아베가 발탁한 유능한 신진관료들을 차례차례 숙청했다.

사절단의 본진은 미국 군함인 포헤탄(Powhattan)호에 탑승했지만, 이들을 호위한다는 명목으로 일본 군함이 따라붙게 되었다. 여기에 선발된 군함은 네덜란드가 파견한 제2차 군사고문단을 태우고 일본에 온 야판(Japan)호의 명칭을 바꾼 것에 불과한 간린마루(咸臨丸)다. 함장은 네덜란드 해군전습소를 졸업한 가쓰 가이슈(勝海舟)였고, 메이지 시대를 대표하는 계몽사상가로 이름을 떨친 후쿠자와 유키치(福沢諭吉)도 수행원 자격으로 참가했다.

1860년 1월 13일 요코하마를 출범한 간린마루는 일본 최초로 태평양을 횡단한 배로 기록되었다. 그러나 사실은 귀국을 위해서 같이 동승한 미국인들

후쿠자와 유키치(福沢諭吉)

이 있었기에 태평양 횡단이 가능했다. 함장을 비롯한 대부분의 일본인 선원들은 격렬한 폭풍우에 견디지 못하고 드러누워 버렸으며, 경험이 풍부하고 노련한 미국인들이 사실상 항해를 담당했다. 일본 역사상 최초의 태평양 횡단은 네덜란드에서 만든 선박으로, 대부분의 일본인 선원들이 멀미로 뻗어버린 상태에서 동승한 미국인 선원의 힘으로 달성된 것이다. 간린마루는 샌프란시스코까지 동행하는 임무를 수행한 다음, 다시 하와이를 거쳐 일본으로 돌아왔다. 이 기회를 이용하여 후쿠자와는 웹스터 영어사전과 한문으로 된 영어사전을 구입해서 귀국했다.

본래 후쿠자와는 오사카의 유명한 사설학교인 데키숙(適塾)에서 네덜란드어를 배웠다. 그러나 자신의 지식을 시험하기 위한 목적으로 막상 요코하마에 가서 외국상인과 접촉하자 네덜란드어가 통하지 않는다는 사실을 깨닫는다. 여기서 그는 영어를 배울 필요성을 느꼈으며 사절단에 참가하여 귀국한 후 불과 3개월 만에 영어사전을 만들어 출판했다. 단기간에 사전을 만드는 게 가능했던 이유는 미국에서 구입한 한문으로 된 영어사전을 그대로 베꼈기 때문이지만, 신세대 지식인다운 패기 넘치는 행동력의 면모를 드러낸 사례다.

후쿠자와에게 영어를 가르쳐 준 사람은 해외에 나가지 않은 일본인으로서는 가장 먼저 영어를 배운 사람이라고 할 수 있는 모리야마 에이노스케(森山栄之助)였다. 앞서 설명한 것처럼 그는 미일화친조약 교섭의 당시 통역을 왜곡하여 해리스를 일본에 불러들인 장본인이다.

개국 이전 서구문물에 관심을 가진 일본의 지식인들은 오직 네덜란드어만 배우고 그것에 의지하여 서양의 서적을 번역하고 지식을 흡수했지만, 개국 이후 변화하는 시대에 적응하기 위해 직접 외국에 가서 견문하는 기회를 잡은 후쿠자와는 이제까지 자신이 우물 안의 개구리였다는 사실을 깨달았다. 그는 미국에 가기 이전부터 네덜란드어 서적을 열심히 탐독하는 것을 통해 나름대로 서양에 관한 많은 지식을 가지고 있었다. 덕분에 그는 미국에 가서도 주눅이 들지 않고 당당하게 행동했다.

그 중에서 미국인 소녀와 사진관에서 사진을 함께 찍은 것은 유명한 일화다. 사진기에 대한 지식을 미리 가지고 있었기 때문에 이러한 행동이 가능했던 것이다. 그러나 그는 미국이 일본과 전혀 다른 정치구조를 가지고 있다는 사실에는 충격을 받지 않을 수가 없었다. 미국의 초대 대통령인 죠지 워싱턴과 혈연적으로 아무 관련이 없는 사람을 선거를 통해서 대통령으로 선발한다는 사실을 알자 그는 경악했다고 한다.

중세적인 문벌사회에서 성장하고, 문벌제도를 부모의 원수라고 말하며 증오하던 그에게 있어서 이는 믿기지 않는 사실이다. 그는 사절단에 참가하기 이전 미국의 대통령이 초대 대통령 워싱턴의 피를 이어받은 자에 의해서 세습되는 것으로 생각했었다. 이 때 받은 충격이 계기가 되어 그는 몇 년 후에 《서양사정》이라는 유명한 베스트셀러를 출판했다.

해적판을 포함하면 거의 100만 권 가까이 발행되었다는 이 책은 당시 일본에서 지식인이라고 자부하는 사람이면 누구나 읽어봤다고 할 정도로 폭발적인 인기를 끌었다. 일본에서 베스트셀러의 원조로 손꼽히는 책이다. 오늘날에도 100만 권을 출판하면 베스트셀러이지만 인쇄술이 발달하지 않은 당시로서는 그야말로 슈퍼 베스트셀러라고 할 수 있다.

《서양사정》이 폭발적인 인기를 끈 이유는 영국과 미국의 정치제도를 자세히 소개했기 때문이었다. 그 후에도 막부가 유럽에 파견하는 사절단에 참가하여 더욱 지식을 넓혔던 후쿠자와는 자신이 직접 보고 들은 것을 바탕으로 나름대로의 생각을 첨가해 생생하게 전했으므로, 단지 서양의 책을 그대로 베껴서 소개하는 것과는 상당히 달랐다. 기존에 서양과 관련된 서적은 피상적으로 번역, 출판하는 게 일반화되어 있었다.

개국을 계기로 많은 일본인들이 서양의 정치제도가 일본과 매우 다르다는 사실은 어렴풋이 알고 있었으나, 구체적으로 어떻게 다른지는 자세히 알지 못했던 것이다. 후쿠자와는 이러한 궁금증을 시원하게 풀어주며 문필가로서 이름을 떨쳤다. 게다가 이 책은 의회정치를 일본에 도입하려는 구상을 가진 정치가들에게 지대한 영향을 주었기 때문에, 단순한 베스트셀러의 차원을 넘어서는 의미마저도 있었다.

한편, 사절단의 본진은 샌프란시스코에서 파나마를 통과하고 워싱턴으로 향했다. 그들은 백악관에서 당시 대통령이던 뷰캐넌과 회견했으며 그곳에서 엄청난 문화적 충격을 받았다. 중세의 시대를 살던 사무라이들이 느닷없이 태평양을 횡단, 근대의 시간에 살고 있는 미국인과 만났으므로 당연한 것인지도 모른다.

백악관에서 만난 대부분의 사람들이 아무런 장식이나 무늬도 없는 수수한 양복을 착용한 것에 충격을 받았으며, 명색이 대통령임에도 불구하고 칼을 차고 있지 않은 이유도 납득하지 못했다. 또한 회견의 장소에 짙게 화장한 여자들이 돌아다니는 것 역시 불가사의한 일로 받아들였다. 사무라이의 사고방식으로는 손님접대의 상식을 초월한 무례한 행동에 다름 아니었다. 재미있는 사실은 이러한 인상을 받은 덕분에 당시 일본에서는 민주주의를 '하극상(下剋上)'이라 번역했다고 한다. 문자 그대로 위계질서가 엉망이고 위나 아래가 없다는 의미이다.

사절단은 조인식을 마치고 곧바로 일본으로 돌아온 것이 아니라 대서양을 거쳐서 지구를 한 바퀴 돌고 왔다. 그러나 그들이 귀국했을 때는 파견을 결정한 대로 이이 나오스케는 사라지고 없었다.

일본에서 당시의 연호를 따서 '안세이(安政)의 대옥(大獄)'이라고 부르는 과감한 숙청사건으로 이이 나오스케는 쇼군을 능가하는 권위를 가지게 되었다. 그러나 반감도 그에 비례하여 매우 커졌고, 신변의 위협을 느낄 정도에 이르렀다. 그러나 나오스케는 주변의 권고를 뿌리치고 경호를 강화하는 조치를 취하지는 않았다. 막부의 대로가 암살된 전례가 없을 뿐만 아니라, 주요한 정적들이 제거되었기 때문에 자신감을 가지고 방심한 탓도 있었다. 대담하게 대로의 암살을 계획한 것은 미토번의 존왕양이를 신봉하는 과격파 번사들이었다.

개국에 반대하는 천황의 의사를 무시한 것은 '존왕(尊王)'에 어긋나는 것이고, 외국과 무단으로 통상조약에 조인하는 것은 '양이(攘夷)'에 위배된다. 게다가 미토번의 번주였던 나리아키와 나리아키의 아들인 요시노부가 나오스케로부터 처벌을 받아 숙청되었다. 또한 나오스케의 숙청에 가장 많이 희생을 당한 게 미토번 출신자들이다. 그래서 그들이 암살에 나설 동기는 충분했다. 미토번 내부에 존왕양이를 신봉하는 무사들을 통제할 지도력을 갖춘 인물이 없는 상황이어서, 일부 과격파 무사들이 폭주하는 것은 예정된 수순이라고 봐도 무리가 아니었다. 여기에 더해 나오스케는 미토번이 조정으로부터 은밀히 받은 조칙의 사본을 반환하라고 강압적으로 요구해 불난 집에 부채질을 하였다.

암살의 주동자는 미토번의 가네코 마고지로(金子孫二郎)와 다카하시 다이치로(高橋多一郎)였고, 여기에 사쓰마번의 존왕양이 과격파인 아리무라 지자에몬(有村次左衛門)이 가세하여 총 18명의 인원이 에도로 향했다. 암살 목표가 다이묘이고 그 중에서도 막부의 실권을 가진 대로인만큼 어설픈 암살 시도는 성공하기 어렵다. 그래서 암살 계획은 사전에 치밀하게 계획되었고 참가인원도 많았다. 참가인원이 많으면 비밀을 유지하기 어렵다는 단점이 있지만, 암살의 성공가능성을 높이는 장점도 있다.

암살을 위해서 예정한 날짜는 1860년의 삼월삼짇날이었다. 이 날은 명절의 하나이므로 나오스케가 반드시 에도성에 들어가 의식에 참가해야만 했다. 암살 장소로 택한 곳은 사쿠라다문(櫻田門)의 앞이었다. 나오스케가 정상적인 루트로 에도성에 들어가기 위해서는 반드시 거쳐야 하는 문이다. 즉, 굳이 암살을 위한 정보의 수집을 하지 않아도 되는 확실한 시점과 장소를 택한 것을 알 수가 있다.

운명의 삼월삼짇날 오전 9시 무렵 60명 규모의 나오스케를 수행하는 행렬이 히코네(彦根) 번저를 출발했다. 참근교대제로 인해 다이묘라면 누구나 에도에서 장기간 체류생활을 해야만 한다. 그래서 에도에는 각각의 번이 만든 광대한 규모의 번저가 쇼군이 거주하는 에도성을 에워싸는 형태로 존재하고 있었다. 그것은 유사시에 에도성 외곽을 방어하는 거점으로서의 역할을 하기 위해서이다. 그런데 하필이면 그날 아침에 많은 눈이 내렸다고 한다. 1860년의 삼월삼짇날은 양력으로 따지면 3월 24일이다. 한국에서는 이 무렵에 꽃샘추위로 눈이 많이 내려도 별로 이상하지 않으나, 포근한 기후의 도쿄에서는 매우 이례적이고 드문 현상이었다.

눈이 오기 때문에 호위무사들은 칼에 녹이 슬지 않도록 자루를 씌우고 우비를 착용했다. 이러면 비상사태가 발생해도 즉시 칼을 뽑고 즉각적으로 대응하기가 곤란하게 된다. 다이묘 행렬의 호위무사라면 검술실력이 뛰어난 게 당연하지만, 이러한 상태로는 실력발휘가 곤란하다. 더군다나 기습을 받는다면 속수무책일 수밖에 없다. 날씨는 암살자들 편이었다.

암살범들은 크게 나눠서 두 개의 팀을 편성했다. 호위 무사들의 주의를 끌기 위한 유인조와 나오스케가 탄 가마를 습격하는 습격조가 바로 그것이다. 암살에 참가한 인원수가 많다는 장점을 활용해 양동작전을 구사한 것이다. 유인조는 다이묘의 행렬을 구경하는 무리인 것처럼 가장하여 행렬의 선두에 접근, 호위무사들을 유인하는 역할을 맡았다.

에도 시대에는 다이묘들이 서로간의 경쟁심으로 행렬을 한껏 화려하게 만들어 위신을 뽐내는 풍조가 있었으며, 이것을 구경하고 기록하는 것이 취미인 호사가들이 있었다. 그래서 암살범들은 별다른 의심을 받지 않고 다이묘의 행렬에 접근하는 게 가능했다. 다만 외출하기 좋지 않은 날씨에 굳이 다이묘의 행렬을 구경하기 위해서 접근하는 건 수상쩍은 행동이었으나, 나오스케의 호위무사들은 별다른 의심을 하지 않았다. 유인조 가운데 한 명이 나오스케에게 직접 호소할 것이 있는 것처럼 행렬의 선두로 접근한 다음 느닷없이 칼을 뽑아 휘두르고, 다른 한 명이 행렬의 선두를 인도하는 무사의 창을 강제로 빼앗았다. 이것을 목격한 행렬의 중간에 있던 호위무사들이 당황하여 앞으로 뛰어 나갔다.

비록 호위무사들이 검술실력은 있었지만 체계적인 경호훈련을 받는 오늘날의 경호원과는 다르게, 나오스케가 탄 가마를 일시적으로 무방비 상태에 놓이게 한 치명적인 실수를 저질렀다. 유인에 말려든 호위무사들이 행렬의 앞으로 뛰어 나가자 신호를 담당한 구로사와 쥬자부로(黑沢忠三郎)가 습격조에게 가마를 습격하라는 의미로 권총 한 발을 발사했다. 총소리에 놀란 가마꾼들이 혼비백산하여 뿔뿔이 도망치고 나오스케가 탄 가마는 완전히 무방비 상태에 놓였다.

습격조는 칼로 가마를 몇 차례 쑤시고 피투성이의 나오스케를 밖으로 끌어낸 다음, 사쓰마 번사인 아리무라가 목을 베었다. 이때 나오스케의 나이는 46세로 도쿠가와 막부 역사상 암살된 최초이자 최후의 대로가 되었다. 그런데 나오스케의 수급을 들고 서 있는 아리무라를, 그의 등 뒤로부터 급히 달려온 나오스케의 호위무사가 칼로 베었다. 치명상을 입은 아리무라는 나오스케의 목을 손에 들고 비틀거리면서 현장을 도망쳤고, 약년기(若年寄) 엔도 다네노리(遠藤胤統)의 집 앞에서 사망했다.

대로 이이 나오스케는 검술과 창술의 달인이었다. 다이묘의 자제라면 실력 있는 무술사범을 두고 개인훈련을 받기 마련이고 상당한 수준의 무술실력을 갖고 있는 게 보통이다. 게다가 나오스케는 은둔생활을 하던 중에 무술수행을 열심히 했으므로 달인의 경지에 이르렀다. 그런데 어째서 가마 밖으로 나와서 암살범들과 적극적으로 싸우지 않았을까? 그 이유는 신호탄으로 발사한 권총의 탄환 때문이었다.

구로사와는 습격조에게 신호를 보내기 위해서 권총을 허공이 아니라 가마를 겨냥해 발사했고, 그 탄환이 나오스케의 넓적다리와 허리를 관통하는 중상을 입혔다. 구로사와가 과연 이것을 노리고 가마를 겨냥해서 쏜 것인지는 알 수가 없지만, 암살을 신속하게 성공시키는 열쇠가 되었다. 암살범들이 습격에서 후퇴까지 불과 18분밖에 걸리지 않은 비결이 여기에 있었다. 더욱 웃기는 사실은 나오스케가 통상조약을 전격적으로 체결한 덕분에 암살단이 요코하마에서 외국상인으로부터 권총을 손쉽게 구입할 수 있었다는 점이다

결과적으로 호위무사는 8명이 사망하고 13명이 부상했으며, 암살단에서는 2명이 사망했고 부상자 3명이 자살, 8명이 자수했다. 그리고 나머지 5명이 도주했다. 사전에 계획한 바에 의하면 중상자는 자백할 우려 때문에 자살하며, 경상자는 자수하여 암살 사실과 암살의 정당성을 알리는 행동을 하기로 약속했었다. 그리고 부상을 입지 않으면 교토로 도주하기로 했기 때문에 계획대로 이루어진 행동들이었다.

당시 일본에서는 정치적인 암살에 성공하면 무조건 도망치는 게 아니라, 자수해서 암살의 정당성을 알리는 문서(斬奸狀)를 관청에 제출하고 자신의 행동이 옳았다고 호소하는 관습이 있었다.

암살범들은 막부가 나오스케의 암살을 은폐할까봐 목을 베었고, 아리무라는 치명상을 입은 상태에서 혼신의 힘을 다해 나오스케의 수급을 가지고 도망쳤다. 그러나 막부는 나오스케의 죽음을 비밀에 붙이고 부상을 당한 것으

로 공표했다. 막부가 정한 법도에 의한다면 다이묘가 후계자를 정하지 않은 상태에서 살해당한 경우에는 원칙적으로 번을 없애고 영지를 몰수해야 하기 때문이었다.

자신감이 강한 나오스케는 설마 자신이 암살당할 것이라고는 전혀 생각하지 않았고 당연히 후계자를 정하지 않았다. 법대로 히코네번을 없애고 영지를 몰수한다면 가해자에 해당하는 미토번도 역시 같은 처벌을 받아야만 했다. 게다가 나오스케의 목을 벤 장본인은 사쓰마번 소속의 무사였다. 사쓰마번도 무거운 처벌을 피할 수가 없었다.

히코네번은 후다이 다이묘 중에서도 명문 중의 명문이었고, 미토번은 도쿠가와 이에야스가 직접 만든 3가의 하나였다. 또한 사쓰마번은 도자마번이나 이에야스가 두려워 할 정도로 막강한 군사력을 가진 번이다. 막부가 처벌에 쉽게 손을 댈 수 있는 상황은 아니었다. 막부는 노중 안도 노부마사(安藤信正)가 주도해 일단 나오스케가 부상을 당하고 상속자를 정한 다음에 사망한 것처럼 절차를 진행했다.

이리하여 막부의 권위는 급속히 쇠퇴하고 풍전등화의 위기에 직면하게 되었다. 개국과 개혁을 추진하던 아베 마사히로는 요절하고, 보수·반동의 중심축인 이이 나오스케는 암살되었다. 쇼군은 나이가 너무 어리고 권력의 공백을 보완할 강력한 지도력을 가진 인물이 막부에 없는 상태에서 방향타를 잃고 표류하지 않을 수가 없었다.

이 권력의 공백을 노리고 급부상한 것이 바로 고메이 천황이다. 천황은 자신에게 주어진 절호의 기회를 놓치지 않고 막부를 무자비하게 궁지에 몰아넣고, 교토를 정치의 중심지로 만들었다. 그리고 중앙에 진출할 기회를 노리는 웅번이 권력의 공백이 생긴 틈을 노리고 피냄새를 맡은 야수처럼 교토의 천황에게 접근하면서, 막부 말기의 정치는 복잡하고 역동적으로 변하게 됐다. 즉, 개국 이후 동요를 거듭하던 정치상황이 나오스케의 암살을 계기로 통제가 불가능한 상황으로 걷잡을 수 없이 변하기 시작한 것이다.

한편으로 이이 나오스케의 암살은 존왕양이를 신봉하던 지사들을 한껏 고무하고 존왕양이운동을 중앙정치의 핵심에 접목하는 계기를 만들었다. 그 이후 계속되는 외국인, 막부의 요인, 조정의 신하에 대한 무차별적인 테러와 암살의 출발점이 바로 이이 나오스케의 암살이다. 이후로 막부가 멸망하기까지 불과 8년간의 시간 동안 일본의 정치는 어지러울 정도로 복잡한 정치투쟁을 거듭하게 되었다.

한편, 나오스케가 숙청하려던 대상에는 사쓰마번의 번주인 나리아키라의 심복으로 교토에서 정치공작에 분주했던 사이고 다카모리도 포함되었다. 이보다 전에 나리아키라가 느닷없이 사망하는 사건이 일어났다. 나리아키라는 요시노부 옹립운동이 수포로 돌아가자 최후의 수단으로 병력을 이끌고 교토로 가서 쇄국과 양이를 주장하는 천황과 조정을 제압한 후, 궁극적으로는 이이 나오스케를 타도하려고 하였다.

만약 나리아키라의 계획이 실현된다면 일본의 근대사가 크게 바뀔 가능성이 매우 높았다. 그러나 이를 실현할 최후의 단계에서 쓰러지고 말았다. 무더운 여름날 출전에 대비한 병사들의 훈련을 직접 지휘하던 그는 격렬한 복통을 호소하다가 숨을 거두었다. 느닷없는 죽음에 암살이라는 주장도 있지만, 증명할 방법은 없다. 나리아키라의 명령으로 미리 교토에 가서 사전준비를 하던 사이고는 이 소식을 듣고 커다란 충격을 받고는 망연자실했다.

이윽고 가을이 되자 교토에서 나오스케의 숙청과 탄압이 시작되고 사이고는 그의 협력자이자 동료인 겟쇼(月照)라는 중과 함께 도망자의 신세가 되었다. 간신히 교토를 탈출한 후에 겟쇼를 사쓰마번이 숨겨주도록 알선하려고 했으나, 나리아키라의 사망 이후 사쓰마번의 분위기는 180도로 변해 있었다. 다시 실권을 장악한 나리아키라의 친아버지 나리오키(斉興)는 막부의 추궁을 두려워해 겟쇼를 추방하는 조치를 취했다.

여기에 절망한 사이고는 겟쇼와 동반자살을 시도했다. 추방명령을 받은 겟쇼와 함께 배를 타고 항해하는 도중 서로 껴안고 물에 뛰어든 것이다. 황급히 구조해 사이고는 살아났지만, 겟쇼는 사망했다. 사이고의 동료들은 그가 사망한 것처럼 막부의 관리에게 허위보고를 하고는 당분간 섬에 은신하도록 조치를 취했다. 그래서 그는 나중에 다시 번으로부터 소환될 때까지 상당기간 섬에서 생활하지 않을 수 없었다.

6

죠슈번과 존왕양이

죠슈(長州)번은 도쿠가와 막부가 탄생하기 이전에는 잘 나가는 번이었다. 본거지를 원자폭탄 투하지의 하나인 히로시마(広島)에 두고 서일본 최대의 번으로 군림하면서 무려 112만 석의 석고를 자랑했지만, 도쿠가와 이에야스가 천하의 패권을 결정한 세키가하라 전투에서 서군의 우두머리로 추대되면서 일이 꼬였다.

역사적인 이 전투에서 죠슈번이 서군의 우두머리로 추대된 것은 단지 서일본 최대의 번이라는 이유였으며, 특별히 이에야스에 대한 반감을 가졌기 때문은 아니었다. 또한 전투가 시작되자 적극적으로 싸운 것도 아니다. 그러나 서군의 우두머리라는 이유로 영지를 112만 석에서 36만 석으로 대폭 삭감을 당했으며, 히로시마를 떠나 혼슈의 가장 서쪽 구석인 하기(萩)로 본거지를 옮기라고 강요받고 척박한 땅을 새로운 영지로 받게 되었다.

여기에 비해서 마찬가지로 서군에 속했던 사쓰마번의 경우에는, 세키가하라 전투에서 보여준 사쓰마 무사의 무서운 용맹 덕분에 영지의 삭감이나 이동 등의 불이익을 전혀 받지 않았다. 오히려 오키나와를 얻어서 예전보다 더욱 번성했다. 그래서 죠슈번이 도쿠가와 막부에 대한 적개심에 불타오른 것은 당연하다.

아울러 한번 원한을 품으면 결코 잊지 않는 성향을 가진 덕분에 무려 250년의 세월이 흐른 뒤인 막부 말기가 되었어도 죠슈번의 도쿠가와 막부에 대한 적개심은 여전했다. 예를 들어 죠슈번의 무사들은 잠을 잘 때 발을 도쿠가와 막부가 있는 동쪽에 놓고 잤다. 그래서 당연한 이야기지만 죠슈번은 도자마번이며, 번주는 모리(毛利) 가문이다.

이러한 기구한 운명을 짊어지고 있는 죠슈번에는 다른 번과는 다른 특수성이 몇 가지 있었다. 도쿠가와 막부에 대한 강렬한 반감은 앞서 설명한 대로이다. 우선 선조 숭배의 전통을 들 수가 있다. 죠슈번은 번의 창시자가 헤이안(平安) 시대의 천황의 아들이라는 점을 긍지와 자랑으로 여기고 항상 이를 강조했다. 이러한 영향을 받아서 죠슈번의 무사들은 자신이 속한 가문의 선조를 숭상하는 기풍이 자연스럽게 정착되었다. 그리고 천황의 아들이 번의 창시자라는 이유로 천황과 조정에 대한 친근감이 각별했다.

또한 죠슈번에는 인재를 중시하는 경향이 강했다. 이에야스의 가혹한 박해로 위기에 처한 경험이 바탕이 되어 인재에 대한 남다른 관념을 가졌다. 이것을 잘 나타내는 것으로 '8조(組)'를 들 수가 있다. 8조는 문자 그대로 8개로 구성된 조(組)를 말하며, 유사시 번주를 호위하는 친위부대였다. 그들은 40석에서 1,600석을 급여로 받는 무사 중에서 선발되었고 1,200개 정도의 무사가문이 여기에 해당되었다.

일단 8조에 소속된 무사라면 누구나 번 권력의 핵심에 들어갈 자격을 부여받았다. 물론 능력을 인정받는다는 전제조건이 있었다. 비록 범위가 한정된 무사에 제한되었지만, 능력에 의해서 인재를 등용하는 것은 경직된 세습

신분제 사회에서는 보기 힘든 풍조였다. 40석을 받든 400석을 받든 능력을 인정받으면 발탁되어 번의 실권을 장악하는 게 가능했다.

일반적으로 10만 석 이상의 규모가 큰 번에서는 번주와 혈연관계에 있는 가신의 가문이 세습하여 중요한 보직을 독점하는 현상이 보편적이었고, 60석이나 70석을 받는 무사가 번의 핵심 요직을 차지하는 것은 거의 불가능했다. 그러나 죠슈번에서는 능력을 인정받아 실권을 장악한 번사가 번주가 참석한 어전회의에서 정책을 결정하고 국정을 처리한다는 보기 드문 정치시스템을 가지고 있었다.

이것은 메이지 시대와 그 이후 일본의 정치구조와 매우 흡사하다. 번주가 앞장서 강력한 지도력을 발휘하는 게 아니라, 유능한 인재를 등용해 국사를 맡기는 것이 죠슈번의 독특한 기풍이었다. 이러한 인재중시 풍조가 사쓰마번과는 다른 결과를 나타내며 메이지 시대에 들어서자 미묘한 결과를 만들어 냈다.

다른 한편, 죠슈번은 상업적 농업이 고도로 발전한 특색이 있었다. 죠슈번의 특산물인 쌀·종이·밀랍·소금을 다른 번에 판매하여 이익을 얻었다. 게다가 죠슈번은 지리상 시노모세키(下関) 해협을 장악하고 있었으므로 무역에 관한 통제를 수월하게 할 수 있었다. 도쿠가와 이에야스가 시모노세키를 막부의 직할령으로 하지 않은 것은 뼈아픈 실수였다. 오사카나 에도에서 나가사키로 가려면 도중에 시모노세키를 반드시 거쳐야만 했다. 그래서 시모노세키에서는 창고업과 금융업이 고도로 발달했고, 물품의 유통을 조절해 시세차익을 얻었다.

이렇게 해서 척박한 영지에서 쌀농사로 얻는 이익보다 훨씬 많은 이익을 상업적 농업과 물류를 통해 확보하는 것이 가능했다. 이러한 점은 물론 석고(石高)의 수치로는 나타나지 않는다. 석고는 단지 쌀의 생산량과 농사에 종사하는 인구를 추정할 수 있을 뿐이지 실제적인 경제력을 나타내는 지표가 아니었다. 죠슈번은 상업적 농업을 통해서 막부 말기에는 거의 100만 석 규모의 번에 육박하는 경제력을 가지고 있었던 것으로 추정되고 있다.

죠슈번의 또 다른 특징은 재정상의 특별한 회계기금을 가지고 있었다는 점이다. 죠슈번에서는 이것을 '무육금(撫育金)'이라고 불렀다. 일반적으로 재정 수입은 번주인 다이묘의 뜻에 따라서 사용하기 마련이다.

다이묘가 수입을 멋대로 흥청망청 쓰면 재정이 고갈되고 결국에는 파탄상태에 빠지게 된다. 그러나 죠슈번의 무육금은 일반회계에서 분리되어 특정한 사업에 투자되거나 적립을 했으며, 미래를 위한 비자금으로 축적한다고 결정되었다. 이것은 비록 번주라 할지라도 함부로 손을 댈 수가 없는 돈이었다. 이 무육금이 막부 말기에 죠슈번이 중앙정치 무대에서 활약할 때 든든한 자금원이 되었다. 이 독특한 제도를 만들어낸 장본인은 쇼카촌숙의 리더인 다카스기 신사쿠의 할아버지다.

이이 나오스케가 암살되자 조정이 다시 권위를 회복하고 막부와 조정의 긴장과 대립의 관계가 깊어지던 중, 중앙정국에 진출을 노리는 죠슈번이 활약할 기회를 잡게 되었다. 죠슈번에서 뛰어난 인재로 평판이 높던 나가이 우타(長井雅樂)가 항해원략책(航海遠略策)을 주장했고, 이것이 1861년 3월 28일 죠슈번의 기본방침으로 채택되었다. 나가이도 역시 8조에 소속된 300석의 격식을 갖춘 가문 출신으로, 공무합체노선에 따른 정책을 입안하여 죠슈번의 중앙 진출을 도모하였다.

공무(公武)합체에서 '공(公)'은 교토의 조정을 의미하며 '무(武)'는 에도의 막부를 의미한다. 이 노선은 개국이냐 쇄국이냐의 대외정책을 둘러싸고 서로 대립하고 반목하는 조정과 막부의 융화를 도모한다는 점이 기본적인 발상이지만, 양자의 대등한 융화가 어렵다면 둘 중의 어느 쪽에 중점을 두느냐가 문제가 된다.

나가이는 당연히 현실적인 권력을 가진 막부에 중점을 두었다. 웅번이 중앙정치에 적극적으로 개입하는 표면상의 구실로 삼은 것이 바로 조정과 막부의 대립을 중간에서 중재해 해소시킨다는 명목에 있었다. 즉, 막부가 강력한 권위를 발휘하여 조정을 압도하는 상황에서는 공무합체노선이라는 주장 자체가 아예 끼어들 여지가 없었다.

항해원략책은 기본적으로 개국론의 입장에서 막부의 개국과 자유무역을 지지하는 한편, 조정의 쇄국과 양이의 방침이 옳지 못하다고 주장하고 양자의 융화를 주장하는 것이 요점이었다. 게다가 부국강병을 바탕으로 일본이 국제사회에 진출해 당당히 열강과 어깨를 나란히 한다는 웅대한 구상을 펼쳤다. 이것은 쇄국을 주장하는 존왕양이 사상과는 정면으로 대립하는 것이다. 나가이는 항해원략책을 가지고 중앙의 정치무대로 진출했다.

이렇게 해서 나오스케가 암살된 이후 웅번이 최초로 중앙 정치무대에 등장하는 출발점은 죠슈번이 되었다. 물론 막부의 입장에서는 당연히 환영해야 할 주장이었다. 막부는 자신의 주장을 펼치기 위해 에도를 방문한 나가이에게 전폭적인 지지를 표명하면서 조정을 설득해 달라고 의뢰했다. 막부가 조정과의 관계회복을 스스로 하지 못하고 도자마 다이묘의 일개 가신에게 의존한다는 것은 이미 막부의 권위와 능력에 심각한 균열이 생기기 시작했다는 사실을 나타내는 징후다.

이이 나오스케 사망 이후에 막부의 실권을 장악한 자는 노중 안도 노부마사(安藤信正)와 구제 히로치카(久世広周)였다. 이들은 나오스케의 심복들을 숙청하고 실권을 잡았지만, 나오스케와는 다르게 공무합체노선을 추구했다. 나오스케의 암살로 막부의 권위가 크게 추락한 상황에서는 불가피한 선택이었다. 막부가 공무합체를 위해서 추진한 가장 중요한 시책은 천황의 누이동생과 쇼군 이에모치와의 결혼문제였다.

막부의 권위를 높이기 위해서 조정의 혈통이 좋은 여자를 쇼군의 부인으로 맞이하길 원했는데, 그렇게 따지면 가장 좋은 신부감은 역시 천황의 여동

생일 수밖에 없었다. 그런데 고메이 천황의 이복여동생인 가즈노미야(和宮)는 이미 다루히토(熾仁) 친왕과 결혼하기로 약속한 상태라서 곤란했다. 조정 내부에 반대가 많았고 애당초 천황도 마음이 내키지 않았던 것이 사실이었다. 그러나 천황의 신임을 받고 있는 측근 이와쿠라 도모미(岩倉具視)가 이를 이용하여 막부와 정치적 거래를 하자고 건의했고, 이를 계기로 결혼문제가 성사되기에 이르렀다.

이와쿠라 도모미(岩倉具視)

　본래 14세 때 이와쿠라 가문의 양자로 들어간 이와쿠라는 5섭가 출신이 아니므로 신분상 조정 내부에서 영향력을 발휘할 수 있는 지위에 있지 않았다. 그러나 그의 누이동생이 고메이 천황의 후궁으로 들어간 점도 있고 그 자신의 정치적 재능도 있어서 천황의 신임이 두터웠다. 신분은 불과 천황의 시종에 불과했지만, 그는 사실상 천황의 정치참모나 마찬가지였다.

　이와쿠라는 천황의 누이동생을 내주는 대가로 막부가 다시 쇄국상태로 복귀할 것을 약속하라고 강요하도록 정치공작을 펼쳤다. 자신이 달성하고자 원하는 정치적인 목적을 위해서 천황의 누이동생을 아무렇지도 않게 막부에 넘기는 태도에서 이와쿠라의 냉혹한 성격을 알 수 있다. 이와쿠라는 완고한 쇄국론자는 아니었지만 막부를 정치적으로 압박해 중앙정치의 주도권을 장악할 목적으로 이러한 무리한 요구를 획책한 것이다. 막부의 입장에서 조정의 요구는 도저히 받아들일 수 없는 사항이지만, 늦어도 10년 후에는 다시 쇄국상태로 복귀한다는 형식적인 약속을 하고는 거래를 마무리했다.

　당사자인 가즈노미야가 신분이 낮은 쇼군에게 시집가는 것을 완강하게 거부하는 바람에 설득에 시간이 걸리기는 했으나, 마침내 1861년 10월 21일 6,000명 이상의 장대한 행렬을 동반하고 그녀는 에도로 향했다. 막부는 이를 계기로 다시 예전의 권위를 회복하길 희망했다. 그러나 결과는 정반대로 나타났다. 가즈노미야 본인의 의사에 반하여 억지로 결혼하도록 만들었기 때문에, 여기에 반발한 미토번의 무사를 비롯한 6명의 존왕양이파 낭사들이 노중 안도 노부마사(安藤信正)를 암살하려고 시도했다.

나오스케의 암살을 계기로 막부 요인에 대한 경호가 대폭 강화된 탓으로 암살 시도는 실패했지만, 안도 노부마사는 큰 부상을 당하고 결국 정계은퇴를 결심하기에 이른다. 여기서 주목되는 점은 존왕양이의 근거지인 미토번 출신자뿐만 아니라, 상인·농민·의사 등 무사계급이 아닌 자들이 암살 계획의 주도권을 가지고 실행에 옮겼다는 점이다. 이것은 개국과 무역의 개시에 대한 반감이 무사계급뿐만 아니라 거의 모든 계급에 걸쳐서 존재했다는 것을 의미한다.

또한 암살에 참가한 자가 체포당한 후 외국인을 짐승과 동일시하고 개국을 계기로 일본인이 짐승과 교류하면 짐승과 마찬가지가 된다고 주장한 것에서도 알 수 있듯이, 나름대로의 정교한 논리나 확고한 사상을 바탕으로 행동하기보다는 감정적이고 관념적 동기에서 극단적인 행동을 취했다. 이것이 후세에 '지사(志士)'라고 칭송받던 인물들의 실체였다.

기도 다카요시(木戸孝允)

한편, 죠슈번 내부에서 요시다 쇼인이 처형된 이후 존왕양이운동은 기도 다카요시(木戸孝允)를 중심으로 기반을 다지고 있었다. 기도는 쇼인보다 3세 연하로 쇼인과는 존왕양이에 공감하며 정치적 동지로서 교감을 가진 사이였다. 그래서 쇼카촌숙 출신의 쇼인의 제자들과 호형호제하면서 친하게 지냈고, 특히 쇼인이 총애하던 구사카 겐즈이와는 매우 긴밀한 관계로 죠슈번의 존왕양이운동을 배후에서 리드했다.

기도 다카요시는 너무 늦게 태어난 탓에 장남임에도 불구하고 가문의 상속자가 되지 못하는 비운을 겪었다. 기도의 친아버지인 와다 마사카케(和田昌景)는 아들이 없었으므로 양자를 맞이하여 가문을 계승하도록 했다. 그런데 새로 맞이한 젊은 후처가 임신을 하는 바람에 54세의 나이에 처음으로 얻은 아들이 기도였다. 이미 양자가 있어서 가문을 상속할 수 없는 사정으로 부득이하게 가쓰라(桂) 가문의 양자로 보냈으나, 사정상 다시 본가로 돌아왔다.

17세에 죠슈번의 번교인 명륜관에 입학했는데 여기서 처음으로 요시다 쇼인과 만났다. 물론 쇼인은 기도와 3세밖에 나이차이가 나지 않음에도 불구하고 명륜관의 교수였다. 앞서 설명한 것처럼 그것은 요시다 가문이 병학을 가르치는 역할을 하는 교육자 가문이기 때문이다. 어쨌거나 굳이 따진다면 쇼인은 기도의 스승에 해당한다. 물론 실제로 두 사람 사이에 그러한 의식은 희박했다. 그런데 1851년 명륜관을 방문한 사이토 신타로(齋藤新太郎)와의 검술시합을 계기로 그는 에도로 유학을 갈 결심을 굳히게 되었다.

사이토 신타로는 당시 에도의 검술도장으로 유명한 연병관(練兵館)의 관장인 검객 사이토 야쿠로(齋藤弥九郎)의 아들이었다. 본래 태어날 때부터 몸이 허약해서 병을 달고 다닌 기도는 검술연마를 통해 육체를 단련하고자 했다. 그가 에도에서 유학생활을 하던 도중 페리 제독이 일본을 방문했다.

이를 계기로 대외위기를 각성하게 된 그가 새로운 방향을 모색하다가 존왕양이운동에 투신하게 된 것이다. 쇼카촌숙과 직접적인 관련은 희박하지만 타고난 리더십을 바탕으로 쇼인의 제자들로부터 큰형님 대접을 받았던 그는, 쇼인의 사망 후에는 죠슈번의 존왕양이운동을 리드하는 중심적인 존재가 되었다.

나가이 우타가 존왕양이 사상과 정반대의 입장에 있는 항해원략책을 내세우고 등장하자, 이를 정면으로 공격해 나가이를 몰락시키려고 획책한 인물은 쇼인의 애제자 구사카 겐즈이였다. 유학을 명목으로 에도에 체류 중이던 구사카는 막부를 설득하기 위해 에도에 온 나가이를 여러 차례 방문하고 그의 주장인 항해원략책을 묵묵히 경청했다. 그 결과 자신이 가지고 있는 존왕양이 사상과 정면으로 반대되는 주장이라고 확신했다. 또한 나가이의 주장에서 천황과 조정을 업신여기는 내용이 있다는 약점을 간파하고 이를 공격해서 물고 늘어졌다.

쵸슈번은 앞서 말한 대로 천황과 조정을 숭상하는 기풍이 있었기 때문에, 구사카의 항해원략책에 대한 공격과 비판은 훌륭하게 성공을 거둔다. 구사카가 교토에서 정치공작을 한 덕분에 조정에서도 나가이 우타의 항해원략책을 질책하고 비판하기 시작했다. 게다가 나중에 사쓰마번의 시마즈 히사미쓰(島津久光)가 대규모 병력을 이끌고 교토로 들어오자, 항해원략책에 대한 관심은 급속히 희박해지지 않을 수 없었다. 나가이는 모든 책임을 뒤집어쓰고 소환되어 근신명령을 받고 결국에는 할복자살하는 비운의 주인공이 되었다.

여기에 자신감을 얻은 구사카는 번주에게 막부가 멋대로 외국과 통상조약을 체결한 점을 비판하는 한편, 막부의 죄를 묻고 조정을 위해서 충성을 바쳐야 한다는 건의서를 제출했다. 이를 위해 항해원략책이라는 불순한 주장을 한 나가이 우타를 처단하고, 요시다 쇼인의 뜻을 받들어 번의 방침을 쇄신해야 한다고 주장했다. 쵸슈번의 번주는 구사카의 건의를 받아들였으며, 이를 계기로 쵸슈번의 기본방침이 개국론에서 존왕양이이론으로 180도 전환하였다.

당시 불과 21세의 청년이었던 구사카 겐즈이가 쵸슈번의 존왕양이운동을 주도하고 리드했다. 이로부터 구사카가 사망하기까지 쵸슈번은 존왕양이이론의 속박에서 벗어나지 못하게 되었다. 또한 존왕양이이론으로 방향전환을 한 결과, 막부의 요인을 암살하려했다는 이유로 처형당한 요시다 쇼인은 복권되었고, 죠슈번의 실권을 장악한 잘난 제자들에 의해 위대한 지도자이자 교육자로 새롭게 재평가되면서 신성시되었다. 쇼인이 길러낸 제자들이 그가 처형당하고 불과 몇 년도 지나지 않은 시점에서 죠슈번을 리드하고 더 나아가 중앙정치의 한축을 담당하는 강력한 정치세력으로 등장하는 순간이었다.

뜻밖에도 이러한 과정에서 쇼카촌숙의 리더인 다카스기 신사쿠는 아무런 역할을 하지 않고 침묵을 지켰다. 그 이유는 나가이 우타가 다키스기의 아버지와 절친한 친구사이였고, 다카스기 가문과는 오래전부터 교류가 있었기 때문이다. 나가이는 항해원략책을 주장하기 위해서 상경하기 직전에도 다카스기의 집을 방문했다. 8조(組)에 속한 무사가문의 자제로 태어나 어린 시절부터 유교적인 교육을 받고 충효사상을 몸에 익힌 다카스기는 아버지의 친구를 몰락시키는 일은 차마 하지 못했던 것이다.

다카스기는 외아들이었고 집안에서는 유일한 가문의 상속자로서 무척 소중한 존재였다. 그렇기 때문에 다카스기의 아버지는 그가 쇼카촌숙에 출입하는 것도 못마땅하게 여겼고, 고집이 세고 제멋대로 행동하는 경향이 있는 아들을 항상 훈계하고 견제했다.

능력을 인정받아 죠슈번의 개혁을 주도한 다카스기의 할아버지와는 다르게, 그의 아버지는 건전한 상식을 가진 평범한 인물이었다. 이러한 아버지의 존재로 인해 다카스기는 행동에 커다란 제약을 받으며 지낼 수밖에 없었다. 그러나 결국 다카스기가 아버지의 속박에서 벗어나 각성하는 계기가 찾아왔다.

막부가 유럽에 파견하는 사절단의 수행원으로 죠슈번에서는 2명의 전도유망한 청년을 참가시키려고 하였다. 이 중에 하나로 다카스기가 선발되었지만, 막부가 죠슈번의 참가자를 1명만 허락했기 때문에 다카스기는 결국 탈락하고 말았다. 그 대신 막부가 중국 상해(上海)로 무역조사를 위해 파견하는 시찰단에 참여할 수 있는 기회가 있었다. 크게 실망한 다카스기는 처음에는 내키지 않았지만 아버지의 강력한 권고를 받아들여 참가하기로 결정했다. 그가 상해에 도착한 것은 1862년 5월 6일이었다.

당시 중국은 태평천국의 난으로 빈사상태에 있었고, 열강의 식민지화의 거점인 상해의 모습에 다카스기는 커다란 충격을 받았다. 상해는 열강이 각각 조계(租界)를 획득하고 이를 바탕으로 번성하고 있는 상태였다. 일본이 중국의 전철을 밟을지도 모른다는 위기의식을 강하게 느낀 다카스기는 해군력 증강의 필요성을 통감했다.

시찰을 마치고 나가사키에 도착한 다음날, 다카스기는 멋대로 네덜란드가 판매하는 증기선의 계약을 체결하고 말았다. 그것은 시찰단 멤버 중 한 명인 사쓰마번의 고다이 도모아쓰(五代友厚)로부터 부국강병에 관한 의견을 듣는 한편, 증기선의 실물을 구경하고는 도입의 필요성을 느꼈기 때문이었다. 그러나 2만 량이라는 거액의 비용을 필요로 하는 계약을 독단으로 체결했으므로 거센 비난이 일어났다. 결국 계약은 흐지부지 되었으나, 자신이 옳다고 믿으면 주저 없이 실천에 옮기는 다카스기의 폭발적인 실행력과 행동력을 알게 해주는 에피소드다.

이 사건 후에 다카스기는 에도로 파견되었다. 그는 여기서 돌연 아버지에게 결별을 알리는 편지를 보냈다. 부모에 대한 효도보다도 국가에 대한 충성이 우선한다는 점을 내세워 아버지의 속박에서 벗어난다고 선언한 것이다. 그리고 이것을 증명하듯이 죠슈번 세자의 만류를 뿌리치고 이토 히로부미를 비롯한 동료들과 함께 건설 중인 영국공사관에 불을 지르는 행동에 나섰다. 이를 계기로 그는 쇼카촌숙의 리더로 다시 복귀하고 존왕양이운동에 적극적으로 참가하게 되었다.

7

히사미쓰의 상경

사쓰마번의 번주인 나리아키라(斉彬)가 느닷없이 사망한 이후 그의 이복 동생인 히사미쓰(久光)가 번주에 취임한 어린 아들을 앞세워 사실상의 다이묘가 되었다. 그러나 한동안은 잠잠한 상태가 계속됐다. 왜냐하면 그것은 나리오키(斉興)가 여전히 살아 있었기 때문이었다. 히사미쓰는 평소 나리오키의 각별한 총애를 받았던 탓에, 차마 친아버지의 가신들을 숙청하고 권력을 장악하는 행동에 나서지는 못했다. 나리오키가 죽을 때까지는 숨을 죽이며 기다려야만 했다.

마침내 나리오키가 사망하고 이이 나오스케의 암살 이후 중앙의 정국이 혼탁해지는 상황이 벌어졌다. 게다가 라이벌인 죠슈번은 나가이 우타의 항해원략책을 앞세워 진출을 하는 상황이었다. 나름대로 야심이 많은 히사미쓰도 지지 않고 중앙의 정치무대로 진출을 결심했다.

이러한 시기에 혜성과 같이 등장한 것이 바로 희대의 정치가이자, 사이고 다카모리와 함께 사쓰마가 배출한 영웅으로 꼽히는 오쿠보 도시미치(大久保利通)였다. 오쿠보는 사이고와 비슷하게 성하사(城下士)의 말단 출신으로, 출신성분이 비슷한데다가 같은 동네에서 매일같이 얼굴을 보며 자랐으므로 사이고와 죽마고우의 사이였다.

1830년생으로 사이고보다는 3세 연하이고 죠슈번의 요시다 쇼인과는 동갑이다. 그는 몸이 약해서 무술에는 두각을

오쿠보 도시미치(大久保利通)

나타내지 못했지만, 명석한 두뇌를 바탕으로 토론과 독서에 열중하고 또래 소년들 사이에서 두각을 나타냈다. 오쿠보는 사이고와 비슷한 시기인 17세의 나이에 기록소 서기(書記)의 보조에 임명되었다.

사이고가 가난에 고통 받는 농민과 접촉하는 사이 오쿠보는 서류를 다루며 청년시절을 보냈다. 이것이 나중에 양자의 운명에 미묘한 차이를 생기게 만들었다. 오늘날로 치면 현장에서 직접 발로 뛰며 일하는 영업사원과 사무직에 종사하는 사원의 인생의 차이와 비슷하다. 이러한 두 사람의 운명에 최초의 갈림길이 되는 사건이 바로 오유라 소동이었다.

오유라 소동에 사이고의 가문은 직접 관계하지 않았으나, 오쿠보 가문은 직접 연루되어 처벌을 받았다. 오쿠보의 아버지는 섬으로 유배되었고, 오쿠보는 파면과 동시에 근신처분을 받았다. 이때부터 3년 동안 수입이 거의 없었으므로 극심한 생활고에 시달리면서 보내야 했다. 그의 인생에서 최대의 시련의 시기였다. 이때 오쿠보는 집에서 독서 등을 하면서 시간을 보냈는데, 이것을 통해 그가 정치와 권력에 눈을 뜨고 사색하는 계기가 되었다.

앞서 말한 것처럼 인사문제에 별다른 관심이 없었던 나리아키라는 자신의 옹립 운동에 관여해 처벌받은 자들에 대한 복권을 서둘러서 하지 않았다. 그

래서 오쿠보는 나리아키라가 집권한 이후에도 한동안 고통을 맛봐야 했다. 이러는 사이에 사이고는 나리아키라에게 발탁되어 중앙의 정치무대에 이름을 알리며 눈부시게 출세했다. 그러나 오쿠보는 사이고처럼 나리아키라에게 심취하지 않고 일정한 거리를 유지했다. 그 이유로서 후계자가 없는 나리아키라가 사망하게 되면 히사미쓰에게 권력이 넘어가므로, 미리 앞을 내다보고 취한 처세술이라는 견해가 있다. 오쿠보의 치밀하고 용의주도한 성격을 생각하면 설득력이 있는 주장이다.

무를 숭상하는 기풍이 강한 사쓰마번은 유구한 역사에도 불구하고 교육기관이 발달하지 않은 번 가운데 하나이며, 또래의 신분이 낮은 무사계급의 청소년들이 선후배의 관계를 맺어 교육하고 친목을 도모하는 전통이 있었다. 그렇기 때문에 같은 동네에 살면 함께 놀고 배우면서 대단히 친밀한 관계가 생긴다.

결국 이것을 바탕으로 성장과정을 공유하며 자란 청년들을 자연스럽게 하나로 묶는 일종의 친목단체가 만들어지는 것은 당연한 이치였다. 이러한 친목단체가 정치문제에 관심을 가지고 공통된 인식을 공유하면 강력한 유대관계를 가진 정치결사로 발전할 수밖에 없다.

사쓰마번은 일본의 서남단에 위치하지만 사쓰마의 영토나 마찬가지인 오키나와에 일찍부터 영국이나 프랑스 함대가 방문하여 개국과 통상을 요구하고, 외국선이 빈번하게 출몰하였다. 이러한 사건이 사쓰마번 청년무사들의 민족주의적 감정을 자극하고, 양이(攘夷)에 관한 생각을 갖게 되는 것은 어찌보면 자연스러운 일이었다. 게다가 일본을 개국시킨 페리는 일본을 개국시키는 데 실패할 경우 오키나와를 사실상 점령할 계획마저도 세웠다.

이처럼 양이의 신념을 가진 청년무사 그룹에는 급진파와 온건파가 있었는데, 급진파는 소수이고 온건파가 다수를 차지했다. 죠슈번의 존왕양이파 청년들은 요시다 쇼인이라는 뛰어난 교육자에 의해 단결력을 가진 정치결사로 발전했으나, 사쓰마번의 경우에는 자연발생적으로 탄생했다는 차이점이 있었다. 또한 죠슈번의 존왕양이파 청년들은 요시다 쇼인을 정신적 지주로 삼았다. 반면 사쓰마번의 경우는 걸출한 지도자였던 나리아키라에 대한 존경과 흠모의 정을 가지고 뭉쳤다. 나리아키라가 존왕양이를 추진한 인물이 결코 아니었다는 점에 비추어 보면, 사쓰마번의 존왕양이파 청년그룹은 일부 과격파를 제외하고는 확고한 존왕양이 사상을 가진 것은 아니었다.

한편, 사이고가 나리아키라의 명령을 받들어 중앙에서 활동하는 동안 오쿠보는 정충조(精忠組) 또는 성충조(誠忠組)라 불리는 이러한 가고시마의 존왕양이파 청년그룹의 리더가 되었다. 나리아키라가 사망하면서 사쓰마번의 실권이 다시 보수파의 손에 장악되고, 중앙에서는 이이 나오스케가 절대권력을 휘두르며 숙청과 탄압을 가하자 사쓰마번의 존왕양이파 청년그룹도 동요를 나타내기 시작했다.

급진파는 현상타파를 위해서 번을 탈출하여 막부의 요인을 제거한다는 과격한 계획을 세우고 행동으로 옮기려 하였다. 그리고 이를 '돌출(突出)'이라고 불렀다. 겉으로 오쿠보는 이러한 계획에 찬성하듯이 행세했지만, 미래에 대한 전망이 없는 무모한 행동에 나서고 싶은 마음은 없었다. 무모한 행동은 치밀하고 용의주도한 그의 성격과는 맞지 않았다.

이때가 나리오키의 사망 후 히사미쓰가 번정의 실권을 장악한 무렵이었는데, 오쿠보는 대담한 도박을 결심했다. 즉, 이러한 동지들의 계획을 성충조가 폭발 직전이라고 과장해서 히사미쓰의 측근에게 밀고해 누설하고 히사미쓰와 정치

시마즈 히사미쓰(島津久光)

적 거래를 하려고 한 것이다. 히사미쓰가 여기에 반응을 보이지 않거나 탄압을 가하려고 한다면 오쿠보는 동지들과 같이 죽을 결심을 했다고 한다.

동료들을 팔아 권력자와 정치거래의 수단으로 한다는 점에서 오쿠보의 잔인하고 냉혹한 성격이 드러난다. 그들은 동료도 보통의 동료가 아닌 어린 시절부터 알고 지내던 죽마고우의 동지들이다. 오쿠보가 평범한 인물이 아니라는 단적인 증거 중 하나다. 이때가 그의 나이 29세였다. 목숨을 건 정치적 도박을 하기에는 어린 나이였지만 선택의 여지는 없었다.

그 누구에게도 뒤지지 않는 야망을 가졌지만 오쿠보의 낮은 신분으로는 도저히 히사미쓰에게 접근하기가 불가능했다. 히사미쓰에게 직접 면회신청을 해도 받아주지 않은 것은 물론이었다. 그래서 그가 히사미쓰에게 접근하기 위해서 택한 방법이 바둑이었다. 오쿠보는 예전부터 히사미쓰가 길상원(吉祥院)이라는 절의 주지승과 바둑을 두는 취미가 있다는 사실을 알아내고는, 길상원에 바둑을 배우는 행세를 하며 드나들었다. 사실 그는 결코 바둑의 초심자는 아니었다.

길상원의 주지승인 죠간(乘願)은 성충조의 멤버인 사이쇼 아쓰시(稅所篤)의 친형이기 때문에 수월하게 접근공작을 하는 게 가능했다. 오쿠보는 주지승으로부터 히사미쓰가 읽고 싶어 하는 책이 있다는 정보를 입수하자, 그 책을 구한 다음 길상원을 통해서 히사미쓰에게 보냈다.

물론 책의 중간에는 오쿠보의 시국에 대한 의견과 성충조의 활동이나 동향에 관한 내용을 상세하게 기술한 편지를 첨부했다. 히사미쓰에게 자신의 존재를 알리기 위해서 짜낸 유치한 방법이지만, 나중에 정치공작의 달인이 되는 싹이 이때부터 자라고 있었다. 게다가 오쿠보는 성충조의 실질적인 리더이면서도, 표면상 리더로는 출신성분이 좋은 이와시타 미치하라(岩下方平)를 내세웠다. 권력의 핵심에 접근하기 위한 용의주도한 조치였다.

아무튼 오쿠보의 목숨을 건 대담한 도박은 성공했다. 나리오키가 사망한 후에 아버지의 가신들을 숙청하고 번정의 실권을 장악했지만, 지지기반이 허약한 히사미쓰는 성충조를 자신의 편으로 끌어들이길 원했다. 게다가 사쓰마번의 무사들이 번을 탈출해서 폭주한다면 막부의 추궁을 받게 되고, 자신의 입장이 곤란해지는 것도 고려하지 않을 수가 없었다. 그 결과 히사미쓰는 1859년 11월 아들인 번주의 명의로 성충조를 회유하는 문서(諭書)를 보냈다. 계급이 낮은 무사들을 달래기 위해서 번주가 직접 쓴 글을 보내는 것은 중세의 신분질서를 고려하면 대단히 이례적이고 파격적인 행동이었다.

이 문서에서 히사미쓰는 사쓰마번의 정치행동은 나리아키라의 뜻을 계승하여 번주가 중심이 되어 번의 차원에서 통일적으로 진행될 것임을 알리고, 경거망동을 하지 말고 그 때가 오면 뭉쳐서 자신을 도와 힘을 보태달라고 요청했다.

문서의 내용 중에 청년무사들을 지칭해서 '정충의 무사(精忠士)'라는 표현이 사용되었고, 그 이후 사쓰마번의 존왕양이파 청년무사들을 정충조(精忠組) 또는 성충조(誠忠組)라고 부르는 계기가 되었다. 번주가 직접 편지를 보내 자제를 요청하고 충성을 요구하는 데 감격한 것은 물론이고, 이들은 충성을 맹세하는 혈서도 제출하였다.

이것을 계기로 사쓰마번은 히사미쓰가 주도권을 쥐고 정치행동의 통일을 이루는 것이 가능했다. 존왕양이의 발상지인 미토번의 경우에는 정치운동을 이끌 리더가 없이 과격파가 돌출행동을 거듭하다가 자멸하고 말았다. 그렇지만 사쓰마번의 경우에는 비록 유능하지는 않았어도 히사미쓰라는 확실한 지도자가 중심이 되어서 과격하고 무모한 돌출행동을 억제하고, 나리아키라의 뜻을 계승하는 형태로 일관된 정치행동에 나서는 게 가능하게 되었다.

목숨을 건 도박에 성공한 오쿠보는 다음해인 1860년 3월 히사미쓰와 최초의 대면을 가졌다. 이이 나오스케를 암살하기 위해 성충조가 돌출하려는 것을 계기로, 히사미쓰의 의지를 확인한다는 핑계로 면회를 요청한 것이다. 물론 오쿠보가 만날 때까지 돌아가지 않는다고 억지를 부려서 실현된 대면이었다. 이를 계기로 양자의 신뢰관계는 크게 발전하게 되었다. 히사미쓰에게 강한 인상을 남긴 오쿠보는 성충조의 대표자로서 확실한 출세의 기회를 잡은 것이다. 그러나 그는 단지 출세하는 데 만족할 인물은 결코 아니었다.

1862년 3월 16일 드디어 역사적인 히사미쓰의 상경이 실현되었다. 병력 1,000명에 소총과 대포 4문까지 끌고 하는 상경이었다. 다이묘도 아닌 인물이 대규모의 무장병력과 중화기를 동반하고 상경하는 것은 전례가 없는 일이었다.

당시 일본에는 수도가 3개 있었다. 정치수도로서 도쿠가와 막부를 상징하는 에도(江戶)와 경제수도인 오사카(大坂) 그리고 천황이 있는 형식상의 수도인 교토(京都)가 바로 그것이다. 보통 상경은 에도로 가는 것을 의미했으며, 교토로 가는 것은 상락(上洛)이라고 표현하고 오사카로 가는 것은 상판(上坂)이라고 했다. 어쨌든 이 책에서는 이러한 구분을 하지 않고 사용하기로 한다.

히사미쓰의 일차적인 목표는 교토에 가서 조정을 장악하고 칙명을 얻은 다음, 이를 앞세워 막부의 개혁을 추진한다는 것이었다. 즉, 히사미쓰의 목표는 나리아키라의 뜻을 계승한 공무합체를 위해서지만, 이러한 행동은 일본 각지의 존왕양이파 지사들을 흥분시켰다. 히사미쓰의 의도를 오해하고 막부 타도를 위해 병력을 거느리고 상경한다고 생각했기 때문이다.

사쓰마번의 존왕양이파 세력을 대표하는 성충조에게 접근한 히사미쓰에 대해 존왕양이의 생각을 가진 인물로 오해하는 것도 무리가 아니다. 게다가 히사미쓰가 상경에 관한 전반적인 계획을 측근을 중심으로 비밀리에 추진한 탓도 있어서, 성충조의 멤버조차도 상경 계획의 윤곽과 목적을 정확하게 알지 못했다.

어쨌든 히사미쓰의 상경을 계기로 성충조의 과격파와 전국의 존왕양이파 지사들은 연합하여 교토의 막부 세력을 일소하며, 히사미쓰가 이끌고 온 병력을 이용해 교토를 장악한 후에 천황을 수반으로 하는 정권을 수립하고, 더 나아가서는 궁극적으로 막부를 타도하려고 하였다. 이것은 히사미쓰의 정치적 의도와는 완전히 정반대의 입장에 선 것이다. 히사미쓰가 계획한 상경의 성공 여부는 과격한 존왕양이파에 대한 통제대책에 있다는 것이 분명하게 되었다.

히사미쓰가 출발하기도 전에 들썩거리는 이러한 움직임을 견제할 임무가 사이고에게 주어졌다. 자살 시도 이후 오시마(大島)라는 섬에 잠복하고 있던 사이고는 출발 1개월 전인 2월 12일에 가고시마로 돌아왔다. 히사미쓰는 죽은 이복형의 심복이었던 사이고를 소환하는 게 별로 내키지 않았던 것이 사실이었다. 그러나 성충조 과격파의 견제를 위해서는 나리아키라가 총애하던 신하로서 성충조 사이에서 절대적인 신망을 가진 사이고를 활용할 수밖에 없었다.

이것은 역시 오쿠보의 건의를 히사미쓰가 받아들인 결과였다. 사이고는 오유라(お由羅)의 친아들인 히사미쓰에 대해서 좋지 않은 감정을 가지고 있었고, 나리아키라와 그 자식들을 저주한다고 소문이 파다하게 난 오유라를 살해할 계획까지 세운 적이 있었다. 그러나 나리아키라의 꾸짖음으로 계획을 중단했다.

이윽고 가고시마로 돌아와 히사미쓰에게 호출을 받은 사이고는 상경계획에 대한 의견의 제출을 요구받자 망설이는 것 없이 노골적인 비판을 하였다. 히사미쓰가 무명의 인물이고 중앙의 정치무대에 인맥이 없기 때문에 운동의 성공 가능성이 희박하다고 중지할 것을 강력히 권유했다. 게다가 군이 상경을 원하면 교토를 방문하지 말고 곧바로 에도로 직행하는 게 바람직하다고 주장했다. 교토를 거치지 않고 에도에 직행한다면 히사미쓰가 상경하는 의미가 없게 된다.

사이고는 오랫동안 섬에 은신했기 때문에 이이 나오스케의 암살 후 급격하게 변하는 정치정세를 정확히 파악하지 못하고 있었다. 오늘날처럼 길거리에서도 인터넷이 가능한 환경이 아니므로 그것은 무리가 아니다. 그러나 히사미쓰가 받은 충격은 컸다. 나리아키라가 총애하던 신하가 아니면 사이고는 감히 히사미쓰의 얼굴을 마주보기도 어려운 엄청난 신분의 격차가 있었다. 이러한 히사미쓰 앞에서 사이고는 거리낌 없이 그가 심혈을 기울여 세운 계획을 조롱하듯이 무시한 것이다. 보수적이고 권위주의적인 히사미쓰에게 그것은 참을 수 없는 모욕이나 마찬가지였다.

물론 사이고의 주장에 일리가 없는 것은 아니었지만, 히사미쓰의 마음에 사이고에 대한 적개심을 심는 계기가 되었다. 심지어 사이고는 히사미쓰가 상경 계획을 중지하지 않으려고 하자 다리의 통증을 핑계로 온천에 가서 은둔한다는 도발적인 태도마저도 나타냈다. 그에게 찍히든 말든 상관없다는 태도였다.

온천까지 찾아온 오쿠보의 간절한 설득으로 사이고는 일단 먼저 출발해서 큐슈의 정세를 탐색하고, 시모노세키에서 히사미쓰 일행의 도착을 기다리라는 명령에 따르기로 했다. 사이고는 무라타 심파치(村田新八)를 대동하고 시모노세키에 도착하였다. 그러나 그곳에서 교토의 정세가 존왕양이파 지사들로 인해서 심상치 않다는 정보를 입수하자, 이를 만류하기 위한 목적으로 히사미쓰의 허락도 없이 즉시 교토를 향해 출발했다.

마지못해서 기용하기는 했으나 사이고를 의심하며 믿지 못하는 히사미쓰는, 사이고가 시모노세키로 출발하기 전에 자신이 도착할 때까지 꼼짝 말고 그곳에서 대기하라고 엄명을 내렸었다. 그러나 그러한 지시에 구속받는 성격이 아닌 사이고는 명령을 멋대로 무시한 것이다.

이것을 보고받은 히사미쓰는 사이고가 교토의 존왕양이파 지사들과 일을 꾸미기 위해 멋대로 교토로 갔다고 단정하고 크게 분노했다. 그가 사이고에 대해서 좋은 감정을 가지고 있었다면 속단하지 않고 사이고가 교토에 간 진정한 의도를 파악하려고 노력했을 것이다. 그러나 그는 사이고가 자신을 무시하는 행동과 언행을 계속하는 것을 참을 수가 없었다.

평소부터 사이고를 손보려고 벼르고 있었던 히사미쓰는 기회를 놓치지 않고 사이고를 죽일 결심을 했다. 오쿠보는 히사미쓰의 일행과 헤어져 급히 교토로 가서 사이고의 의도를 확인하고 정확한 상황을 보고해 이러한 사태를 막으려고 하였다. 그러나 분노로 이성을 잃은 히사미쓰에 의해서 이미 사이고 처벌에 대한 결정은 내려진 상태였다.

성충조를 비롯한 가고시마 전역의 무사들이 반대한 덕분에 사형은 간신히 면했지만, 사이고는 도쿠노(德之島)라는 섬으로 유배되었다. 또한 사이고와 동행한 무라타는 키가이가(鬼界ヶ島)라는 섬으로 보내졌다. 사이고는 과거의 동반자살 미수사건을 계기로 죽음에 관해서 성숙해졌다. 그것은 자신만 살아나 죽은 겟쇼(月照)에 대한 미안한 마음을 항상 갖고 있었으며 생명의 소중함에 대해서 각성했기 때문이었다. 그래서 묵묵히 그 처벌을 받아들였다.

한편, 사이고가 유배되어 사라지자 교토의 존왕양이파를 견제할 인물이 없게 되었다. 그 결과 성충조의 과격파와 연합한 존왕양이파 지사들이 폭발 직전의 양상을 나타냈다. 오쿠보는 궁여지책으로 이들을 오사카에 있는 사쓰마 번저에 은신을 명목으로 사실상 감금했다. 이미 설명한 것처럼 번저는 단순한 저택이 아니며 주요도시에 번이 만든 일종의 출장소이자 다이묘가 묵는 숙소의 성격을 복합적으로 가지고 있었다. 사쓰마번처럼 규모가 큰 번의 경우는 번저도 매우 크기 마련이었다.

4월 10일 오사카에 도착하여 감금된 과격파를 달랜 후, 히사미쓰는 2/3의 병력을 오사카 경비를 위해서 남겨두고 나머지 병력을 이끌고 교토에 들어갔다. 그리고 연가의 관계에 있는 고노에 타다후사(近衛忠房)를 비롯한 천황의 측근들과 회견하면서 자신이 상경한 취지와 구상을 말하고 9개조의 건의를 했다.

그 건의의 핵심은 조정과 막부의 인사개혁에 관한 내용이 주된 것이었다. 막부에 대해서는 요시노부를 쇼군 후견직에 임명하고 요시나가(松平慶永)를 정사총재직(政事総裁職)에 임명하는 것이 핵심이었다. 그리고 조정에 관해서는 고노에 타다히로(近衛忠熙)를 관백에 임명하라는 내용이었다. 장래의 정책에 관한 구체적인 비전을 제시하지 않고 인사에 관한 내용만을 제시한 것은 '인사가 만사'라는 사고방식이며, 히사미쓰의 한계를 여실히 드러내는 대목이다.

아무튼 이것을 계기로 천황으로부터 히사미쓰에게 교토에 체재하면서 존왕양이파 낭사들을 단속하라는 명령이 나오게 되었다. 교토에는 막부가 만든 교토소사대(所司代, 쇼시다이)라는 조직이 있었다. 교토소사대는 앞서 말한 것처럼 막부가 전국의 주요지점을 장악하기 위해서 만든 출장소 중 하나였다. 굳이 봉행소라고 칭하지 않는 이유는 천황과 조정이 있는 교토의 중요성을 감안했기 때문이었다.

교토소사대는 교토의 치안유지는 물론이며 조정의 동향을 감시하고 막부와 조정의 연락을 담당하는 것과 아울러, 서일본의 도자마 다이묘를 감시하고 견제한다는 막중한 임무가 있었다. 이것은 단순한 봉행소의 임무를 훨씬 초월하는 것이었다. 그렇기 때문에 교토소사대는 막부 내부에서도 매우 중요한 보직으로서, 무사히 임기를 마치면 노중으로 승진하는 게 보장되었다.

암살당한 이이 나오스케 역시 교토소사대로부터 노중으로 승진한 경우에 해당한다. 이러한 교토소사대가 있음에도 불구하고 무명의 인물인 히사미쓰에게 교토의 치안유지를 하라는 명령이 하달된 것은 막부를 완전히 무시하는 조치였다. 어쨌든 이것으로 히사미쓰는 합법적으로 교토에 체재 가능한 명분을 얻게 되었다.

이러한 상황에서 성충조의 과격파와 존왕양이파 지사들이 폭발하기 직전의 단계를 넘어 실행을 위한 행동에 돌입하려고 하였다. 히사미쓰의 제지나 위로도 듣지 않았다. 이미 존왕양이파는 천황에 대한 절대적인 충성의 관념을 통해 막부와 다이묘의 권위나 명령을 초월한 상태였다.

이러한 과격분자 그룹의 브레인은 구루메(久留米)번 출신의 마키 이즈미(眞木和泉)였다. 마키는 본래 히사미쓰가 이끌고 온 병력으로 거사를 추진하려고 했지만, 그것이 불가능한 상황에 이르자 소수의 과격분자만으로 목적을 실현하고자 도모하였다. 병력상 절대적인 열세이므로 교토소사대는 쵸슈번의 존왕양이파에게 맡기고, 과격분자들은 막부를 지지하는 관백 규죠 히사타다(九条尚忠)를 암살하기로 결의했다.

이를 위해 오사카의 사쓰마 번저를 탈출하여 4월 23일 교토 교외에 있는 데라다야(寺田屋)라는 여인숙에 집결했다. 심복인 나카야마 쥬자에몬(中山中左衛門)으로부터 이것을 보고받은 히사미쓰는 이들을 제지할 것을 명령했고, 말을 듣지 않을 때에는 '임기의 처치'를 하라고 지시했다. 노골적으로 죽이라는 지시는 하지 않았으나, 이러한 암시는 마피아를 비롯한 조직폭력단의 보스가 암살명령을 내릴 때 흔히 사용하는 방법이었다.

이에 따라 나카야마는 검을 잘 다루는 8명을 선발했고, 여기에 자원하여 참가한 자 1명을 포함, 9인의 진압조가 편성되었다. 물론 이들은 성충조의 과격파와 친분이 있는 자들이 대부분이었다. 안면과 친분이 있는 자가 접근하는 경우에는 암살 대상이 방심하기 마련이고 쉽게 암살을 성공시킬 수가 있다. 이러한 수법은 대표적으로 해상왕 장보고의 암살에서도 사용되었고, 오늘날에도 마피아가 내부조직원을 암살할 경우 즐겨 사용하는 방법이다.

진압조라고 할 수 있는 이들은 서둘러 데라다야로 향했다. 마침 데라다야에 있던 과격분자들이 공격목표를 니죠성(二条城)으로 바꾸고 출발하려 준비하던 참이었다. 진압조의 리더인 나라하라 기하치로(奈良原喜八郎)가 성충조 과격파의 리더인 아리마 신시치(有馬新七)를 비롯한 4명과 말다툼을 하며 실랑이를 벌였다. 그때 느닷없이 진압조의 멤버인 미치시마 고로베(道島五郎兵衛)가 "상의(上意)!", 즉 윗사람의 뜻이라고 외치며 과격파 멤버인 다나카 겐스케(田中謙助)의 얼굴을 칼로 베었고, 이것을 신호로 난투극이 시작됐다.

데라다야의 1층에 있던 과격파 몇 명이 지원을 위해서 달려왔지만, 완벽한 기습을 당한데다가 수적인 열세를 만회하지 못하고 일방적으로 학살당했다. 결국 6명 사망, 2명이 중상을 입었다. 중상을 입은 자는 다음날 할복자살을 명령 받았다.

워낙 완벽한 기습이었으므로 데라다야의 2층에 있던 사람들은 물론이고 1층의 별실에 있었던 마키 이즈미와 다나카 가와치노스케(田中河內介)도 격투를 눈치채지 못할 정도였다. 나라하라는 옷이 피에 물든 채로 2층에 올라가서 주군의 명령을 큰 소리로 외치고 살기등등한 자세로 명령에 복종하라고 요구했다.

명령에 불복하면 또다시 혈투가 벌어질 판이었지만, 마키와 다나카의 설득으로 모두 항복하게 되었다. 이들 중에서 마키 이즈미와 같이 사쓰마번 출신이 아니고 인수자가 있는 경우에는 신병을 인도했으나, 나머지 다나카를 비롯한 5명의 경우에는 가고시마로 호송하는 도중에 살해했다. 진압조 측에서는 선제공격을 한 미치시마가 사망했고 3명이 중상을 입었다.

데라다야 사건은 천황과 조정의 간담을 서늘하게 했다. 히사미쓰가 자신의 비위를 건드리는 자는 누구든지 죽인다는 메시지를 행동으로 전달했기 때문이다. 본래 히사미쓰가 처단한 존왕양이파 지사들은 천황과 조정의 입장에서는 가장 충성스러운 열성분자들이지만, 조정은 이에 관해서 항의하기는커녕 공포를 느끼고 무언의 위협에 굴복, 오히려 히사미쓰의 행동을 칭찬하고 그의 요구를 들어주지 않을 수 없었다.

한편으로 이 사건은 사쓰마번의 존왕양이파에게 괴멸적인 타격을 주었으며, 이후 사쓰마번 내부에서 급진적이고 과격한 존왕양이파는 사라지게 되었다. 성충조는 온건한 그룹으로 탈바꿈했다. 사쓰마번 내부의 존왕양이운동에 종지부를 씩은 사건이라고 해도 과언이 아니었다.

막부는 히사미쓰가 데라다야 사건을 계기로 교토를 장악하고 천황의 칙명을 원하는 내용대로 얻는 게 가능하다는 사실을 알자, 선수를 쳐서 히사미쓰가 에도로 오는 것을 막으려고 하였다. 그대로 방치한다면 칙명을 앞세운 히사미쓰에게 막부가 농락당하는 것이 확실해졌기 때문이다.

우선 이이 나오스케가 숙청한 요시노부와 요시나가를 비롯한 인물들의 사면을 결정했다. 게다가 노중이 상경하고 쇼군 역시 머지않아 상경할 예정이라는 사실도 포고했다. 그러나 막부 내부의 복잡한 사정으로 노중이 교토에 오지 않자, 기다리다 지친 히사미쓰는 마침내 조정의 허락을 얻어 칙명을 휴대한 칙사 오하라 시게토미(大原重德)를 동반하고 에도로 가기로 결정했다.

한편, 오쿠보는 5월 6일에 조정의 막후실력자인 이와쿠라 도모미와 최초의 대면을 하게 되었다. 메이지 시대의 '황금콤비'가 된 권모술수의 대가 사이의 운명적인 만남이었다. 그것은 히사미쓰가 원하는 칙명의 내용에 대해 협의하고 조율하기 위한 목적이었다. 이와쿠라는 칙명의 내용으로 3가지 사항을 제시했고, 그것이 그대로 받아들여졌다. 이를 '3사책(三事策)'이라고 한다. 그 내용은 다음과 같다.

(1) 쇼군이 다이묘를 이끌고 교토로 상경하고 조정에서 국정을 의논한다.
(2) 사쓰마와 죠슈를 비롯한 5번의 다이묘를 5대로(大老)에 임명하여 국정에 참가시킨다.
(3) 요시노부를 쇼군후견직에, 요시나가를 정사총재직에 임명한다.

(1)은 존왕양이파와 죠슈번의 주장이고, (2)는 도요토미 히데요시(豊信秀

昔)의 사례를 모방한 이와쿠라의 요구였으며, (3)은 사쓰마번의 주장이었다. 이러한 내용의 칙명을 가지고 6월 7일 히사미쓰는 에도에 도착했다. 막부의 입장에서 보면 히사미쓰는 아무 것도 아닌 존재다. 도자마 다이묘의 친아버지라는 하찮은 신분에 불과했던 것이다. 이러한 히사미쓰가 천황의 칙사를 앞세워 막부 수뇌부 인사에 개입한다는 것은 전대미문의 사태였다.

에도 도착 다음날 히사미쓰는 에치젠의 마쓰다이라 요시나가를 만났다. 이상하다면 이상하다고 할 수 있는 만남이었다. 히사미쓰가 그토록 애써 막부의 수뇌에 추진하려는 인물을 이때서야 처음으로 만난 것이다. 이 점을 사이고는 비판했다. 면식도 없고 잘 알지도 못하는 인물을 위해 성공가능성이 불투명한 모험적인 정치운동을 하는 건 우스운 일이었다. 그러나 천황의 칙명을 획득한 이상 성공가능성이 높은 것도 사실이었다.

칙사인 오하라는 6월 10일 에도성을 방문해서 칙명을 전달하고 13일 회답을 요구했지만, 막부는 받아들이지 않았다. 히사미쓰도 칙명을 받아들이라고 거듭 요청하면서 압박을 가했다. 이러한 끈질긴 요청에 불구하고 막부는 요시나가를 정사총재직에 임명한다는 것은 수락했지만, 요시노부에게 쇼군후견직이라는 직함을 준다는 점은 좀처럼 승낙하지 않았다.

쇼군의 후보로 이에모치(家茂)와 경쟁해서 탈락한 요시노부를 쇼군 이에모치의 후견직으로 한다는 것은 사실상 이에모치가 쇼군에 취임한 사실이 잘못이라고 인정하는 결과나 마찬가지다. 게다가 정사총재직이라는 직무의 범위가 불분명하고 기존의 막부에 존재하지 않는 관직을 신설, 요시나가를 임명한다는 것도 역시 무리한 요구였다.

히사미쓰가 정사총재직이라는 관직을 고안한 이유는 에치젠의 번주인 요시나가는 노중이 될 수 없는 격식의 다이묘라는 점을 감안한 것이다. 그렇기 때문에 사실상 요시나가를 막부의 대로(大老)에 임명하라는 요구였다.

막부의 완강한 저항에 부딪치자 오쿠보는 무력에 호소하는 것도 주저하지 않았다. 즉, 요구를 받아들이지 않는다면 노중을 암살하겠다는 위협을 했다. 여기에 굴복하여 마침내 막부는 7월 6일 요시노부를 쇼군후견직에, 7월 9일 요시나가를 정사총재직으로 각각 임명하였다. 칙사는 칙명에 있는 앞서 설명한 3가지 사항 중에서 사쓰마번의 요구만을 막부에 제시했다. 그것은 히사미쓰의 요청에 의한 것이다. 이것이 성공한 후에도 히사미쓰는 한동안 에도에 머무르며 주로 요시노부와 요시나가만을 상대하면서 여러 가지 요구와 건의를 했다.

참근교대제를 격년에서 2년 단위로 완화한다는 등의 성과가 있었지만, 사쓰마번의 입장에서 가장 짭짤한 소득은 화폐주조를 인정받은 것이다. 앞서 말한 것처럼 사쓰마는 오키나와 통치를 명목으로 막부로부터 화폐주조를 인정받은 유일한 번이었다. 본래 나리아키라가 추진했지만, 막부의 허가를 얻지 못한 것을 이번에는 성공시켰다.

그 결과 1862년 12월말 화폐주조를 개시, 1866년까지 290만 량 정도가 만들어 졌다고 한다. 물론 그들이 막부가 허락한 액수를 초과한 금액을 제조하여 유통시킨 것은 당연했다. 나리아키라가 이미 화폐제조에 관한 기술을 축적해 놓았으므로 별다른 어려움이 없었고, 원료비와 인건비를 제외하고 290만 량의 3/4 정도가 사스마번의 재정수입에 충당되었다. 개국으로 인해 사쓰마번이 오키나와를 통한 밀무역으로 막대한 이익을 보는 시대는 끝났지만, 오키나와는 여전히 쓸모 있는 유용한 존재였다.

다른 한편, 히사미쓰의 개입으로 막부의 수뇌부에 자리를 차지하게 된 요시나가는 나름대로 의욕을 가지고 막부의 개혁을 추진한 게 사실이다. 그러나 유력한 후다이 다이묘들의 합의제로 정책을 결정하는 막부의 정치시스템이 그의 발목을 잡았다. 비정상적인 방법으로 막부의 최고수뇌가 되었으므로 후다이 다이묘들의 전폭적인 지지와 협조를 얻기는 어려웠기 때문이다. 또한 그가 의지하고 총애하던 '꾀주머니' 하시모토 사나이(橋本左內)가 나오스케의 숙청에 의해서 처형당한 것도 뼈아픈 타격이었다.

요시나가가 집권하던 시기에 추진하던 개혁 중에서 가장 돋보이는 점은 네덜란드에 유학생을 파견한 사실이다. 그것은 도쿠가와 막부 역사상 최초의 해외유학생 파견이었다. 아울러 교육제도의 개혁도 시도하여 나오스케의 탄압으로 위축된 번서조소를 양학조소(洋學調所)로 개칭하고 다시 활성화시키기도 했으나, 근대화와 부국강병을 추진한다는 본질적이고 핵심적인 개혁에는 손을 대지 못했다. 즉, 도쿠가와 막부가 개국 이후의 정세를 감안하여 적극적인 체질개선과 개혁을 추진하려는 시도가 내부 사정으로 좌절되거나 흐지부지 끝나는 상황이 계속된 것이다. 이러한 현상은 막부가 멸망할 때까지 계속되었다. 도쿠가와 막부가 멸망한 근본적인 이유 중 하나가 바로 여기에 있다고 해도 과언이 아니다.

8

나마무기 사건과
영국 함대의 가고시마 포격

원하는 목적을 달성한 히사미쓰는 의기양양하게 다시 교토로 돌아가기로 결정했다. 그러나 돌아가는 도중에 또다시 중대한 사건을 일으키고 말았다. 8월 21일 히사미쓰의 행렬과 마주친 영국인 남녀 4명의 관광객들이 길을 막는다고 공격한 것이다. 이 사건이 발생한 지점이 요코하마 교외의 나마무기(生麥)촌이기 때문에 보통 나마무기사건이라고 한다. 나마무기는 오늘날에는 요코하마의 일부이다.

당시 다이묘의 행렬이 지나갈 때 평민들은 길의 옆으로 물러나서 행렬이 지나갈 때까지 공손한 태도로 기다리는 게 예의작법이었다. 불행하게도 영국인 관광객들은 이러한 풍습을 알지 못했다. 행렬의 선두에 있던 무사가 큰소리로 말에서 내려 길옆으로 비키라고 요구했지만, 일본어를 알아듣지 못하는 영국인들에게는 소용이 없었다.

우물쭈물하는 사이에 관광객의 선두에 선 리챠드슨(Charles Richardson)

의 말이 행렬 사이로 돌진했다. 이를 보고 나라하라 기자에몬(奈良原喜左衛門)이 리챠드슨의 복부를 칼로 베었다. 나라하라 기자에몬은 데라다야 사건의 진압조 리더인 나라하라 기하치로(奈良原喜八郎)의 친형이다. 다른 주장에 의하면 영국인들이 말머리를 돌리려는 찰나에 나라하라가 리챠드슨을 공격했다는 설도 있다.

아무튼 나라하라의 공격에 영국인들은 혼비백산했고 공격을 피해서 달아났다. 일행인 마샬(William Marshall)과 클라크(Woodthrope Clark)는 팔이나 어깨에 부상을 입고, 여자인 보로델(Borodalie) 부인은 머리칼이 일부 잘렸다.

리챠드슨이 중상을 입고 근처의 나무그늘 아래에서 신음하고 있는 것을 가이에다 노부요시(海江田信義)가 다가가 숨통을 끊어 마무리했다. 가이에다의 본명은 아리무라 슌사이(有村俊齋)로, 이이 나오스케 암살사건에서 나오스케의 목을 벤 사쓰마번 출신의 무사인 아리무라 지자에몬(有村次左衛門)의 친형이다. 성충조의 중요 멤버로 데라다야 사건의 진압조에도 참가했었다.

간신히 미국 영사관으로 도망친 마샬과 클라크가 사건을 알리자 요코하마의 외국인 거류지는 발칵 뒤집혔다. 거류민들은 요코하마에 정박 중이던 군함으로부터 병력의 파견을 요청하는 한편, 스스로 무장하고 히사미쓰의 일행을 추격하려고 하였다. 막부 측의 제지가 없었다면 한바탕 전투가 벌어졌을지도 모르는 긴박한 상황이었다.

외국인의 입장에서 보면 백주대낮에 비무장 상태로 관광을 위해 도로를 통행하는 민간인을 살해하는 것은 있을 수 없는 야만적인 행동이다. 사건의 정확한 진상을 알지는 못했으나 당시 일본에서 존왕양이파 낭사들이 외국인을 습격하고 암살하는 사건이 빈번했기 때문에, 히사미쓰가 영국인을 의도적으로 노리고 공격한 것으로 생각한 것도 무리가 아니었다. 한편, 히사미쓰는 일본의 법에 따라서 한 정당한 행위로 잘못한 행동이라고는 전혀 생각하지 않았다.

결국 이 사건은 영국과 사쓰마번의 외교적인 분쟁으로 발전하고 중간에 있는 막부의 입장을 무척 곤란하게 만들었다. 그런데 교토에서는 히사미쓰가 외국인 여행객을 살상한 행동을 양이의 실행을 했다고 인식하고 열광적인 반응을 나타냈다. 히사미쓰의 공무합체론은 존왕양이와는 무관하고, 존왕양이와 결별하기 위해서 데라다야 사건을 일으킨 것을 생각하면 기가 막힌 반응이었다.

아무튼 8월 7일 히사미쓰는 교토에 다시 들어갔다. 그러나 히사미쓰가 교토를 비운 3개월 사이에 교토의 정세는 크게 변해 있었다. 모방의 천재인 일본인답게 히사미쓰를 흉내 내서 존왕양이파 지사들이 교토를 장악한 것이다. 히사미쓰는 상당한 병력을 동반하고 교토에 왔지만, 교토를 장악한 계기는 데라다야 사건으로 공포 분위기를 조성했기 때문이다.

그 사건에서 히사미쓰가 동원한 진압조는 9명에 불과했다. 그 정도의 병력은 존왕양이파 지사들도 있었고, 무자비한 테러와 암살행위로 공포의 분위기를 조성해 교토를 장악했다. 이들은 이러한 행위를 '천주(天誅)'라고 칭했다. 즉, 하늘을 대신해서 벌을 내린다는 의미다.

존왕양이파 세력은 조정 내부의 공무합체운동을 추진하던 핵심인물인 이와쿠라 도모미(岩倉具視)를 숙청하도록 정치공작을 하고, 막부를 지지하는 관백 규죠의 가신을 습격하여 사지를 절단하고 무자비하게 살해하는 등 조정을 숨죽이게 만들었다. 특히 이와쿠라에게는 교토를 떠나지 않으면 천황의 후궁인 누이동생을 비롯한 가족을 모두 몰살한다고 협박하는 것은 물론이었으며, 살해한 사람의 손목을 자른 후에 이것을 기름종이에 싸서 그의 집에 던져 넣었다고 한다. 그 절단된 손목의 주인공은 쇼군에게 시집가는 천황의 누이동생 가즈노미야를 수행하여 이와쿠라가 칙사의 자격으로 에도로 갔을 당시, 그와 함께 칙사로 동행한 치구사 아리부미(千種有文)의 가신이었다.

존왕양이파는 표적이 된 인물을 직접 제거하기 보다는 가신 등의 주변인물을 무자비하게 살해함으로써 조정의 공무합체파에게 협박을 가했다. 그것은 천황의 총애를 받는 이와쿠라와 같은 인물을 직접 제거하면 오히려 역효과가 나타날까봐 우려했기 때문이다.

한편, 유력한 번의 번사와 다이묘들이 히사미쓰의 성공에 자극받아 앞다투어 교토로 몰려들고 있었다. 히사미쓰가 터무니없는 내용의 요구를 칙명을 빙자해 막부에 강요했을 당시 분노한 막부가 칙사를 쫓아내고 히사미쓰를 숙청할 것이라고 예상한 사람도 많았다. 그러나 막부는 히사미쓰의 무력을 앞세운 위협에 너무나 쉽게 굴복하면서 이이 나오스케의 암살 이후로 약체화된 막부의 실상을 만천하에 폭로해 버리고 말았다.

이것은 사쓰마번이 추진하는 공무합체운동의 의도와는 정반대의 결과였다. 어디까지나 사쓰마번의 공무합체운동은 중앙정부로서 막부의 강화와 막번체제의 수정에 있었다. 막부의 강화를 위해 유망한 인재로 알려진 요시노부와 요시나가를 막부의 요직에 앉히려고 한 것이다. 그러나 묘하게도 도자마(外樣)번인 사쓰마번이 공무합체운동을 실현하기 위해 막부에게 다가서면 다가설수록 막부의 정치적 위상은 약화되고, 공무합체운동의 성공 가능성은 점점 희박해지는 기묘한 현상이 발생했다.

이것이 히사미쓰가 추진하는 공무합체운동의 근본적인 모순점이었다. 순수한 의도로 막부에 접근한 게 아니라, 중앙정치의 주도권을 장악하고 싶다는 강렬한 야심을 가장 우선시하면서 접근했기 때문에 이러한 모순이 만들어진 것이다.

막상 돌아온 히사미쓰는 다시 교토를 장악할 의욕을 상실하지 않을 수 없었다. 그래서 교토에 체재한지 불과 10일만에 가고시마로 되돌아갈 결심을 했다. 그는 교토를 떠나기에 앞서 조정에 쌀 1만 석의 헌납을 결정했다. 앞서 설명한 것처럼 막부는 다이묘가 직접 조정과 접촉하는 것을 엄격하게 금지하고 있었다. 천황이나 조정은 오직 막부로부터만 금품이나 물품의 제공을 받는 게 원칙이었다. 그러나 히사미쓰는 그러한 금기를 무시했다. 그 이후로 직접 번이 조정과 접촉하여 금품이나 물품을 전달할 수 있게 되는 관례가 만들어졌다.

어쨌든 히사미쓰의 역사적인 첫 번째 상경이 용두사미로 끝난 것은 분명하였다. 기본적으로 개국론의 입장에 있는 사쓰마번의 공무합체노선으로는 쇄국과 양이를 지지하는 천황의 환심을 얻고 교토를 장악하기가 불가능하였다. 게다가 막부의 약체화를 폭로하여 막부로부터 강력한 반감도 사게 되었다. 히사미쓰의 상경으로 이제 겨우 출발점에 선 사쓰마번의 공무합체운동은 벌써부터 막다른 궁지에 몰리고 있었던 것이다.

사쓰마번은 공무합체를 내세워 중앙정치의 주도권을 장악한다는 전망을 잃고 말았다. 그러나 노선의 변경을 추진할 수 있는 구상력이 히사미쓰에게는 없었다. 죽은 이복형 나리아키라가 남긴 정치적 유산인 공무합체운동을 현실의 정치상황에 맞게 수정하거나 대체할 마땅한 방법을 찾지 못한 것이다. 그래서 결국 히사미쓰는 사쓰마번 내부에서 서서히 지도력을 잃어갈 수밖에 없는 운명이 기다리고 있었다. 그것은 격동의 시대를 앞서가고 리드할 능력과 식견이 없는 평범한 지도자의 숙명이었다.

당시 세계 최강의 강대국인 영국은 일본의 개국 이후 대일무역의 주도권을 장악하고 대일외교에 있어서도 서구열강의 리더로서 역할을 수행하고 있었다. 미국이 일본을 개국시키고 통상조약의 체결을 주도한 것이 사실이지만, 영국과 국력 차이를 극복하고 영국의 벽을 넘어서기는 불가능했다. 재주는 미국이 부리고 돈은 영국이 챙기는 상황이었다. 기본적으로 영국은 오직 일본과 무역의 이익을 추구할 뿐이지 일본 내부의 혼탁한 정치상황에 대해서는 별다른 관심이 없었다.

영국의 입장에서 세상의 동쪽 끝에 있는 머나먼 섬나라에 지대한 관심을 가질 이유는 없었으며, 일본이 개국한 이후 대일무역이 순조롭게 신장하는 상황에 만족하는 정도에 불과했다. 그러나 히시마쓰가 일으킨 나마무기 사건으로 상황이 달라지지 않을 수가 없었다. 이것은 대영제국의 위신에 관계되는 방관할 수 없는 문제였다. 자국의 여행객이 상식적으로 납득할 수 없는 이유로 살해당한 것은 당시가 제국주의 시대라는 점을 감안하면 전쟁의 빌미를 제공하기에 충분한 사건이었다.

무관심으로 일본의 국내 상황에 대해 잘 알지 못하는 영국은 나마무기 사건을 일으킨 사쓰마번을, 막부의 주장대로 존왕양이파의 근거지의 하나로 생각했다. 영국 정부의 관점에서 봤을 때 자발적으로 개국한 막부는 외국과 자유무역을 추진하고 실행하는 주체였고, 민족주의를 바탕으로 존왕양이를 내걸고 서구의 세력을 일본에서 추방하자고 주장하는 지방의 봉건영주들이 막부를 괴롭히고 무역을 방해하는 존재로 인식하고 있었다.

영국 영사관을 건설하고 있던 동선사(東禪寺)라는 절을 미토번의 존왕양이파가 습격해 자극받고, 거듭되는 외국인에 대한 살상과 테러행위로 신경이 곤두선 상황에서 나마무기 사건이 터진 것이다.

나마무기 사건이 터질 무렵 주일영국 영사는 얼코크(Rutherford Alcock)였다. 그러나 그는 본국에 휴가차 부재중이었고, 대리영사인 닐(Edward Neale)이 업무를 담당하고 있었다. 본국의 훈령에 따라서 닐은 막부의 사과와 10만 파운드의 배상, 리챠드슨 살해에 대해서 사쓰마번이 2만 5천 파운드를 배상할 것과 아울러 살해범의 체포와 처형을 요구했다.

닐은 본래 대령까지 진급한 군인출신이었기 때문에 요코하마의 외국거류민을 안심시키고 이러한 사태의 재발을 막기 위해 강경한 태도를 취하기로 결심했다. 히사미쓰는 본의 아니게 외교적으로 궁지에 몰려 책임을 추궁하는 막부에 대해, 행렬의 호위무사가 리챠드슨의 무례한 행동에 분노해서 저지른 단독범행이라는 뻔뻔한 답변을 했다. 게다가 범인은 범행 후 종적을 감췄기 때문에 행방을 알 수가 없다고 주장했다. 결국 그것은 사쓰마번이 번의 차원에서 책임질 문제는 아니라는 태도였다.

곤란한 것은 중간에 낀 도쿠가와 막부였다. 막부는 이 사건과 아무런 관련이 없었지만 고래싸움에 새우등 터지는 신세가 되었다. 영국이 막부의 책임을 물고 늘어진 것은 막부를 일본의 중앙정부로 인식했기 때문이고, 막부가 일개 지방정부에 불과한 사쓰마번에게 강압적으로 명령하여 영국의 요구를 관철할 거라고 기대했었다. 그러나 막부는 이미 이빨 빠진 호랑이였다. 마침 쇼군 이에모치의 교토 상경을 준비 중이던 상황을 이용해 서둘러 쇼군의 상경을 추진하면서, 막부 수뇌부는 현실 도피적인 태도마저도 나타냈다.

이런 식으로 상황을 방치하면 영일관계가 크게 악화될 우려가 있었다. 여기서 막부의 실세 중 하나였던 오가사하라 나가미치(小笠原長行)는 독단으로 배상금을 지불하고 사과문을 보냈다. 이 때문에 막부의 수뇌로부터 격렬한 비난을 받은 오가사하라는 결국 독단행동을 이유로 파면되고 말았다. 막부의 수뇌부는 사태를 해결할 능력도 없으면서 책임 전가에만 능숙한 태도를 나타낸 것이다. 나오스케의 암살 이후 도쿠가와 막부가 얼마나 망가졌는지를 잘 나타내는 대목이다.

한편, 닐은 쇼군 이에모치의 상경을 수행한다는 이유로 막부의 수뇌부가 공백이라는 황당한 상태를 맞이했기 때문에, 직접 가고시마에 가서 사쓰마번과 교섭할 결심을 하였다. 물론 막부는 겉으로는 닐을 만류하는 태도를 취했지만, 속마음은 정반대였을 것이다. 1863년 6월 22일 요코하마를 출발한 7척의 함대는 28일의 아침에 가고시마만 앞바다에 위용을 드러냈다. 나마무기 사건이 발생하고 벌써 10개월이 지난 시점이었다.

닐이 단지 외교적 교섭을 할 작정이라면 함대를 동반할 이유는 없었지만, 사쓰마번과의 담판이 쉽지 않으리라 예상하고 영국의 주특기인 막강한 해군력을 바탕으로 한 포함외교를 구사하고자 하였다. 이미 외교적 교섭을 위한 시간은 충분히 소비할 만큼 했다. 닐은 서면으로 종전의 요구사항을 되풀이하고 24시간 내에 회답을 요구했다.

여기에 대해 사쓰마 측에서는 번주가 현재 가고시마에 없다는 이유로 추가적인 6시간의 회답 연장을 요청한 후에 역시 뺀질거리는 답변을 했다. 즉, 살해범이 종적을 감춰서 찾기 어렵고, 리챠드슨의 살해는 일본의 국법에 위배되지 않는 행위로서 사쓰마번의 책임이 아니므로 막부와 상의해 결정하라는 것이다.

이러한 답변에 분노한 닐은 무력 행사를 결심했다. 포함외교의 진수는 직접 무력을 사용해서 적을 격파하는 데 있는 것이 아니다. 단지 막강한 무력을 가지고 있다는 모습을 보여줘 상대방이 알아서 굴복하게 만드는 게 묘미였다. 그러나 상대가 알아서 굴복하지 않으면 필요한 한도 내에서 무력행사에 나서게 되는 것이다.

닐이나 함대 지휘관인 해군소장 쿠퍼(Augustus Kuper) 제독은 사쓰마가 영국 함대의 위력에 굴복할 것으로 생각해 본격적인 전투준비를 하지는 않았다. 그것은 약간의 무력행사로 겁주는 정도면 충분하다고 생각했기 때문이다.

그러나 이것은 중대한 오산이었다. 사쓰마번은 이미 영국 함대가 오기 이전부터 정보를 입수하자, 해안포대를 정비하고 기뢰를 부설하는 등 단단히 전투 준비를 하고 있었다. 나리아키라가 추진한 근대적인 군비 증강은 원점으로 되돌린 상태였지만, 히사미쓰는 나름대로 군비증강을 추진했고 승리에 대한 자신감도 가지고 있었다.

영국 해군은 사쓰마번을 압박하기 위해 7월 2일 오카나와 명의로 사쓰마가 구입한 증기선 3척을 나포하고 해상봉쇄 작전에 돌입했다. 이 증기선 3척은 사쓰마번이 30만 량이라는 거금을 투자해 구입한 선박들이다. 닐이 요구한 배상금 2만 5천파운드의 3배 정도에 해당하는 가치가 있었다.

닐은 사쓰마가 선박을 돌려받기 위해서 배상금을 지불할 것으로 생각했다. 그러나 마치 이것을 기다리고 있었던 것처럼 가고시마의 해안포대에서 갑자기 선제공격을 시작하였다. 느닷없는 기습공격에 영국 함대는 일시 당황하고 황급히 닻을 끊고 도주하는 등 추태를 보였지만, 역시 세계 최강을 자랑하는 영국 함대의 위력은 유감없이 발휘되었다.

영국 함대는 당시 세계 최신예의 암스트롱(Armstrong)포를 장착하고 있었다. 암스트롱포는 포신에 강선이 새겨진 강철재의 본격적인 라이플 대포로서, 포탄 역시 종래의 둥근 구슬형이 아니라 오늘날과 같이 유선형이었다. 그래서 포탄이 명중하면 파편이 생기기 쉬웠다. 둥근 구슬형은 압력에 강하기 때문에 파편이 잘 생기지 않는다. 또한 라이플 대포이므로 명중률도 우수하며 사정거리도 3km 이상으로, 당시로서는 장거리 포격이 가능했다.

이것이 암스트롱포를 제작하는 암스트롱사와 일본과의 각별한 인연의 시작이다. 이 사건 후에 죠슈번도 시모노세키 포격사건으로 암스트롱포의 위력을 맛보았다. 사가(佐賀)번의 경우에는 자체적으로 암스트롱포 생산에 성공했고, 나중에 사쓰마번은 암스트롱포를 영국 무역상으로부터 구입하여 상당량을 보유했다. 그리고 이 대포는 막부 타도의 과정에서도 눈부신 활약을 하였다. 더군다나 막부의 멸망 후 일본 정부의 실력자들이 대거 참가한 이와쿠라(岩倉) 사절단이 영국을 방문했을 당시, 암스트롱사를 방문하고 암스트롱포의 발명자이자 사장인 암스트롱을 직접 만나기도 했다.

청일전쟁에서 일본 해군이 승리한 비결은 중국 함대의 주포보다 구경이 작지만 빠른 속도로 연사가 가능한 속사포가 그 위력을 발휘했기 때문이다. 이 속사포를 제작한 것이 바로 암스트롱사였다. 또한 러일전쟁 당시 일본 해군의 주력함으로 취역한 군함의 절반 이상은 암스트롱사가 제조한 것이고, 아울러 러일전쟁에서 일본 육군이 사용한 포탄의 상당수도 역시 암스트롱사가 만들어 납품했다. 19세기 말부터 20세기에 접어들 무렵의 암스트롱사는 빅커스(Vickers)사와 함께 영국을 대표하는 군수산업계의 거물이었다. 오늘날 한국도 특정한 외국의 무기제조회사와 인연을 맺고 있지만, 이처럼 역사의 현장에서 생생하게 나타나는 각별한 인연은 아니다.

영국 함대의 포격으로 가고시마만의 해안포대는 거의 대부분 파괴되었다. 그러나 영국 함대의 손실도 있었다. 기함인 유리애러스(Euryalus)호의 함장과 부함장이 함교에 명중한 포탄의 파편에 맞아서 즉사하는 등, 10명 이상이 전사하고 50명 정도의 부상자가 나온 것이다. 게다가 포탄에 명중되어 함체에 손상을 입은 함정도 많았다. 이러한 이유는 때마침 태풍의 영향으로 격렬한 폭풍우가 찾아왔기 때문이다.

해안포대는 위치가 고정되어 있지만, 군함은 위치를 자유롭게 이동할 수 있으므로 해안포대의 사정거리 밖에서 포격하면 별다른 피해를 입지 않는다. 그러나 격렬한 폭풍우가 부는 상황에다가 굴곡이 심한 해안에서 정신없이 포격전을 하다보면 본의 아니게 해안포대의 사정거리에 들어가지 않을 수가 없었다.

오늘날처럼 과학기술이 발달하지 않은 시대에서는 날씨에 상관없이 군함이 항상 해안과 일정한 거리를 유지하는 것은 어려웠다. 게다가 가고시마만의 내부에 깊숙이 들어간 위치에 있는 가고시마 근처는 함대가 기동하기에 적당한 지형이 아니다.

다른 한편, 사쓰마번을 얕보고 빈틈없는 임전태세를 취하지 않은 점도 화근이었다. 영국 함대 기함의 탄약고 앞에는 막부로부터 수령한 배상금 상자를 쌓아 놓아서, 이것을 치우고 포격을 준비하는 데만 2시간이 걸렸다는 게 당시 영국 함대에 참가한 일본어 통역 새토(Ernest Satow)의 회고록에 수록

되어 있다. 사쓰마 측의 인명피해는 5명 사망으로 미미했지만, 가고시마의 시가지 상당수가 불에 탔다.

대화재의 와중에 나리아키라가 남긴 귀중한 유산인 집성관(集成館)도 소실되고 말았다. 이것은 영국 해군이 자랑하는 비장의 무기인 로켓탄의 일제 사격에 의한 결과였다. 오늘날의 로켓탄에 비하면 장난감에 불과하나 때마침 폭풍우로 강풍이 심하게 불고 있었고, 일본의 가옥구조가 목조건물이 대부분이므로 무서운 위력을 발휘한 것이다.

가고시마의 시가지를 초토화시킨 것은 나중에 영국 본국에서 문제를 일으키게 되었다. 민간인을 상대로 무차별 공격을 한 것으로 국제적인 비난이 일어나고 영국의회가 내각에 대해 문제제기를 했기 때문이다. 게다가 영국 함대는 나포된 증기선 3척과 아울러 추가로 3척을 더 불태워 보복했다.

아무튼 쿠퍼 제독은 다음날인 7월 3일 영국 함대의 철수를 결정했으며, 아직 목적을 이루지 못했다는 이유로 전투의 속행을 주장하는 닐의 반대를 뿌리치고 가고시마를 떠났다. 여기서 일본의 역사가 사이에서는 가고시마 포격전의 승리자가 사쓰마번이라는 주장이 제기될 정도이다. 그렇다면 쿠퍼는 어째서 황급히 철수했을까?

힘센 어른과 어린애의 주먹싸움에서 어른이 승리하는 것은 별다른 의미가 없다. 완벽한 승리만이 의미가 있는 법이다. 비록 어른이 어린이와 싸워 이기더라도 어린애의 주먹에 맞아 코피라도 흘리면 구경하는 사람들의 비웃음을 사게 된다. 세계 최강의 해군력을 자랑하고 당시 동아시아에 진출한 서구 열강 중에서 가장 막강한 해군력을 가진 영국이, 일본이라는 극동의 섬나라의 일개 지방 영주와 싸워서 군함이라도 격침당하면 망신도 보통 망신이 아니다.

가고시마 해변의 포대는 침묵시켰지만, 예상외의 전투력을 가진 사쓰마를 상대로 전투를 계속하다가는 영국 함대의 손실도 커질 우려가 많았다. 쿠퍼는 영국 해군의 위력은 충분히 보여줬다고 생각했고, 더불어 가고시마의 민간인 거주구역에 대한 막대한 피해도 고려했을 것이다. 포함외교는 군사력의 우위를 보여줬음에도 불구하고 상대방이 굴복하지 않고 악착같이 저항하는 경우에는 효과를 거두기 어려운 법이다.

해안포대의 대부분이 파괴되었음에도 불구하고 사쓰마번의 무사들은 해안에 집결하여 영국군의 상륙을 기다려 대결하고자 하는 불굴의 자세를 나타냈다. 섣불리 상륙하다가는 예상외의 커다란 피해를 볼 가능성도 배제할 수 없었다. 압도적인 승리를 거두지 못하면 상대방에게 자신감만 부여하는 결과가 되고 만다. 병인양요 당시 강화도에 상륙한 프랑스군이 압도적인 승리를 거두지 못한 결과, 오히려 조선의 대원군에게 위정척사운동의 추진에 강한 자신감을 부여한 결과가 되었다는 점을 생각하면 쉽게 알 수가 있다.

결국 영국 함대의 가고시마 포격사건은 잠깐 주고받은 포격전에 불과했지만 이것이 남긴 역사적 의미는 매우 컸다. 우선 히사미쓰와 사쓰마번의 입장에서 본다면 서구의 군사력에 대한 인식이 새롭게 되었다. 특히 유선형의 포탄을 쏘는 뛰어난 명중률의 라이플 대포에 대한 놀라움과 충격은 매우 컸다. 나리아키라가 추진한 근대적인 군비증강의 의미를 비로소 제대로 인식하기 시작했다. 그때까지 나리아키라의 개국론과 부국강병론은 번의 내부에서 맹목적으로 받아들여진 측면이 강했지만, 이 사건을 계기로 히사미쓰가 앞장서 근대화와 부국강병을 추진하기 시작했다.

한편으로 이 사건에서 적극적으로 활약한 성충조의 정치적 발언권이 강해졌다. 성충조는 데라다야(寺田屋) 사건 이후에 사실상 근신 상태에 있었으나, 영국 함대를 상대로 닐과 쿠퍼 제독의 암살시도를 하는 등 용감하게 작전을 주도해서 명예회복을 했다.

이들은 야채나 과일 등을 파는 장사치로 위장하여 조그만 배를 타고 영국 함대에 접근했으며, 기회를 봐서 기함의 함장과 쿠퍼 제독을 살해하려고 했다. 그러나 엄중한 경계 덕분에 접근할 기회를 잡지 못했다.

다른 한편, 이 사건은 대외적으로 사쓰마번이 영국에 접근하는 계기를 마련했다. 영국도 사쓰마가 가진 실력을 높이 평가하고 나마무기 사건에 관대한 조치를 취하는 유화적인 자세를 나타냈다. 교섭은 에도에서 10월에 타결되었고 리챠드슨 살해에 대한 배상금 2만 5천파운드는 사쓰마번이 막부로부터 빌려 영국에게 지급했다. 물론 나중에 그 돈을 갚지 않고 떼어먹었다.

애초에 막부는 미운털이 박힌 사쓰마번에게 한사코 돈을 빌려주지 않으려고 했던 것이 사실이다. 그렇지만 오쿠보는 만약에 빌려주지 않는다면 영국영사를 칼로 베고 자신은 할복자살한다고 협박하여 돈을 빌리는 데 성공했다. 관광객 살해범의 체포에 관해서도 약속했으나 사쓰마 측은 약속을 지키지 않았고, 영국도 굳이 이를 추궁하지 않았다. 그리고 사쓰마번이 신청한 군함의 구입에 대해서도 영국은 동의했다.

서로 싸운 사이지만 그 후에 상대방의 실력을 인정하여 호감을 가지고 급속하게 접근하는 것은 2차 세계대전에 패전한 후 일본이 미국에 대해서 한 태도와 유사하다. 이러한 점을 이해하지 못하는 사람도 많지만, 현실을 인정하고 그에 따른 태도 전환이 빠른 데 불과하다.

조선의 대원군은 병인양요와 신미양요를 통해 서구열강의 군사력의 우위를 직접 실감했다. 대원군이 심혈을 기울여 만든 강화도의 방어시설이 무참히 격파 당했음에도 불구하고, 서양 함대에 완강하게 저항하면 그 이상 침공하지 않는 데 만족했다. 군사력의 심각한 격차라는 현실을 외면하고 외국 함대가 스스로 물러났기 때문에 승리한 것으로 간주한 것이다. 현실을 외면하고 자만한 것에 대해서 우리 민족이 어떤 대가를 치렀는가는 역사가 증명하는 대로이다.

영국은 이 사건을 계기로 막부에 대한 인식에도 커다란 전환을 맞이하게 되었다. 도쿠가와 막부가 일본의 중앙정부로서의 역할을 제대로 수행하지 못하는 것을 확실히 알게 되었기 때문이다. 게다가 사쓰마번이 존왕양이파의 근거지가 아니라, 오히려 막부가 마지못해 개국을 했고 천황의 비위를 맞추기 위해서 배외적인 정책을 추진하고 있다는 사실도 인식했다. 그렇다고 영국 외무성이 대일정책을 180도 전환한 것은 아니었다. 어디까지나 내정불간섭의 원칙에 입각해 대일무역의 순조로운 발전을 가장 우선시했다.

문제는 일본에서 활동하는 영국 외교담당자들 사이에서 웅번의 가능성에 주목하고, 개국과 자유무역을 적극적으로 추진하는 웅번을 지원하여 막번체제의 전환 내지는 수정을 도모하려는 움직임이 발생했다는 점이다. 당시는 해저 전신망이 일본까지 도달한 것도 아니고 교통의 발전도 미미했기 때문에, 본국의 외무성이 현지 영국 외교관을 통제하기는 어려웠다.

그럼에도 불구하고 일본에서는 특유의 자아도취적인 기질을 발휘하여, 당시 최강의 강대국인 영국이 천재민족인 일본의 가능성에 주목하고 막부 타도와 메이지 유신을 지원했다는 식의 환상을 가지고 역사를 미화했다. 그러나 이것은 결코 영국 본국 정부의 방침은 아니었다. 지구 전체를 시야에 넣고 세계적인 규모로 열강들과 '땅따먹기 싸움'을 하고 있던 영국이 극동의 섬나라를 높이 평가하고 지대한 관심을 갖는다는 것 자체가 이상한 일이다.

일본 현지에서 활동하던 파크스(Parkes)를 비롯한 영국의 외교관들이 웅번을 지지하고 간접적으로 지원한 게 사실이나, 국제법의 내정불간섭의 원칙상 본국 차원에서 웅번을 후원한 것은 아니었다. 막부가 멸망할 때까지 영국을 비롯한 서구열강은 공식적으로는 어디까지나 중립을 계속 유지했다는 점을 주의해야 한다.

교 도 쟁 탈 전

1

아이즈번의 등장과 8·18 쿠데타

히사미쓰의 강요로 요시노부를 쇼군후견직으로 임명하고 요시나가를 정사 총재직에 임명한 무렵, 막부는 '교토수호직(京都守護職)'이라는 보직을 신설하고 1862년 8월 1일 아이즈(会津)번의 번주인 마쓰다이라 가타모리(松平 容保)를 교토수호직으로 임명했다. 그것은 막부가 교토를 장악하기 위해서 빼든 회심의 카드였다.

아이즈번은 석고가 23만 석으로 본거지는 와카마쓰(若松)이며, 번의 창시자는 유명한 호시나 마사유키(保科正之)이다. 호시나는 3대 쇼군인 이에미쓰(家光)의 이복동생으로 아이즈번을 훌륭하게 통치해 명군으로 이름이 높았다. 호시나는 유언으로 아이즈번이 도쿠가와 종가와 운명을 함께하라고 남겼다. 그가 도쿠가와 종가의 은혜를 입어 다이묘가 되었으므로, 끝까지 막부에 충성하라고 유언으로 남긴 것은 당연했다.

이러한 배경을 가지고 있었던 아이즈번은 히코네(彦根)번과 아울러 막부에 충성을 바치고 쇼군을 보좌하는 대표적인 친위부대였다. 히코네번은 이이 나오스케의 암살을 계기로 추락했고, 막부는 마지막 남은 비장의 카드인 아이즈번을 존왕양이파가 암약하는 교토의 장악을 위해서 사용하기로 결심했다. 그래서 아이즈번에 대해서 막부가 거는 기대는 남다른 것이 있었다.

교토수호직은 기존에 있던 교토소사대의 상위 조직으로 신설되었다. 필요한 경우에는 교토와 오사카 주변의 다이묘에게 동원명령을 내려서 병력을 소집하고, 이를 지휘할 수 있는 강력한 권한이 부여되었다. 단순한 치안유지를 넘어서는 권한을 부여한 것은 막부의 교토 장악에 대한 강한 의지를 알게 해준다.

이러한 교토수호직으로의 발령에 대해 애초에 아이즈번의 가신들은 맹렬히 반대했다. 굳이 혼탁한 정치상황에 끼어들어 화를 자초할 필요는 없었기 때문이다. 그러나 번주 가타모리(容保)는 막부에 대한 충성을 강조한 호시나의 유언을 내세우며 이를 수락하기로 결심했다. 이것이 나중에 아이즈번이 비극적으로 멸망하는 결정적인 계기가 되었다.

1862년의 12월말 가타모리는 마침내 교토에 도착하고, 교토 외곽 구로다니(黑谷)의 광명사(光明寺)라는 절을 본거지로 정했다. 그는 양이론에 동조하는 생각이 있었기 때문에 정치적인 성향이 기본적으로 천황과 맞았다. 게다가 그는 천황에 대한 근왕사상도 갖고 있었다.

다시 말해 가타모리는 개인적으로 존왕양이의 정치성향이 있었던 것이다. 그래서 시간이 지나면서 가타모리에 대한 고메이 천황의 신임이 점점 두터워질 수밖에 없었다. 그러나 아이즈번의 대외적인 기본 태도는 어디까지나 천황과 쇼군의 화해와 화목을 도모한다는 공무합체노선이었다. 이러한 이유로 아이즈번의 정치적인 입장이 반드시 선명하고 뚜렷한 것은 아니었으며, 종종 혼란을 야기하게 만들었던 것도 사실이다.

여기서 가타모리는 천황의 두터운 신임을 바탕으로 막부와는 독립된 정치세력으로 등장할 수 있는 여지가 생겨났다. 그러나 정치적인 재능도 없고 야심도 없는데다가 성격이 소박하고 단순한 가타모리는 그저 자신에게 주어진 임무에 충실하려고만 노력했다. 그런데 요시노부가 쇼군후견직을 사임하고 1864년에 3월 교토에 나타나면서 상황이 달라지기 시작했다. 요시노부가 쇼군후견직을 사임한 배경은 막부 내부의 그에 대한 강렬한 반감과 견제 때문에 제풀에 물러난 것이다. 하지만 이것은 막부가 호랑이를 들판에 풀어주는 결과가 되었다.

요시노부는 나중에 자세히 언급하는 참여(参与)회의의 파탄 후 쇼군후견직을 사임하고 교토에 남았다. 요시노부가 교토에 등장하고 아울러 가타모리의 친동생이자 구와나(桑名)번의 번주인 마쓰다이라 사다아키(松平定敬)가 교토소사대에 임명되면서, 교토에 강력하고 독립적인 정치세력이 등장하게 되었다. 가타모리는 스스로 정치적 재능이 없음을 인정하고 요시노부에게 주도권을 맡겼다. 천황의 확고한 신임을 바탕으로 요시노부를 보좌하는 형태로 화려하게 정치 무대에 등장하면서, 그는 가뜩이나 복잡한 정치판을 더욱 복잡하게 만들었다.

이러한 결과는 막부의 의도와는 상당히 어긋났다. 가타모리를 기용한 것은 교토와 천황을 장악하고 존왕양이파 낭사와 웅번의 접근을 차단했다는 측면에서는 상당한 효과를 나타낸 게 사실이다. 그러나 막부와는 독자적인 정치세력을 교토에 만드는 상황을 의도한 것은 아니었다. 그러한 의도에 반해서 '교토 막부'가 등장하는 싹은 가타모리가 교토에 부임하자마자 자라고 있었다.

요시노부의 등장 이전부터 가타모리는 막부의 명령을 충실히 수행하는 피동적이고 수동적인 역할에 그치지 않았다. 정치적 쟁점에 대해 천황의 편에 서서 막부와 견해 차이를 드러내고, 종종 막부의 수뇌와 대립했다. 다시 말해서 막부에 대해 천황의 대변자 역할을 한 것이다. 고메이 천황이 가타모리를 전폭적으로 총애하게 된 이유가 바로 이 때문이다.

한편, 죠슈(長州)번도 존왕양이를 내걸고 교토에 진출한 번이지만 도자마 번이기 때문에, 성격상 막부 수뇌부와 직접 접촉하고 의사소통을 하면서 천황의 의지를 막부에 반영할 위치에 있지는 않았다. 그러나 막부 내부에서도 손꼽히는 명문인 아이즈번이라면 사정이 달랐다.

이러한 이유로 죠슈번은 천황의 신임을 독차지하는 아이즈번에 대해 강렬한 라이벌 의식과 반감을 가지게 되었다. 막부에 대하여 반골기질을 가진 죠슈번과 막부 내부에 확고한 기득권을 가진 아이즈번은 서로 경쟁하는 처지로서, 체질적으로 같이 손을 잡는 정치적 동지가 될 수 없었던 것이다.

이러한 아이즈번과 죠슈번의 반목이 마침내 8·18 정변으로 나타났다. 1863년의 8월 18일 교토에서 일어난 이 정변은 존왕양이의 입장에 있는 죠슈번과 이를 지지하고 원조하는 조정의 존왕양이파 공가세력을 축출하기 위해서 일어난 쿠데타였다. 그러나 이것을 배후에서 실제로 주도한 세력은 아이즈번이 아니라, 엉뚱하게도 사쓰마(薩摩)번이었다.

아이즈번은 겉으로는 공무합체노선이지만, 실권자인 번주는 존왕양이의 입장에 있었으므로 존왕양이파를 물리친다는 이유로 쿠데타를 일으키기에는 명분이 약했다. 그러나 당시 사쓰마번의 공무합체운동은 죠슈번을 비롯한 존왕양이파의 정치공작으로 교토에서 막다른 궁지에 몰리고 있는 상황이었고, 이러한 상황을 반전시키기 위해 존왕양이파를 교토에서 추방하기 위한 정치공작을 추진할 동기가 충분히 있었다. 그 결과 그들은 아이즈번과 손을 잡은 것이다.

실제로 존왕양이의 입장에 있는 아이즈번과 공무합체를 추구한 사쓰마번은 서로의 정치적 노선이 크게 달랐으나, 공통의 적을 추방하기 위해서 일시적으로나마 손을 잡았다고 할 수 있다. 그야말로 정치적인 야합이었다. 물론 표면적으로 봐서는 양자 모두 공무합체노선에 있었으므로 동맹을 맺어도 이상한 것은 아니다. 그리고 쿠데타는 사쓰마가 주도했지만, 그 달콤한 열매는 역시 아이즈번의 차지가 되었다. 천황의 신임은 아이즈번에 있었기 때문이다.

별다른 유대관계도 없었던 아이즈번과 손을 잡지 않을 수 없을 만큼 사쓰마번이 궁지에 몰린 경위를 간단히 살펴보면 다음과 같다. 히사미쓰는 최초의 역사적인 상경 후에 교토를 장악하고 세력을 떨치는 존왕양이파를 견제하기 위해서 정치공작을 추진하였다. 여기에 수족이 되어 움직인 사람은 역시 오쿠보다. 당시의 쟁점은 쇼군의 교토 상경문제였다.

에도로 상경한 히사미쓰의 공백을 틈타서 교토를 장악한 존왕양이파가 배후에서 책동한 결과, 당시 존왕양이의 입장에 있었던 도사(土佐)번의 호위를 받는 칙사를 앞세우고 에도로 가서 쇄국과 양이를 독촉하는 칙서를 막부에게 전달했다. 역시 모방의 천재라는 평판에 어울리는 훌륭한 모방이었다. 예전에 히사미쓰가 칙사를 앞세우고 에도를 방문했을 당시 소위 '3사책(三事策)' 중에서 사쓰마번의 요구사항만 막부에게 제시했고, 존왕양이파의 주장은 무시했기 때문에 일어난 결과였다.

아무튼 히사미쓰가 칙사를 앞세우고 에도에 가서 막부를 궁지에 몰아넣은 것과 동일한 효과가 나타났다. 이것은 히사미쓰가 최초의 상경을 실현하고 교토를 떠나 가고시마로 귀향한 후 불과 몇 개월도 지나지 않은 시점에서 발생한 사건이었다.

천황의 칙사가 전달한 양이독촉의 칙서에 회답하기 위해서 쇼군이 교토로 상경하는 문제가 중요한 정치적 쟁점이 되었다. 히사미쓰는 칙명을 이용하여 단지 막부의 인사문제에 개입하는 정도에 머물렀지만, 존왕양이파는 더 나아가 막부의 대외방침 그 자체를 전면적으로 바꾸라고 요구했다. 그러므로 심각한 궁지에 몰린 막부는 그동안 연기해온 쇼군의 상경을 결정하지 않을 수가 없었다.

칙서를 무시하고 상경하지 않으면 천황에게 불손한 행동으로 찍혀서 막부가 정치적으로 더욱 궁지에 몰릴 상황이었다. 그러나 만약 상경하게 되면 천황으로부터 현실적으로 실행불가능한 양이의 명령이 나오게 될 가능성이 높았다. 다시 말해서 개국 이전의 상태로 일본을 원상 복귀하라는 명령이 나온다는 것이다.

이것을 거절하면 천황의 명령을 어겼으므로 역적이 된다. 역적으로 몰리게 되면 존왕양이세력에게 막부 타도의 명분을 주는 것을 의미한다. 반대로 수락하면 서구열강과 마찰을 일으키고 결국은 외국과 전쟁을 하게 되는 상황에 처하게 된다. 이러지도 저러지도 못하는 난처한 상황이었다.

사쓰마번은 물론 쇼군의 상경에 반대했다. 쇼군이 상경하면 막부의 정치노선이 존왕양이로 전환될 가능성이 높았기 때문이다.

따지고 보면 막부가 이러한 궁지에 몰린 계기는 막부의 약체를 폭로한 히사미쓰의 상경 덕분이었다. 오쿠보는 교토와 에도를 분주하게 돌아다니며 쇼군의 상경을 저지하기 위해서 노력했지만 별다른 성과를 거두지 못했다. 그러자 히사미쓰가 직접 상경할 결심을 하고 1863년 3월 14일 교토를 방문했다. 역사상 2번째의 상경이었다. 그러나 불과 4일 후에는 교토를 떠나지 않을 수가 없었다.

나마무기 사건의 여파로 영국 함대가 가고시마를 공격하기 위해 요코하마에 집결 중인 상황이었고, 교토의 정세는 완전히 존왕양이파의 수중에 있어서 히사미쓰가 할 수 있는 일이 아무 것도 없었기 때문이다.

그 후 설상가상으로 사쓰마번을 막다른 궁지에 몰아넣는 사건이 일어났다. 5월 20일 밤 궁궐 근처에서 존왕양이를 신봉하는 공경(公卿)의 유력한 인물인 아네코지 긴토모(姉小路公知)가 집으로 돌아가던 도중에 살해당하는 사건이 일어나고, 그 혐의가 사쓰마번 출신의 유명한 검객인 다나카 신베(田中新兵衛)에게 쏠렸다. 그 이유는 현장에서 다나카의 칼이 발견되었기 때문이다. 그는 존왕양이를 신봉하는 인물로서 규죠(九条) 가문의 가신인 시다마 사콘(島田左近)을 살해한 후 길거리에 목을 효수해서, 교토에 암살과 테러의 피바람이 불게 만든 장본인이었다.

다나카는 검술의 달인이므로 칼을 현장에 버려두고 갈 정도로 어리석은 인물이 아니었으나, 굳이 변명하지 않고 할복자살을 했다. 그가 자살하기 전 진술한 바에 의하면 술에 취해 잠이 든 사이에 누군가가 자신의 칼을 훔쳐갔 다고 한다.

아무튼 이를 계기로 사쓰마번은 교토에서 정치적으로 추방되기에 이르렀 다. 석연치 않은 이 사건의 경과에 비추어 볼 때, 존왕양이파가 공무합체를 추진하는 사쓰마번을 제거하기 위해서 꾸민 사건이라는 주장이 유력하게 제 기되고 있다. 특히 죠슈번의 존왕양이그룹을 리드하는 기도 다카요시(木戶 孝允)가 꾸민 자작극으로 보는 견해가 신빙성이 있어 보인다. 즉, 사쓰마번 을 교토에서 추방하기 위해 존왕양이파가 스스로의 손으로 동료인 공경 중 의 한 명을 희생시킨 것이다.

사쓰마번은 반격의 기회를 노렸다. 마침 존왕양이파의 책동으로 상경한 쇼군이 5월 10일을 기해서 양이를 실행한다는 약속을 하기에 이르고, 기세가 오른 존왕양이파 지사들은 천황이 직접 야마토(大和)에 행차하여 양이의 실 행을 독려한다는 방침을 결정했다. 또한 망설이는 막부가 거부할 경우에는 막부를 타도한다는 급진적인 행동에 나서기로 하였다.

쇼군을 상경시켜서 굴복시킨 이 무렵이 교토에서 존양양이파의 위세가 절 정에 도달한 시기였다. 이를 주도한 인물이 바로 마키 이즈미(眞木和泉)다. 데라다야 사건에서 사쓰마 출신이 아닌 덕분에 살아남은 그는 그 후에도 존 왕양이운동의 브레인으로 배후에서 활약했다. 데라다야 사건을 계기로 그는 사쓰마번을 포기하고 죠슈번에 밀착, 아이디어를 제공하는 것과 아울러 정치 공작의 계획을 입안하는 역할을 맡았다.

문제는 여기서 고메이 천황이 급격한 심경의 변화를 일으켰다는 점이다. 천황은 막번체제를 타도하고 혁명을 원한 게 결코 아니었다. 고메이 천황이 양이를 외친 것도 일본 본래의 모습인 쇄국체제의 상태로 돌아가고 싶다는 단순하고 소박한 생각에서 비롯된 것이다. 천황은 막부에 압박을 가하고 이를 바탕으로 자신의 정치적 우위와 영향력을 확보하는 것이 가장 주된 관심사였다.

이것이 확보 가능하다면 군이 완강하게 쇄국과 양이를 고집하고 싶은 생각도 없었다. 그러나 천황의 신임을 바탕으로 존왕양이파는 천황이 생각하는 범위를 뛰어넘어 막부를 타도하는 혁명을 하고자 원했다. 여기서 천황은 통제 불능의 상태로 도를 넘어 극단적인 행동을 하는 존왕양이파를 포기하기로 결심했다.

그것은 존왕양이파의 몰락을 의미했다. 존왕양이파의 지사들에게 별다른 경제적·군사적 실력이 있는 것은 아니었다. 천황의 전폭적인 지지와 신임이 있었기에 천황의 권위를 빌려 막부를 궁지에 몰아넣는 게 가능했다. 존왕양이를 지지하고 적극적으로 활동하는 번은 죠슈(長州)번과 도사(土佐)번 정도에 불과했다. 그나마 도사번에서는 정변이 일어나서 존왕양이파가 몰락했다. 천황의 신임을 잃으면 존왕양이파도 몰락할 운명에 처할 수밖에 없다.

일본의 존왕양이운동은 절정기에 이르러 천황의 신임을 잃고 추락하게 되는 상황에 빠졌다. 이처럼 천황이 급격한 심경의 변화를 일으키는 상태에서 때마침 사쓰마번이 아이즈번과 손잡고 조정에 접근하자, 존왕양이파를 축출하기 위한 쿠데타가 전격적으로 성공한 것이다.

한편, 히사미쓰가 최초로 상경해 에도에 체류하면서 막부와 교섭을 시작한 시점을 전후하여 조정의 권위는 이이 나오스케가 집권하기 이전으로 회복하는 차원을 뛰어넘기 시작했다. 나오스케의 숙청으로 처벌받은 자들이 대부분 사면되거나 복권 되었으며, 이미 암살당한 나오스케에 대한 처벌로 그가 번주

신죠 사네토미(三条実美)

로 있던 히코네번의 석고를 무려 10만 석이나 삭감했다. 게다가 조정 최고의 관직인 관백이나 무가전주의 경우 종전에는 막부의 동의 없이 임명하기가 불가능했지만, 이것을 폐지하여 인사상의 자주성도 회복했다. 이것은 전통적인 막부와 조정의 관계를 초월하는 혁명적인 변화의 시작을 의미했다.

막부와의 대외적 관계에서만 변화가 일어난 게 아니라 조정 내부에서도 급격한 권력구조의 변화가 일어났다. 히사미쓰가 최초의 상경을 마치고 교토를 떠난지 불과 몇 개월도 되지 않는 시점인 1862년 12월 국사어용괘(国事御用掛)라는 새로운 기구가 조정 내부에 창설되었다.

이것은 죠슈번을 필두로 하는 존왕양이세력이 정치적 동지인 공경 산죠 사네토미(三条実美)를 칙사로 옹립하고 에도로 간 틈을 이용, 5섭가를 비롯한 조정의 고위급 공경들이 세력 만회를 목적으로 만든 기구다.

뜻밖의 반격에 놀란 존왕양이파는 칙사를 앞세워 막부를 압박하는 것을 중단하고 황급히 교토로 다시 돌아가지 않을 수 없었다. 죠슈번의 후원을 바탕으로 산죠 사네토미는 교토에 귀환하자마자 곧바로 국사어용괘의 실권을 장악했다.

또한 다음해인 1863년 2월에는 죠슈번의 구사카 겐즈이(久坂玄瑞)가 관백을 면담하고, 강압적으로 국사참정(国事参政)·국사기인(国事寄人)이라는 직책을 국사어용괘의 내부에 만드는 것을 실현시켰다. 사실상 국사어용괘의 실권을 장악한 이 직책에는 존왕양이의 사상을 가진 신분이 낮은 공가 출신 자들이 대거 등용되었다.

아울러 국사어용괘 내부에 새로운 관직이 창설된 것과 비슷한 시기에 학습원(學習院)이라는 새로운 개념의 기구마저도 창설됐다. 학습원은 겉으로 드러난 명칭과는 전혀 다르게 교육기관이 아니라, 공경이라는 신분을 가지고 있지 않은 민간인에게 현실 정치에 관해 건의할 수 있는 자격을 준다는 목적을 가졌다.

학습원 창설을 계기로 존왕양이운동을 리드하던 죠슈번의 유력한 인물들과 존왕양이를 신봉하는 '지사(志士)'라고 칭해지던 미천한 신분의 자들이라도 합법적으로 조정에 발언권을 가질 수 있게 되었다. 이것은 존왕양이파가 교토 조정을 정치적으로 완전히 장악한 것을 의미한다고 봐도 무방하다.

이렇게 교토 조정을 확실하게 장악하는 데 성공한 존왕양이세력들은 여기에 만족하지 않고 독자적인 군사력마저도 갖추려고 했다. 죠슈번이 조정에 건의하는 형식으로 석고 1만 석에 1명의 비율로 병력을 조정에 바쳐서 친위병을 만든다는 구상이 1863년 3월에 들어서자 토의되기 시작했다.

이미 교토의 치안을 유지하기 위해서 막부가 교토소사대에 이어서 교토수호직마저도 설치했기 때문에, 이것은 막부의 권위에 대한 정면도전에 다름 아닌 행위였다. 그러나 당시 막부의 권위는 쇼군 이에모치의 교토 상경으로 최악의 국면을 맞이하고 있었다.

쇼군이 직접 교토를 다시 방문한 것은 도쿠가와 막부의 창설 초기를 제외하고는 실로 2백년도 지난 시점에서 이루어진 일이었다. 단지 친선을 목적으로 방문하는 게 아니라 천황의 명령에 따라서 양이(攘夷)에 관한 문제를 논의하려고 교토로 상경했다는 점에서, 막부가 정치적으로 천황보다 아래에 있다는 사실을 확실하게 만천하에 드러내는 상징적인 사건이었다. 교토의 조정을 배후에서 농락하는 존왕양이세력에게 변변한 반격조차 해보지 못하고 막부는 이러한 요구를 실천에 옮기지 않을 수 없었다.

그 결과 석고 10만 석 이상의 다이묘들에게 1만 석에 1명의 비율로 병력을 교토로 보내라는 막부의 명령이 내려지게 되었다. 이렇게 만들어진 1,200

명의 병력이 존왕양이세력의 상징적인 인물인 산죠 사네토미(三条実美)의 휘하에 들어갔다. 쇼군이 교토로 상경한 시점부터 8·18 쿠데타가 일어나기까지 존왕양이파의 위세는 정점에 도달했다. 매우 짧은 기간이지만 무명의 지사들을 비롯하여 발언권조차 허락되기 어려운 미천한 신분에 있는 자들이 사실상 중앙의 정치를 좌지우지하는 이례적인 현상이 일어난 것이다.

그럼에도 불구하고 마치 이카루스의 날개처럼 본질적으로 경제적·군사적 실력이 빈약한 존왕양이세력이 권력의 정점에 오르는 순간, 날개가 꺾여 추락하는 것은 이미 예정된 사실처럼 찾아오게 되었다. 천황의 권위를 방패로 막부를 궁지에 몰아넣고 좌충우돌의 행보를 보인 탓에, 사방에 적을 만들고 원한을 사지 않을 수 없었다. 게다가 천황의 의향을 완전히 무시하고 제멋대로 칙허를 만드는 행위는 과거의 막부를 능가할 정도로 악랄했으므로, 천황마저도 등을 돌렸다.

존왕양이세력은 권력의 정점에 도달하는 것과 동시에 교토에서 정치적으로 완전히 고립되었다. 그리고 거듭되는 성공으로 자아도취에 빠져 이러한 사실을 정확하게 파악하지 못했으며, 배후에서 은밀히 쿠데타가 진행되고 있다는 사실을 전혀 몰랐던 것이다.

1863년 8월 13일의 밤 사쓰마 번사인 다카사키 사타로(高崎佐太郎)가 아이즈번의 실세 중 하나인 아키즈키 데이지로(秋月悌次郎)의 숙소를 은밀히 방문했다. 그리고 전격적으로 동맹을 제안했다. 굳이 아키즈키에게 접근한 이유는 그가 사쓰마번에 인맥이 있었기 때문이다.

의외의 제안에 놀라서 사실을 확인한 후 아키즈키는 이를 번주인 가타모리에게 보고하고 승낙을 얻었다. 그리고 다음날 승낙 사실을 사쓰마 측에 알리고, 다카사키와 아키즈키는 나란히 천황의 신임이 두터운 아사히코(朝彦) 친왕을 방문하여 동맹을 맺은 사실을 알렸다.

기가 막히게도 8월 12일 천황이 직접 야마토(大和)에 행차하여 양이를 위한 회의를 개최한다는 조칙이 발표된 바로 다음날 밤에 쿠데타를 위한 모의가 시작된 것이다. 즉, 존왕양이세력의 위세가 절정에 도달한 그 다음날부터 이들을 몰락시키기 위한 음모가 진행되고 있었다.

8월 16일 새벽 은밀히 천황을 방문한 아사히코 친왕은 교토에서 존왕양이파 추방을 승인하는 천황의 허락을 얻어냈다. 반발하는 존왕양이파의 공경들이 궁궐에 들어오지 못하도록 아이즈번과 사쓰마번의 병력이 궁궐의 문을 지키고 칙허가 나오기를 기다렸다. 칙허의 문구를 둘러싼 우여곡절로 예정보다 늦어졌기 때문에 쿠데타 계획은 17일 밤에서 18일 새벽으로 변경되었다.

18일 아사히코 친왕은 칙허의 내용을 공표하고 천황의 야마토 행차의 중지, 조정 내부의 급진적인 존왕양이파 공경과 죠슈번의 교토 추방 등을 명령했다. 칙명에는 죠슈번이나 존왕양이파도 대항할 도리가 없었다. 반항하면 역적으로 몰리고 죠슈번을 비롯한 존왕양이파 타도의 구실을 주게 되기 때문이다. 쿠데타 소식을 듣고 흥분한 죠슈번과 친위병의 병력들이 대거 산죠 사네토미의 저택에 집결했으나, 병력을 출동시켜 전투를 개시할 마땅한 명분은 없었다.

망연자실한 죠슈번의 병력은 쿠데타 다음날인 8월 19일 추방을 명령받은 산죠 사네토미를 비롯한 7명의 대표적인 존왕양이파 공경들을 호위하면서 본국으로 돌아가기로 결정했다. 천황의 칙허를 방패로 중앙의 정치를 마음대로 농락하던 존왕양이파가 마찬가지의 수법으로 칙명에 의해서 정치적으로 몰락한 것이다. 존왕양이파의 수법을 그대로 모방한 쿠데타는 매우 간단하게 성공을 거두었다. 역시 모방의 천재라는 명성에 어울리는 훌륭한 모방이다.

이러한 8·18 쿠데타의 성공에도 불구하고 몇 가지 문제점이 드러났다. 먼저 이처럼 정치적으로 중요한 전환점이 되는 쿠데타에 막부의 역할이 거의 없었다는 점이다. 사쓰마번과 교토 현지의 아이즈번이 주도하고 막부는 그저 구경만하는 신세가 되었다. 막부가 교토문제에 관해서 가타모리에게 위임한 것은 사실이지만, 이러한 중요한 정변에서 사실상 독단으로 사쓰마번과 손잡고 행동하는 가타모리에 대한 아무런 통제나 견제를 행하지 못했다.

막부의 권력이 교토와 에도로 양극화하는 상황을 결정적으로 드러내고 촉진하는 계기를 만든 것이 바로 이 정변이었다. 막부가 할 수 있는 일이라고는 교토에서 존왕양이세력이 추방된 것을 환영하는 정도에 불과했다. 한편으로 천황이 이 과정에서 드러낸 모순은 더욱 심각했다. 천황은 8월 18일 공표한 쿠데타를 승낙한 칙서가 진정한 천황의 뜻이고, 그 이전까지 나온 칙명은 천황의 뜻이 아니라고 말했다. 스스로 존왕양이파의 꼭두각시였다고 실토한 것이나 마찬가지다.

천황은 막부를 타도한다는 정치적 혁명을 원하지 않은 것이지, 진심으로 양이를 포기한 것도 아니었다. 본심과는 어긋나지만 그때까지 자신의 행동을 완전히 부정하고, 누구든지 천황의 칙명을 얻으면 원하는 정치적 목적을 달성할 수 있다는 사실을 여실히 폭로한 셈이다.

쇄국과 양이를 포기한 게 아니면서도 존왕양이파를 추방하는 모순된 행동으로 천황의 정치적 권위는 추락하지 않을 수 없었고, 이제는 살아남기 위해 막부 측과 정치적으로 제휴할 수밖에 없었다. 존왕양이파를 버린 이상 고메이 천황에게 선택의 여지는 없었다. 즉, 쿠데타 이후부터는 개국 이전의 상태로 돌아가라는 등의 무리한 요구를 막부에게 할 수 없게 된 것이다. 여전히 겉으로 천황의 칙명은 절대적인 권위를 가졌지만, 대내적으로 정치가들 사이에서 천황의 권위는 상대화하기 시작했다.

천황의 권위는 직접 정치 문제에 개입하고 현실 정치를 지도하면 위험에 빠질 가능성이 높아진다. 어디까지나 정치에 초연한 상태를 유지하면서 현실의 권력자가 천황의 권위에 의존하고 복종해야 정치가로서 천황의 생명이 유지되는 것이다. 그러나 현실 정치에 개입해 실패하거나 중대한 실수를 하면 천황의 정치생명은 위태로워질 수밖에 없었다. 고메이 천황은 자신을 추종하던 존왕양이파와 정치적으로 완전히 결별한다는 불확실한 선택을 했다.

세속적인 정치가들처럼 자신의 정치적 취향이나 이해관계에 의해서 평소의 신념을 버리고 편을 바꾼다면 더 이상 구름 위에서 찬란하게 군림하는 존재는 아니다. 겉으로 보기에 고메이 천황의 권위에 별다른 변화는 보이지 않았지만, 내부적으로는 서서히 붕괴조짐을 보이기 시작한 것이다. 즉, 이 쿠데타로 존왕양이파가 치명적인 타격을 받은 게 사실이나, 천황도 역시 커다란 정치적 타격을 받고 운신의 폭이 좁아질 수밖에 없었다.

2

기병대의 창설

무려 230년만에 병력 3,000명을 동반하고 상경한 쇼군 이에모치를 압박하여 1863년 5월 10일을 기해서 양이를 실행한다고 결정되었다. 하지만 막부를 비롯하여 그 누구도 서구열강을 상대로 양이를 실제로 실행하려고 하지는 않았다. 그러나 존왕양이의 근거지인 죠슈번은 서슴없이 양이의 실천에 돌입했다. 죠슈번에는 시모노세키라는 천혜의 요충지가 있었다.

당시 일본에서 대외무역의 70% 이상이 요코하마에서 행해졌다. 그런데 중국을 거쳐서 요코하마에 가거나 그 반대의 경우에 반드시 시모노세키 해협을 통과해야만 했다. 그렇기 때문에 시모노세키 근처에는 항상 외국 선박이 출몰했다. 여기에 착안해 시모노세키 해협을 통과하는 외국선을 공격한다는 것이 죠슈번의 존왕양이파가 생각한 양이 실행의 방법이었다.

양이의 실행 날짜인 5월 10일 당일 요코하마를 거쳐 중국의 상해(上海)로 향하던 미국 상선 펨브록(Pembroke)호를 죠슈번의 존왕양이파가 군함으로 습격했다. 습격의 주도자는 쇼카촌숙의 4천왕 멤버인 구사카 겐즈이(久坂玄瑞)와 이리에 구이치(入江九一). 23일에는 죠슈번 포대가 지나가던 프랑스 군함 킹창(Kien-chang)호를 향해서 포격을 가했다. 게다가 26일에는 네덜란드 군함인 메두사(Medusa)호를 습격했는데, 메두사호는 사망자 4명을 내고 황급히 도망갈 수밖에 없었다.

조선의 대원군도 위정척사운동으로 기염을 토했지만, 지나가는 외국 선박에 대해 닥치는 대로 무차별 공격을 하지는 않았다. 그야말로 서구열강 전체와의 전쟁도 불사한다는 태도의 물불을 가리지 않는 행동이었다. 제대로 반격도 못하고 도망가는 외국의 군함이나 상선을 보고 구사카는 의기양양했지만, 서구열강도 가만히 당하고만 있지는 않았다.

6월 1일 미국 군함 와이오밍호가 펨브록호 공격에 대한 보복을 위해서 시모노세키에 홀연히 나타났다. 이 군함은 죠슈번의 군함 2척을 침몰시키고, 1척은 대파했으며 해안포대도 파괴했다. 교전은 불과 1시간 정도였지만 죠슈번은 해군력에 괴멸적인 타격을 입고 말았다. 펨브록호가 별다른 피해를 입지 않고 재빨리 도망친 것에 비하면 죠슈번이 입은 피해는 엄청났다.

죠슈번이 보유한 해군력은 상선을 개조하여 대포를 탑재한 데 불과했으므로, 제대로 만들어진 군함과 본격적인 전투를 벌이면 승산이 없었다. 이어서 6월 5일에는 프랑스의 군함 2척이 찾아와 죠슈번의 해안포대를 포격해 침묵시키고는, 해병대가 상륙하여 포대를 파괴하고 대포를 비롯한 전리품을 가지고 돌아갔다. 이 중에서 프랑스 함대의 기함인 세미라미스(Semiramis)호는 암스트롱포를 무려 35문이나 장착한 거함이었다. 상륙하는 프랑스 해병대를 저지하기 위해서 죠슈번의 정규군은 갑옷을 착용하고 칼과 활로 무장한 상태로 출동했다. 그러나 프랑스 군함으로부터 함포사격을 받자 그대로 도주해 버렸다.

이러한 반격은 일시적이고 조건반사적인 보복전에 불과하고 메인이벤트가 서구열강의 '연합'에 의해서 준비되고 있었다. 예상외로 강력한 서구열강의 군사력을 알게 된 구사카는 의욕을 잃고 교토로 올라가 버리고 말았다. 사실상 일만 저질러놓고 해결책을 제시하지 못하는 철부지 소년과 같은 행동이다.

본래 구사카가 아무생각 없이 무차별 포격에 나선 것은 아니었다. 존왕양이파에게 정신적 기둥과 같은 존재 중 하나인 미토번의 번주였던 도쿠가와 나리아키(德川斉昭)는 서양 대포의 우수성을 부득이하게 인정했다. 그러나 설사 서구의 함선과 싸워서 해안방어를 포기하더라도 내륙으로 끌어들여 전투를 벌이면, 결국에는 군사훈련을 받고 단련된 일본의 무사가 승리할 것이라고 주장했다. 당시 존왕양이를 추종하던 세력들은 대부분 이러한 허무맹랑한 주장을 곧이곧대로 믿었다.

서구열강의 함대나 군대와 직접 교전을 해본 경험이 없으므로 귀동냥으로 얻은 정보를 바탕으로 서구열강의 군사력을 두려워하면서도, 민족주의적인 우월감에 바탕을 두고 막연하게 군사적 자신감을 갖는 게 당시 일본 무사들의 본심이었다.

가고시마에서 영국 함대와 직접 교전한 히사미쓰의 경우에는 전투에서 승리할 수 있다는 생각을 가지고 임했다. 해안포대가 함포보다 사정거리가 짧거나 비슷하면 위치를 자유롭게 이동할 수 있는 군함 쪽이 압도적으로 유리함에도 불구하고, 이러한 기초적인 사실조차 전혀 몰랐기 때문에 영국 함대에 대해서 자신감을 가졌던 것이다.

여기서 다카스기 신사쿠가 다시 화려하게 등장한다. 패전의 소식에 죠슈번의 번주 모리 다카치카(毛利敬親)는 불같이 화를 내고, 10년의 휴가를 신청하고 은둔하고 있었던 다카스기를 호출했다. 물불을 가리지 않는 동료들의 급진적인 존왕양이 행동에 좌절하여 느닷없이 중이 되겠다고 머리를 삭발하고 은둔한지 불과 3개월 만의 일이었다. 이러한 사태를 미리 예상하고 있었던 다카스기는 번주 앞에 출두하여 획기적인 군대의 창설에 관한 구상을 밝혔다.

다카스기의 계획이 마음에 든 다카치카는 그에게 시모노세키 방어에 관한 전권을 부여했다. 다카스기는 서둘러 시모노세키로 가고 6월 6일 존왕양이파를 후원하는 거물상인 시라이시 쇼이치로(白石正一郞)의 저택에 들어가 협력을 요청했다. 그 결과 6월 7일에서 8일 사이에 시라이시의 저택을 근거지로 새로운 군대가 창설되었다. 다카스기는 새롭게 창설하려는 군대를 '기병대(奇兵隊)'라고 이름을 붙였다.

그것은 말을 타고 싸우는 기병대(騎兵隊)를 의미하는 것이 아니었다. '기병(奇兵)'은 정규군에 대한 비정규군, 즉 게릴라 부대를 의미했다. 이름만 가지고서는 특별한 게 없지만 내용에 있어서는 획기적이었다. 즉, 출신성분을 묻지 않고 국토방위에 참가하길 원하는 자를 선발한다는 것이다. 중세의 일본군은 무사계급만으로 구성되는 것이 원칙인 점을 감안하면 파격적인 시도였다.

기병대의 출신성분에서 무사가 차지하는 비중이 50% 가량이며, 나머지 절반 정도는 농민이나 상인 등의 평민출신들로 채워졌다. 또한 기병대에 입대한 무사들은 비록 무사출신이라도 장남이 아니었기 때문에 가문을 상속받지 못하는, 미래가 불투명한 자들이었다. 비록 무사 가문에서 태어나더라도 장남이 아니고 다른 무사가문에 상속을 위한 양자로 들어가지 못하면 평민과 다름없는 인생을 살아야 했다. 다시 말해 희망이 없는 미래에 좌절하고 돌파구로서 기병대에 입대한 자들이 대부분이었다.

이것은 입대한 일반 백성들도 마찬가지였다. 농민의 아들로 태어나도 장남이 아니면 농토를 상속받기는 어려웠다. 출신계급을 묻지 않고 선발한다는 점에서 오늘날의 징병제와 유사하지만, 강제로 징병한 게 아니므로 징병제보다는 모병제에 가까웠다. 그래서 징병제로 모집한 경우와는 다르게 병사들의 사기와 의욕이 매우 높았다. 게다가 중세의 군대와는 다르게 무기를 번으로 부터 지급받는다는 특색도 중요한 점이었다.

원칙적으로 중세의 무사는 자신이 필요로 하는 무기는 스스로 조달해야만 했다. 그러나 기병대는 소총이나 대포를 번이 구입해서 지급했고, 아울러 직접 번으로부터 월급을 받는 일종의 직업군인이었다. 병사의 훈련도 서구의 군대에 준해서 행했다. 기병대(奇兵隊)라는 이름에서 풍기는 겉으로 드러난 뉘앙스는 비정규군이었지만, 사실은 서구의 군대를 모방한 근대적인 신식군대의 창설이었다. 전통적인 무사출신으로 구성된 기존의 정규군을 자극하지 않기 위해서 기병대라는 명칭을 사용한 데 불과했다.

최초에 만들어진 기병대를 출발점으로 계속해서 신식군대가 창설되었다. 의용대(義勇隊), 역사대(力士隊), 유격대(遊擊隊), 홍성대(鴻城隊), 제2기병대(第二奇兵隊) 등 1863년에서 65년에 걸쳐 끊임없이 만들어졌다. 최초로 창설된 부대의 명칭이 기병대이지만, 다카스기의 주도로 만들어진 이러한 신식군대를 총칭해서도 기병대라고 한다. 규모도 정규군과 대등한 5,000명 규모로 확대되었다.

기병대의 각 부대는 오늘날의 군대처럼 균일하고 획일적인 조직은 아니었다. 오늘날의 군대는 부대별로 정해진 무기·편제와 인원수가 거의 비슷한 게 원칙이다. 예를 들어 1사단이나 2사단이나 보유한 병력이나 무기, 조직의 구성 등에 있어서 큰 차이는 없기 마련이다. 그러나 기병대는 상황과 예산에 응하여 그때그때 편성되었으므로 대포가 전혀 없는 부대도 있었고, 조직의 인원도 균일하지 않았으며 부대원의 출신성분에서도 상당한 차이가 있었다.

여기서 주의할 점은 다카스기가 혁명을 목적으로 기병대를 창설한 것이 아니었다는 점이다. 그는 어디까지나 국토방위를 위해 기존 정규군의 한계를 통감하고 민중의 힘을 동원하려고 했던 데 불과했다. 그는 앞서 말한 것처럼 아웃사이더이자 기득권자라는 묘한 위치에 있었지만, 본질적으로는 중세의 신분사회에서 기득권을 가지고 있는 기득권자였다.

결국 봉건사회의 기득권을 유지하기 위해서 만든 부대라는 것이 기병대의 기본적인 성격이었다. 농민이 기병대에 입대해서 칼을 차고 다니더라도 무사의 신분이 되는 것은 아니었다. 그러나 이 기병대가 가진 강력한 군사력이 죠슈번의 힘의 원천이 되어 역사에 중대한 변수로 등장하고, 다카스기의 예상을 뛰어넘는 정치변혁이 이루어졌다.

결과만을 따져 일본의 역사가 중에는 다카스기를 '천재 혁명가'라고 미화하는 사람도 있다. 그 밑바탕은 역시 혁명적인 군대인 기병대를 창설했다는 점이지만, 그의 진정한 창설의도를 생각하면 역사의 미화에 지나지 않는다. 아무튼 기병대의 창설을 계기로 죠슈번의 존왕양이파는 기존의 정규군과는 완전히 계통을 달리하는 독자적인 군사력을 보유하게 된 것도 사실이다. 이것이 나중에 또 다른 문제를 일으키는 복선이 되었다.

이러한 무렵에 죠슈번은 유학생을 해외에 파견하기로 결정했다. 원칙적으로 당시 일본인은 막부의 허락 없이는 어떠한 명목으로도 외국으로 나가지 못했다. 그렇기 때문에 비밀리에 파견을 해야만 했다. 언뜻 생각하면 죠슈번이 존왕양이를 부르짖으며 외국 오랑캐의 타도를 외치면서, 다른 한편으로 위험을 무릅쓰고 외국으로 유학생을 파견하는 것은 모순된 행동이다.

이를 배후에서 주도한 사람은 죠슈번의 유능한 행정관료로서 정책결정의 실권을 장악하고 있었던 스후 마사노스케(周布政之助)였다. 역시 8조의 출신이고 급진적이고 과격한 존왕양이론을 가진 인물은 아니었지만, 그는 다카스기를 비롯한 쇼카촌숙 출신자들의 든든한 후원자의 역할을 했다. 그 밑바탕에는 역시 죠슈번 특유의 인재중시 풍조가 있었다. 그래서 자신과 생각이나 사상이 다르더라도 장래가 촉망되는 인재라면 아낌없이 후원해주는 태도로 인재육성에 힘을 쏟았다.

현실감각과 아울러 뛰어난 통찰력을 가진 스후는 죠슈번의 존왕양이 정치노선을 어디까지나 중앙정치의 주도권을 잡기 위한 수단에 불과한 것으로 이해했다. 즉, 존왕양이 그 자체를 절대적인 진리라고 믿지는 않았다. 그래서 이것과는 별개로 미래에 대한 투자로서 유학생을 해외에 파견하는 것이 중요하다는 인식도 아울러 가지고 있었다.

이와는 정반대로 존왕양이 사상을 가진 청년들을 주축으로 하는 유학생들은 어디까지나 양이를 실현하기 위해서 서양의 과학기술을 배운다는 마음가짐이었다. 그들은 자신들이 서구의 과학기술을 몸으로 익혀 살아있는 기계가 되어 조국에 봉사한다는 사명감에 불타고 있었다. 즉, 스후의 사려 깊은 사고와는 다르게 유학생들은 오랑캐를 물리치기 위해서 오랑캐의 기술을 배운다는 근시안적인 생각밖에는 없었던 것이다.

여기에 우여곡절을 거쳐 5명의 유학생이 선발됐다. 원래는 3명으로 구성하여 파견할 예정이었고, 리더이자 인솔자는 출신성분이 가장 좋은 이노우에 가오루(井上馨)였다. 영국의 무역상사인 쟈딘 매디슨(Jardine, Matheson & Co.)의 중개로 요코하마를 통해 출항할 예정으로 현지에 도착했다. 하지만 막상 도착해서 상황을 알아보니 유학비용이 터무니없이 비쌌다. 당시 쟈딘 매디슨 상회는 중국에 진출한 영국 무역상사 중에서 가장 잘나가는 회사로서, 일본이 개국하자 요코하마에 가장 먼저 개점하면서 일본에 진출한 외국 상점 제1호로 등록되기도 했다.

본래 영국의 동아시아 무역을 담당한 것은 유명한 동인도회사였지만, 이 회사는 국영회사로서 사실상 무역을 독점했다. 그렇기 때문에 민간실업가의 거센 항의와 불만이 계속되었다. 그 결과 1830년대에 동인도회사의 무역독점은 깨졌다. 그 후 민간자본으로 설립된 무역상사의 가장 대표적인 것이 바로 쟈딘 매디슨이었다. 이 무역상사는 중국으로 막대한 양의 아편을 밀수출하여 아편전쟁의 단서를 제공한 장본인이며, 영국의 동아시아 무역정책에 지

이토 히로부미(伊藤博文)

대한 영향력을 행사할 수 있는 위치에 있는 거물급의 무역상사였다.

유학생들은 1인당 200량씩을 하사받았지만 요코하마에서 쟈딘 매디슨 상회 소속 직원과 상담을 해본 결과, 유학자금으로 적어도 1인당 1,000량이 필요하다는 사실을 알게 되었다. 결국 번으로부터 지급받은 유학자금으로는 불과 한 명도 제대로 유학을 갈 수 없는 지경이었다. 여기서 이노우에는 친구인 이토 히로부미(伊藤博文)가 마침 미국상인으로부터 총포 구입을 위해서 5,000량을 빌리는 임무를 가지고 요코하마에 체류하고 있다는 사실을 알게 되자, 이토를 찾아가 그 돈으로 함께 유학을 가자고 유혹했다.

멋대로 공금을 유용하는 결과가 되므로 처음에는 주저했지만 유혹에 약한 이토는 마침내 승낙했고, 이것이 이토의 인생에서 두 번째의 중요한 전환점이 되었다. 첫 번째 전환점은 물론 쇼카촌숙에 들어간 것이다. 이노우에는 에도로 가서 죠슈번 출신의 오무라 마쓰지로(大村益次郎)를 만나 알선을 의뢰하고, 총포매입 대금을 담보로 5,000량을 빌리는 데 성공했다. 이렇게 풍부한 유학자금을 확보한 덕분에 1명이 더 참가하는 게 가능해졌고, 엔도 긴스케(遠藤謹助)라는 인물도 참가하여 최종적으로 5명의 유학생이 파견된 것이다.

1863년 5월 12일 새벽, 5명의 '묻지마' 유학생들은 소형 증기선을 타고 중국의 상해를 향해서 몰래 요코하마를 출항하였다. 최종 목적지는 영국. 양복을 입고 단발을 한 차림새였으며, 소지품 이외에는 페리 제독이 일본을 방문했을 당시 통역으로 근무한 호리 다쓰노스케(堀達之助)가 편찬한 영어사전 1권을 가지고 있었을 뿐이다.

죠슈번이 양이 실행을 위해 시모노세키에서 외국선에 대한 습격을 개시한 지 불과 2일 후의 시점이었다. 한편으로 외국선을 닥치는 대로 공격하면서, 다른 한편으로는 외국에 유학생을 은밀히 파견한다는 기묘한 상황이 벌어지고 있었던 것이다.

상해에 도착하자 쟈딘 매디슨 상회의 상해지점 직원과 협상이 시작되었다. 그런데 해외로 가는 목적을 질문받자 어학실력이 매우 빈곤한 이노우에가 엉뚱한 답변을 하면서 문제가 발생했다. 이노우에는 해군을 배우기 위해서라고 대답하려 했지만, 실제로는 항해술이라고 대답했기 때문이다. 즉, navy와 navigation을 혼동해서 navigation이라고 대답한 것이다.

5명은 홍차를 운반할 목적으로 만든 쾌속 범선 2척에 나눠서 탑승했으며, 친구 사이인 이토와 이노우에가 같은 배에 타게 되었다. 항해술을 배우기 위해서 영국에 가는 것이라고 대답한 덕분에 항해실습을 위한 견습선원으로 취급되는 '친절한 배려'를 받았다. 그래서 이토와 이노우에는 항해 내내 혹사당했다. 자신들은 선원이 아니라 정당한 요금을 지불한 승객이라고 항의하려 해도 영어실력이 없기 때문에 의사소통이 제대로 되지 못했다.

엄청난 고생을 겪은 뒤에 런던에 도착한 그들은 런던대학 유니버시티 칼리지(University College, London)에 청강생 자격으로 입학했다. 유학생들의 일부는 칼리지의 화학교수이자 영국 화학계의 거물인 윌리암슨(Williamson) 교수의 저택에서 하숙하고, 나머지는 화가인 알렉산더 쿠퍼의 저택에서 하숙하기로 결정되었다. 영국에서도 손꼽히는 유력한 무역상사인 쟈딘 매디슨의 보살핌으로 순조롭게 정착하는 데 큰 어려움은 없었다.

이 두 사람의 저택은 나중에 계속해서 영국에 간 일본인 유학생들이 체류할 때 중요한 아지트가 되었다. 그들은 윌리암슨 박사가 강의를 담당하는 분석화학(Analytical Chemistry)을 비롯하여 자연과학 계열을 중심으로 강의를 들었다. 최신식 실험실에서 실험을 위주로 강의를 받은 후, 하숙집에 돌아와서는 영어와 수학을 자습하면서 시간을 보냈다. 영어는 물론이거니와 과학과 수학에 대한 기초실력이 거의 없는 그들이 과연 얼마나 강의를 따라 갔을지는 의문이다.

주말에는 런던을 비롯한 각지를 돌아다니며 관광을 하는 한편, 산업시설과 군사시설의 견학을 거듭했다. 이러한 와중에 우연히 사쓰마번이 몰래 파견한 유학생들과 접촉하기도 했다. 그런데 칼리지에 입학해 2개월이 경과한 1864년 1월말의 무렵, 죠슈번의 유학생들은 영국 함대의 가고시마 포격사건과 죠슈번의 외국선 습격 사실을 알게 되었다. 게다가 그 후에 서구열강의 연합함대가 시모노세키를 공격하기 위해서 준비 중이라는 정보도 〈타임지〉 등의 신문과 주변 사람이 전해준 소식 등을 통해서 알았다. 그래서 이토와 이노우에는 유학을 중지하고 본국으로 돌아갈 결심을 하였다.

같이 따라 가려는 나머지 유학생들을 만류하고 두 사람만 서둘러 출발하기로 결정했다. 남은 3명의 유학생 중에서 끝까지 남아 제대로 공부하고 돌아온 인물은 야마오 요죠(山尾庸三)이었고, 그는 스후 마사노스케의 의도대로 메이지 시대 일본의 귀중한 자산이 되었다.

이토와 이노우에는 유학 도중에 황급히 돌아갔지만, 직접 견문한 서양문명의 실체는 그들의 사고방식과 관념을 180도로 바꿨다. 양이의 무모함과 시대착오적인 것을 명확히 깨달았고, 근대화와 부국강병의 필요성도 절실하게 느끼지 않을 수 없었다. 비록 건성으로 짧은 유학을 다녀온 데 불과하나 어차피 본격적으로 학자가 되기 위해서 유학한 게 아니었으므로 얻은 소득이 전혀 없는 것은 아니었다.

특히 이 두 사람은 학자나 기술자가 아니라 정치가가 되는 운명이 기다리고 있어서 더욱 그러했다. 무엇보다도 영어회화가 가능하게 되었다는 사실이 중요한 성과라고 할 수 있었다. 서구열강과의 외교교섭에 통역으로 근무하면서 권력의 핵심 인물들에게 접근할 수 있었기 때문이다. 또한 서양의 사정을 직접 눈으로 목격하고 관찰해서 근대화와 부국강병에 관한 나름대로의 식견과 비전을 가지게 된 점도 중요하다. 아무튼 이 유학을 계기로 이토와 이노우에는 평생의 친구가 되었으며, 이 두 사람의 인생은 물론 일본의 근대사에 상당한 영향을 준 의미 있는 유학이었다.

3

참여회의와 사이고의 귀환

1863년 9월 12일 히사미쓰는 대병력을 이끌고 의기양양하게 교토로 상경했다. 8·18 쿠데타가 성공한 직후의 시점에서 이루어진 3번째의 상경이었다. 8·18 쿠데타를 배후에서 주도한 인물이 바로 히사미쓰다. 심복인 오쿠보가 에치젠(越前)번과의 정치제휴에 분주한 사정으로, 히사미쓰는 직접 아이즈번을 쿠데타의 파트너로 선택하고 교섭을 지시했다. 즉, 8·18 쿠데타는 오쿠보의 작품이 아니라, 히사미쓰가 주도해서 만들어낸 것이다.

쿠데타의 성공으로 존왕양이파가 없어진 교토에 권력의 공백이 생기고 새로운 정치질서를 수립할 여지가 생겼으며, 그 주도권은 히사미쓰가 가지고 있었다. 새로운 정치질서를 모색한다면 그 주체는 막부도 아니고 조정도 아니었다. 조정은 군사적·경제적 실력이 없었고, 막부는 정국을 리드할 유능한 지도자가 없었다. 권력의 공백이 생기자 웅번이 정국을 리드한다는 전환점을 만들려고 하는 것은 당연했다.

히사미쓰의 상경에 뒤이어 유력한 웅번의 다이묘들, 즉 유지 다이묘의 교토 상경이 계속됐다. 에치젠의 마쓰다이라 요시나가(松平慶永), 도사(土佐)번의 야마우치 요도(山內容堂), 우와지마(宗和島)번의 다테 무네나리(伊達宗城) 등이 바로 그들이다. 한편, 막부를 대표해서는 쇼군 이에모치도 상경했으나 고도의 정치적 교섭을 할 만한 능력이 없었다. 그래서 실질적으로 막부 측을 대표하는 자는 쇼군후견직의 직함을 가진 요시노부였다.

공무합체운동이 일본 정치의 주류가 되느냐 아니냐의 중대한 전환점이 되는 시기가 찾아왔다. 그 해 12월말 참여(参与)회의가 만들어졌다. 참여회의의 창설을 주도한 제안자는 물론 히사미쓰였다. 그러나 신분상 다이묘가 아니었으므로 회의에 참가할 자격이 없었고 일단은 뒤로 물러섰다. 마치 다이묘에게 부여하는 조정의 관직을 바라고 제안한 것처럼 오해받기 싫어서였다. 다음해인 1864년 1월 13일 히사미쓰는 조정으로부터 다이묘에 준하는 관직을 부여받고 다이묘가 아니면서도 참여(参与)에 임명되었다.

이것은 도쿠가와 막부의 역사상 처음으로 전개되는 획기적인 시도였다. 막부 혼자서 정치의 향방을 결정하는 게 아니라, 유력한 웅번과 연합하여 결정한다는 것이기 때문이다. 국정의 중요한 시책이나 방침은 참여회의에서 결정하고 이를 천황이 승인하여 정당성을 부여하면, 막부가 행정부로서 이것을 시행한다는 정치구조를 만들려는 것이 이 회의의 주된 목적이었다. 즉, 참여회의가 성공적으로 정착된다면 국가의 최고 정책을 막부가 독점하는 시대가 끝나게 된다는 뜻이다.

막부는 당연히 참여회의를 반갑게 맞이하지 않았고, 이 회의를 좌절시키려고 획책하였다. 단지 교토에서 존왕양이파를 추방하기 위한 대가로서 웅번에게 주도권을 양보한다는 건 너무나 정치적으로 커다란 손실이었다. 참여회의의 의제로 상정된 것은 요코하마의 쇄항문제였다. 과거 쇼군 이에모치가 교토로 상경했을 당시 양이의 실행을 천황에게 약속했지만, 실제로 막부는 그 약속을 지키지 않았다.

외국선을 공격하면서 진정으로 용감하게 양이에 나선 것은 오직 죠슈번 뿐이었다. 그러나 상경한 쇼군 이에모치는 요코하마 항구의 폐쇄, 즉 쇄항(鎖港)을 천황에게 약속했다. 당시 해외무역의 70% 이상이 요코하마에서 행해지고 있다는 점을 생각하면 이것은 사실상 자유무역의 포기를 의미했다. 그러나 실제로는 실행하기 불가능한 약속이었으므로, 이를 다시 개항으로 바꾸자는 게 참여회의에 참석한 유지 다이묘들의 주장이다.

개국론을 지지하는 유지 다이묘들의 입장에서는 당연한 주장이었다. 또한 요코하마를 폐쇄하면 서구열강과의 마찰이 불가피해지므로, 막부의 입장에서도 결코 부당하거나 불합리한 주장은 아니다. 오히려 반갑게 환영해야 하는 제의였다. 그러나 웅번 제후의 제안을 받아들이면 참여회의의 실체를 인정하는 꼴이 되고 정치의 주도권을 빼앗기게 된다.

못이기는 체하고 제의를 받아들일 수도 있지만, 외교정책에 타인의 간섭을 허용하면 막부의 위신이 크게 흔들리지 않을 수가 없었다. 게다가 서구열강에게 막부가 과연 중앙정부인지 의심하게 되는 동기를 부여할 위험성도 컸다. 결국 체면 때문에 막부는 이 제의를 거부하고 말았다.

막부의 대표자로 참석한 요시노부는 뜻밖에도 요코하마의 쇄항에 찬성했다. 그가 사진촬영이 취미이고 빵과 우유를 좋아하는 등 서구의 문물을 애호하는 개국론자라는 것은 유지 다이묘들 사이에 널리 알려진 사실이었다. 그래서 어느 누구도 요시노부가 요코하마의 쇄항에 찬성할 것이라고 생각하지 않았다. 하지만 그는 자신의 정치적인 야망을 위해 속마음을 숨기고 사쓰마번을 강력하게 견제하며 막부의 방침에 충실하게 따랐다. 여기에 대해서 도사번의 야마우치 요도는 술만 마시며 요시노부와 대결을 회피했지만, 참여회의를 주도한 히사미쓰는 요시노부와 심각한 반목을 하지 않을 수 없었다.

쇼군 후보에서 탈락하고 이이 나오스케에게 처벌받아 정치적으로 숙청된 요시노부를 구제해 준 장본인이 바로 히사미쓰였다. 앞서 본 것처럼 히사미쓰가 상경하여 요시노부를 쇼군후견직으로 강압적으로 추진한 결과, 참여회의에 참석하는 것이 가능하게 된 현재의 요시노부가 있었기 때문이다. 그러한 요시노부가 배신한 데 대해서 히사미쓰는 참기 어려운 분노를 느꼈다. 건전한 상식을 가진 평범한 인물인 그는 비상식적으로 은혜를 원수로 갚는 행위에 견딜 수가 없었다.

인간은 믿는 도끼에 발등을 찍힐 때 가장 큰 배신감을 느끼기 마련이다. 요시노부는 히사미쓰에 대한 고마운 마음보다는 자신의 정치적 야망을 우선시했다. 요시노부의 이기적인 성격을 알 수가 있는 대목이다. 정치도 결국 사람이 하는 것이고 대인관계가 중요하다. 겉으로는 드러나지 않는 미묘한 인간관계의 갈등이 정치의 향방에 중대한 영향을 미치는 경우가 많다.

히사미쓰와 요시노부는 참여회의를 계기로 심각한 감정의 골을 만들었지만, 요시노부가 이를 해소하려는 노력을 하지 않고 오히려 더욱 골을 깊게 만들면서 막부를 멸망으로 이끄는 도화선의 하나가 되었다.

에치젠의 요시나가는 도자마 다이묘가 아니라는 성격상 막부를 대표하여 참가한 요시노부를 정면으로 공격하지 못했다. 부득이하게 요시나가가 유지 다이묘들의 입장을 지지하는 태도를 취하자, 분개한 요시노부는 일부러 술에 취한 다음 요시나가의 면전에서 폭언을 하기도 했다. 결국 갈등과 반목을 조정할 인물이 없는 상황에 빠지고 참여회의의 공중분해는 예정된 수순이 되었다. 3월 9일 참여회의는 해산했다.

애당초 8·18 쿠데타의 성공 후에 고메이 천황은 권력의 공백을 채우기 위해서 히사미쓰의 상경을 강하게 원했으나, 참여회의가 끝날 무렵에는 히사미쓰를 기피하게 되었다. 그 이유는 역시 개국론의 입장에서 요코하마 쇄항에 정면으로 반대했기 때문이었다. 이와는 정반대로 요시노부는 요코하마 쇄항을 주장하면서 천황으로부터 호감을 얻게 되었다.

고메이 천황은 개국인가 양이인가의 문제를 떠나서 자신의 의향을 충실히 따르는 충성스러운 인물을 원했다. 8·18 쿠데타로 존왕양이파와 부득이 결별했지만, 여전히 천황의 속마음에는 양이에 관한 미련이 있었다. 히사미쓰는 참여회의의 개최를 계기로 중앙정치의 주도권을 쥘 수 있는 황금 같은 기회를 요시노부의 배신으로 놓치고 말았다.

이와는 정반대로 요시노부는 천황의 총애를 받게 되자 쇼군후견직을 사임하고 교토에 남아 독자적인 정치세력을 만들기 시작했다. 즉, 히사미쓰와의 인간관계를 희생시켜서 자신의 정치적 발판을 마련한 것이다. 그 결과 8·18 쿠데타로 생긴 공백을 채우면서 교토를 장악한 인물은 히사미쓰가 아니라 요시노부였다.

여기서 사쓰마번의 공무합체운동은 한계점에 도달했다. 돌파구를 찾아서 새로운 방법을 모색해야 했으나 히사미쓰에게는 대안을 제시할 능력이 없었다. 천황과의 거리도 좁힐 수가 없었고 막부는 사쓰마번을 백안시하고 기피했으며, 8·18 쿠데타를 계기로 죠슈번을 대표로 하는 존왕양이파와는 정치적으로 불구대천의 원수가 되었다. 게다가 쟁쟁한 인물들이 집합한 웅번의 제후들 사이에서 다이묘도 아닌 히사미쓰가 강력한 리더십을 발휘하기도 매우 어려운 형편이었다.

상황이 이렇게 되자 가고시마에서는 하급무사와 성충조를 중심으로 사이고를 소환해야 한다는 움직임이 일어났다. 성충조는 이렇다 할 정치적 성과를 만들어내지 못하는 히사미쓰의 지도력을 의심하며 친위부대라는 역할을 탈피하기 시작했다. 그 결과 성충조의 대표로 이지치 마사하루(伊地知正治) 등이 히사미쓰를 찾아가 사이고의 소환을 건의하고, 만약 반대하면 할복자살을 하겠다고 위협하기에 이르렀다.

또한 히사미쓰의 측근 중의 측근인 오쿠보와 고마쓰 다테와키(小松帶刀)도 소환을 건의했으며, 시마즈 가문과 연가의 관계에 있는 조정의 고노에 가문도 사이고의 소환을 원했다. 히사미쓰는 그토록 죽이고 싶어 했던 사이고를 다시 소환해야 한다는 사실에 분통이 터졌지만 달리 선택의 여지가 없었다.

당시 사이고는 최초의 유배지인 도쿠노(德之島)섬으로부터 히사미쓰의 직접 명령으로 더욱 멀리 떨어진 오키나와 근처의 오키노에라부(沖永良部島)섬으로 옮겨져 생활하고 있었다. 히사미쓰가 그 섬으로 유배지를 바꾼 이유는 사이고를 유배지에서 죽이기 위해서였다. 본래 섬에 유배되면 섬 내부에서는 활동이 자유로운 게 일반적이지만, 사이고의 경우에는 2평 남짓한 판자로 엉성하게 만든 감옥에 갇혀 지내도록 명령을 받았다.

비바람이 몰아쳐도 그대로 맞아야 했고 위생환경도 엉망이었다. 그 상태로 계속 방치하면 사이고의 생명이 위태로운 상황이었다. 그러나 사이고를 감시하는 젊은 간수 한 명이 목숨을 걸고 그를 존경하는 마음에서 감옥을 새롭게 신축한 덕분에 죽지 않고 버틸 수 있었다.

사이고를 사면하는 내용의 사면장을 들고 유배지를 방문한 자는 성충조 멤버의 하나인 요시이 도모자네(吉井友實)였다. 같은 유배형을 받고 키가이가(鬼界ヶ島)섬에 유배되어 있는 무라타 심파치(村田新八)는 사면되지 않았다는 사실을 알자, 사이고는 독단으로 키가이가섬에 들러 무라타도 같이 배에 태우고 가고시마로 돌아왔다. 이것이 계기가 되어 무라타는 죽는 순간을 사이고와 함께 했다. 따지고 보면 무라타가 유배된 것도 히사미쓰의 명령에 위반해서 멋대로 행동한 사이고 때문이지만, 그는 사이고의 신의 있는 행동에 감복했다. 이 때 사이고의 나이는 38세였다.

극적으로 귀향하는 사이고가 탑승한 배는 1864년 2월 28일 가고시마에 도착했고, 4일 후에는 상경명령을 받아서 무라타와 함께 출발하여 4월 10일 교토에 도착했다. 그리고 4월 18일 히사미쓰와 회동한 후 군부역(軍賦役)에 임명되어 교토에 주둔하는 사쓰마번 병력의 군사지휘권을 인계받았다.

히사미쓰는 교토를 사이고에게 맡기고 오쿠보를 대동하여 그 날 곧바로 가고시마로 출발했다. 그것은 사이고에 대한 불편한 심경을 여지없이 드러낸 에피소드였다. 자신이 원해서 등용한 게 아니라는 사실을 암시하듯이, 사이고가 교토에 도착한 당일 임무를 인계하고는 곧바로 출발해 버린 것이다. 히사미쓰는 주변 인물들이 사이고의 소환을 거듭해서 강력히 건의하자, 분을 삭이지 못하고 입에 물고 있던 은으로 만든 담뱃대를 깨물어 이빨자국을 남겼다는 에피소드도 있을 정도다.

극적으로 부활한 사이고는 고마쓰 다테와키(小松帶刀)나 성충조의 멤버들과 함께 교토에서 사쓰마 세력의 확대를 목표로 활동을 시작했다. 마침 나중에 자세히 설명하는 이케다야(池田屋) 사건이 일어나고, 이를 계기로 상경한 죠슈번의 병력이 교토 근교에 집결하여 마침내 7월 19일 시가지로 진입을 시도하는 사태가 일어났다. 이 때 사이고는 아이즈번과 협력하여 교토에 주둔한 사쓰마번의 병력을 지휘했다. 사쓰마번의 병력은 교토 서쪽으로부터 진격한 기지마 마타베(來島又兵衛)가 지휘하는 죠슈군의 병력과 하마구리문(蛤門) 근처에서 격렬한 전투를 하면서 방어전을 벌였다.

진두에서 지휘한 사이고도 유탄에 맞아 발에 경상을 입었지만 격퇴에 성공했다. 사쓰마번이 보유한 대포가 결정적인 도움이 되었다. 이 때 사쓰마 측은 죠슈번의 병사 24명을 포로로 잡았다. 그러나 아이즈번이나 신선조(新選組)와는 달리 무자비하게 학살하지 않고 매우 후하게 대접했다. 나중에 있을지도 모르는 죠슈번과의 교섭에 대비하여 그러한 조치를 취한 것이며, 사이고의 치밀한 성격을 알게 해준다. 어쨌거나 이를 계기로 교토에서 사이고의 지위는 확고해졌다.

오쿠보는 겉으로는 사이고의 소환에 동의했지만 속마음은 반드시 긍정적인 게 아니었다. 사이고가 돌아오면 히사미쓰와 다시 충돌할까봐 우려했기 때문이다. 그러나 예상 외로 사이고는 히사미쓰와 별다른 마찰을 일으키지 않고 고분고분하게 지시를 충실히 이행하는 태도를 나타냈다. 사이고가 유배되어 있는 사이에 오쿠보는 출세에 출세를 거듭해서 그야말로 사쓰마번의 실권자라고 불러도 좋을 만큼 성장을 했다. 물론 이것은 히사미쓰의 전폭적인 신뢰와 지지가 있었기에 가능했다. 그러나 히사미쓰의 지도력이 서서히 한계를 나타내자 권력의 향방에 민감한 오쿠보도 점차 그로부터 멀어지는 움직임을 나타냈다.

만약 히사미쓰가 몰락하면 그의 충실한 심복으로 성장의 발판을 마련한 오쿠보도 같이 몰락하는 게 당연하다. 하지만 오쿠보는 그의 다른 심복들과 다르게 성충조 출신이라는 출신성분에서의 특색을 가지고 있었다. 오쿠보가 성충조 출신이라는 것은 그에게 있어서는 일종의 보험과도 같은 든든한 자산이었다.

히사미쓰가 그토록 증오하던 사이고를 소환했다는 건 그의 권위와 지도력에 본격적으로 균열이 발생했다는 의미다. 권력의 변동을 민감하게 느끼고 항상 주된 흐름에서 벗어나지 않는 뛰어난 정치 감각을 가진 오쿠보는 히사미쓰와 거리를 두면서 복귀한 사이고에게 급속히 접근하기 시작했다. 어쨌거나 두 사람은 죽마고우의 사이였기 때문이다.

교토를 사이고에게 맡기고 가고시마로 돌아온 히사미쓰는 허송세월을 하면서 시간을 보내지 않았다. 비록 발군의 재능을 가졌던 이복형 나리아키라에 비교하면 훨씬 뒤쳐지는 인물일지 몰라도, 적어도 평범한 다이묘보다는 뛰어났다. 그는 영국 함대의 가고시마 포격으로 입은 피해를 복구하는 한편, 이를 계기로 깨달은 부국강병책을 본격적으로 실시하려고 결심했다. 즉, 교토는 사이고에게 맡기고 자신은 번을 통치하는 내치에 전념하기로 한 것이다. 일종의 정치적인 분업체제다.

먼저 최초의 상경에서 막부로부터 허락을 얻은 화폐주조 사업을 시작했다. 이로부터 얻은 수익으로 국방의 재건, 영국 함대가 가고시마를 불태워 생긴 피해의 복구와 이재민의 부조비용 등에 사용했다. 덕분에 영국 함대의 가고시마 포격사건에도 불구하고 사쓰마번의 재정적인 부담이나 손해는 거의 없었다. 앞서 말한 대로 나마무기 사건으로 영국에게 지불한 리챠드슨 살해의 배상금조차도 막부로부터 빌리고 나서 갚지 않았다.

다른 한편으로 재정적 여유를 바탕으로 증기선과 암스트롱포의 구입을 차례차례 실행에 옮기고 군비의 근대화에 매진했다. 사쓰마번 무사들이 라이플 소총을 의무적으로 소지하도록 명령하는 한편, 영국 함대의 가고시마 포격으로 잿더미가 된 집성관의 재건에도 훌륭하게 성공했다. 게다가 서구문물을 배우기 위해 영국으로 대규모 유학생을 파견하는 방침도 추진했다. 죠슈번이 몰래 파견한 유학생들과는 다르게, 이들은 히사미쓰가 지급한 풍족한 유학자금으로 여유롭게 생활하는 게 가능했다.

이처럼 사이고와 오쿠보가 중앙의 정치무대에서 활약하는 동안 히사미쓰는 사쓰마번의 근대화와 부국강병책을 실현하면서 막부 타도에 이르기까지 나름대로 업적을 만들어 냈다. 그럼에도 불구하고 히사미쓰가 이룩한 성과는 오늘날 정당한 평가를 받지 못하는 것도 사실이다. 특히 가고시마가 배출한 희대의 영웅 사이고를 탄압한 게 그의 이미지에 무척 좋지 않은 영향을 미쳤다.

또한 히사미쓰가 의욕적으로 추진한 부국강병 정책으로 사쓰마번의 재정 상태가 크게 악화되었다는 점도 짚고 넘어가지 않을 수가 없다. 개국과 개항으로 사쓰마번이 오키나와를 통해 밀무역으로 얻는 이익이 크게 감소한 상태에서 막대한 재정지출을 거듭한 탓에, 막부가 멸망할 무렵 사쓰마번의 재정 상태는 거의 고갈될 위기에 몰렸다.

지금까지 본 것처럼 참여회의는 히사미쓰가 심혈을 기울여 준비했음에도 불구하고 아무런 정치적 결실을 거두지 못하는 해프닝에 가까운 사건으로 흐지부지 끝났다. 그러나 이 회의가 결렬된 것이 후세에 남긴 영향은 매우 컸다.

우선 사쓰마번 내부에서 공무합체운동은 사실상 종말을 맞이하게 되었다. 그 후폭풍으로 히사미쓰의 지도력에 커다란 손상이 갔으며, 유배생활을 하고 있던 사이고가 다시 정치의 전면에 복귀하면서 새로운 국면이 전개되기 시작했다. 물론 표면적으로 사쓰마번이 공무합체 노선을 명확하게 포기한 것은 아니지만, 사이고의 복귀를 계기로 분위기가 일신되고 새로운 방향을 모색하기 시작한 것은 필연적인 현상이다.

한편, 막부 내부에서는 요시노부가 교토에 자신만의 독자적인 정치적 발판을 만드는 계기가 되었다. 특히 쇼군후견직을 사임했다는 건 에도의 막부와 사실상 정치적으로 결별을 선언한 것과 마찬가지였다. 이러한 상황에서 요시노부가 막부를 대표해 교토에 파견된 아이즈번과 손을 잡자, 에도의 막부가 통제하기 불가능한 새로운 정치세력이 교토에 탄생하는 결과를 야기했다. 천황의 두터운 신임을 받고 있는 아이즈번과 요시노부를 막부가 정면으로 견제하기는 어려웠기 때문이다.

이처럼 요시노부가 교토에 자리 잡고 독자적인 정치세력으로 성장하기 시작한 것이 이이 나오스케가 암살된 이후 막부 말기의 정치사에서 가장 중요한 전환점이라고 평가할 수 있다.

4

⬤❚

이케다야 사건과 죠슈번의 교도 침공

죠슈번의 존왕양이파 그룹은 8·18 쿠데타로 교토로부터 추방당한 후에 즉시 반격을 위해 교토로 진격하려고 하였다. 특히나 기병대를 창설한 다카스기의 경우에는 독자적인 군사력을 보유하고 있었으므로, 8·18 쿠데타의 소식을 듣자 곧바로 기병대를 이끌고 상경하려는 움직임을 나타냈다. 주변의 만류로 일단 중지하기는 하였지만, 다카스기를 비롯한 죠슈번 존왕양이파의 동요와 홍분은 심각했다.

번주와 세자를 비롯한 온건파의 필사적인 제지로 간신히 폭주는 막았으나 여전히 불씨는 남아있었다. 급진과격파의 선봉은 기지마 마타베(來島又兵衛)였다. 그는 비록 출신성분이나 인물의 기량이 부족해서 쇼카촌숙의 리더는 되지 못했지만 나이는 가장 많았다. 페리 제독이 일본을 방문할 당시에 38세의 나이였고 쇼인보다도 8세나 연상이었다. 쇼카촌숙에서 쇼인보다 나이가 많은 제자가 바로 기지마다. 쇼카촌숙의 제자들 사이에서 듬직한 맏형의 역할을 했고 이러한 이유로 따르는 자가 많았다. 그러나 나이와는 어울리지 않게 대단히 급진적이고 열렬한 존왕양이의 신봉자였다.

이처럼 흥분해서 날뛰는 기지마의 주도로 10월에는 유격군(遊擊軍)이라는 500명 규모의 부대가 결성되었다. 말할 것도 없이 8·18 쿠데타를 주도해 증오의 표적인 사쓰마와 아이즈번을 겨냥해서 만든 부대다. 다카스기는 이러한 급진과격파의 행동에 심정적으로 동조하면서도, 죠슈번 기득권자의 하나라는 입장에서 이를 제지하고 진정시킬 것을 번의 수뇌부로부터 명령받았다. 부득이하게 다카스기는 기지마를 설득하려고 애써 노력했지만, 이미 냉정한 판단력을 잃어버린 그에게는 소용이 없었다.

자신이 처한 괴로운 입장 때문에 고뇌를 거듭하던 다카스기는 기지마에게 타협안을 제시했다. 교토의 현지에서 정치공작을 하고 있던 구사카와 이리에를 다카스기가 직접 찾아가 그들의 의견을 물어보고, 교토로 공격하러 갈지 아닐지를 결정한다는 것이었다. 기지마가 동의하자 다카스기는 교토에 올라가 그들과 만나고 역시 공격은 일단 중지하는 게 좋다는 의견을 들었다. 그러나 다카스기가 교토로 올라간 사이에 그에 대한 엉뚱한 오해가 생겼다.

죠슈번 수뇌부들의 입장에서는 다카스기가 과격파와 일을 꾸미기 위해서 멋대로 번을 탈출해 교토에 올라간 것으로 간주했고, 과격파들은 자신들과 뜻을 같이하던 그가 감투를 쓰더니 동료들을 배신했다고 생각했다. 이러지도 저러지도 못하는 상황에서 양쪽으로부터 공격을 받자, 괴로운 다카스기는 자포자기의 심정으로 본국으로 돌아갔다. 그리고 그는 명령을 위반하고 멋대로 번을 탈출했다는 이유로 투옥되었다.

이러한 상황에서 교토에서 죠슈번의 급진과격파를 자극해 폭주하게 만드는 사건이 일어났다. 1864년 6월 5일 일어난 이케다야(池田屋) 사건이 바로 그것이다. 이 사건은 신선조(新選組)를 유명하게 만들었다. 이케다야는 교토에 있는 여인숙의 이름이었다. 이 여인숙은 존왕양이파의 소굴이었는데, 그 이유는 이케다야의 바로 옆에 쓰시마(対馬)번의 번저가 있었고 한 블록 건너편에 죠슈번의 번저가 있었기 때문이다.

쓰시마번은 죠슈번과 연가의 관계에 있었으므로 유사시에는 쓰시마 번저로 피하거나, 시간적 여유가 있으면 죠슈번의 번저로 도망치면 그만이었다. 게다가 이케다야는 천황이 사는 궁궐이나 그 주변에 있던 공경들의 저택과도 가까운 위치에 있었다. 이러한 지리적 장점으로 이케다야는 음모를 꾸미는 존왕양이파의 소굴이 된 것이다. 이 여인숙을 6월 5일 밤 신선조가 습격했고, 마침 회합을 하고 있었던 존왕양이파의 다수를 살해 또는 체포하면서 신선조의 이름을 일약 전국적으로 유명하게 만들었다.

신선조는 교토수호직의 직속인 특별경찰부대 조직으로 창설되었다. 표면적인 임무는 교토의 치안유지를 위한 것이나, 이미 예전부터 교토의 치안유지를 위한 조직이나 인원은 충분히 있었다. 그래서 진정한 임무는 교토에서 암약하는 존왕양이파 낭사들을 수색하고 체포하거나 제거하는 역할이었다. 독일 나치스의 게쉬타포와 비슷한 일종의 비밀경찰이라고 할 수 있다. 신선조라는 명칭은 과거 아이즈번에서 용맹하기로 유명했던 아이즈 번주의 직속 친위부대의 이름에서 따온 것이고, 교토수호직이자 아이즈번의 번주인 마쓰다이라 가타모리가 직접 이 명칭을 부활시켜서 명명했다.

그만큼 신선조에 대한 기대가 컸다. 그러나 신선조는 결코 아이즈번 출신의 무사로 구성된 집단이 아니었고 출신성분도 평민이었다. 신선조가 창설된 계기는 쇼군 이에모치가 교토로 상경한 당시로 거슬러 올라간다.

쇼군의 상경으로 에도의 치안이 허술해질까봐 우려한 막부가 에도에 체재하는 존왕양이파 낭사를 비롯한 불순분자들을 쇼군 경호의 명목으로 소집해서 교토로 올려 보냈다. 이들은 쇼군의 상경이 끝나자 대부분 다시 에도로 돌아갔지만, 자발적으로 교토에 남은 지원자들은 교토수호직의 휘하에 배치되었다. 이들을 기간으로 하여 창설된 것이 바로 신선조였다.

미리 준비된 계획에 따라서 용의주도하게 창설된 조직이 아니고 출신성분이나 구성원이 잡다했으므로, 신선조는 내부적으로 많은 진통과 우여곡절을 겪으면서 점차 조직의 기반을 다져나갔다. 이러한 이유로 신선조는 조직 내부의 규율이 엄격한 것으로 유명했다. 출신성분이 무사는 아니었지만 이들은 검술의 달인이 대부분이었고, 최초의 존왕양이 낭사들의 집단이라는 성격을 탈피해 막부에 충성을 바치고 신분상승을 꿈꾸는 자들의 조직으로 탈바꿈했다.

이들은 교토의 미부(壬生)를 본거지로 '성(誠)'이라는 깃발을 내걸고 톱니바퀴 모양의 독특한 복장을 한 용병 검객집단으로 등장했다. 흔히 신선조에게는 최강의 검객집단이라는 수식어가 붙어 다녔지만, 그 사실 여부는 알수가 없다. 신선조의 주요 멤버가 검술의 달인들로 구성된 건 확실하나 최강이라는 것을 증명할 객관적인 자료나 증거는 없기 때문이다.

교토에서 존왕양이파에 대한 수색을 계속하던 신선조는 1864년 6월 1일 존왕양이파의 거물인 구마모토(熊本) 출신의 미야베 데이조(宮部鼎蔵)의 하인을 체포하여 미야베의 은신처에 관한 자백을 받아냈다. 운명의 6월 5일 새벽 은신처로 자백한 땔감을 파는 상점으로 향했지만, 이미 도망치고 아무도 없었다. 그러나 그곳에서 대량의 무기나 편지 등을 발견하자 상점 주인 마스야 기에몬(樺屋喜右衛門)을 체포했다. 신선조는 마스야에게 무자비한 고문을 가했고 마침내 자백을 받아내는 데 성공했다.

마스야의 본명은 후루타카 슌타로(古高俊太郎)라는 존왕양이파 낭사였다. 그는 존왕양이파의 낭사들이 6월 20일 무렵 천황이 사는 궁궐에 불을 지를 예정이라고 자백했다. 게다가 그 혼란을 이용하여 교토수호직이자 아이즈번주인 가타모리를 살해하고 막부를 지지하는 아사히코(朝彦) 친왕을 유폐한 후에, 천황을 죠슈번으로 납치한다는 계획을 세웠다고 실토했다.

이러한 엄청난 계획을 듣고 놀란 신선조는 이 사실을 황급히 교토수호직 가타모리에게 알리고 즉시 지원 병력을 보내 달라고 요청했다. 당시 신선조는 탈주자와 병으로 쓰러진 자들로 인해 조직이 약화되어 있는 상태였으므로 독자적으로 낭사들을 수색하고 체포할 자신이 없었다. 그러나 지원 병력은 좀처럼 오지 않았고, 기다리다 지친 신선조의 지휘자 곤도 이사미(近藤勇)는 6월 5일 저녁 무렵 신선조만으로 교토 시내의 수색을 개시하기로 결심했다.

그야말로 서울 가서 이서방 찾는 식의 막연한 수색을 할 수 밖에 없었다. 신선조의 1인자인 곤도 이사미가 이끄는 수색조와 2인자인 히지카타 도시죠(土方歲三)가 이끄는 수색조로 나뉘어 수색을 개시했다.

신선조가 대원을 존왕양이파 낭사로 위장시켜 잠입하여 이케다야에 관한 정보를 사전에 입수했다는 주장도 있으나 사실이 아니다. 그러다가 곤도가 이끄는 수색조가 6월 5일 오후 10시 무렵 드디어 이케다야에 도착했고, 10명 중 6명은 출입문을 지키고 4명이 안으로 들어갔다.

마침 후루타카가 그날 아침에 체포된 소식을 듣고, 존왕양이파 지사들이 대책을 협의하기 위해 이케다야에 집결해서 회의를 하고 있었다. 곤도는 안으로 들어가자 상점주인 이케다야 소베(池田屋惣兵衛)에게 신선조라고 신분을 밝히고 협조를 요구했다. 이케다야 소베 자신이 실제로는 죠슈번 출신의 존왕양이파 멤버였다. 느닷없는 사태에 당황한 그는 동료들에게 상황을 알리기 위해 황급히 2층을 향해서 큰소리로 신선조가 왔다고 외쳤다.

이러한 수상한 행동으로 2층에 문제의 낭사들이 있을 것이라고 눈치챈 곤도는 재빨리 칼을 뽑아들고 이케다야를 밀치면서 2층으로 뛰어올라갔다. 20명 정도의 수상한 자들이 모여 있다는 것을 직접 눈으로 확인하고는 큰소리로 명령에 복종하라고 요구했다. 이 때 곤도는 고작 부하 1명을 데리고 올라갔을 뿐이며 수적으로 절대 열세였다. 그러나 이를 알지 못하는 낭사들은 배후에 대병력이 있을 것으로 생각하고 대다수가 그대로 창문을 열고 뛰어내려 안마당으로 도주하였다. 이들은 이케다야의 뒷문을 지키던 3명의 신선조 대원을 쓰러트리고 몇 명이 탈출하는데 성공했다. 곤도는 탈출을 막기 위해서 안간힘을 썼으나 수적 열세를 극복하지 못하고 오히려 위기에 빠졌다.

이러한 상황에서 때마침 히지카타가 이끄는 다른 수색조 24명이 이케다야에 도착했고, 전세가 역전되어 탈출하지 못하고 저항하던 낭사들을 체포하는데 성공했다. 그 후에 700명 정도의 지원 병력이 오기는 했지만 상황은 이미 종료한 뒤였다. 곤도가 어설프게 뛰어드는 바람에 몇 명을 놓치기는 하였지만 대성공이었다. 단숨에 교토를 무대로 활동하는 유력한 존왕양이파 멤버들을 박멸하는 데 성공했으며, 이를 계기로 신선조의 명성이 전국적으로 널리 알려지게 되었다.

이 사건에서 쇼카촌숙 4천왕의 하나인 요시다 도시마로(吉田稔麿)가 사망했다. 그는 요시다 쇼인의 친조카다. 도시마로는 일단 탈출에 성공했지만 죠슈번저에 도착해 상황을 알린 후, 다시 지원하기 위해서 창을 가지고 이케다야로 돌아갔다. 그러나 그는 도중에 이케다야 주변을 경비하던 막부의 병력과 혼자서 난투를 벌이다가 살해당했다.

그밖에도 존왕양이파의 거물로 유명한 미야베 데이조(宮部鼎蔵)와 모치즈키 가메야타(望月亀弥太) 등도 사망했다. 모치즈키는 죠슈번 출신의 존왕양이파 멤버로 당시 고베(神戸) 해군조련소에 재학 중인 학생의 신분이었기 때문에, 고베의 해군조련소를 폐쇄하게 만드는 원인을 제공하였다.

한편, 이러한 소식이 죠슈번에 전해진 것은 6월 12일이었다. 마침 교토에서 추방된 데 대한 사면을 탄원하기 위해서 상경을 준비 중이던 죠슈번을 발칵 뒤집어 놓기에 충분했고, 일부 과격한 존왕양이파뿐만 아니라 번의 전체가 흥분에 휩싸여 이성을 잃었다. 소식이 전해지고 불과 4일 후인 6월 16일 공격부대의 제1진이 교토를 향해 출발했다. 상경을 준비하기 위해서 소집한 병력 2,000명이 있었으므로 신속한 출발이 가능했던 것이다. 6월 25일에는 교토 근교에 도착하여 3방향으로 나뉘어 포진을 했다.

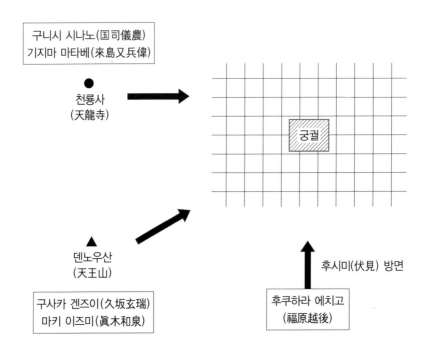

교토의 서쪽으로는 천룡사(天龍寺)를 근거로 기지마 마타베(來島又兵衛), 구니시 시나노(国司信濃)가 이끄는 600명이 포진했고, 교토의 서남쪽으로는 구사카 겐즈이(久坂玄瑞)와 마키 이즈미(眞木和泉)가 이끄는 300명이 덴노우산(天王山)을 근거지로 포진했다. 그리고 교토 남쪽에는 후쿠하라 에치고(福原越後)가 이끄는 300명이 후시미(伏見)를 근거지로 자리를 잡았다.

교토를 방어하는 측은 아이즈번과 구와나번, 사쓰마번이 주된 세력으로 방어태세를 갖췄다. 애초에 죠슈번 측의 승산은 적었다. 수적으로 열세인 것은 물론이거니와 죠슈번의 병사들의 용맹함은 널리 알려진 사실이지만, 사쓰마와 아이즈번의 무사도 역시 용맹하다고 명성을 떨치기는 마찬가지였다. 게

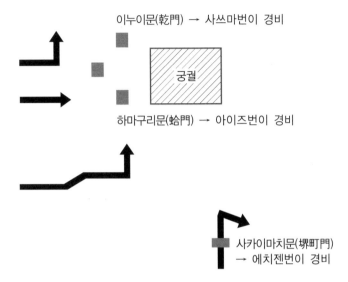

이누이문(乾門) → 사쓰마번이 경비

궁궐

하마구리문(蛤門) → 아이즈번이 경비

사카이마치문(堺町門)
→ 에치젠번이 경비

다가 죠슈번 측에는 유능한 군사 지휘관이 없었다. 다카스기는 투옥 중이었고 사전에 치밀한 작전을 세우고 행동한 게 아니라, 극도로 흥분한 상태에서 무작정 교토로 몰려간 꼴이 되었으므로 이렇다 할 작전계획이 없었다. 설상가상으로 가뜩이나 병력이 열세임에도 불구하고 병력을 3갈래로 분산하는 실수도 저질렀다.

일단 죠슈번 측은 교토에 진입하는 것을 허락해 달라고 탄원하는 형식으로 교섭을 추진했으나, 막부는 무조건 철수하라고 명령했다. 교토 근교에 도착하자마자 즉시 전투행위에 들어가지 않은 것도 실수였다. 막부를 비롯한 방어하는 측에게 방어를 위한 시간을 주는 꼴이 되었기 때문이다.

7월 19일 마침내 죠슈군은 교섭의 최종결렬을 이유로 교토에 강제 진입을 시도했다. 이왕이면 죠슈번의 세자가 이끄는 본대가 도착하기를 기다려 같이 싸우는 게 현명했을 것이지만, 교토 근교에 도착한지 1달 정도의 시간이 지나는 동안 인내심이 바닥난 과격파의 선동으로 섣불리 전투를 하는 최악의 상황이 되었다.

가장 잘 싸운 것은 교토의 서쪽인 천룡사(天龍寺)를 근거지로 진격한 기지마와 구니시의 부대로, 교토 진입에 성공해서 궁궐 근처까지 도달한 후에 격렬한 전투를 벌였다. 이들은 궁궐의 서쪽문인 하마구리문(蛤門)에 진입하려고 시도했고, 이 문을 지키던 아이즈번과 구와나번은 궁지에 몰렸다. 그러나 이누이문(乾門)의 경비를 담당하는 사쓰마번의 병력이 지원군으로 도착하여 결국 격퇴하는데 성공했다. 이 때 궁궐 안으로 날아든 총소리에 당시 12세였던 미래의 메이지 천황인 황태자가 놀라서 기절하는 일까지 생겼다.

한편, 후시미(伏見) 방면에서 진격한 후쿠하라 에치고가 이끄는 부대는 진격 도중 기습을 받고, 지휘자인 후쿠하라가 부상을 당하는 바람에 별다른 역할을 하지 못하고 맥없이 후퇴했다. 전투는 7월 19일 하루로 종결되었으며, 무작정 교토에 진입하는 죠슈군이 도처에서 저지당하고 후퇴하는 형태로 진행되었다.

시가전이었기 때문에 대규모 병력끼리 대결하기는 어려웠고, 소규모 그룹으로 나뉘어 산발적인 전투가 전개되었다. 전투의 과정에서 기지마와 이리에 구이치(入江九一)도 전사하고, 날아 들어온 포탄의 파편에 중상을 입은 구사카 겐즈이와 데라지마 쥬자부로(寺島忠三郎)는 다카쓰카사(鷹司) 가문의 저택에서 서로 칼로 찔러 자살했다. 신선조를 비롯한 막부군의 추격을 받다가 덴노우산으로 도망친 마키 이즈미는 17명의 동지와 함께 화약을 폭발시켜서 동반 폭사하고 말았다.

이날의 전투로 교토에 화재가 일어나 3일 동안 대화재가 계속되고 교토 시가지의 2/3가 잿더미로 변했다. 일본은 나무로 된 목조건물이 많으므로 인구밀집 지역에서 일단 화재가 발생하면 대규모 화재로 발전하는 경우가 많았다. 따지고 보면 이러한 화재가 일어난 원인을 제공한 것은 교토에 강제로 진입을 시도한 죠슈군이지만, 이재민이 된 교토의 시민들은 뜻밖에도 죠슈번을 두둔했다.

실제로 불을 지른 건 죠슈군의 맹렬한 공세를 막기 위해서 막부 측이 했으므로, 방어하는 막부의 병력이 방화를 저질렀다고 비난의 표적이 된 것이다. 게다가 시민들은 죠슈군의 패잔병을 수색하여 잔혹하게 학살하는 아이즈군이나 신선조를 격렬하게 비난했다. 이러한 기묘한 상황이 발생한 밑바탕에는 민초들이 존왕양이를 주장하는 죠슈번에 심정적으로 공감하는 한편, 막부의 개국노선에 강한 불만을 가지고 있었기 때문이다.

개국과 자유무역 때문에 4배 이상 물가 상승이 발생했고, 이러한 상황에서 직접 고통을 받는 것은 서민층이었다. 단지 경제적 이유만이 아니고 정치적으로도 홀로 막부에 맞서 당당히 싸우는 죠슈번의 태도에 호감을 가진 탓도있었다. 이러한 민중의 태도가 반드시 옳은 게 아니라는 것은 역사가 증명하는 바이지만, 아무튼 당시 정치의 중심지인 교토의 시민들이 개국이나 자유무역을 달갑게 여기지 않았다는 사실을 상징적으로 나타내는 대목이다.

다른 한편, 이 사건으로 인해 죠슈번뿐만 아니라 일본의 역사에서 존왕양이운동은 사라졌다고 해도 과언이 아니다. 존왕양이파의 잔당은 여전히 도처에 많이 남아있었으나 시대를 이끌어나갈 추진력을 가진 유능한 인재는 더이상 없었다.

이날의 전투로 죠슈번의 존왕양이운동을 주도한 쇼카촌숙의 주요 멤버 대부분이 전사했고, 특히 쇼인이 키워낸 4천왕 중에서 2명이 한꺼번에 사망했다. 4천왕 중에서 이제 남은 것은 투옥 중인 다카스기 신사쿠 1명밖에는 없게 되었다. 다카스기 입장에서는 감옥에 투옥된 게 오히려 전화위복이 된 셈이다.

인재를 보는 남다른 안목을 가진 쇼인이 천재로 평가했고, 여동생까지 주어서 매제로 삼을 정도로 아끼고 총애했던 구사카는 자신의 뜻을 제대로 펼치지도 못하고 개죽음을 당했다. 이때 구사카의 나이는 불과 25세. 교토로 상경하는 것에 대해 승산이 없다는 이유로 내심 반대했으나, 동료에 대한 의리를 지키기 위해서 분위기에 휩쓸려 참전했다가 꽃다운 나이에 사라진 것이다.

나중의 일이지만 구사카나 이리에의 죽음으로 가장 혜택을 본 자는 바로 이토 히로부미 등 쇼카촌숙의 이류급의 제자들이었다. 재능이나 능력으로 별다른 각광을 받지 못하던 이류의 인재들이 일류의 인재들이 사라지자 빈자리를 채우며 정치의 무대에 등장할 수밖에 없었다.

한편, 죠슈번 존왕양이파의 리더인 기도 다카요시(木戸孝允)는 패배가 결정적이자 교토의 죠슈번 번저를 불태우고 효고(兵庫)의 북쪽으로 달아나 잠복했다. 여기서 죽으면 '개죽음'이라고 생각하고 한 짓이지만 냉철하고 합리적인 두뇌를 가진 기도다운 처신이었다.

또한 기도는 이케다야 사건 당시에도 약속시간에 늦는 바람에 화를 면하고 도망쳤다. 교토에 장기간 체류하면서 정세를 잘 알고 있었던 그는 죠슈군이 교토로 상경하는 데 강력히 반대했으나, 결국에는 원하지 않던 상황으로 전개되자 의리를 지켜 동료들과 같이 죽는 것을 피했다. 무사답지 못한 처신이었지만 어쨌든 이 덕분에 죠슈번은 귀중한 인재 한 명의 손실을 줄였다. 그는 위기상황을 만나면 싸우기보다는 도망치는 편을 선택했으므로 '도망자 가쓰라(桂)'라는 별명이 붙었다.

당시 기도는 여전히 양자로 들어간 가쓰라 가문의 성씨를 쓰고 있었다. 에도의 유명한 검술도장인 연병관(練兵館)에서 두각을 나타낼 정도로 검술 실력은 뛰어났지만, 그는 싸워도 승산이 없다고 판단되면 칼에 의지해서 만용을 부리지 않았다. 재미있는 사실은 죠슈번의 존왕양이파에게 저승사자와 같은 존재였던 신선조의 1인자 곤도 이사미(近藤勇)가 예전에 연병관 근처에서 검술도장을 운영했다는 사실이다.

시위관(試衛館)이라는 검술도장을 운영하다가 신선조에 참가한 곤도는 그를 따라서 가담한 신선조의 2인자 히지카타를 비롯한 시위관 출신자들 덕분에 신선조를 장악하는 게 가능했다. 비록 연병관과는 비교도 되지 않을 정도로 시위관은 무명의 존재에 지나지 않았지만, 어쨌든 죠슈번의 존왕양이파 청년들이 드나들며 검술을 연마했던 연병관에서 그다지 멀지 않은 거리에 있었다. 얄궂은 운명의 장난이라고 하지 않을 수가 없다.

5

⬤

시모노세키 포격사건과
제1차 죠슈 정벌

이케다야 사건과 그 후에 발생한 교토에서 공방전으로 막대한 피해를 입은 죠슈번에게 또 다른 군사적인 위협이 다가왔다. 서구열강은 죠슈번이 1863년 5월 10일 시노모세키 앞바다에서 저지른 막나가는 행동에 본격적인 응징을 가하려고 결심했다. 이를 주도한 것은 영국이었다. 영국의 선박이 직접 죠슈번으로부터 공격받은 것은 아니지만, 서구열강의 리더로서 방관할 수 없는 문제였다.

영국 공사 얼코크(Alcock)는 무역의 발전을 방해하고 배외주의 행동을 취하는 죠슈번을 응징하자고 주창했고 피해당사국들의 동의를 얻었다. 무력행동에 관한 공동각서가 조인된 것은 1864년 6월 19일로, 이케다야 사건이 발생한지 14일 후의 시점이었다. 얼코크는 이 각서를 막부에게 전달하고 20일 이내에 만족할 만한 보증이 없을 경우 무력행동에 들어간다고 통고했다. 그렇지만 무기력한 막부가 할 수 있는 것은 아무 것도 없었다.

군사행동에 들어간다면 아시아에서 최강의 해군력을 보유한 영국의 힘을 빌리지 않을 수 없었고, 영국 함대가 주도권을 잡는 것은 자연스러운 결과였다. 영국은 군함 9척, 프랑스는 3척, 네덜란드는 4척, 미국은 1척을 동원했다. 5,000명이 넘는 병력에 무려 17척의 대함대가 편성되었으며, 이것은 영국이 사쓰마번의 가고시마를 포격할 당시의 전투력을 훨씬 능가했다. 승패는 이미 싸우기 전부터 정해져 있는 것이나 마찬가지였다.

연합함대의 기함은 가고시마 포격사건 때와 동일하게 영국의 유리애러스(Euryalus)호였고, 연합함대의 사령관 역시 마찬가지로 영국의 해군제독 쿠퍼였다. 당시 아시아 국가 중에서 이러한 대함대에 대항할 수 있는 해군력을 가진 국가는 없었고, 일본의 일개 봉건영주가 맞서기에는 역부족이었다. 여기서 특이한 점은 미국이다. 당시 미국은 남북전쟁을 하고 있었던 사정으로 군함을 파견할 여유가 없었다. 그래서 상선 1척을 임시로 급히 개조, 군함으로 만들어 파견했다.

죠슈번의 존왕양이파가 교토에서 괴멸적인 타격을 입고 1개월도 지나지 않은 시점인 1864년 8월 2일 시모노세키 근해에 집결한 연합함대는 3개의 그룹으로 나누고, 8월 5일 오후 3시가 지나자 기함의 포격을 신호로 함포의 일제사격으로 해안에 만들어진 죠슈번의 포대들을 차례차례 파괴하기 시작했다. 사정거리가 길고 명중률이 우수한 암스트롱포의 위력이 여기서도 여실히 나타났다.

불과 1시간의 포격으로 포대를 완전히 침묵시킨 후, 상륙부대가 죠슈번의 대포를 사용하지 못하게 포신에 구멍을 뚫는 등의 작업을 하고나서 유유히 철수했다. 다음날인 8월 6일에도 나머지 포대에 포격을 가해서 침묵시키고 해병대 500명을 비롯한 지상병력 2,600명이 상륙해서 대포를 노획했다. 죠슈번은 시모노세키 해변에 14개의 포대를 만들고 청동포의 부족을 보충하기 위해 나무로 만든 목제대포까지 동원했지만 역부족이었다.

8월 7일에도 해병대의 엄호 아래 반격불능의 죠슈번 포대에 접근해서 대포를 노획하거나 사용불능으로 만들었다. 죠슈번 측의 사상자는 사망 12명, 부상 30명 정도로 미미했지만, 대포의 노획을 막지 못했기 때문에 매우 굴욕감을 느끼지 않을 수가 없었다. 연합함대에서는 영국의 경우에 사망 12명이 발생하는 등 전체적으로 사상자가 90명에 이르렀다. 그러나 함선 자체에 대한 피해는 거의 없었다.

해안포대를 마음껏 유린한 서구열강의 연합함대가 이번에는 시모노세키를 공격하기 위해서 접근하는 다급한 상황이 벌어지자, 죠슈번의 번주 모리 다카치카(毛利敬親)는 또다시 감옥에 투옥되어 있는 다카스기를 호출할 수밖에 없었다. 그는 전투 개시 전날인 8월 4일 야마구치(山口)로 호출되었다.

앞서 말한 것처럼 본래 죠슈번의 본거지는 하기(萩)였다. 그러나 죠슈번은 전년인 1863년 4월 무렵 양이의 실행을 명목으로 본거지를 야마구치(山口)로 옮긴다고 막부에 일방적으로 통고하고 본거지를 옮겨 버렸다. 이것은 막부의 권위에 대한 중대한 도전이었다. 쇼군의 허락도 없이 멋대로 다이묘가 본거지를 옮기는 것은 있을 수 없는 일이지만, 막부의 권위가 땅에 떨어지고 존왕양이파가 위세를 떨치는 상황이어서 막부는 변변한 항의도 못했다.

이보다 앞서 영국에 유학을 갔던 이토 히로부미와 이노우에 가오루(井上馨)가 요코하마로 되돌아 왔다. 이케다야 사건이 발생하고 5일 후인 6월 10일이었다. 두 사람은 이미 상황을 잘 알고 있었으므로 즉시 죠슈번으로 출발한 것이 아니라, 영국공사 얼코크에게 회견을 요청했다. 이노우에는 열변을 토하고 얼코크를 논리적으로 설득하는 데 성공했다.

외국유학 과정에서 근대화와 부국강병의 필요성을 깨달은 사실을 말하고 번주를 설득해서 죠슈번이 양이를 중지하고 개국주의로 전환하는 데 혼신의 노력을 기울인다고 약속했다. 여기에 마음이 움직인 얼코크는 이토와 이노우에를 영국 군함에 태우고 죠슈번으로 보낸다는 방침을 결정했다. 만약 이토와 이노우에가 죠슈번의 수뇌부를 설득하는 데 성공한다면 굳이 함대를 동원해 피를 흘리지 않고서도 문제를 해결할 수 있기 때문이다. 이 군함 안에서 이토, 이노우에와 동승한 영국공사관 통역인 새토(Satow) 사이에 친교가 맺어지게 되는 계기가 만들어졌다. 새토는 막부 말기에서 메이지 시대의 일본과 관계한 외국의 외교관을 언급할 경우에 빠질 수 없는 존재이다.

1843년에 태어난 새토는 1838년생인 이노우에나 1841년생인 이토와 나이가 비슷했다. 런던에 정착한 스웨덴인의 아들로 태어났고, 불과 16세의 나이에 런던 유니버시티 칼리지에 입학했다. 앞서 말한 대로 이토와 이노우에를 비롯한 죠슈번의 유학생들이 청강생으로 다닌 바로 그 대학이다. 대학을 2년만 다니고 졸업한 수재였기 때문에, 새토의 아버지는 자식을 변호사로 만들기 위해 캠브리지 대학의 유명한 트리니티 칼리지에 입학시키려고 했다. 그러나 우연한 계기로 영국 외무성의 통역생 시험에 응시해서 합격하고 1862년 9월 8일 요코하마에 도착했다.

사쓰마번의 히사미쓰가 영국인 관광객을 살상한 나마무기 사건이 일어나기 직전의 시점에 일본에 도착한 것이다. 그는 평소부터 동아시아에 관련된 서적을 탐독하면서 막연한 신비감과 동경을 느끼고 언젠가는 꼭 방문하고 싶어 했다. 새토는 나중에 일본어에 숙달되면서 통역생의 신분을 벗어나 정식 통역관이 되었다. 또한 일본에 체류하는 기간이 길어짐에 따라서 서기관으로 승진했고, 역대 영국 공사들의 통역과 정치비서 역할을 하면서 일본의 정치에 깊이 관여했다.

그는 사카모토 료마(坂本龍馬)나 사이고 다카모리를 비롯한 당시 일본의 역사를 움직인 주요한 인물들을 만났다. 새토는 그 중에서 사이고 다카모리를 으뜸의 인물로, 그 다음은 고토 쇼지로(後藤象二郎)라고 평가했다. 비록

고토 쇼지로(後藤象二郎)

외국인이지만 일본어에 능숙한데다가 세계 최강인 대영제국의 외교관이라는 신분이 이러한 것을 가능하게 했고, 특히 이름의 발음이 일본 이름인 사토(佐藤)와 비슷하기 때문에 스스로 일본식 이름을 사토(佐藤)라고 지어서 일본인들의 호감을 샀다.

새토는 사쓰마번의 경우와 비슷하게 죠슈번이 교전을 통해서 서구열강의 군사력과 과학기술의 우위를 알게 된다면 태도를 전환할 것이라고 기대하고, 이를 얼코크에게 건의했다. 이 건의를 바탕으로 얼코크는 죠슈번에 대한 강경태도를 취했다.

흥미로운 사실은 그가 중국에서 한문을 배우기 위해 체재한 기간이 무척 짧았다는 점이다. 일본이 한자문화권에 속했으므로 당시 외국인들은 일본어를 배우려면 먼저 중국에 체류하면서 한문을 익히는 게 필수라고 생각하는 것이 일반적이었다. 그러나 새토는 중국인조차 일본어의 한자를 제대로 읽지 못하는 사실을 목격하자, 차라리 일본에 가서 일본인 교사를 고용해 일본어를 배우기로 결심했다. 아무튼 처음에는 일본어를 거의 할 줄 모르는 통역생의 신분으로 일본에 왔으나, 차츰 실력이 늘어나서 마침내 정식 통역관으로 임명되기에 이른 것이다.

한편, 6월 24일 야마구치에 도착한 이토와 이노우에는 27일의 어전회의에서 자신들의 생각을 기탄없이 말했지만, 역시 강렬한 거부반응에 부딪쳤다. 심지어는 영국의 첩자가 아니냐는 의심을 받기도 했다. 두 사람을 살해하려는 움직임마저도 있었다. 그러나 서구열강의 공격을 지연시키기 위한 교섭을 위해서는 두 사람의 영어실력이 필요했다. 존왕양이파의 교토 침공으로 막대한 피해를 보고 어수선한 상황에서 막강한 군사력을 가진 서구열강과 전쟁을 회피하는 게 가장 중요한 관심사였다.

이노우에와 이토는 새토를 만나 죠슈번이 외국선을 공격한 것은 쇼군과 천황의 명령에 따랐을 뿐이라고 책임을 전가하고는 공격의 3개월 연기를 요청했다. 그리고 공격의 연기가 불가능하다면 전쟁을 한다는 방침을 전달했다. 이러한 답변을 바라고 얼코크가 이토와 이노우에를 군함에 태워 보낸 게 아니므로 개전은 피할 수 없는 운명이 되었다. 즉, 영국에서 유학을 포기하고 일부러 귀국했음에도 불구하고, 이토와 이노우에는 서구열강의 죠슈번 공격을 결국에는 막지 못한 것이다.

전투 결과 패전이 확실하게 되자 열강과 강화교섭이 문제로 떠오르고, 역시 이토와 이노우에가 통역으로 기용되었다. 강화교섭의 전권을 위임받은 사람은 다카스기 신사쿠였고, 그는 가명을 사용하면서 8월 8일 오후 연합 함대의 기함인 유리애러스(Euryalus)호의 함상에 나타났다. 옆에서 직접 다카스기를 지켜본 새토의 관찰에 의하면 당당하고 오만한 태도로 등장했다고 한다. 그러나 막상 교섭에 들어가자 최종적으로는 열강의 요구를 모두 수용하는 태도를 나타냈다.

다른 사람도 아닌 다카스기가 강화교섭을 담당한다는 사실이 알려지자, 죠슈번의 존왕양이파들은 격분했고 다카스기와 이토를 암살하려고 하였다. 게다가 번의 수뇌부는 강화의 책임을 다카스기에게 떠넘기려는 태도를 나타냈다. 그러자 다카스기는 격분하여 이토와 함께 잠적해 버린다는 해프닝도 벌어졌다. 이러한 우여곡절 끝에 8월 14일 다카스기와 이토가 대표가 되어 최종 회담이 열리고, 5개조로 구성된 협약이 체결되기에 이르렀다. 이 중에서 문제가 된 것이 죠슈번이 시모노세키에 포대를 건설하지 못하도록 금지한 조항과 배상금 지불에 관한 조항이었다.

배상금은 서구열강의 연합함대가 시모노세키를 포격해 파괴하지 않은 데 대한 대가를 명목으로 했으며, 요구한 금액은 무려 300만 달러였다. 지금도 300만 달러는 작은 돈이 아닌데, 하물며 그 당시에는 천문학적인 액수였다. 죠슈번의 모든 자산을 통째로 팔아도 충당하기 어려운 금액인 것은 물론이다. 배상금을 청구한 진정한 의도는 시모노세키를 개항하라는 것이었기 때문에, 서구열강은 시모노세키를 개항한다면 배상금 청구를 취소한다고 통보했다.

여기에 대해서 다카스기는 배상금의 지불은 막부가 책임져야 하는 문제라고 버텼다. 자신들은 막부의 명령에 따라서 외국선을 공격한 것이므로 배상금의 지불책임도 막부에게 있다는 주장이었다. 시모노세키의 개항에 관한 결정권이 막부에게 있다는 점도 역시 강조했다. 교활한 변명에 지나지 않았지만 논리적인 설득력이 있었다.

이것이 일리 있는 항변이라고 생각한 서구열강의 외교단은 막부에게 배상금 지불을 청구했다. 막부의 입장에서는 '고래싸움에 새우등 터지는 상황'이었다. 막부가 양이의 명령을 내린 건 사실이나 이것은 천황의 요구에 의한 것이었다. 그리고 천황이 이러한 지시를 내리도록 배후에서 조종한 장본인은 당시 교토를 장악한 죠슈번을 주축으로 하는 존왕양이파였다. 그렇기 때문에 홀로 죠슈번만이 외국선을 무차별 공격하는 행동에 나섰다.

사정이 이러함에도 불구하고 죠슈번이 막부에게 책임을 전가하면서 물고 늘어지자, 막부는 이렇다 할 해명도 못하고 꼼짝없이 당할 수밖에 없었다. 형식적으로 따지면 죠슈번이 외국선을 무차별 공격한 이유는 분명히 막부의 명령에 의한 것이었다. 서구열강의 외교단에게 정확한 진상을 밝히고 막부에게 별다른 책임이 없다고 주장할 수도 있었지만, 그렇게 되면 일본의 중앙정부로 자처하는 막부의 체면이 크게 손상되는 것은 불가피했다.

이러지도 저러지도 못하는 상황에서 막부는 심사숙고한 끝에 시모노세키의 개항을 거절했다. 시모노세키를 개항한다면 죠슈번이 막대한 무역의 이익을 얻을까봐 우려했기 때문이다. 사쓰마번에게 오키나와 영유를 허용한 탓에 호랑이에게 날개를 달아준 실수를 되풀이하고 싶지 않았다. 차라리 돈을 지불하는 편이 낫다고 생각하고 일단은 150만 달러를 배상했다.

이것은 가뜩이나 재정형편이 어려운 막부의 상황을 거의 최악으로 몰고 갔다. 나머지 150만 달러는 막부가 멸망한 후 새롭게 정권을 장악한 메이지 정부가 부담했으며, 메이지 7년(1874)이 되어서야 지불이 완료됐다. 또한 포대의 건설을 금지하는 건 막부와 전쟁을 앞둔 상황에서 죠슈번의 해안 방어력을 약화시키는 것으로 문제가 되었다. 여기에 관해서는 나중에 따로 영국과 협상을 통해 해결했다.

한편, 교토에서 죠슈번의 진입을 격퇴한 막부는 자신감을 가지고, 역적인 죠슈번의 토벌을 결정하였다. 여기에는 물론 고메이 천황도 이의가 없었으며 오히려 적극적으로 막부에게 토벌을 명령할 정도였다. 감히 교토를 습격하고 궁궐에까지 총탄이 날아들게 한 죠슈번에 대해 매우 분노했기 때문이다. 그래서 죠슈번의 입장에서는 정치적으로나 군사적으로 절대적인 위기상황에 몰리게 되었다.

이케다야사건에서부터 교토 침공에 이르는 과정에서 유능한 인재들이 거의 대부분 사망했으며, 어설프게 외국선을 공격한 덕분에 서구열강의 연합함대에게 두들겨 맞으며 패전했다. 이러한 와중에 이번에는 역적으로 몰려 막부군과 대결해야 하는 상황에 처한 것이다. 그러나 막부의 상황도 그다지 좋은 것만은 아니었다. 3가(三家)의 하나인 오와리번의 번주 도쿠가와 요시카쓰(德川慶勝)가 죠슈번 토벌을 위한 총지휘자로 자의반 타의반 임명되었다. 하지만 그는 죠슈번과 군사적 대결을 할 생각도 의지도 없었다.

물론 막부 수뇌부에서는 이 기회에 죠슈번을 아예 없애버리고 번주와 세자를 처형하자는 강경한 주장마저도 있었으나, 이미 군사적으로나 정치적으로 무기력한 막부의 상황을 감안하면 무리였다. 만약 죠슈번을 강압적으로 압박해서 궁지에 몰아넣고 전쟁이 일어나서 패전하기라도 한다면, 막부의 입장에서는 돌이킬 수 없는 타격이 된다. 이러한 이유로 막부군의 총지휘자 요시카쓰는 사태를 원만하게 해결하고자 원했다.

궁지에 몰린 죠슈번은 애초에 일부 과격파가 통제를 무시하고 교토로 몰려간 것이라고, 교토 침공이 죠슈번 자체와는 무관한 것처럼 교활한 주장을 했다. 그러나 교토에 진입하는 죠슈군을 격퇴하는 과정에서 죠슈번의 번주가 직접 날인한 진격명령서가 노획되었기 때문에, 움직일 수 없는 증거로서 죠슈번은 역적에 몰렸다. 그래서 7월 23일에는 죠슈번을 토벌하라는 칙명이 나온 것이다.

일단 10만 이상의 막부군이 죠슈번을 공격하기 위해서 집결했지만, 죠슈군의 교토 침공을 저지한 수훈갑이자 강력한 군사력을 가지고 있는 사쓰마번의 동향이 앞으로의 향방을 결정하지 않을 수 없었다. 특히 사쓰마번을 대표해 교토에서 대외적으로 활동하고 있는 사이고 다카모리에게 주목이 쏠렸다. 사이고는 가급적 평화롭게 사태를 해결하기 원했다.

이러한 와중에 사이고는 막부의 유력한 실력자 중 하나인 가쓰 가이슈(勝海舟)와 9월 11일 오사카에서 역사적인 회견을 가졌다. 막부 말기 최대의 사상가로 꼽히는 사쿠마 쇼잔(佐久間象山)의 제자이자 처남에 해당하는 가슈는 뛰어난 정치 감각과 통찰력을 가지고 있었다. 가슈 역시 유능한 인재를 알아보는 안목을 가진 아베 마사히로가 발탁한 인물의 하나였다.

이 회견에서 가슈는 사이고에게 막부가 더 이상 정치를 리드할 수 있는 실력이 없다는 사실을 솔직하게 고백하고, 막부와 유력한 웅번의 연합에 의해서 새로운 정치판을 만들어야 한다고 주장했다. 이를 계기로 사이고와 가슈 사이에 친분이 맺어지게 되었으며, 사이고가 사태를 평화적으로 해결하려는 결심을 굳히게 만들었다.

이어서 10월 24일 막부군의 총지휘관인 요시카쓰와 회견한 사이고는 사태를 평화롭게 해결하기로 합의했다. 이에 따라 사이고가 직접 배후에서 은밀히 교섭을 추진한 결과, 교토를 침공한 죠슈군을 지휘한 3명의 주요 가신과 4명의 참모의 목을 바치는 한편, 8·18 쿠데타 당시 추방명령을 받고 죠슈번으로 망명한 5명의 존왕양이파 공경을 막부에 인도하기로 합의를 봤다. 또한 죠슈번이 제멋대로 야마구치(山口)로 본거지를 옮기고 그곳에 새롭게 만든 성을 파기한다는 약속도 얻어냈다.

본래 죠슈번에 망명한 공경은 7명이었으나 그 중에 1명은 이미 사망했고, 또 다른 1명은 행방불명이었기 때문에 5명만이 남아 있는 상황이었다. 이미 히로시마까지 진격한 막부군은 죠슈번과 타협이 성립하자 12월 27일에 해산하기로 결정했다. 이리하여 막부와 죠슈번 사이의 갈등은 일단 진정되는 분위기로 흘러갔다. 죠슈번 내부에서는 존왕양이파가 괴멸적인 타격을 받은 틈을 이용해서 보수파가 실권을 장악하고 교섭을 주도했다.

6

삿쵸동맹

죠슈번의 실권을 장악한 보수파는 존왕양이파에 대한 대대적인 탄압과 숙청을 개시했고, 숙청 대상의 하나인 다카스기는 이를 피해 1864년 10월 24일 밤 하기(萩)를 빠져나와 야마구치로 탈출했다. 그리고 그는 보수파로부터 해산명령을 받은 기병대를 은밀히 찾아갔다. 그 무렵 기병대의 실권을 장악한 자는 군감(軍監)의 직책에 있는 야마가타 아리토모(山縣有朋)였다.

야마가타는 졸병 신분의 미천한 집안에서 태어나 학문에는 별다른 관심이 없었고, 애초 창술사범을 목표로 무술연습에 몰두했다. 절친한 친구로부터 쇼카촌숙의 입학을 권유받았던 그는 학문에는 뜻이 없어서 이를 거절했다고 한다. 그렇지만 그 후 죠슈번이 요시다 쇼인의 건의를 받아들여 교토의 정세 탐색을 위해 파견한 6명의 청년 중에 포함되었다. 교토에 도착한 후 그는 당시 교토에서 정치공작에 열을 올리던 구사카 겐즈이를 만나 그의 존왕양이 사상에 감동을 받고 구사카의 강력한 권유로 쇼카촌숙에 입문했다.

야마가타 아리토모(山県有朋)

비록 짧은 기간 동안 쇼인의 가르침을 받은 데 불과했지만, 이것이 야마가타의 인생에서 중대한 전환점이 되었다. 쇼카촌숙 출신자를 인맥으로 둔 덕분에 이것을 발판으로 다카스기의 권유를 받아 기병대에 입대한 그가 나중에는 기병대의 실권자로 성장했기 때문이다. 이러한 관계에 있었기 때문에 다카스기는 보수파 정권을 전복하기 위한 쿠데타 계획을 말하고 야마가타의 협조를 요청한 것이다. 그러나 신중하고 소극적인 성격의 야마가타는 이를 거절했다.

실망한 다카스기는 큐슈에서 사가(佐賀)번이나 후쿠오카(福岡)번의 협력을 얻어 보수파 정권을 타도할 구상을 세우고 시모노세키를 통해서 큐슈로 건너갔다. 그러나 큐슈의 반응도 미온적이었기 때문에 다카스기는 일시 후쿠오카 교외의 산장에 은신하지 않을 수가 없었다. 그러나 보수파가 막부의 요구를 받아들여 교토 침공을 지휘한 3가로(家老)에게 할복을 명령하고 4참모를 처형했다는 소식을 듣자, 그는 격분하여 보수파 정권 타도를 결심하고 본국으로 되돌아가기로 결심했다.

이 무렵 기병대의 각 부대도 보수파의 해산명령과 탄압에 크게 동요를 나타내기 시작했다. 다카스기는 이를 이용하여 역사대(力士隊)와 유격대(遊擊隊)의 지지를 얻어 죠슈번의 시모노세키 출장소를 습격하기로 결심하고 거병했다. 역사대를 지휘하는 인물은 다카스기의 절친한 친구인 이토 히로부미였다. 유격대는 기지마 마타베(來島又兵衛)가 교토 진격을 위해서 만든 유격군의 기간부대다.

불과 80명의 병력으로 쿠데타를 일으켰으며, 이 중에는 죠슈번 출신자가 아닌 다른 번 출신의 존왕양이파 낭사들도 상당수 있었다. 죠슈번이 존왕양이운동의 근거지였기 때문에 여기에 동조하는 다른 번 출신의 낭사들이 탄압을 피해서 몸을 맡긴 경우가 많았다. 이들은 달리 갈 곳도 없고 미래에 대한 확실한 희망도 없었으므로 몸을 사리지 않고 쿠데타에 적극적으로 참가한 것이다. 보수파가 보유한 정규군은 2,000명 정도 있었지만, 신속하게 시모노세키로 병력을 파견해서 다카스기 일당을 토벌하려 하지 않은 실수를 저질렀다.

보수파가 주춤하는 사이에 다카스기의 거병에 자극을 받아 야마가타가 부대를 이끌고 지원군으로 등장한 게 결정적으로 쿠데타의 성공을 이끌었다. 그들은 1865년 1월 7일 보수파를 지지하는 죠슈번 정규군과의 전투에서 승리를 거두었다. 이를 계기로 기병대의 각 부대는 속속 쿠데타에 참가했으며, 파죽지세로 계속 승리를 거듭하면서 2월 중순에는 하기(萩)를 포위하고 위협을 가했다.

보수파 요인들은 하기를 탈출해서 도망치다가 붙잡혀 처형당했고, 다카스기는 번주를 옹립하고 야마구치(山口)로 되돌아가 신정권을 수립했다. 때마침 잠적했던 기도 다카요시가 돌아와 용담역(用談役)에 기용되었다. 용담역은 죠슈번 관료기구의 정점에 위치하는 관직으로, 보수파의 강압으로 할복자살한 스후 마사노스케(周布政之助)의 뒤를 이어 기도가 차지했다. 이때 기도의 나이는 불과 32세였다. 기도 다카요시는 언젠가는 용담역에 승진할 가능성이 높은 인재였지만, 다카스기의 쿠데타 덕분에 매우 젊은 나이에 최고 실권자의 지위에 올랐다.

한편, 다카스기는 정치적 동지인 아카네 다케토(赤根武人)도 역시 처형하는 냉혹한 면모를 보였다. 아카네는 쇼카촌숙 출신으로 죠슈번의 존왕양이운동에 참가한 핵심 인물 중 하나였다. 게다가 다카스기와 함께 기병대 창설에도 깊숙이 개입했고, 당시에 기병대 총독의 지위에 있었다. 다카스기가 불과 80명으로 쿠데타를 일으키게 되는 절박한 궁지에 몰린 이유는 아카네가 보수파의 주장에 동조하고 기병대를 이끌고 쿠데타 계획에 참가하기를 거부했기 때문이다. 아카네의 행동은 스스로가 가진 정치적 신조에 따른 행위에 불과했으나, 여기에 대한 보복으로 다카스기는 그를 배신자로 간주하고 체포해서 처형해 버렸다.

문제는 기병대의 각 부대가 쿠데타의 성공을 계기로 다카스기의 생각을 뛰어넘어 독자적인 행동을 하기 시작했다는 점이다. 다카스기는 어디까지나 자신이 믿는 신념을 위해서 기병대를 도구로 이용한 데 불과했고, 출신성분의 한계를 가진 기병대를 정권에 참여시키거나 정치적인 성격을 가진 단체로 만들 의도는 없었다. 그렇지만 기병대의 각 부대는 독자적으로 정치적 발언과 행동을 하면서 이를 통제하려는 다카스기와 대립하기 시작했다. 출신성분을 묻지 않고 국토방위를 담당하게 한다는 다카스기의 기병대 창설 구상은 민중의 힘을 과소평가했다.

위기의식을 느낀 다카스기는 국토방어를 명목으로 기병대의 부대를 각지에 분산시키는 한편, 간성대(干城隊)라는 이름의 출신성분이 훌륭한 무사를 주축으로 하는 부대, 즉 죠슈번의 기득권자가 구성원인 부대를 새롭게 창설하여 기병대 전체를 통제하려는 시도를 하였다. 그러나 생각만큼 효과를 나타내지 못하자 답답해진 다카스기는 이토 히로부미를 동반하고 영국으로 유학을 가기로 결심하는 특유의 현실도피적인 돌발행동을 나타냈다.

다카스기가 정치적으로 중요한 인물이라는 사실을 잘 알고 있는 영국 측의 거절로 유학 계획이 무산되자, 번주로부터 하사받은 1,000량의 유학자금으로 그를 대신해 다카스기의 종형제를 비롯한 3명의 유학생을 파견하기로 결정했다. 그런데 1,000량은 3명분의 유학자금으로는 턱없이 부족했다. 그래서 영국에 도착한 유학생 중 한 명은 돈이 없어서 제대로 먹지도 못해 건강을 해쳤고 나중에 런던에서 사망하고 말았다.

주목해야 할 점은 불과 80명이라는 병력으로 쿠데타를 일으키는 다카스

기의 폭발적인 행동력이다. 쿠데타 계획
에 대한 호응이나 지지도 미미하고 성
공가능성이 불투명함에도 불구하고, 일
단 거병부터 하고 보는 대담한 배짱과
행동력은 다카스기만의 전매특허라고
해도 과언이 아니다. 아무튼 그의 쿠데
타가 성공한 덕분에 죠슈번은 막부와
갈등관계를 여전히 유지하는 입장으로
되돌아갔으며, 이것이 결국에는 막부
타도의 중요한 복선 가운데 하나가 되
었다.

사카모토 료마(坂本龍馬)

   막부 말기 정치사에서 중대한 전환점의 하나로 막부 타도의 계기를 만든
'삿쵸(薩長)동맹'을 빼놓고는 이야기를 진행하기가 어려울 정도이다. 다카스
기의 쿠데타가 성공한 이후 막부와 전쟁에 돌입하기 이전의 시점에서 가장
중요한 사건이 바로 삿쵸동맹이라고 할 수 있다. 이는 1866년 초에 사쓰마
(薩摩)번과 죠슈번(長州) 사이에서 체결되었기 때문에 양 번의 앞 글자를 따
서 이름을 붙인 동맹이다. 그러나 이 동맹에 관해서는 세간에 일반적으로 알
려진 사실과 진실은 어느 정도 차이가 있다. 이 동맹이 널리 알려지게 된 계
기는 역시 도사(土佐)번을 탈출한 낭사로 오늘날 일본에서 인기가 높은 사카
모토 료마(坂本龍馬)의 덕분이었다.
   일반적으로 알려지기는 료마가 동맹의 체결을 주도했고, 이것이 막부 타
도를 위한 동맹이라는 것이다. 그러나 료마가 주선을 하기 이전부터 사쓰마
와 죠슈번의 지도자들은 미래의 정치구상을 모색하는 것의 하나로서 연합의
필요성을 인식해 탐색하고 있었다. 료마의 등장이 그 시기를 앞당기고 촉진
한 것은 분명하다.

8·18 쿠데타를 계기로 불구대천의 원수지간이었던 사쓰마와 죠슈번이 동맹을 체결하기는 어려운 상황임에도 불구하고, 비교적 수월하게 동맹의 체결에까지 이른 것은 전적으로 료마의 공적이라고 할 수 있다. 하지만 이것이 반드시 막부 타도를 전제로 체결한 것인지도 의문이며, 료마 자신이 과연 막부 타도를 의식하고 이 동맹을 주선했는가도 불확실하다.

이 동맹이 널리 알려지게 된 계기는 동맹 체결 후에 귀향하기 위해 오사카에서 배를 기다리던 죠슈번의 기도 다카요시가 1866년 1월 23일부로 사쓰마와 합의한 사항의 요점을 6개로 정리해 료마에게 확인을 요청하고 보증을 요구한 편지가 남아있기 때문이다.

이 편지의 뒤에 료마는 붉은색의 힘찬 필체로 내용을 보증한다고 써서 2월 5일부로 되돌려 보냈다. 이 종이 한 장이 오늘날까지 남아서 삿쵸동맹이 성립한 사실과 료마의 역할이 알려지게 된 것이다. 막부가 멸망하고 메이지 정권이 들어선 후에도 한동안은 삿쵸동맹이 실존하는가의 여부조차 명확하게 알려지지 않았다. 심지어 한때는 사카모토 료마가 실존인물이 아니라는 주장마저도 있었다.

문제는 어째서 기도 다카요시가 중개인에 불과한 료마에게 동맹의 내용을 확인하고 보증해 달라고 요구했느냐 하는 점이다. 동맹 체결의 반대 당사자인 사이고에게 내용의 확인을 요청하고 보증을 요구하는 게 상식적으로 생각해도 옳다. 료마에게는 동맹의 내용에 관해서 보증할 아무런 경제적·군사적 실력을 가지고 있지 않았다.

단지 중개인으로서 사쓰마번 소속의 번사도 아닌 료마는 도사번을 탈출한 무소속의 일개 낭인에 지나지 않는다. 이것은 마치 결혼 당사자의 한편이 행복한 결혼생활의 보증을 중매쟁이에게 요구하는 것과 마찬가지의 엉뚱한 행동이었다. 이 동맹의 애매한 성격을 잘 나타내는 에피소드라고 할 수가 있다.

죠슈번의 경우에는 다카스기의 쿠데타 이후 기도 다카요시가 번의 실권을 장악하고 있었으므로, 어전회의에서 번주의 형식적인 승인을 얻는다면 사쓰마번과의 동맹은 별로 어렵지 않게 성립할 수 있었다. 그러나 사쓰마번의 경우는 달랐다. 히사미쓰의 의지를 넘어서 사이고나 오쿠보가 죠슈번과 막부 타도를 목적으로 동맹을 체결하기는 불가능했다.

만약 히사미쓰의 비위를 건드리면 사이고와 오쿠보가 처벌받는 것을 피할 수가 없다. 그렇다면 히사미쓰가 이 시점에서 막부 타도를 결정했는가도 의문이다. 히사미쓰가 막부 타도를 결심한 상태라면 사이고가 체결한 '막부타도를 위한' 삿쵸동맹을 사후에 승인하는 게 가능하기 때문이다. 이를 증명하는 명쾌한 사료는 없지만 당시의 주변 정황으로 볼 때 아직은 히사미쓰가 막부 타도를 결심한 것은 아니라고 생각된다.

당시 죠슈번은 고립무원의 상태로 역적으로 몰려 막부와 전쟁을 해야 하는 급박한 위기상황이었기 때문에 지푸라기라도 잡아야 하는 심정이었다. 즉, 죠슈번은 과거 불구대천의 원수였음에도 불구하고 사쓰마번과 동맹 체결을 거부해야 할 정신적 여유는 없었다. 그러나 사쓰마번의 입장에서는 삿쵸동맹을 체결한다면 역적과 손을 잡는 정치적 모험을 하는 것이다. 따라서 굳이 삿쵸동맹의 체결에 적극적으로 나설 이유가 없었다. 만약 동맹을 체결한 사실을 막부가 알게 된다면 사쓰마번도 역적이 되며, 죠슈번의 다음 차례는 사쓰마번이 된다. 이러한 이유로 사이고는 동맹의 내용을 문서로 남기는 것조차 꺼려했던 것이다.

냉철하고 합리적인 두뇌의 소유자인 기도 다카요시는 단지 입으로만 동맹의 체결을 합의한 데 불안을 느끼고 문서로 남겨 확실히 하려고 했다. 다만 사쓰마 측이 동맹의 체결에 적극적이지 않고 미온적인 반응을 보였으므로, 자존심이 강한 기도는 사이고에게 직접 문서를 보내지 못하고 중개인의 역할을 맡은 료마에게 확인을 요청한다는 우회적인 방법을 썼다.

더욱 이상한 점은 삿쵸동맹에 막부타도나 이를 전제로 하는 내용이 없다는 사실이다. 삿쵸동맹의 주요 내용은 사쓰마번이 막부와 대결하는 극한 상황에 몰린 죠슈번을 위해서 '정치적 차원에서' 도와준다는 취지의 것이지, 장래 군사적으로 막부를 타도한다는 내용은 없었다.

만약 죠슈번이 막부와의 전쟁에서 패배한다면 죠슈번 자체가 없어질 운명이었다. 이러한 불투명한 상황에 있는 죠슈번을 상대로 사쓰마번이 막부 타도를 위한 동맹을 체결한다는 것 자체가 이상한 일이다. 그렇다고 사쓰마가 죠슈번과 연합해서 막부군과 대항한다는 공수동맹의 성격도 희박했다. 만약 전쟁이 시작되면 사쓰마번이 오사카와 교토에 병력을 증강한다는 내용만을 가지고는 공수동맹이라고 말하기도 애매했다.

한편으로 료마가 과연 막부 타도를 의식하고 이를 전제로 삿쵸동맹을 주선했는지도 의문이었다. 사카모토 료마는 본래 도사번의 존왕양이파 멤버였지만, 탄압을 피해 번을 탈출해서 에도로 상경하고 개국을 추진하는 막부의 신진관료 중 한 명인 가쓰 가이슈(勝海舟)를 암살하려고 했다. 그러나 가쓰 가이슈의 개국과 부국강병론에 관한 견해를 듣고 이에 감동하여 이후로는 그의 수제자가 되었다고 알려져 있다. 그러나 료마가 정말로 가쓰를 암살하려고 시도했는지는 확실하지 않다.

어쨌든 료마는 가쓰 가이슈의 수제자이자 심복이 되었다. 그래서 가쓰가 관리를 담당한 고베(神戶)의 해군조련소의 운영을 맡았으나, 앞서 말한 이케다야 사건에서 연루자가 나온 탓에 막부의 명령으로 폐쇄되고 말았다. 그 후 예전에 사이고 다카모리와 회담으로 친분을 가지게 된 가쓰 가이슈가 료마를 사쓰마번이 보호해 줄 것을 의뢰하고 맡겼다. 이를 계기로 사쓰마의 주요 인사들과 친분을 가지게 된 료마는 사이고에게 죠슈번과 동맹체결을 권유하고 승낙을 얻어 적극적으로 주선에 나선 것이다.

나카오카 신타로(中岡愼太郎)

본래 료마는 에도에 있을 당시 도사번의 청년들이 단골로 다니는 검술도장에 다니지 않고, 일부러 죠슈번의 청년들이 다니는 검술도장인 연병관(練兵館)에 출입하면서 죠슈번의 존왕양이파 인물들과 아는 사이가 되었다. 이 도장에서 료마는 기도 다카요시를 비롯한 다카스기 신사쿠, 시나가와 야지로(品川弥二郎) 등과 친분을 쌓게 되었다.

결국 료마는 사쓰마와 죠슈번의 수뇌와 친분이 있었기 때문에 동맹의 주선에는 적격이었다. 게다가 죠슈번에는 료마와 같은 도사(土佐)번 출신의 나카오카 신타로(中岡愼太郎)가 있었다. 도사번의 존왕양이파 멤버인 나카오카는 숙청을 피해서 죠슈번으로 망명한 후, 기병대에 소속되어 부대를 맡아 지휘하는 등 죠슈번의 존왕양이파와 대단히 친밀한 관계를 가진 위치에 있는 인물이었다.

이 점에 착안해서 료마는 나카오카를 동맹 체결을 위해서 끌어들이고, 기도 다카요시와 접촉을 했다. 기도는 료마의 제안을 승낙했다. 그러나 다카스기는 사이고가 일개 낭사를 내세워 동맹 체결에 나서는 태도에 격분하고, 섣불리 승낙한 기도를 비난했다. 게다가 사이고가 회담을 위해서 시모노세키에 온다는 약속을 불가피한 사정으로 지키지 못하자, 기도 다카요시도 불같이 화를 내고 교섭은 결렬될 위기에 놓였다. 이 때 기도는 그를 달래기 위해 방문한 료마에게 한 가지 제안을 했다.

역적으로 몰려 외국으로부터 무기구입의 루트를 철저하게 봉쇄당한 죠슈번을 위해서 사쓰마번의 명의로 증기선과 라이플 소총을 구입하는 것을 승낙한다면 동맹 체결을 재고한다는 것이었다. 기도 다카요시다운 합리적인 내용의 제안이다. 만약 사쓰마번이 진심으로 동맹을 체결할 의사가 없다면, 불구대천의 원수인 죠슈번을 위해서 무기구입을 허락할 이유가 없는 게 당연하다. 왜냐하면 죠슈번에게 최신식 무기의 구입을 도와주는 건 호랑이에게 날개를 달아주는 꼴이 되기 때문이다.

별다른 이의 없이 사이고가 기도의 제안을 승낙하고 실제로 죠슈번이 사쓰마의 명의로 무기를 구입할 수 있게 되자, 동맹 체결을 위한 분위기가 무르익어 갔다. 물론 여기에는 료마가 중간에서 적극적으로 개입했다. 료마는 귀산사중(亀山社中)이라는 무역상사 조직을 만들었는데, 이를 이용하여 외국의 무역상들과 무기구입의 주선을 하고 죠슈번에 무기를 운반해 줬다. 여기에는 미니에 소총 4천정을 비롯하여 7천정의 소총과 증기선, 게다가 암스트롱포 15문이 포함되었다. 여기에 필요한 막대한 자금은 앞서 말한 죠슈번의 비자금인 무육금(撫育金)이 있었으므로 자금조달에 별다른 어려움이 없었다.

무육금의 정확한 규모는 알 수가 없지만, 적어도 100만 량 이상은 축적해 놓았다고 할 정도로 풍부한 자금이 있었다. 그 대가로 이번에는 사이고가 죠슈번에 대하여 교토에 주둔하는 사쓰마 병력을 위한 군량미를 시모노세키에서 구입하고 싶다는 신청을 했다. 시노모세키에서 구매하면 가고시마로부터 운반하는 것보다 수송거리가 상당히 단축되기 때문이다. 이것을 계기로 삿쵸동맹이 체결되기 전부터 이미 사쓰마번과 죠슈번은 경제적으로 동맹국의 관계에 들어가기 시작했고, 그 후에 무역규모는 계속 확대되어 가면서 더욱 긴밀해졌다.

한 가지 짚고 넘어갈 사항은 웅번에게 최신식 라이플소총이나 대포를 판매하는 게 영국 정부의 방침은 아니라는 점이다. 막부는 경제적인 능력을 갖춘 웅번이 외국으로부터 최신무기를 구입해서 군사적으로 막부보다 우위에 설까봐 매우 경계했다. 그래서 서구열강에 대해서 막부의 허가 없이는 다이묘에 대한 무기판매를 하지 않도록 요청했고, 일본의 중앙정부로 인식된 막부의 비위를 건드릴 필요를 군이 느끼지 못한 영국도 이를 수락한 것은 물론이다. 문제는 무기밀매를 단속할 책임이 있는 영국의 현지파견 외교관인 파크스(Parkes)가 이를 준수하지 않았다는 점이다.

웅번에 호의적인 태도를 가지고 있는 파크스는 암암리에 무기판매를 묵인했다. 그는 천황의 의향을 받들어 쇄국주의 태도를 취하는 막부를 견제하기 위해서 웅번을 군사적으로 강화할 필요성을 느꼈다. 즉, 파크스가 웅번에 대한 무기판매를 묵인한 것은 막부 타도를 의도했기 때문이 아니라, 천황의 비위를 맞추기 위해서 부득이하게 쇄국정책의 태도를 취하는 막부에 대한 반감에서 비롯된 것이다. 영국 본국의 방침이 아님에도 불구하고, 이것이 결국은 무력에 의한 막부 타도의 중요한 밑바탕의 하나가 되었다.

웃기는 사실은 오늘날 일본에서는 영국이 일본의 잠재력과 가능성을 알아보고 군사원조를 통해서 막부 타도에 협조했다는 식으로 역사를 미화한다는 점이다. 강대국이 약소국에게 최신무기를 판매하거나 제공해서 내란을 유발하는 사례는 냉전시대에도 자주 보이는 현상이었고, 한국전쟁 역시 여기에 해당하는 사례 중 하나이다. 아무튼 영국이 의도한 바는 아니지만 결국 막부의 웅번에 대한 군사적 우위를 깨트린 원인을 제공한 주된 책임이 서구열강의 리더인 영국에게 있는 것이 사실이다.

1865년 12월초 사이고의 명령으로 그의 심복인 구로다 기요타카(黑田淸隆)가 죠슈번을 방문하고 기도 다카요시를 안내해서 교토로 향했다. 해가 바뀌어 1866년 1월 교토에 도착한 기도는 교토의 사쓰마 번저에 들어갔다. 사쓰마번에서는 역시 사이고와 고마쓰 다테와키(小松帶刀)가 회담의 주역으로 참가했다. 그러나 막상 만났지만 양측은 별다른 대화를 하지 않았다. 자존심 문제로 서로가 동맹의 이야기를 먼저 말하기를 꺼려했기 때문이다. 이런 상태로 무려 12일이나 흐르자 기도는 떠날 결심을 하였다.

개인적인 사정으로 기도가 떠날 예정의 전날에서야 비로소 도착한 료마가 상황을 파악하고는, 초청한 측인 사이고의 무성의한 태도를 책망했다. 면목이 없어진 사이고는 태도를 전환하여 기도의 출발을 만류하고 1월 21일에는 동맹의 체결에 합의하기에 이르렀다. 료마의 주선으로부터 삿쵸동맹이 체결되기까지 상당히 많은 시간이 소비되었지만, 막상 실무회담에 의한 합의는 불과 3일 정도로 끝났다. 희한하게도 오쿠보가 삿쵸동맹에 어떠한 역할을 했는지는 불투명하다. 분명히 오쿠보도 교토에 있었지만 삿쵸동맹의 체결에 적극적으로 관여한 흔적은 없다.

삿쵸동맹을 성사시킨 후에 료마는 결혼을 했다. 결혼의 상대방은 그가 교토의 여인숙에서 자객의 습격을 받았을 때, 이를 알아채고 알려줘 도망갈 시간을 벌어준 오료(お龍)라는 여자였다. 이리하여 용마(龍馬)와 용녀(お龍)의 '드래곤 커플'이 탄생했다. 이들은 결혼하고 나서 사이고 다카모리의 주선으로 사쓰마번 소속의 배를 타고 큐슈로 신혼여행을 떠났다. 이것이 일본 최초의 신혼여행이라고 알려져 있다.

삿쵸동맹의 성격 자체는 일반적으로 알려져 있는 것과는 다르게 애초에 막부 타도를 위해서 체결한 동맹이라는 특성은 희박하다고 생각된다. 이 동맹이 체결될 당시의 상황이 막부 타도를 생각할 정도로 분위기가 성숙하지 않았기 때문이었다. 그렇다고 삿쵸동맹이 별다른 의미가 없다는 의미는 아니다. 정치적으로 불구대천의 원수지간이었던 사쓰마와 죠슈가 파트너로서 손을 잡을 수 있는 가능성을 활짝 열어 놓았다.

또한 이 동맹을 체결하는 과정에서 사쓰마번이 죠슈번의 군비증강을 도와주었고, 이것이 결국 나중에 죠슈번과 막부군 사이의 전쟁의 양상을 크게 바꿔놓은 것도 간과하기 어려운 중요한 사실이다. 즉, 삿쵸동맹 자체는 반드시 막부 타도를 전제로 한 동맹은 아니었지만, 장래 정국의 흐름에 따라서 막부 타도를 위한 동맹으로 발전할 수 있는 밑바탕을 마련했다는 점에서 의미를 찾는 것이 옳다고 본다.

제4장

막부의 붕괴

1

제2차 죠슈 정벌과
고메이 천황의 사망

쿠데타로 실권을 장악한 다카스기는 죠슈번의 대외방침으로 '무비공순(武備恭順)'을 제창했다. 다시 말해서 겉으로는 막부에 복종하는 태도를 나타내지만, 안으로는 군사력을 정비하고 죠슈번이 처한 억울한 상황의 복권을 도모한다는 것이다. 막부에 대해서 진정한 항복이 아니라 상황을 반전시킬 때까지 임시로 복종하는 자세를 나타내는 데 불과하다는 도발적인 태도였다. 이러한 죠슈번의 태도는 막부를 자극하고 다시 전쟁을 유발하는 단서가 되기에 충분했다. 그러나 문제는 막부에게 죠슈번과 전쟁을 할 수 있는 경제적·정신적 여유가 없었다는 점이다.

막부 내부는 물론이고 일반 다이묘 중에서도 역적으로 고립무원의 상태에 있는 죠슈번의 처지를 동정하거나 전쟁에 반대하는 자가 많았고, 여론도 전쟁이 초래하는 물가상승과 부담의 증가를 이유로 전쟁에는 반대였다. 막부는 일단 1866년 1월 히로시마에서 죠슈번과 교섭에 들어갔다. 내심으로 막부도 전쟁을 원하지 않았으므로, 죠슈번에 대해서 10만 석의 삭감과 죠슈번주와 세자의 칩거라는 관대한 조건을 제시하면서 평화리에 문제를 해결하고자 하였다. 그러나 죠슈번은 5월에 이를 단호히 거절했다.

이제 막부에게 남은 선택은 전쟁밖에 없는 상황으로 죠슈번이 궁지에 몰아넣었다. 막부가 전면적인 복권을 제시하지 않는 이상 전쟁을 피할 수는 없었다. 그러나 죠슈번에 대한 악감정과 자존심이나 체면 등을 고려하면 막부가 전면적인 복권을 제시하는 것은 싸우지도 않고 항복하는 것에 다름 아니었다. 흥미로운 사실은 막부가 죠슈번주의 칩거와 10만 석의 삭감을 요청해서 조정으로부터 허락받은 날이 삿쵸동맹이 체결된 바로 다음날이었다는 사실이다.

이미 오래전부터 내부적으로 막부와 전쟁을 결심한 죠슈번에서는 기도 다카요시가 주축이 되어서 대대적인 부국강병책을 실시하기 시작했다. 과거에 기도는 죠슈번 존왕양이파의 리더였지만, 시모노세키 포격사건을 계기로 양이의 무모함을 깨닫고 개국과 부국강병론으로 생각을 완전히 바꿨다. 냉철하고 합리적인 그의 성격을 생각하면 별로 이상한 것은 아니다. 기도는 무역의 진흥과 근대적인 무기와 군함의 도입을 추진하는 한편, 오무라 마스지로(大村益次郎)라는 발군의 능력을 가진 군사전문가를 초빙해서 군사훈련을 담당하게 했다.

본래 오무라는 죠슈번의 의사가문의 아들로 태어나 오사카의 유명한 사설학교인 오가타 고안(緒方洪庵)의 데키숙(適塾)에서 난학을 배웠다. 데키숙은 당시 네덜란드에서 수입된 서양의학을 가르치는 대표적인 학교였다. 그 후 출신지인 죠슈번에서 활동하지는 않았지만, 그의 재능을 눈여겨 본 기도의 발탁으로 일약 죠슈번의 핵심인물로 혜성과 같이 등장하였다. 오무라는 1853년도에 유럽에서 출간된 전술교범을 스스로 번역한 것을 바탕으로, 막부와의 전쟁에 대비하여 기병대를 하루에 13시간씩 혹독하게 훈련시키며 서구식 군대로 가다듬었다.

당시의 보병은 장교의 구령에 맞춰서 기계적으로 대형을 만들고 일제사격을 하는 게 매우 중요했다. 일단 대형이 무너지기 시작하면 결국 전투에서 패한다. 게다가 전장식(前裝式) 소총은 철저한 훈련을 받지 않으면 전투 상황에서 실수하기가 쉽다. 왜냐하면 전장식 소총은 총탄을 장전했는지 눈으로 직접 확인하기가 어렵기 때문에, 훈련이 부

오무라 마스지로(大村益次郎)

족하고 전투경험이 없으면 급박한 전투상황에서 이미 장전되어 있는 총에 총탄을 계속해서 장전하는 실수를 저지르기 마련이다. 그러면 총이 고장 나서 사용할 수 없게 된다.

전장식이라 함은 총탄을 총구의 입구로부터 막대기를 이용해서 삽입하는 방식을 말하며, 이것의 반대가 후장식(後裝式)이다. 물론 현재는 전장식의 총이 사용되지 않지만 19세기 중반까지는 전장식이 대부분이었고, 보불전쟁 이후에 후장식이 본격적으로 각국에서 채용되기 시작했다. 오늘날 사용되는 후장식의 라이플 소총은 훈련이 부족해도 총을 다루는데 있어서 치명적인 실수를 저지를 가능성이 거의 없지만 전장식 소총은 그렇지 않았다. 적의 얼굴이 보이는 곳까지 전진해서 대형을 만들고 침착하게 사격하기 위해서는 혹독한 훈련과 연습이 필수였다.

사쓰마번이 영국 함대의 가고시마 포격사건의 교훈으로 암스트롱포의 도입을 열망한 것처럼, 죠슈번도 시모노세키 포격사건을 계기로 서구열강 연합군의 상륙부대가 주력으로 사용한 미니에(minié) 소총을 간절히 원했다. 미니에 소총은 최대 사정거리가 800미터로 크림전쟁에서 영국군이 사용해서

유명해진 본격적인 라이플 소총이었다. 사정거리가 100미터인 화승총보다 사정거리가 월등하고 명중률도 우수한 것은 물론이다. 그리고 미니에 소총은 전장식이었다.

오늘날에는 라이플이라는 단어 자체가 소총을 의미하지만, 본래 라이플은 소총의 한 종류로서 총신의 내부에 강선을 새겨 총탄을 회전하도록 만든 총을 의미한다. 화승총은 총신에 강선이 없기 때문에 발사된 총탄이 회전을 하지 않으며, 결과적으로 총탄의 궤도가 일정하지 않고 포물선 운동을 하다가 낙하한다. 그러나 라이플은 회전력에 의한 자이로 효과로 탄환의 궤도가 안정적이고 사정거리가 비약적으로 향상되는 장점이 있었다. 현재 신호탄이나 산탄총 등의 극히 일부를 제외하고는, 대부분의 총기류는 강선이 새겨진 라이플이므로 라이플이라는 단어 자체가 총을 의미하기에 이르렀다.

라이플 소총의 장점은 화승총이 널리 사용되기 시작한 시점에서 이미 알려졌지만, 본격적으로 실용화되지는 않고 주로 사냥용이나 저격용으로 사용되었다. 그 이유는 꽈배기 모양으로 강선이 새겨진 라이플 총신 안으로 막대기를 이용하여 신속하게 총탄을 삽입하기 어려웠기 때문이었다. 총탄을 총신의 구경보다 작게 만들면 삽입이 쉬워지지만 명중률과 사거리가 현저하게 떨어진다는 문제점이 생겼다. 이 문제를 해결하지 못해서 수세기 동안 라이플 소총은 주력소총이 되지 못했던 것이다.

여기에 대해 최초로 확실한 해결책을 제시한 것이 바로 미니에탄을 사용하는 미니에 소총이었다. 이는 프랑스의 장교이자 발명자인 클로드 미니에의 이름에서 따왔다. 미니에탄의 특징은 총구의 구경보다 작은 탄환을 사용해서 삽입이 쉽고, 장전된 후에 발사하면 화약의 폭발에 의한 가스의 압력을 이용하여 총탄을 팽창시키고 총구의 강선에 꽉 물린 상태로 발사된다는 데 있었다.

또한 총탄이 구슬형이 아니라 유선형이기 때문에 압력에 약해서 파편이 생기기 쉽고, 납으로 만든 탄을 사용한 탓에 파편을 전부 제거하지 않으면 결국에는 살이 썩어 들어가도록 고안되었다. 엑스레이가 없었고 외과수술이 충분히 발달하지 않았던 당시에는 미니에탄에 맞고 즉사하지 않아도, 파편을 모두 제거하지 않으면 결국에는 죽거나 불구가 될 가능성이 많았다.

이 총탄은 크림전쟁을 비롯한 미국의 남북전쟁에서도 무시무시한 위력을 나타내며 적을 공포에 떨게 만들었다. 죠슈번에서는 삿쵸동맹을 계기로 이 미니에 소총과 미니에탄을 대량으로 구입하여 기병대 부대원 전체가 라이플 소총으로 무장했다. 여기에 비해서 막부군은 화승총을 사용하거나 화승총을 개량해서 주력무기로 사용했으므로, 화력에서 크게 뒤지지 않을 수가 없었다. 더군다나 막부군 병사 중에는 소총 대신 창이나 활로 무장한 경우도 많았다. 나중에 막부군과 전투가 벌어지자 기병대는 라이플 소총의 장점을 활용하여 장거리 저격으로 막부군을 매우 괴롭혔다.

비록 막부 측이 화력의 질적인 측면에서는 크게 뒤졌지만 승산이 없는 것은 아니었다. 왜냐하면 병력의 양에 있어서는 압도적인 우세에 있었기 때문이다. 무려 15만 이상의 병력을 동원했고 이것은 임진왜란에 동원된 병력과 비슷한 규모였다. 단지 죠슈번 하나를 공격하기 위해서 동원한 병력으로는 엄청난 양이다. 일개 번이 감당할 수 있는 병력이 아니었지만 죠슈번은 화력의 우위를 바탕으로 자신감을 가지고 있었다. 죠슈번이 동원한 총병력은 8,000명 가량에 불과했다.

막부 입장에서는 병력의 압도적 우세를 바탕으로 장기전을 각오하고 인해전술을 구사하면, 화력의 열세를 보충하고 승리한다는 전망이 있었다. 그러나 막부는 인해전술을 구사하기도 어려울 정도로 개전 초기부터 사기가 밑바닥까지 떨어진 상태였으며, 인해전술을 지휘할 신망과 카리스마를 갖춘 지휘관도 없었다. 막부군은 막부에 직속한 하타모토(旗本)와 여러 번으로부터 차출한 부대로 잡다하게 구성되었으므로 지휘계통이 분산되었고, 애초에 일사불란하게 지휘하기가 어려웠다. 이들을 하나로 묶을 유능한 지휘관이 없으면 인해전술을 구사하는 것도 포기해야 하는 상황이었다.

막부군의 죠슈(長州)번 침공도

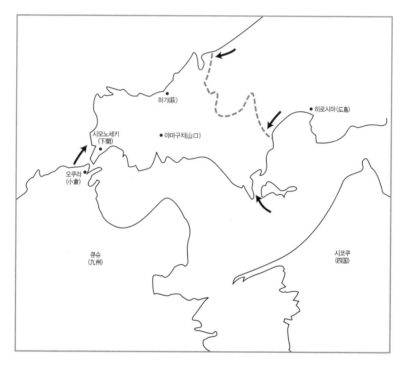

막부군의 공격계획은 압도적인 병력의 우위를 이용해서 4방향으로 나누어 죠슈번을 침공한다는 것이었다. 해상으로부터 군함을 이용한 공격, 오쿠라(小倉)번을 근거지로 큐슈에서 모은 병력으로 큐슈로부터 바다를 건너 시모노세키 방면으로의 공격 그리고 죠슈번의 정면으로는 위와 아래의 두 방향으로 나뉘어서 세키슈(石州) 방면과 게이슈(藝州) 방면으로 전진했다. 쇼군 이에모치는 막부군을 독려하기 위해 직접 오사카로 향하고 오사카성에 들어갔다. 그러나 몸이 허약한 그는 이미 위독한 상태였다.

쇼군이 오사카성에 입성하기를 기다렸다는 듯이 오사카 주변에서 대규모 폭동이 일어났다. 막부가 전쟁에 대비하여 쌀을 비롯한 물자의 징발과 비축을 행했기 때문에 물가가 상승하고 여기에 고통 받는 서민들이 들고 일어난 것이다. 여기에다가 죠슈번이 시모노세키 해협을 봉쇄하는 바람에 해상수송에 의한 물류의 유통에 막대한 타격을 주었다. 물류의 방해로 가장 직격탄을 받은 것이 임해도시 오사카였다. 그래서 불만을 품은 오사카의 시민들이 봉기해도 불가사의한 건 아니었다. 죠슈번과 전쟁이 일어난 1867년이 도쿠가와 막부 역사상 가장 많은 건수의 폭동이 발생한 해로 기록되고 있다.

다카스기는 죠슈번의 존망이 걸린 이 전투에서 종횡무진의 활약을 펼쳤다. 최초의 전투가 시작된 것은 6월 7일 죠슈번 근해에 있는 섬인 오시마(大島)를 막부가 해군을 동원해 점령하면서부터였다. 이 소식을 듣자 그는 즉시 군함 1척을 이끌고 치고 빠지는 작전을 구사하며 막부 측의 군함을 견제하고, 제2기병대가 상륙해서 이를 다시 탈환했다.

6월 17일에는 다카스기가 지휘하는 죠슈군이 시모노세키 해협을 건너 기습상륙을 하고 오쿠라(小倉)번의 막부군을 선제공격했다. 오쿠라번에 집결한 막부군은 2만 명 정도의 세력이었으나, 이에 맞서서 다카스기가 지휘하는 기병대는 1천명에 불과했다. 이미 말한 것처럼 막부는 시노모세키를 직할령으로 하지는 않았다. 그러나 그 대신에 시모노세키 해협의 맞은편 큐슈 지역의 땅에 오쿠라번을 만들었다. 석고 3만 석의 작은 번에 불과하나 죠슈번을 견제할 목적으로 만들었던 것이다.

죠슈군은 일단 해안포대를 파괴하고 물러났지만 7월 3일 다시 기습공격을 가했다. 그 후에도 집요하게 공격을 가했음에도 불구하고 현저한 수적 열세로 커다란 전과를 올리지는 못했다. 한편, 죠슈번의 정면으로 진격하는 막부군은 오무라 마스지로가 지휘해서 막았는데, 라이플 소총의 장점을 충분히 활용한 적절한 지휘로 막부군의 진격을 저지했다.

연패를 거듭하고 있던 막부 측에 설상가상으로 쇼군 이에모치가 7월 20일 21세의 나이로 오사카성에서 사망하는 사건이 발생했다. 막부는 쇼군의 죽음을 엄중히 비밀에 붙였지만 어느 순간인가 쇼군의 사망사실이 누설되고, '발 없는 말이 천리를 간다'는 속담처럼 이 소식이 현지에서 싸우는 막부군에게 전해졌다. 가뜩이나 전의를 상실한 막부군에게는 그야말로 그만 싸우고 집에 가라는 신호탄이나 마찬가지였다.

쇼군 이에모치의 사망으로 전쟁의 향방에 대한 결정권은 요시노부에게 넘어갔다. 요시노부는 7월 26일 도쿠가와 종가는 상속하지만, 쇼군은 사퇴한다는 기묘한 결정을 내렸다.

물론 속마음으로는 간절히 쇼군이 되기를 원한 게 사실이다. 그러나 막부 내부에 자신이 쇼군이 되는 것에 대한 반감이 아직도 강하다는 사실을 잘 알고 있었기 때문에, 에도의 막부 수뇌부들이 요시노부가 쇼군에 취임하는 데 찬성하는 분위기가 조성되기를 기다린 것이다. 막부가 죠슈번과 운명이 걸린 전쟁을 하고 있는 마당에 요시노부가 자신의 정치적 입지를 고려해 쇼군을 사퇴한다고 결정한 사실에서, 그의 성격이 얼마나 이기적이고 무책임한가를 잘 알 수 있다.

아무튼 이렇게 해서 도쿠가와 막부에 쇼군이 없는 시기가 시작되었다. 나중에 요시노부가 정식으로 쇼군으로 취임하는 12월 5일까지 4개월이 넘는 기간 동안 쇼군의 공백 기간이 존재하게 됐다.

고메이 천황은 8월 8일 입궐한 요시노부에게 막부군을 진두지휘하여 역적 죠슈번을 토벌해 줄 것을 강력하게 희망했다. 죠슈번의 토벌은 막부의 위신뿐만 아니라 천황의 위신과도 중대한 관련이 있는 사항이었다. 막부가 죠슈번 타도의 정당성을 부여받은 것은 바로 죠슈번이 천황의 궁궐을 향해서 총질을 했다는 '역적'이므로, 천황의 명령을 받들어 토벌에 나선 것이다. 그래서 이 전쟁은 막부와 죠슈번의 전쟁일 뿐만 아니라, 천황과 죠슈번의 전쟁이기도 했다.

쇼군이 사망한다는 정세변화로 자신감을 얻은 요시노부는, 처음에는 필승의 의지를 나타내며 전의를 불태웠다. 8월 12일에는 요시노부 스스로 오사카를 출발하여 진두지휘를 한다고 발표되었다. 그러나 쇼군 이에모치의 사망사실이 큐슈의 오쿠라(小倉) 방면에서 지휘하고 있던 노중 오가사와라 나가미치(小笠原長行)에게 전해지자, 상황을 비관한 나가미치는 독단으로 병력의 해산을 결정하고 철수해 버리는 돌발행동을 취했다.

이렇게 되자 홀로 죠슈번의 다카스기를 상대하게 된 오쿠라번은 스스로 본거지인 오쿠라성을 불태우고 도망쳐 버렸다. 이러한 사실과 아울러 큐슈 방면에서 모집한 구루메(久留米)번 등의 병력도 전선을 무단이탈했다는 소식이 요시노부에게 전달되었다. 그러자 요시노부는 특유의 변심에 의한 돌발행동을 했다. 즉, 출전을 돌연 중단해 버리고 제후회의를 소집한다고 선언한 것이다. 지나치게 상황에 민감하고 계산이 빠른 요시노부는 전쟁의 승산이 없다고 생각하고 제멋대로 행동했고, 이러한 그의 행동은 교토를 발칵 뒤집어 놓았다.

고메이 천황이 직접 나서 요시노부에게 출전을 종용했지만 소용이 없었다. 조정 내부에 막부를 지지하는 공경세력들의 반발은 말할 것도 없고, 요시노부의 심복인 교토수호직의 마쓰다이라 가타모리도 강력하게 반발했다. 가타모리는 내심 이번 기회에 죠슈번을 멸망시키면 교토수호직을 사직하고 고국인 아이즈번으로 돌아갈 생각을 갖고 있었다. 그래서 요시노부의 출전 중지에 심한 충격과 배신감을 느낀 것이다.

이를 계기로 교토의 고메이 천황을 비롯한 요시노부를 지지하는 세력들과 요시노부 사이에 심각한 균열이 발생하게 됐다. 군사적 재능이 없는 요시노부는 죠슈번 토벌에 자신이 없었다. 비록 막부군이 연전연패하고 있는 상황이었지만 아직도 최종 승리에 대한 전망은 막부에게 있었다. 초반전에서 화력의 우위를 바탕으로 눈부신 승리를 거둔 죠슈번의 힘이 서서히 떨어지고 있었기 때문이다.

큐슈 방면의 막부군은 붕괴되었지만 여전히 혼슈(本州) 방면에서 죠슈번 정면으로는 공격을 가할 충분한 병력을 보유하고 있었다. 그래서 요시노부가 전방으로 몸소 출전하여 병사들을 독려하고 사기를 올린다면 전쟁의 향방은 알 수가 없는 상황이었다. 그럼에도 불구하고 제멋대로 출전을 중지해서 최악의 상황을 만들어 버린 요시노부에게 비난이 쏟아지는 것도 무리가 아니다.

요시노부는 3경의 하나인 히토쓰바시(一橋) 가문의 상속자로 성장했기 때문에 직속의 군대나 가신단을 보유하지 못했다. 즉, 다이묘가 아니므로 영지를 통치한 경험도 없었고 군대를 지휘해 본 적도 없었다. 이것이 요시노부가 가진 최대의 약점이었다. 요시노부의 생가인 미토번에서 간접적으로 지원했지만 큰 도움은 되지 못했다.

설상가상으로 요시노부 주변에 있던 유능한 참모들은 차례차례 암살되었다. 존왕양이파나 웅번 측에서 암살한 게 아니라, 대부분 에도의 막부가 보낸 자객에게 암살당한 것이다. 쇼군후견직을 사임한 후 교토를 무대로 천황의 신임을 독차지하고, 사실상 독립정권을 만들어 쇼군처럼 행동하는 요시노부에 대한 적개심이 그 원인이었다.

이것은 요시노부의 날개를 꺾는 행위였을 뿐만 아니라, 결국에는 막부의 멸망에 연결되는 누워서 침 뱉는 행위였다. 특히 미토번 출신으로 요시노부의 오른팔이자 뛰어난 참모였던 하라 이치노신(原市之進)의 암살은 요시노부에게 뼈아픈 타격이었다. 그 결과 막부가 멸망할 당시 요시노부에게 남아 있는 유능한 참모는 재정에 밝은 경제통의 시부사와 에이치(渋沢栄一) 정도에 불과할 정도로 궁지에 몰려 있었다.

어차피 당시 도쿠가와 혈족 중에서 요시노부에 필적할만한 인물이 없는 상황이라면 그를 보호하고 지원해야 하는 게 순리에 옳았다. 그럼에도 불구하고 에도 막부는 증오심에 이성을 잃어 요시노부의 장래를 망치고, 막부의 미래도 위태롭게 만드는 어리석은 짓을 했다.

한편, 다카스기는 오쿠라성을 점령할 무렵부터 객혈을 하면서 건강상태가 급속히 악화되어 최전선에서 물러났다. 본래 그는 폐결핵의 증세가 있었다. 당시의 폐결핵은 불치병에 가까운 무서운 병이었다. 폐결핵에 걸려도 무리하지 않고 충분한 요양을 하면 악화되지는 않는다.

메이지 시대 최고의 외교관으로 평가되는 무쓰 무네미쓰(陸奧宗光)의 경우에도 청년시절부터 폐결핵을 앓았지만, 건강관리를 잘해서 청일전쟁 직후까지 생존했다. 그러나 다카스기의 경우는 죠슈번의 흥망이 걸린 전투에 혼신의 힘을 쏟아야 했으므로 이것이 원인이 되어 폐결핵이 크게 악화된 것이다. 무쓰가 사망한 이유도 청일전쟁이 끝날 무렵에 삼국간섭을 둘러싼 외교문제를 처리하려고 혼신의 힘을 다한 게 원인이었다.

1866년 4월 13일 다카스기는 시모노세키 교외에 있는 요양처에서 사망했다. 29세, 만으로는 27세 8개월이라는 젊음이었다. 이로써 쇼인이 키워낸 쇼카촌숙의 4천왕은 메이지 시대가 시작되기도 전에 모두 사망했다. 다카스기의 죽음은 죠슈번의 권력관계에 미묘한 변동을 가져왔다.

다카스기의 죽음으로 가장 이익을 본 사람은 역시 야마가타 아리토모(山県有朋)였다. 야마가타는 기병대를 완전히 장악하고 죠슈번의 확실한 군부실세가 되었다. 물론 야마가타 위에는 기도 다카요시가 발탁한 오무라 마스지로가 있었지만 기병대와의 관계는 밀접하지 않았다. 그리고 한편으로 기도 다카요시에게는 중요한 정치적 파트너를 잃어버리는 결과가 되었다.

사쓰마번의 경우에는 오쿠보와 사이고의 콤비가 있었지만, 기도는 이에 맞설만한 콤비를 만들 수 없게 되었다. 오무라 마스지로는 분명히 발군의 군사적 재능을 갖추고 있었지만 사이고처럼 카리스마가 넘치는 정치군인은 아니었다. 이러한 이유로 기도는 죠슈번을 떠나서 교토를 무대로 자유롭게 활동하기가 어렵게 되었다. 자신의 뒤를 든든히 받쳐줄 인물이 없었기 때문이다. 이것이 막부가 멸망한 전후의 시점에서 죠슈번이 사쓰마번에 대해서 열세에 서게 되는 중요한 원인 중 하나가 되었다.

앞서 말한 대로 요시노부는 1866년 12월 5일 쇼군에 정식 취임했다. 쇼군에 취임하고도 그는 에도로 돌아가지 않았고 여전히 교토를 무대로 활동했다. 도쿠가와 막부 역사상 최초이자 최후의 '교토 쇼군' 의 탄생이었다. 당시 교토는 격렬한 불꽃이 튀는 정치의 최전선이었다. 일단 쇼군이 된 이상 에도로 돌아가는 게 상식적으로 옳은 처신이지만, 그의 지지기반이 교토에 있었으므로 정치적 재능이 풍부한 요시노부는 후방인 에도로 물러나지 않고 직접 최전선에서 정치를 담당하길 원했다.

비록 요시노부에게 군사적인 재능은 거의 없었으나, 정치적으로는 쇼군에 어울리는 재능을 가지고 있었다. 이러한 쇼군이 된 요시노부에게 뼈아픈 타격이 된 사건이 고메이 천황의 돌연한 사망이다. 요시노부가 쇼군에 취임한 지 불과 20일 후인 12월 25일 사망했으며, 그 원인은 천연두에 의한 사망으로 공표되었다.

불과 36세의 젊은 나이였고 격렬한 복통과 설사를 동반한 이상증세를 보이며 급사한 사정으로 당시부터 암살되었다는 소문이 떠돌았다. 최근 일본에서는 고메이 천황의 사망이 비소(砒素) 중독에 의한 독살이라는 주장이 제기되었다. 그래서 이 문제를 둘러싸고 격렬한 논쟁이 벌어졌지만 확실한 증거가 없기 때문에 흐지부지 되고 말았다.

암살된 것일까, 아니면 병으로 사망한 것일까? 이 문제에 대해서는 명쾌한 해답을 얻기가 어렵다. 고메이 천황의 정확한 사망원인을 알기 위해서는 시체를 발굴해서 DNA검사를 하는 수밖에는 없다. 그러나 이것은 현실적으로 불가능하다.

단지 이러한 이유로 불경스럽게도 천황의 무덤을 발굴한다는 것은 일본의 특성상 거국적인 강력한 공감대가 형성되지 않고서는 어렵다. 그렇기 때문에 단지 추측의 영역을 벗어나지 못한다. 고메이 천황에 대해서 암살문제가 제기되는 주된 이유는 천황이 너무나 미묘한 시점에 사망했기 때문이다. 막부가 죠슈번 토벌에 실패하고 여기에 동반해서 천황의 권위도 크게 추락했다.

이제 고메이 천황에게 남은 선택의 가능성은 요시노부에게 더욱 필사적으로 매달리는 것밖에는 없었다. 개국과 공무합체를 추구하는 사쓰마번은 물론이고 역적인 죠슈번과 손을 잡는 건 불가능했다. 한편, 조정 내부에서 왕정복고와 막부 타도를 꿈꾸는 세력의 입장에서는, 천황이 막부와 밀착한다면 천황을 바꾸거나 없애는 방법만이 있을 뿐이었다. 즉, 고메이 천황이 생존하는 이상 왕정복고나 막부 타도는 불가능한 게 현실이다.

전통적으로 천황이 사망하면 정치범들을 사면하여 분위기를 쇄신하는 것이 관례였다. 이에 따라서 8·18 쿠데타를 전후하여 숙청된 존왕양이파 공경들의 사면과 복권이 대대적으로 이루어졌다. 그래서 이를 계기로 다루히토(熾仁) 친왕을 비롯한 막부 타도와 왕정복고를 지지하는 세력들이 조정 내부에서 새롭게 세력을 형성하기 시작했다.

이와쿠라 도모미(岩倉具視)는 처벌이 감면되고 교토에 매달 한 번 들어가는 게 허용되었을 뿐이지만, 어쨌든 배후에서 정치공작을 추진할 수 있는 위치에 서게 되었다. 이러한 이와쿠라에게 고메이 천황 암살의 의혹이 집중되고 있다. 권모술수의 대가인 이와쿠라가 막부 타도와 왕정복고를 뜻하는 자신의 정치적 신조와 어긋나게, 천황이 막부와 정치적으로 긴밀히 유착하자 암살했다고 해도 별로 이상할 것은 없다. 그의 성격으로는 충분히 그러고도 남는다.

과거 막부와 정치적 거래를 위해서 천황의 누이동생 가즈노미야를 막부에게 넘기라고 건의할 정도로 목적을 위해서는 수단과 방법을 가리지 않는 성격이었다. 그는 숙청당한 후 교토 외곽의 이와쿠라(岩倉村)촌에서 근신하는 와중에도 고메이 천황과는 정반대로 사쓰마번이나 죠슈번의 인물들과 빈번하게 접촉을 유지했다.

이처럼 그는 정치적 격동기에 무려 5년간이나 교토 근처의 이와쿠라촌에 은둔하면서 고메이 천황이 사망하기까지 그곳에서 나오지 않았다. 따지고 보면 이와쿠라가 정치적으로 숙청당하게 된 계기는 천황의 누이동생을 막부에게 팔아넘겼다고 존왕양이파로부터 공격받았기 때문이었다. 그런데 교토의 존왕양이파 세력은 그가 숙청당하고 불과 1년 후인 1863년에 발생한 8·18 쿠데타 덕분에 단숨에 일소된 상태였다.

그럼에도 불구하고 고메이 천황은 이와쿠라를 다시 교토로 호출하지 않았다. 어째서 천황이 그토록 총애하던 이와쿠라를 외면했는가에 대해서는 명쾌한 설명을 하기가 곤란하다.

아마도 그가 궁극적으로 막부 타도와 왕정복고를 원했으므로 막부 타도에 반대하는 천황이 그를 기피한 것일 가능성이 높지만 확실한 증거는 없다. 어쨌든 그는 천황으로부터 버림받은 존재였고, 여러 가지 측면에서 마음속으로 고메이 천황을 매우 원망했을 가능성이 높았다. 이와쿠라가 천황의 누이동생을 쇼군에게 시집보내는 정치공작을 추진할 당시에는 공무합체의 입장에 서 있었지만, 그는 장기간 은둔하면서 정국의 흐름을 관찰하던 중 막부 타도와 왕정복고로 정치적 입장을 확실하게 바꿨다.

이와쿠라가 정치활동을 재개하기 시작했다는 사실은 언뜻 생각하기에 별다른 중요성이 없는 것처럼 보이지만, 왕정복고와 막부 타도를 생각하는 세력에게는 매우 중요한 의미가 있었다. 그것은 교토 조정과의 연결고리가 만들어지기 시작했다는 사실을 의미하기 때문이다. 아무튼 막부나 요시노부의 입장을 생각하면 고메이 천황의 죽음보다는 천황의 사망으로 인해서 이와쿠라를 비롯한 왕정복고를 꿈꾸는 세력이 부활했다는 게 결과적으로 뼈아픈 타격으로 작용한 셈이다.

고메이 천황이 사망했다고 해서 요시노부가 교토를 장악하고 있다는 사실에 이렇다 할 변동이 생긴 것은 아니었다. 오히려 고메이 천황의 뒤를 이은 메이지 천황이 세상물정 모르는 소년에 불과하므로, 천황과 조정을 마음대로 요리하기가 훨씬 수월해진 장점이 있었다. 그러나 천황의 사망을 계기로 발생한 '보이지 않는 위험'이 점차 현실로 다가오고 있었다. 그리고 그 핵심에는 이와쿠라가 있었던 것이다.

2

개국으로 인한 경제·사회 변동과 대외 위기

여기서 잠시 숨을 돌려 개국을 맞이한 일본이 경제적으로나 사회적으로 어떠한 변화를 겪었는지 살펴보기로 한다. 페리 제독이 일본을 방문한 것은 1853년이지만 막부가 통상조약을 체결하고 서구열강과 정식으로 무역관계에 들어간 건 1858년이었다. 개국과 통상을 주도한 막부관리 이와세의 구상대로 요코하마(横浜)가 대외무역의 주된 창구가 되었다. 막부는 요코하마에 방파제를 건설하고 외국인 거류지를 조성하는 등 무역항으로서 필요한 투자를 했다. 그러나 외국의 무역상인이 일본인과 직접 접촉하는 것을 막기 위해서 수로(水路) 등으로 자연적인 장벽을 만드는 등의 배려도 게을리 하지 않았다.

외국상인들은 거류지에 계속 줄지어 도착하고 순조롭게 정착하기 시작했다. 그러나 일본 측의 호응은 거의 없었다. 외국인과 직접 대화하기 어렵다는 언어적인 장벽은 물론이고 외국인에 대한 막연한 두려움 때문이었다. 막부가 직접 나서 미쓰이(三井) 등의 유력한 상인들에게 요코하마의 대외무역에 종사하라고 명령할 정도였다. 그래서 요코하마는 투기적 상인들의 집합소처럼 되었다. 요코하마로 온 일본 상인들은 확실한 사업의 전망은 없지만 잘하면 한몫 잡을 수 있다는 희망을 가지고 온 자들이 대부분이었다.

외국인과 언어가 통하지 않았으므로 손짓이나 몸짓으로 거래하거나 중국인을 매개하여 한문으로 필담을 주고받아 의사소통을 했다. 외국 상인들 역시 모험적이거나 투기적인 거래를 위해서 온 경우가 많았기 때문에, 돈이나 거래물품을 떼어먹고 도망치는 경우도 종종 생겼다. 그러나 외국 상인은 치외법권을 가지고 있었던 까닭에 피해를 받은 일본인들이 법적으로 구제받을 수 있는 방법은 사실상 거의 없었다. 그럼에도 불구하고 초기의 무역에서는 일본이 오히려 이익을 봤다.

일본이 개국하기 전에 페리 제독은 일본과 무역을 하면 당시 유럽에서 인기가 높은 차의 거래가 가장 많을 것이라고 예상했다. 그러나 실제로는 일본의 수출품 중에서 최소한 70% 이상이 비단을 만드는 원료인 명주실, 즉 생사(生絲)였다. 차가 차지하는 비중은 불과 10% 정도에 지나지 않았다. 그래서 상황에 따라서 변동은 있지만 일본의 수출품에서 생사와 차를 합치면 90% 이상을 차지할 정도로 절대적인 비중을 나타냈다. 생사가 수출품으로 인기가 높았던 이유는 당시 유럽에서 생사를 만드는 누에가 전염병으로 집단폐사해 양잠업에 막대한 타격을 받았기 때문이었다.

외국인이 개항장을 벗어나지 못하도록 금지한 통상조약의 규정에 의해 외국 상인이 직접 일본 국내를 돌아다니며 생사를 매입할 수는 없었다. 그래서 생사 모집은 일본인 중에서 믿을만한 자를 중계상인으로 선발, 돈을 주고 고용해서 간접적으로 시키는 방법을 취했다.

시세보다 높은 값으로 농민들을 유혹하여 생사를 대량으로 매입했으므로 매점매석의 문제가 일어나지 않을 수가 없었다. 매점매석에 의해 일본 국내에 정상적으로 유통되어야 할 생사의 물량이 부족해졌기 때문에 가격이 급등하게 되는 것은 당연한 이치다. 괴로운 입장에 처한 일본의 생사 상인들은 막부에 이러한 사태를 막아달라고 요청하기에 이르렀다.

이와 같은 사정을 참작해서 막부는 1860년에는 '5품 에도회송령(五品江戶回送令)'이라는 법령을 포고했다. 다시 말해 그것은 막부가 지정한 5가지의 물품은 에도로 우선적으로 보내서 수요에 충당하고, 남은 물량을 수출에 돌린다는 조치다. 5품으로 지정된 것은 잡곡·옷감·생사·밀랍·등유였다.

마치 나중에 조선에서 곡물의 유출을 막기 위해서 실시한 방곡령(防穀令)을 연상시키는 이러한 조치는 일시적인 효과만 있을 뿐이고, 외국 상인들이 강력한 외교적 압력을 걸었으므로 나중에는 흐지부지 되고 말았다. 그러나 조선이 방곡령을 시행할 당시 일본은 단지 외교적 압박을 가한 게 아니라, 전쟁을 전제로 하는 최후통첩까지 했다.

비록 생사라는 특정한 물품에 관해서 발생했지만, 이 문제는 일본 국내의 경제전반에 상당한 파장을 미치지 않을 수 없었다. 우선 농민들이 쌀을 재배하는 대신 수익이 좀 더 많은 생사의 생산에 너도나도 투자하는 경향이 나타났다. 원칙적으로 농민은 경작지에 쌀 이외의 작물을 임의로 경작하지 못했지만, 상업적 농업이 발전하면서 이러한 원칙은 지역에 따라 상당히 완화되었다. 농민들이 눈앞의 이익을 목적으로 정상적인 경작 패턴을 벗어났기 때문에, 곡물생산의 왜곡현상이 발생하고 물가의 상승을 야기하지 않을 수 없었다.

한편, 수입에 있어서는 면직물의 대량수입이 일본 국내의 상업적 농업에 지대한 변동을 야기했다. 일본의 수입품으로는 산업혁명의 대표적인 성과인 면직물·모직물·면사 등 섬유산업과 관련된 제품이 대부분이었고, 이 분야는 영국이 압도적 우위를 점하고 있었다. 일본이 대외무역을 개시한 초기부터 영국은 섬유산업에서 가진 우세를 활용하여 줄곧 대일무역을 거의 독점하다시피 했다.

당시 일본은 조선과 마찬가지로 가내 수공업이라는 형태로 농민들이 농한기에 부업으로 옷감을 짜서 판매해 생계를 유지하고 있었다. 그러나 값싼 외국제 면포가 대량으로 유입되자 가내 수공업으로 만든 면포는 가격경쟁력을 잃게 되었다. 덕분에 실질소득이 크게 줄어든 일본 농민들은 국제무역의 개시에 불만을 갖지 않을 수 없었다.

또한 이것을 계기로 손으로 옷감을 짜는 것을 대신한 기계에 의해 면포를 제조하는 방법이 급속도로 확산되었다. 기계를 이용해 대량생산을 하려면 노동자가 필요했다. 그래서 산업혁명의 초기단계에서 나타나는 전문적으로 면포생산에만 종사하는 노동자를 고용한 공장제 섬유공업이 등장하기 시작했다. 요코하마의 외국 상인으로부터 옷감 짜는 기계를 구입할 자금의 여유를 갖춘 사람은 거의 없었으므로, 부국강병에 관심을 가진 번의 차원에서 기계를 구입하여 공장을 설립하는 경우가 대부분이었다.

무역 개시 초기에 혼란을 야기한 것으로 가장 유명한 사건은 화폐가치의 문제를 들 수가 있다. 일본에서 유통되던 금화와 은화의 가치가 국제시세와 상당히 달랐기 때문이었다. 통상조약은 일본과 무역을 하고자 원하는 자는 외국의 금화나 은화를 일본의 화폐와 대등하게 교환할 수 있도록 규정했다. 그런데 당시 국제시세로는 금화와 은화의 교환비율이 1:15였던 반면에, 개국 당시 일본에서는 1:5였다. 결국 외국의 금화를 요코하마의 세관소에서 일본의 은화와 바꾸면 3배의 이익이 생겼다.

단지 요코하마에 가서 일본의 화폐와 교환만 신청하면 간단하게 투자한 돈의 3배의 이익을 볼 수 있었으므로 열광적인 투기열을 유발하지 않을 수가 없었다. 미국 군함의 승무원들 중에는 아예 사표를 내서 군복을 벗고 일본 은화와의 교환에 열중하는 자마저 있을 정도였다. 약간의 돈만 있으면 이를 투자해 누구나 거금을 벌어들이는 게 가능한 돈 놓고 돈 먹는 게임이었다. 그래서 요코하마에 온 외국인들은 무역이나 외교는 뒷전이고 앞 다투어 세관소에 몰려가 은화 교환에 열중하는 기현상마저도 생겨났다.

이러한 사태가 발생할 것이라고 충분히 예상하지 못한 막부는 크게 당황했다. 은화의 가치를 떨어트리고 은화교환을 할 수 있는 1인당 교환액수의 상한선을 설정하는 등 나름대로 노력을 했지만, 투기열을 막기에는 역부족이었다. 결국 미국의 해리스를 비롯한 외교관들의 권고를 받아들여 막부는 1860년 국제시세에 맞춘 금화를 황급히 주조, 근본적인 해결책을 마련하는 데 성공했다.

이러한 대책이 마련되기까지 얼마나 많은 액수의 돈이 해외로 유출되었는가는 정확히 알기 어렵다. 예전에는 천문학적인 액수가 빠져나간 것으로 추정되었지만, 현재는 그렇게까지 심각한 타격은 아니라는 주장이 지지를 얻고 있다. 투기열을 완전히 잠재울 확실한 해결책을 마련하기까지 2년의 시간차가 있었으나, 교통과 통신이 발달하지 않은 당시에 조직적인 대규모 투기를 하기에는 한계가 있었기 때문이다.

그런데 국제시세에 맞춰서 금화를 새롭게 제조한 것이 예상하지 못한 또 다른 문제를 야기했다. 느닷없이 금화의 가치를 3배 정도 하락시킨 결과, 화폐가치의 전반적인 하락과 혼란을 유발하고 물가상승과 인플레이션을 급격히 심화시킨다는 또 다른 역효과가 나타난 것이다.

그것은 개국과 무역이 야기한 불가피한 부작용 가운데 하나라고 할 수 있다. 물가의 상승은 서민층의 생활에 직격탄을 날렸고 봉건체제의 모순이 심화되면서 막부가 흔들리는 것과 아울러, 각지에서 농민들의 폭동이 서서히 증가하게 만드는 원인이 되었다.

막부는 무역 개시 초기에는 수출 초과와 관세수입 등으로 상당한 이익을 봤다. 그러나 불과 몇 년도 지나지 않아서 수입 초과로 바뀌고 관세수입도 기대할 수 없었으므로, 무역으로 이득을 본 시간은 매우 짧았다. 1865년까지는 수출 초과였으나 66년에는 수출입 균형으로 돌아서고, 67년부터는 오히려 수입 초과로 역전되었다.

미국의 해리스는 통상조약 체결을 교섭하는 과정에서 막부가 무역으로 얻은 이익을 밑바탕으로 부국강병을 추진할 수 있다는 비전을 제시했다. 그러나 막부는 무역 초기에 얻은 이익을 주로 재정적자를 보충하는 용도로 사용하면서 스스로 강력한 인플레이션을 유발하는 무덤을 파고 말았다. 막부가 무역의 개시 이후에 새롭게 발행하기 시작한 금화는 금의 비중이 22%에 불과하고 나머지는 은이라는 변칙적인 것이었다. 즉, 무늬만 금화이고 실체는 은화에 가까웠다. 어째서 이러한 기괴한 금화를 만들었을까?

이것은 당시 동아시아의 국제무역이 은본위제에 바탕을 두고 있었기 때문에 서구의 무역상인들이 무역대금으로 일본 측에 은을 지불한 것에서 비롯됐다. 막부는 이렇게 무역 초기의 수출 초과로 획득한 풍부한 은을 이용하여 은의 함량이 압도적으로 높은 변칙적인 금화를 발행한 후에, 정상적인 금화와 같은 가치로 유통시켜서 막대한 이익을 볼 수가 있었다. 그리고 이렇게 화폐제도를 망치는 대가로 얻은 이익으로 재정지출을 확대하면서 인플레이션을 더욱 심화시킨다는 악순환을 되풀이했다.

결국 인플레이션의 진행을 막아야 하는 입장에 있는 막부가 오히려 앞장서 인플레이션을 조장하고 심화시킨 것이다. 즉, 개국 이후에 발생한 심각한 인플레이션현상에 대해서 가장 근본적인 책임을 져야 하는 존재는 막부 자신의 잘못된 재정정책에 있었다.

한편, 일본의 수입품 중에서 정치적으로도 중대한 의미가 있는 것은 무기의 수입이었다. 막부는 무기의 수입을 엄격하게 통제하여 웅번의 다이묘가 막부를 능가하는 군사력을 가질까봐 극도로 경계했다. 그렇지만 무기밀수를 원천봉쇄하기는 사실상 불가능했다. 일반적인 무역품의 수입에 있어서는 요코하마가 압도적 우위를 차지했으나, 무기의 경우는 그렇지가 않았다. 경우에 따라서 다르지만 선박의 구입에 있어서는 나가사키도 매우 중요한 역할을 했다.

재정형편이 좋지 않았던 번의 경우 중고로 외국의 범선 또는 증기선을 구입해서 이를 군함으로 개조하거나 무역선으로 사용하는 경우가 많았다. 그런데 선박의 경우는 워낙 고가품이었으므로 마진을 노린 외국 상인들이 적극적으로 판촉을 유도한 탓도 있어서 성황리에 판매되었다. 소총도 외국에서 대량으로 중고를 구입하는 경우가 많았다. 라이플 소총의 도입은 일본 국내의 기계공업 발전에 커다란 자극을 주었다.

일본은 도쿠가와 막부가 쇄국정책을 취한 이래 소총의 발전에 관심을 갖지 않았다. 전국(戰国)시대를 거쳐 임진왜란이 일어난 무렵에는 유럽을 능가할 정도로 소총의 개발과 생산에 눈부신 발전을 이룩했지만, 도쿠가와 막부가 천하통일을 한 이후 태평성대가 계속되면서 소총에 대한 관심이 급속도로 저하되었다.

그렇다면 200년 정도 지난 후 개국할 당시 일본에서 사용되던 화승총과 라이플 소총은 어느 정도의 격차가 있었을까? 일본에 라이플 소총을 본격적으로 소개한 계기는 페리 제독이 이끌고 온 미국의 해병대가 최초였다. 당시 미국 해병대는 전원이 총검을 부착한 라이플 소총으로 무장하고 일본 측에 위압감을 줬다. 나중에 페리 제독이 막부에게 선물로 준 품목 중에는 라이플 소총도 있었고, 이를 계기로 라이플 소총에 대한 연구가 개시됐다. 시기적으로 본격적인 라이플 소총이 등장하기 이전이었으므로, 미국 해병대가 사용하던 라이플 소총은 뇌관이 아니라, 부싯돌로 격발하는 방식이었다.

부싯돌로 화약을 쳐서 격발하기 위해서는 강철제의 튼튼한 용수철이 반드시 필요했는데, 일본은 독자적으로 강철제 용수철 제작에 성공했다. 이것이 가능했던 이유는 전국 각지에 칼이나 총을 만들면서 기술력을 갖춘 대장장이가 존재했기 때문이다. 조선의 지배층인 양반의 경우는 도자기나 칠기

등의 공예품을 선호했으나, 도구가와 막부의 지배층인 무사계급은 자신이 소장한 칼이나 총을 아름답게 치장하는 것을 취미생활로 했다. 그래서 금속을 자유자재로 다루는 기술력을 보유한 대장장이가 전국 각지에 존재하고 있었다.

이밖에도 총탄을 총신에 삽입하기 위해서 기존의 목재를 대신한 튼튼한 강철제의 막대기가 요구되었고, 다른 한편으로 총신의 내부에 나선형의 강선을 새기는 작업도 필요했다. 일본은 금속가공기술이 고도로 발전한 것을 밑바탕으로 이러한 문제를 전부 스스로의 기술로 극복하는 데 성공했다. 그럼에도 불구하고 라이플 소총의 대량수입은 불가피한 현상이었다. 그것은 대량생산을 위한 시스템이 존재하지 않았기 때문이었다.

대량생산을 하기 위해서는 본격적인 공작기계가 필요했으며, 소수의 기능공이 직접 수작업으로 제작하는 것만으로는 도저히 그 수요를 충족시킬 수가 없었다. 아무튼 라이플 소총을 필요로 하는 수요자는 많았기 때문에, 기능공의 숫자를 대폭적으로 확대하는 결과를 야기했고 중세적인 길드조합의 해체는 불가피하게 되었다. 또한 신식소총의 제조기술을 익히기 위해서 전국적인 규모로 네트워크가 만들어져 정보의 교류와 전달이 활성화되었으며, 근대적인 기계공업의 발전을 위한 중요한 계기를 마련한 것도 사실이다.

신식소총이 기존의 화승총과 다른 점의 하나로서 총검의 부착을 들 수가 있다. 단지 총에다가 칼을 부착한 데 불과했으나, 이것은 혁명적인 변화를 야기했다. 개국 이전의 일본에서도 소총에 칼을 부착하는 경우가 종종 있었지만, 라이플 소총은 총에 부착하기 위한 총검을 전문적으로 만들어 가지고 다닌다는 점이 달랐다. 당시의 소총은 매우 길었기 때문에 총에다 칼을 부착하면 창을 갖고 다니는 창병이 필요 없게 되었다.

소총에 총검을 부착하고 대형을 만들어 방어태세를 갖추면 기병의 돌진을 막을 수가 있었다. 또한 백병전에서도 유용하다. 소총을 가진 병사로 소총부대를 만들면 화살을 쏘는 궁병도 필요가 없으므로, 결국 창병과 궁병의 역할을 겸비하며 이를 대체하는 소총부대를 만드는 것이 가능하게 됐다. 그래서 근대적인 지상군은 소총부대와 포병을 주축으로 했고, 이것이 징병제와 결합하면서 군사혁명을 야기한 것이다.

칼이나 창을 능숙하게 다루려면 장기간에 걸친 피나는 노력과 연습이 필요했다. 그러나 소총의 경우에는 약간의 훈련만 받으면 누구나 사용하는 게 가능하므로, 굳이 직업군인 계층인 무사로만 소총부대를 구성할 필요는 없었다. 즉, 농민을 대량징집하여 소총부대를 구성해도 무방하다.

이러한 사실은 신분혁명에 연결되어 중세적인 봉건질서의 붕괴를 야기할 수 있는 길을 열어 놓게 되었다. 일본에서도 이러한 과정을 밟아 나가게 되지만, 전면적인 신분혁명에까지는 이르지 않았다. 그것은 혁명적인 변화가 이루어지기 이전에 막부가 멸망하고 강력한 중앙집권화를 추구하는 메이지 정권이 들어섰기 때문이다.

죠슈번이 보유한 신식군대인 기병대의 경우, 농민을 비롯한 평민들을 군인으로 모집해서 소총부대를 만들기는 했다. 그러나 주도권은 어디까지나 무사출신들이 장악했다. 사쓰마번의 경우는 아예 농민으로 소총부대를 만든다는 구상을 가지고 실천에 옮긴 사람은 없었다. 다만 무사계급의 내부에서 하급무사에게 주도권이 옮겨진 데 지나지 않았다. 즉, 신분혁명이 일어나는 초기단계에서 막부가 멸망한 것이다. 어쨌든 기존의 신분질서에서는 발언권이 거의 인정되지 않았던 계층에게 활약의 기회를 부여한 것은 틀림없는 사실이고, 봉건적인 신분질서 붕괴의 발단을 만든 중요한 원인의 하나라고 하지 않으면 안 된다.

한편, 막부는 무역을 개시하자마자 이이 나오스케가 암살되면서 정치적으로 커다란 곤경에 처하지 않을 수가 없었다. 정치적 혼란과 무역의 개시에 의한 후유증을 완화하기 위해서 나오스케의 사후에 외교의 실권을 장악한 안도 노부마사(安藤信正)는 1860년 후반기에 서구열강의 외교관들과 교섭에 들어갔다. 그때가 나오스케가 암살되고 불과 몇 개월도 되지 않은 시점이었다. 미일통상조약의 규정에 의하면 요코하마와 나가사키 이외에도 니가타(新潟)와 효고(兵庫)를 개항하고, 에도와 오사카도 개시(開市)해야만 했다. 막부는 정치적 혼란을 이유로 이것을 연기하고자 원한 것이다.

미국의 해리스는 이 문제에 대해 막부의 처지를 이해하고 동정하는 입장을 취했지만, 서구열강 외교단의 리더인 영국공사 얼코크(Alcock)는 냉담한 반응을 나타냈다. 특히 1860년 12월 해리스의 통역 휴스켄(Heusken)이 암살되는 사건이 발생하자, 서구열강의 외교단은 일제히 에도에서 철수하고 막부에 대해서 강경한 태도를 취했다.

휴스켄은 영어나 네덜란드어 이외에도 독일어 등 다양한 언어를 구사할 능력이 있어서 일본에 체재하는 외교관들에게는 매우 귀중한 존재였다. 그러나 유독 해리스만은 계속 에도에 체류하면서 막부에게 유익한 외교적 조언을 하고 협조적인 자세로 일관했다. 이것은 일본에 대한 호감보다는 영국에 대한 반감이 주된 원인이었다.

영국의 강경자세로 문제해결의 뚜렷한 실마리를 찾지 못한 와중이던 1861년 5월, 영국공사관 건물의 신축공사를 진행하고 있던 에도 근교의 동선사(東禪寺)라는 절을 존왕양이의 근거지인 미토번의 무사들이 습격하는 사건이 일어났다. 습격의 동기는 홍콩에 출장을 갔다가 다시 일본으로 돌아오는 얼코크가 막부의 권고를 뿌리치고 나가사키로부터 에도까지 육로로 여행을 했기 때문이다. 존왕양이 사상에 비추어 보면 이것은 신의 나라인 일본을 능욕하는 행동이었다. 하지만 일본 국내의 상황에 어두운 얼코크는 그 문제의 심각성을 잘 몰랐다.

이러한 상황을 우려한 막부는 만약의 사태에 대비하기 위해 충분한 수의 경비병을 그곳에 배치했다. 그러나 막부를 믿지 못하는 영국 측의 요구로 신축공사지로부터 약간 떨어진 위치에 병력을 배치한 것이 습격을 용이하게 만드는 빌미를 제공했다. 이 사건으로 영국공사관 소속의 서기관 등이 부상당하는 피해를 입었으나, 막부는 사후수습에 신속한 조치를 취하면서 얼코크의 호감을 샀다.

아무튼 이 사건을 계기로 얼코크는 막부가 개항과 개시의 연기를 끈질기게 요청하는 이유를 이해하게 되었으며, 막부에 대해서 유화적인 태도를 취하기 시작했다. 그 결과 1861년 12월 다케우치 야스노리(竹內保德)를 단장으로 하는 사절단이 구성되어 유럽으로 출발하게 되었다. 역사상 두 번째로 파견되는 사절단이었다. 미국과 화친조약을 체결하고 곧바로 귀국한 최초의 사절단과는 정반대로, 이번에는 유럽의 각지를 돌아다니며 풍부한 견문을 쌓았다. 원래 죠슈번의 다카스기 신사쿠가 참가하기를 희망했다가 좌절된 게 바로 이 사절단이었다.

사절단은 다음해 4월 영국 런던에 도착하고 당시 외무장관이었던 러셀(John Russell)과 회견한 결과, 소위 '런던각서'라고 일컫는 외교문서에 조인하기에 이르렀다. 영국은 5년간 개시·개항의 연기에 동의하기는 했지만, 그 대가는 너무나 값비싼 것이었다. 왜냐하면 그 대가로 무역에 관한 여러 가지 규제를 해제하는 것은 물론이며, 관세에 있어서 중국과 동등한 수준으로 취급받는 것을 감수해야만 했기 때문이었다. 이것은 전쟁에서 패배하고 강제로 개국한 중국과 비슷한 처지로 전락했다는 의미다.

존왕양이(尊王攘夷)라는 민족주의 감정에 바탕을 둔 외세배격운동이 위세를 떨치면 떨칠수록, 오히려 점점 서구열강의 개입을 허용하고 식민지화를 촉진한다는 모순이 생겼다. 이러한 현상은 특히 중국에서 두드러지게 나타났다. 진정으로 외세를 배격하고자 원한다면 외세배격운동이 아니라 국가적 차원에서 군사력과 경제력을 키우는 방법, 즉 부국강병을 추구하는 게 최선의 길이라는 것을 깨닫고 실천에 옮기지 못한다면 식민지로 전락하는 운명만이 기다리고 있을 뿐이다.

이러한 이유로 오늘날 일본에서는 존왕양이운동에 대한 역사적 평가가 예전과는 달리 그다지 긍정적인 편이 아니다. 존왕양이를 부르짖으며 걸핏하면 일어나는 외국인에 대한 살상과 테러행위로 인해서, 이것을 빌미로 무역의 중심지인 요코하마에는 영국과 프랑스를 비롯한 열강의 군대가 주둔하게 되었으며, 외국인 거류지는 치외법권을 방패로 사실상 외국의 영토처럼 변해갔다. 그리고 이것을 발판으로 서구열강들은 경제적인 침탈을 수행하고 이권을 획득하여 식민지화를 심화시켜 나갔다.

일본의 경우에는 막부가 비교적 빨리 멸망하고 강력한 중앙집권을 추구하는 메이지 정부가 들어섰기 때문에 식민지화가 심화되는 도중에 멈추고 말았다. 그러나 도쿠가와 막부와 같이 허약한 중앙정부가 조기에 멸망하지 않고 식민지화의 위기에 제대로 대처하지 못한다면, 민중의 불만은 점점 확산되지 않을 수 없으며, 급기야 대규모 외세배격운동으로 발전하게 되는 것은 불가피하다. 이러한 기회를 놓치지 않고 서구열강이 외세배격운동의 무력진압에 직접 개입하면서 식민지 혹은 반식민지로 전락하는 것이 중국에서 전형적으로 나타나는 현상이었다.

비록 식민지화의 위기를 회피하기는 했지만 일본이 위기의식을 느끼는 사건이 전혀 없었던 것은 아니다. 막부가 서구열강과 개시·개항의 연기교섭을 하고 있던 무렵인 1861년 2월 러시아의 군함이 느닷없이 쓰시마(対馬)에 나타나 불법으로 점거하고 해군기지 건설을 시작했다. 퇴거를 거부하는 러시아 측의 태도에 해결책을 찾지 못해서 당황하던 막부는 러시아의 라이벌인 영국에게 도움을 요청했고, 영국공사 얼코크는 직접 군함을 이끌고 쓰시마를 찾아가 러시아 군함이 철수하도록 만들었다.

이 사건은 영국의 도움으로 그럭저럭 무사히 해결되기는 하였지만, 당시 일본의 지식인과 지배계층에 미친 충격은 상당히 컸다. 러시아와 개국교섭 과정에서 프티아틴(Putiatin)이 보여준 세련되고 정중한 태도와는 완전히 정반대였기 때문이다. 그래서 러시아에 대한 호감이 씻은 듯이 사라지고 일본인들의 마음속에 잠재되어 있던 러시아 공포증, 즉 공로증(恐露症)을 다시 일깨우고 말았다.

본의 아니게 일본에게 도움을 준 얼코크 역시 실제로는 쓰시마를 프랑스와 공동으로 조차하려는 구상을 가지고 있었고, 일본이 통상조약에 위반한다면 전쟁을 할 수밖에 없다고 주저 없이 말해서 막부를 공포에 떨게 만든 장본인이었다. 개국과 무역이 시작되자 국내에서는 존왕양이를 슬로건으로 하는 외세배격운동의 진압에 부심하는 한편, 대외적으로는 서구열강의 식민지화 위기에 대처해야 하는 것이 막부가 처한 괴로운 입장이었다.

3

4후 회의와 쇼군 요시노부

요시노부가 주장한 대로 막부군의 해산과 죠슈번과 휴전에 돌입하고 아울러 제후회의의 소집이 시행되기에 이르렀다. 참가한 제후(다이묘)가 4명이었기 때문에 이를 4후 회의라고 했다. 이 회의는 막부와 요시노부에게 마지막 기회가 되는 중대한 회의였다. 8·18 쿠데타 직후에 소집한 제후회의는 참여회의라는 이름으로 요시노부의 비타협적인 태도로 결렬되었다.

참여회의는 죠슈번과 존왕양이파를 교토에서 추방하고 막부의 정치적 위상이 높아진 상황에서 개최된 회의였다. 그러나 이번의 4후 회의는 막부가 죠슈번과의 전쟁에서 패배하고 위신이 땅바닥에 떨어졌으며, 더 이상 물러날 곳이 없을 만큼 궁지에 몰린 상태에서 열렸다. 게다가 회의의 제안자는 웅번 측이 아니라 '쇼군' 요시노부였다. 그렇기 때문에 이번의 4후 회의에서는 요시노부의 대폭적인 양보를 비롯해 정치판도의 획기적인 변화가 예상되었고 기대감도 높아졌다.

1867년 4월 11일 히사미쓰가 병력을 동반하고 4번째 상경을 했다. 그리고 15일에는 우와지마(宇和島)번의 다테 무네나리(伊達宗城)가, 16일에는 에치젠(越前)의 마쓰다이라 요시나가(松平慶永), 5월 1일에는 도사(土佐)의 야마우치 요도(山內容堂)가 차례차례 교토로 상경해서 진용이 갖추어졌다.

5월 14일 제후들이 나란히 요시노부가 숙소로 사용하는 니죠성(二条城)을 방문했을 때 이들은 요시노부의 희망에 응해서 사진촬영을 했다. 사진촬영은 요시노부의 평생 변하지 않는 취미였다. 이렇게 해서 4명의 유지 다이묘의 얼굴이 후세에 알려지게 되었다.

4후 회의의 의제가 된 것은 효고의 개항문제와 죠슈번에 대한 처벌을 어떻게 하느냐의 두 가지에 있었다. 원래 효고의 개항은 통상조약에서 양력으로 1863년 1월 1일로 정해졌지만, 앞서 본 것처럼 막부가 그 후에 영국과 교섭을 통해 5년을 연기해 양력으로 1867년 1월 1일 개항한다고 예정되었다. 음력으로는 1867년 12월 7일이다. 또한 개항의 반년 전에는 이를 포고하기로 정해졌다.

결국 1867년 6월 7일까지는 조정으로부터 효고 개항의 승인을 얻고 이를 포고해야 하는 게 막부가 처한 상황이었다. 그러나 고메이 천황은 예전에 천황 앞에서 눈물을 흘리며 애원하는 요시노부의 간청을 받아들여 통상조약을 승인하는 대신에 효고의 개항을 금지한다는 조건을 붙였다. 그것은 지리적으로 교토와 위치가 가까운 효고를 개항하면 개국의 여파가 교토에 직접 미칠까봐 우려했기 때문이었다.

이러한 상황에서 고메이 천황이 사망했으므로 쉽게 이것을 고치기가 어려웠다. 그래서 유지 다이묘들의 찬성과 지지가 필요했다. 여기에다 '역적' 죠슈번의 처벌 문제는 막부의 패배로 죠슈번에 매우 유리한 형태로 처벌이 경감될 것이 분명한 사실이다. 이 두 가지의 의제는 유지 다이묘들 사이에서는 별다른 논쟁의 여지가 없는 사항이었다.

웅번의 다이묘들은 개국론의 관점에서 효고의 개항에 찬성이었으므로 막부와 이견이 없었고, 죠슈번의 처벌문제도 막부가 관대한 처분을 결정하면 마찰이 발생할 여지는 적었다. 막부가 유지 다이묘들로부터 효고 개항에 찬성을 얻는 대신에, 역적으로 몰린 죠슈번의 딱한 처지에 동정적인 유지 다이묘들을 회유하기 위해 죠슈번에 관대한 처분을 내리면 문제는 쉽게 해결될 가능성이 매우 높았다.

문제는 엉뚱하게도 이 중에서 어느 것을 먼저 의제로 하는가를 두고 충돌했다. 삿쵸(薩長)동맹에 바탕을 두고 사쓰마번의 히사미쓰는 죠슈번에 대한 관대한 처분을 강력히 주장하고, 이것을 먼저 의제로 다루자고 주장했던 것이다. 삿쵸동맹에는 사쓰마번이 역적으로 몰린 죠슈번의 억울한 죄를 해소하기 위해서 '정치적 차원에서' 적극적으로 노력한다는 조항이 있었다. 그런데 여기에 대해 요시노부는 효고의 개항문제를 먼저 다룰 것을 주장하면서 제동을 걸었다.

요시노부는 4후 회의를 소집한 주된 목적이 효고의 개항문제에 있으므로 이를 먼저 해결하고, 그 다음에 상황을 봐서 죠슈문제에 대해 논의한다는 방침을 취했다. 이 문제는 막부의 체면과 관련된 문제였기 때문이다. 막부는 자존심 때문에 어디까지나 죠슈번 쪽에서 잘못을 인정하고 탄원서를 제출하면, 이를 바탕으로 관대하게 처분을 내린다는 구상을 가지고 있었다.

히사미쓰의 주장을 받아들인다면 막부가 죠슈번을 처벌하고 공격한 게 잘못이라고 인정하는 꼴이 된다. 게다가 히사미쓰가 주장한 관대한 처분의 내용이 막부의 자존심을 건드렸다. 죠슈 번주인 모리 다카치카(毛利敬親)의 은퇴와 세자의 번주 취임이 히사미쓰가 주장한 처분안의 전부였다. 단순히 관대한 처분을 뛰어넘어 사실상 전면적인 복권을 주장한 것이나 마찬가지다. 히사미쓰의 주장과 다른 유지 다이묘들의 생각은 거의 비슷했기 때문에, 요시노부는 죠슈번에 관한 문제가 의제에 상정되는 것조차 기피하는 태도를 나타내기 시작했다. 또다시 요시노부와 히사미쓰는 심각한 반목을 되풀이하며 감정의 골이 더욱 깊어지게 되었다.

6월 7일이라는 시한에 쫓기고 있었으므로 참여회의의 경우처럼 교섭의 결렬은 곤란하였다. 여기서 에치젠의 마쓰다이라 요시나가가 중재에 들어갔다. 요시나가는 두 가지 쟁점을 동시에 의제에 올려서 결정한다는 절충적인 제안을 했다. 그러나 이것도 여의치 않았다. 유지 다이묘들이 생각하는 죠슈번에 대한 전면적인 복권 구상과의 차이를 좁히지 않으면 동시에 결정하는 것도 어려웠다. 그런데 요시노부는 한사코 양보하지 않았다.

이러한 요시노부의 강경한 비타협적인 태도로 우여곡절 끝에 4명의 유지 다이묘의 공동명의로 죠슈문제를 먼저 처리하자고 주장하는 건의서를 제출하고, 4후 회의는 해산하는 방향으로 진행되었다. 상황이 급박하게 변하자 요시노부는 특유의 제멋대로 행동하는 버릇을 나타내기 시작했다.

5월 23일 오후 요시노부는 궁궐에 들어가고 밤 8시 무렵부터 조정의 중신들과 회의를 열었다. 문제를 멋대로 궁궐로 끌고 들어가 해결할 작정이었다. 유지 다이묘의 참석도 요구했지만 이미 건의서를 제출했다는 이유로 아무도 참석하려고 하지 않았고, 도쿠가와 혈족의 신분을 가진 요시나가만이 간청을 못 이기고 참석했다. 요시나가는 유지 다이묘의 건의서에 바탕을 두고 죠슈문제를 먼저 처리하자고 주장했으나, 요시노부는 양자의 동시해결을 고집하고 굳세게 버텼다.

회의는 논의에 논의를 거듭했지만 결론은 좀처럼 나오지 않았다. 그렇지만 요시노부는 굽히지 않고 철야로 계속 버티며 자신의 뜻이 관철될 때까지 결코 포기하지 않을 거라는 뜻을 행동으로 보여줬다. 시간이 23일에서 24일로 바뀌자 우와지마번의 다테 무네나리가 참석해 요시나가를 지원했다. 그러나 역시 요시노부는 꿈쩍도 하지 않았다.

다음날인 24일 오후가 되자 마침내 요시노부의 주장대로 해결을 보는 것으로 낙착이 되었다. 효고 개항을 승인하고 죠슈번에 대해서는 관대한 처분을 내린다고 결론이 난 것이다. 단순히 관대한 처분이라면 구체적인 내용은 막부가 마음대로 결정하는 게 가능하고, 막부는 관대한 처분의 전제조건으로 죠슈번이 탄원서를 제출하라고 요구했다. 이에 대해 유지 다이묘들이 격렬하게 반발하고 죠슈번의 노골적인 전면복권을 주장했으나, 상황을 역전시키기에는 역부족이었다.

이 와중에서 유지 다이묘 중 한 명인 도사번의 야마우치 요도는 5월 27일 홀연히 본국으로 돌아갔다. 병에 걸린 것도 이유였지만 보다 중요한 원인은 요시노부와 대립을 피하기 위해서였다. 참여회의 당시에도 야마우치는 술만 마시면서 요시노부와 정면으로 충돌하는 것을 회피했다.

도사번은 도자마(外樣)번이지만 도쿠가와 막부의 은혜를 입은 번이었다. 야마우치(山內) 가문은 본래 오다 노부나가(織田信長)의 가신으로 출세의 발판을 마련했고, 천하의 운명을 결정한 세키가하라 전투 당시에는 이에야스의 동군 편에 가담해 싸웠다. 도쿠가와 막부의 창설에 특별한 공이 있는 것은 아니었으나, 이에야스는 자발적으로 충성하는 기특한 야마우치 가문의 석고를 6만 석에서 24만 석으로 대폭 늘려주었다.

이러한 배경이 있었던 탓에 도사번은 후다이번이 아니었으나 기본적으로는 막부를 지지하는 입장에 있었다. 다만 막번체제의 틀에서 발언하거나 중앙정치에 참가할 수 있는 기득권자는 아니었으므로, 부득이하게 막부의 반대편에 있는 웅번의 하나로서 참정권을 요구한다는 기묘한 처지에 놓여있었다. 특히 야마우치 요도는 한때 도사번의 실권을 장악하고 위세를 떨친 존왕양이 세력을 과감하게 숙청한 장본인이기도 했다. 즉, 도사번은 존왕양이에서 개국론으로 정책을 180도 전환했지만, 사쓰마번이나 죠슈번과는 다르게 도쿠가와 막부에 대한 강렬한 반감은 없었다.

어쨌든 겉으로는 요시노부의 정치적인 승리로 4후 회의가 종결된 것처럼 보였지만, 사실은 커다란 패배였다. 알량한 막부의 체면을 유지하기 위해서 히사미쓰가 완전히 등을 돌리게 만들었기 때문이다. 죠슈번과 전쟁의 패배로 궁지에 몰린 요시노부는 강력한 정치적 후원자가 필요한 입장이었다. 고메이 천황이 사망한 후에는 더욱 그러했다.

쇼군에 취임했어도 여전히 에도 막부는 요시노부와 거리가 있는 존재였다. 강력한 군사력과 경제력을 가진 사쓰마번이 그의 파트너로서 최적의 후보였다. 무슨 수를 써서라도 히사미쓰를 포섭해야 함에도 불구하고 오히려 등을 돌리게 만들었다. 막부 타도의 결정적인 단서가 여기에서 만들어졌다고 해도 과언이 아니었다.

아베 마사히로였다면 히사미쓰를 포섭하여 자기편으로 끌어들였을 것이다. 그러나 요시노부는 풍부한 정치적 재능에도 불구하고 유연성이 부족했다. 히사미쓰의 증오심은 은혜를 모르는 요시노부에게 향했으나, 그가 쇼군에 취임하면서 막부 전체로 증오심이 확대되었다. 요시노부가 타협의 여지가 없는 태도로 끝까지 일관한다면 남은 선택은 타도하는 방법만이 있을 뿐이다. 요시노부가 쇼군이라면 요시노부 개인이 아니라 막부를 타도해야만 했다.

이러한 생각이 히사미쓰의 마음속에서 급속히 형성되기 시작하였다. 과거에는 이러한 생각을 꿈도 꾸지 못했을 것이지만, 현재의 막부는 죠슈번 하나조차도 꺾지 못할 정도로 허약한 존재다. 죠슈번이 막부군을 물리치고 히사미쓰가 요시노부에게서 등을 돌리면서, 삿쵸동맹은 막부 타도를 위한 동맹으로 변질되기 시작하였다. 이때부터 사쓰마와 죠슈번의 빈번한 접촉과 연락이 개시되었고, 다른 한편으로 막부 타도를 위한 세력의 확대를 위해서 도사번을 비롯한 웅번의 포섭공작을 은밀히 추진했다.

여기서 요시노부가 어째서 굳이 히사미쓰를 적으로 만들었느냐 하는 의문이 생기지 않을 수 없다. 그는 나름대로의 계산을 가지고 히사미쓰와 등을 돌렸다. 과감한 막부의 개혁을 추진해서 체질강화에 성공한다면 다시 왕년의 막부로 되돌아가는 게 가능하다고 생각한 것이다.

요시노부에게는 믿는 구석이 있었다. 바로 주일 프랑스 공사인 레옹 로슈(Leon Roches)였다. 튀니지 총영사에서 일본 파견을 명령받은 로슈는 1864년 3월 24일 요코하마에 도착했고, 그 이래 일관해서 막부를 지지하는 정책을 추구했다.

로슈는 부임 당초부터 일본의 중앙정부인 막부의 강화를 지원하면서 일본에서 프랑스의 권익을 확대한다는 생각을 가지고 있었다. 이는 당시 프랑스가 추진한 나폴레옹 3세의 대외팽창 정책에 부합하는 것이었다. 나폴레옹의 조카인 나폴레옹 3세는 국내정치의 실패를 만회하기 위해 해외로 관심을 돌리려는 정책을 의욕적으로 추진하였다. 그러나 프랑스 본국 정부가 정식 외교방침으로 이를 결정하고 로슈를 파견한 건 아니다.

공식적인 외교방침으로 결정한 것이라면 일본에서 주도권을 쥐고 있는 영국에 대해서 도전장을 내미는 것을 의미했다. 따라서 어디까지나 현지에서 활동하는 로슈가 재량껏 결정해서 추진하고, 프랑스의 본국 정부는 이를 묵인하고 방관하는 정도에 불과하다는 게 정확한 진상이었다. 아울러 로슈는 20년 정도 아프리카에서 근무한 베테랑 외교관이었다.

이러한 로슈의 적극적인 접근으로 막부 내부에서는 친불파가 형성되고, 그의 권유를 받아들여 각종 사업이 추진되었다. 가장 먼저 막부의 요청으로 에도만 외곽에 위치한 요코스카(橫須賀)에 대규모 조선소를 건설하는 사업을 개시했다. 이것은 막부가 강력한 해군을 보유하겠다는 의지를 반영한 것이다. 이 사업은 철저하게 프랑스가 독점하여 주도했다. 게다가 로슈가 프랑스의 식민지인 알제리 내전에 참전해 풍부한 전투경험을 가지고 있다는 사실이 알려지자, 막부의 요청으로 군사분야의 자문을 하고 외교관뿐만 아니라 군사고문도 겸하기에 이르렀다.

궁극적으로 그는 막부를 지원한 대가로 대일무역에서 영국을 제치고 독점적 지위를 확보하길 원했고, 막부는 프랑스로부터 군사적·경제적 원조를 기대했다. 이러한 상황에서 요시노부가 1866년 12월 쇼군에 취임하자, 다음해인 1867년 2월 로슈는 새로운 쇼군을 면담했고 젊고 유능한 요시노부에게 크게 기대를 걸게 되었다. 요시노부 역시 베테랑 외교관인 로슈를 신뢰하고 경제·군사·외교 등 광범위한 범위에 걸쳐서 자문을 요청했다.

자문 요청을 기꺼이 받아들인 로슈는 중앙정부인 막부의 권력을 강화하는 방향으로 정책을 추진하라고 건의했다. 특히 군사 부문에 있어서는 프랑스의 지원과 지도를 바탕으로 새롭게 쇼군 직속의 상비군으로 근대적인 육군과 해군의 창설을 조언했다. 행정면에 있어서는 근대적인 관료기구의 정비를, 경제면에 있어서는 프랑스 무역회사와의 제휴를 통한 무역 우위의 확보를, 외교면에서는 조약의 충실한 이행과 효고의 개항을, 조세면에 있어서는 새로운 상업세의 신설을 주장했다. 아울러 그는 사회간접자본의 대대적인 확충을 건의하는 것도 잊지 않았다.

로슈가 제안한 가장 의미심장한 건의는 막번체제를 수정하고 근대적인 중앙집권국가로 변모시키기 위해 헌법을 제정하고 총재를 수반으로 하는 내각제를 도입해야 한다고 주장한 점이었다. 여기에 영향을 받아서 요시노부는 네덜란드에서 정치와 경제를 배우고 돌아온 니시 아마네(西周)에게 헌법의 초안을 작성하도록 시키면서 미래의 정치구상을 가다듬었다.

바야흐로 프랑스의 원조를 바탕으로 요시노부가 막부의 본격적인 개혁을 추진하려는 시기에 프랑스 본국에서 로슈를 견제하기 시작했다. 로슈의 정책을 지지하던 외무장관인 류이스(Edouard de Lhuys)가 1866년 7월 23일 사직하고, 무스티에(Marquis de Moustier)가 신임 외무장관으로 임명되었다. 한동안은 별다른 영향이 없었지만 〈저팬 타임즈〉라는 신문에 프랑스가 일본과 무역 독점을 시도해서 막부와 체결한 비밀협정의 내용이 폭로되자, 상황이 급속하게 악화되었다. 이것이 영국을 자극해 외교적 마찰이 발생할

까봐 우려한 무스티에는 1867년 4월 5일부로 로슈를 문책하고, 친막부적인 행동을 강력하게 견제하는 내용의 훈령을 보냈다.

당시 로슈에게는 유능한 일본어 통역이 없었던 탓에, 영국 공사관에서 근무하는 알렉산더 지볼트(Alexander Siebold)를 빈번하게 통역으로 빌려서 사용한 게 화근이었다. 그는 예전에 '지볼트 사건'을 일으킨 유명한 지볼트의 친아들이어서 일본어에 능통했다. 이러한 덕분에 막부와 로슈의 움직임은 낱낱이 영국에게 알려지게 되었고, 영국은 신경을 자극하는 로슈를 주저앉히기 위해서 신문에 로슈의 행동을 폭로하는 수법으로 프랑스 본국을 간접적으로 압박한 것이다.

아무튼 이를 계기로 프랑스의 대일태도는 180도 전환하기 시작했다. 나폴레옹 3세의 팽창정책이 실패를 거듭하는 상황에서 외무장관 무스티에는 일본에서 모험을 하기 보다는, 인도차이나 반도와 중국에서 권익을 확보하는데 중점을 두는 방향으로 동아시아 정책을 소극적으로 전환하였다. 물론 당시 프랑스와 일본은 머나먼 거리에 있었으므로 무스티에가 직접 로슈를 견제할 마땅한 방법이 없었다. 그리고 로슈가 당장 태도를 바꾼 것은 아니었지만 프랑스 본국의 태도는 냉담해졌다.

그럼에도 불구하고 노련한 외교관인 로슈가 급격한 태도변화를 취하지 않았던 탓에, 요시노부는 이러한 변화를 재빨리 눈치채지 못했다. 그래서 4후회의에 미련을 갖지 않고 결렬시킨 것이다. 날카로운 두뇌를 가진 요시노부는 상황을 정확히 파악했다면 히사미쓰를 포섭하려고 노력했을 것이다. 그러나 사태는 이미 돌이킬 수 없는 상황으로 발전하고 있었다.

한편, 요시노부가 로슈의 조언에 바탕을 두고 행한 개혁은 요시노부에게 자신감을 준 것은 물론이고, 죠슈번을 비롯하여 막부에 반감을 가진 세력을 긴장하게 만들었다. 가장 관심을 끈 분야는 역시 군사개혁이었다. 막부가 군사개혁을 추진하는 목적이 사쓰마와 죠슈번을 타도하기 위한 것이라는 사실은 분명했다. 프랑스는 막부의 요청을 받아들여 1866년 11월 샤느와느(Charles Chanoine) 대위를 단장으로 하는 15명으로 구성된 군사고문단을 파견해 막부군의 근대화를 원조하기 시작했다.

막부군의 훈련을 담당한 프랑스 군사고문단의 보고를 통해 상황을 정확히 알고 있는 로슈는 막부의 군사개혁이 생각만큼 진행되지 않았으므로 실망감을 감추지 못했다. 그러나 이러한 사정을 잘 모르는 죠슈번의 기도 다카요시는 막부가 추진한 군사개혁을 높이 평가하며 긴장감을 느꼈다.

자금의 부족으로 막부는 근대적인 병기 도입에 어려움이 있었고, 단지 구입계약만을 체결하거나 대금을 완전히 지불하지 못해서 무기를 인도받지 못하는 경우가 많았다. 게다가 새롭게 창설된 쇼군 직속의 신식 육군도 여전히 봉건적인 신분질서가 중심이 되었다. 개혁의 가장 큰 걸림돌이 자금부족이라는 사실을 잘 알고 있는 요시노부는 막부의 재정 고갈을 만회하기 위해서 친동생인 도쿠가와 아키타케(德川昭武)를 우두머리로 하는 사절단을 프랑스에 파견하기로 결정했다. 이것의 주된 목적은 차관 300만 달러를 프랑스로부터 빌리기 위해서였다.

본래 프랑스 본국의 방침이 변하기 전에 프랑스와 막부의 합작으로 국책무역회사를 설립하려는 움직임이 있었다. 로슈는 이 무역회사를 바탕으로 영국을 제치고 대일무역에 압도적인 우위를 확보하고자 계획했다. 그 대가로 막부에게 무려 600만 달러라는 천문학적인 액수의 차관을 제공할 예정이었다. 그러나 앞서 본 것처럼 신문에 이 사실이 폭로되면서 계획이 흐지부지되었고, 막부는 재정의 궁핍을 만회할 기회를 놓쳤다.

1867년 3월 7일 파리에 도착한 사절단은 나폴레옹 3세를 알현하고 교섭을 시작했지만, 여기서도 영국공사관의 통역인 알렉산더 지볼트와 유럽에 파견한 유학생으로부터 사절단에 관한 자세한 정보를 입수한 사쓰마번이 방해공작을 펼쳤다. 마침 프랑스 파리에서 개최 중이던 만국박람회에 사쓰마번의 명의로 막부의 전시장 바로 맞은편에 자리 잡고, 독자적으로 물품을 출품하면서 마치 독립된 왕국인 것처럼 행세했다.

제멋대로 훈장을 만들어 나폴레옹 3세를 비롯한 프랑스의 유력한 인사들에게 수여하는 것은 물론이고, 도쿠가와 막부가 일본의 중앙정부가 아니라는 선전을 활발하게 펼쳤다. 이를 지휘한 인물은 오쿠보에 의해서 성충조의 리더로 추대된 이와시타(岩下方平)였다. 다른 행사도 아니고 만국박람회라는 매우 중요한 국제행사에서 펼친 활동이었기 때문에 파문은 크게 일어나지 않을 수가 없었다.

이를 계기로 프랑스 정부는 막부가 파견한 사절단을 의심하기 시작했고 차관교섭을 추진하기 어려운 상황에 몰렸다. 이 사실을 알게 된 요시노부는 9월에 추가로 친불파 관료를 파견해 프랑스 정부를 설득하려고 필사적인 노력을 했다. 그러나 결국 프랑스의 호의를 얻는 데 성공하지 못하고 군비증강 계획에 치명적인 타격을 받게 됐다. 차관계약이 순조롭게 성립할 것으로 믿고 파리의 호텔에 투숙했던 사절단은 교섭이 좌절되자 숙박비조차도 없게 되어 호텔을 나와서 민박을 하는 지경에 빠졌다.

1867년 10월 무렵에는 프랑스에 주문한 72만 달러 분량의 무기가 일본에 도착했지만, 자금 부족으로 대금을 지불하지 못하고 극히 일부만 인도받아야 했다. 만약 순조롭게 차관교섭에 성공했다면 막부군은 1867년 가을 무렵에는 근대적인 장비를 상당히 보유하고 전력이 크게 강화되었을 것이다. 프랑스 파리에서 벌어진 사쓰마번과 막부의 불꽃 튀는 외교전의 실상은 당시 일본 국내에는 잘 알려지지 않았지만, 막부에게 막대한 타격을 안겨 주었다. 사절단 일행이 다시 일본으로 돌아왔을 때에는 이미 막부는 멸망하고 사라진 후였다.

4

대정봉환과 토막의 밀칙

4후 회의 결렬 후 교토의 표면적인 정치상황은 고요했지만, 서일본의 웅번들은 수면 밑에서 격렬한 이합집산을 거듭하기 시작했다. 요시노부를 포기한 히사미쓰가 막부 타도를 결심하고 이러한 뜻을 죠슈번에 전달하면서 막부를 무력에 의해 타도하기 위한 움직임이 본격적으로 은밀하게 논의되었다.

이러한 흐름의 반대편에서는 도사번을 중심으로 4후 회의의 결렬에도 불구하고 여전히 막부와 웅번의 연합에 의한 새로운 국가체제를 구상하는 움직임이 있었다. 이 두 가지의 양립하기 어려운 정치적 조류는 서로의 생각을 접촉하고 탐색하는 한편, 각자의 길을 가면서 때로는 대립하고 때로는 타협하면서 절정을 향해 달려 나갔다.

히사미쓰가 막부 타도의 결심을 표명한 것은 6월 중순 무렵이었다. 그는 4후 회의의 결렬 후에도 교토에 남아 요시노부의 행동을 관찰하고 극적인 반전을 기대했다. 그러나 무혈혁명의 희망이 없다는 사실을 깨닫자 6월 16일 죠슈번에서 파견한 기병대의 실권자 야마가타 아리토모(山県有朋)를 직접 접견하고, 권총을 주면서 자신의 결심을 죠슈번주에게 알릴 것을 지시했다. 그러나 사이고와 오쿠보는 이미 4후 회의가 결렬된 무렵부터 발 빠르게 막부 타도를 위한 구상을 가다듬고 정치공작을 개시하고 있었다.

삿쵸동맹의 내용 중에는 사쓰마번이 죠슈번의 복권을 위해서 노력하고, 이를 요시노부가 방해하면 타도한다는 조항이 있었다. 여기에 근거를 두고 요시노부를 타도하려고 한다면 막부와의 대결을 피할 수가 없게 되었다. 삿 쵸동맹이 체결될 당시 요시노부는 쇼군이 아니었지만, 이 시점에서는 쇼군이 었다. 쇼군의 타도는 곧바로 막부의 타도를 의미했다. 애초에 삿쵸동맹은 반 드시 막부 타도를 전제로 체결된 것은 아니었지만, 요시노부가 쇼군이 되었 다는 정치정세의 변화에 응해서 동맹의 내용도 막부 타도를 위한 것으로 변 질되기 시작하였다.

이미 죠슈번과 삿쵸동맹이 타결된 것도 있어서 막부 타도에 관해서 양자 사이에 별다른 의견조정이나 합의는 필요하지 않았다. 문제는 막부타도가 과 연 사쓰마와 죠슈번만으로 가능한가였다. 비록 막부는 죠슈번조차 제압하지 못하는 약골이라는 사실이 드러났으나, 여전히 겉으로 보기에는 거대한 존재 였다. 게다가 막부는 군사개혁을 추진하고 있었다.

당시 300개가 넘게 존재했던 번 중에서 막부 타도를 위해 적극적으로 움 직이는 번은 사쓰마와 죠슈번의 단 2개에 불과했다. 역시 불안감을 느끼지 않을 수가 없었고, 되도록 많은 동지를 끌어들여 막부 타도를 위한 세력을 확대하지 않으면 안 되었다. 그러나 오합지졸은 필요 없다. 막부 타도에 진 정으로 도움이 될 만한 실력을 갖춘 웅번을 포섭하는 편이 훨씬 나았다. 여 기서 사쓰마번은 도사번에 접근하였다.

도사번의 실권자인 고토 쇼지로(後藤象二郎)는 도사번의 공의정체론(公議

政體論)을 주도하는 리더였다. 도사번의 소유주인 야마우치 요도는 존왕양이파를 숙청한 후 자신과 정치적 신조를 같이하는 고토를 발탁해 중용했다. 즉, 고토는 막부와 웅번의 연합에 의한 새로운 정치체제를 만들려고 정치운동을 추진하는 핵심인물이었다. 사이고와 오쿠보는 이러한 고토에게 막부 타도를 설득하려고 접근한 것은 아니었다. 다만 고토를 이용해서 막부 타도의 명분을 얻으려 하였다.

사이고와 오쿠보는 자존심이 강한 요시노부가 도사번이 추진 중인 대정봉환(大政奉還)에서 출발하는 막부와 웅번에 의한 연합정권의 구상을 받아들이지 않을 것이라고 예상했다. 이것으로 막부 타도의 명분을 얻을 생각이었다. 한편, 요시노부가 대정봉환을 거절하면 도사번도 막부에 대해서 등을 돌릴 테고, 무력토막파의 새로운 동지를 만드는 일석이조의 상황이 될 것으로 기대했다. 도사번이 공의정체론의 리더인 점을 감안하면, 도사번이 막부에 등을 돌리는 것을 계기로 공의정체론을 지지하는 대부분의 유력한 번들도 손쉽게 포섭하는 게 가능해진다. 그러면 일석삼조이다.

대정봉환에 관해서는 후에 자세히 설명하겠지만, 핵심 내용은 쇼군이 정권을 조정에게 반환하고 쇼군직에서 사퇴하는 것이다. 즉, 그것은 정치적 관점에서 막부의 멸망을 의미했다. 이를 계기로 천황을 우두머리로 하는 교토의 조정이 일본의 중앙정부로서 새롭게 등장하며, 천황의 정부 아래에 막부와 웅번의 세력이 실권을 장악하고 서로 협조하면서 새로운 정치체제를 만들어 나간다는 게 공의정체론의 주된 취지였다. 여기서 말하는 새로운 정치체제는 물론 근대적인 삼권분립이나 입헌정치체제 등을 일본에 본격적으로 도입하자는 구상을 말한다.

아무튼 쇼군 요시노부의 대폭적인 양보와 결단이 없이는 공의정체론 자체가 성립하기 어렵다는 점도 사실이었다. 시종일관 웅번에 대해 비타협적 태도를 취하는 요시노부가 공의정체론을 받아들일 가능성은 극히 희박해 보였다. 바로 이 점을 노리고 사쓰마번이 겉으로는 공의정체론에 찬성하듯이 행세하면서 도사번에 접근한 것이다. 오쿠보나 사이고의 입장에서는 막부를 지지한다는 점을 제외하고 공의정체론에 대해서 특별한 반감이나 거부감은 없었다.

도사번으로의 접근은 이미 히사미쓰가 막부 타도를 결심하기 전부터 진행되고 있었다. 그 결과 7월에는 정식으로 동맹을 체결하기에 이르렀다. 내용은 물론 막부 타도와는 정반대의 공의정체운동에 관한 것이었다. 즉, 쇼군에게 대정봉환과 쇼군직의 사퇴를 건의하고, 이것이 성공했을 경우에 왕정복고를 실현한다는 내용이다. 그리고 최고의결기관으로 교토에 의사원을 설립하고, 조정의 내부개혁에 관한 사항과 외국과 조약을 새롭게 체결하는 등의 내용을 담고 있었다.

동맹의 구체적이고 자세한 내용은 막연하고 애매했지만, 장래 일본의 정치구상을 명문화해 나타낸 점에서는 중요한 의미가 있었다. 어쨌든 막부타도와는 전혀 무관계한 내용이다. 겉으로 볼 때 오쿠보와 사이고가 속마음으로는 막부 타도를 결심하고 이를 추진하면서, 공의정체론의 주도자인 도사번에 접근하여 동맹을 체결하는 건 모순된 행동처럼 보인다. 그러나 앞서 말한 사실과 같은 계산이 있었기 때문에 도사번과 동맹을 체결한 것이다.

동맹을 체결했음에도 불구하고 9월에 접어들면서 사쓰마와 도사번은 대립하기 시작했다. 근본적인 원인은 역시 사쓰마번이 무력에 의한 막부 타도를 추진하고 있었기 때문이지만, 표면상의 대립은 고토의 약속위반에서 시작되었다. 고토는 동맹의 체결이 마무리되는 시점인 6월말 사이고에 대해 번주의 승낙을 얻은 후, 병력을 이끌고 10일 내에 다시 상경한다고 약속했다. 그러나 불가피한 사정이 생겨 약속을 지키지 못했기 때문에 갈등이 시작된 것이다.

약속대로 고토는 7월초 도사번으로 돌아가 야마우치 요도의 승인을 얻었

이타가키 다이스케(板垣退助)

다. 그러나 그 후 곧바로 뜻하지 않게 영국과 외교마찰이 생겼다. 나가사키의 홍등가에서 영국 군함 이카루스호의 승무원이 살해당하는 사건이 일어났는데, 배후세력으로 영국이 도사번을 지목하는 바람에 이를 해명하고 외교적 교섭을 하느라 시간이 많이 걸렸다. 이 때 영국 공사인 파크스(Parkes)와 통역 겸 정치비서 새토(Satow)가 직접 담판을 짓기 위해 도사번을 방문했으며, 고토의 공의 정체에 입각한 혁신적인 정치구상을 듣고 매우 놀랐다고 한다.

한편으로 파크스는 극동의 섬나라에서 의회정치를 구상하고 있으나 실현가능성이 희박하다는 회의적인 의견도 본국에 보고했다. 나중에 도사번과 관계없는 사건이라는 사실이 밝혀지기는 했지만, 어쨌든 이 사건이 고토가 추구하는 공의정체운동에 막대한 지장을 준 것이 사실이다.

고토의 상경을 기다리며 교토에 있었던 에치젠의 요시나가(松平慶永)를 비롯한 유지 다이묘들이 귀국해 버리고 말았다. 9월초가 되어서야 고토는 사이고에게 약속한 병력도 동반하지 않고 교토에 돌아왔다. 본래의 약속대로라면 7월 중순에는 병력을 동반하고 교토에 도착해서 공의정체를 지지하는 유력한 다이묘들과 협의를 거쳐 공의정체운동을 추진했어야 하는 귀중한 시기를 놓치고 만 것이다. 게다가 병력을 동반하지 않고 상경한 탓에 약속위반을 추궁하는 사이고와 대립하는 것도 불가피했다.

공의정체론에 의한 무혈혁명을 꿈꾸는 고토에게 있어서 병력은 어디까지나 보조적이고 2차적인 수단이었지만, 사이고에게는 막부 타도를 위한 중요한 선결조건이었다. 도사번에 병력이 없으면 막부 타도에 실질적인 도움이 되지 않는다. 결국 고토와 사이고는 어색한 사이가 될 수밖에 없었다.

이러한 상황에서 사이고에게 접근한 사람은 도사번의 이타가키 다이스케(板垣退助)였다. 이타가키는 도사번 무력토막파의 리더로서 사쓰마번에 접근해 은밀히 막부 타도를 위한 군사협정을 맺었고, 공의정체를 주장하는 고토 쇼지로를 실각시킨 후에 도사번의 방침을 무력토막론으로 바꾸려고 획책했다. 그러나 도사번의 실권자인 야마우치 요도의 고토에 대한 신임은 확고부동했다. 이미 말한 것처럼 야마우치는 도사번의 존왕양이파를 숙청한 이래, 도사번의 실권을 완전히 장악하고 그와 정치적 신조를 같이하는 고토 쇼지로를 내세워 공의정체운동을 주도했다.

공의정체론의 추상적이지만 웅장하고 대국적인 구상은 야마우치의 이상가 기질과 맞아 떨어지는 이론이다. 사이고와 오쿠보는 도사번을 아군으로 끌어들이는 것을 일단 보류하고, 대정봉환이 거부될 경우에 대비해 죠슈번과 군사적인 실무협의에 들어갔다. 9월 20일에는 오쿠보와 기도 다카요시 사이에서 쿠데타를 위한 군사작전 계획을 합의했다.

핵심 목표는 교토에서 천황을 탈취해 오사카로 옮기는 것이었다. 즉, 천황의 확보에 중점을 둔 것으로 대정봉환을 요시노부가 거부하는 것을 신호탄으로 작전을 개시하기로 했다. 한편으로 이것을 위해서 히로시마(広島)번을 아군으로 끌어들였다. 교토에 있는 사쓰마번의 병력이 천황을 탈취하고, 본국에서 따로 출발한 죠슈번과 사쓰마번의 병력이 오사카를 제압한다는 계획이었다. 여기에 히로시마번은 보조를 맞춰 이를 지원한다고 작전계획을 짰다. 그러나 결국 히로시마번은 출병에 동요를 나타내고 소극적인 자세를 취했다.

이보다 더욱 심각한 문제는 사쓰마번의 병력이 나타나지 않은 점이었다. 약속대로 한다면 9월말에는 사쓰마의 병력이 도착하여 죠슈번의 병력과 함께 오사카로 향해야만 했다. 그러나 10월에 들어서도 나타나지 않았고, 예정보다 10일 정도 늦은 10월 9일이 되어서야 불과 400명의 병력이 도착했다.

이러한 뜻밖의 차질이 생긴 이유는 사쓰마번 내부에서 강력한 출병반대 움직임이 있었기 때문이다. 결국 쿠데타를 위한 타이밍을 놓치고 흐지부지되는 결과가 되었다. 죠슈번에서는 사쓰마번의 태도에 의혹과 불신을 느끼기 시작했고, 오쿠보는 상황을 반전시키기 위해 번주를 앞세운 대규모 상경으로 계획을 바꾸기로 결심했다.

당시 히로시마번은 무력토막의 노선과 공의정체 사이에서 갈팡질팡하고 있었다. 교토에서 히로시마번의 정치공작을 담당하는 실무책임자는 쓰지 즈쇼(辻將曹)라는 인물이었다. 그는 공의정체 노선을 확고한 신념으로 가지고 있었고, 번주에게 허위보고까지 하면서 히로시마번을 공의정체노선에 서도록 노력했다. 히로시마번은 죠슈번의 바로 옆에 있다는 지리상 위치로 인해서, 한편으로는 죠슈번의 처지를 동정하면서도 막부의 명령으로 죠슈번이 복권을 위한 탄원서를 제출하도록 앞장서 설득해야 하는 입장에 있었다. 쓰지 즈쇼의 리드로 도사번과 함께 공의정체노선을 이끄는 핵심적인 번이 되었지만, 내부적으로는 죠슈번이 무력에 의한 막부 타도를 주장하면서 유혹하자 흔들렸다.

드디어 10월 3일 고토 쇼지로가 요시노부에게 대정봉환의 건의서를 제출하고, 이어서 10월 6일에는 히로시마번을 대표해 쓰지 즈쇼가 같은 취지의 건의서를 제출했다. 그리고 쓰지는 건의서 제출을 이유로 본국에 출병 중지를 요청했고, 이것이 계기가 되어 히로시마번은 병력 출동을 보류한 것이다. 이러한 경위로 최초의 쿠데타 움직임은 중지되었다. 막부 타도를 꿈꾸는 세력이든 그 반대의 입장에 있는 세력이든 이제는 대정봉환의 건의와 그에 대한 쇼군 요시노부의 반응이 장래 정국의 흐름을 결정하는 방향타가 되었다.

막부의 권위가 땅에 떨어진 1867년의 단계에서 대정봉환론은 정치적으로 막부의 멸망을 전제로 한다는 성격상 많은 지지를 얻어 폭넓은 공감대가 형성된 이론은 아니었다. 이러한 대정봉환론을 느닷없이 쇼군 요시노부에게 건의한 고토 쇼지로의 배후에는 같은 도사번 출신의 사카모토 료마(坂本龍馬)가 있었다.

막부 타도를 위해서 료마가 삿쵸동맹을 추진했다면, 어째서 대정봉환론을 배후에서 주장했는지 의문이 든다. 평화적으로 막부를 멸망시키기 위해 대정봉환론을 주장한 것일 수도 있고, 아니면 대정봉환의 건의를 막부가 받아들이지 않을 것을 예상하여 무력에 의한 막부 타도를 위한 구실을 만들기 위해서 그런 것일 수도 있다. 그것도 아니면 고토 쇼지로의 공의정체론에 사상적으로 공감해서 대정봉환론을 주장했다고 생각하는 것도 가능하다.

아쉽게도 료마는 대정봉환이 이루어지고 불과 한 달 정도 후인 11월 15일 암살되었으므로, 그의 본심을 정확히 알기는 어렵다. 다만 그의 생각을 간접적으로 추측할 수 있는 그 유명한 '선중8책(船中八策)'이 있다. 선중팔책은 고토 쇼지로와 같은 배를 타고 항해하던 중 료마가 평소 가지고 있었던 정치구상의 요점 8개를 말한 것으로서, 헌법의 제정, 해군력의 강화, 친위병의 설치 등의 여러 가지 구상을 담고 있었다. 그 중에서 특히 의미심장한 것은 공의정체론에 입각하여 의회제도를 바탕으로 하는 정치구상이다.

선중팔책의 내용이 매우 간결하기 때문에 그 의미는 해석하기 나름이다. 그렇지만 료마는 대정봉환을 공의정체를 실현하기 위한 전제요건으로서 주장했고, 고토가 이를 받아 들여 도사번주인 야마우치 요도의 허락을 얻어 쇼군에게 건의했다. 물론 고토 쇼지로는 당시 일본을 대표하는 공의정체론의 주장자였던 관계로 별다른 이의가 없었다. 공의정체가 실현된다면 굳이 막부를 무력으로 타도할 이유가 없다. 그렇다면 료마가 삿쵸동맹의 체결을 주선한 이유가 무엇인가라는 의문이 든다.

공의정체가 실현되지 않을 경우를 대비하여 무력으로라도 막부를 타도하기 위해서일까? 필자의 생각으로는 료마는 처음부터 막부와 웅번에 의한 연합정권을 만들어 의회제도에 바탕을 둔 정치를 한다는 구상을 가지고 있었다는 생각이 든다. 이것은 료마의 사부이자 정신적인 기둥인 가쓰 가이슈(勝海舟)의 정치적 신조와 동일하다. 그리고 이를 위해서는 웅번의 존재가 필요했을 것이다.

막부가 웅번을 압도적으로 능가하는 실력을 가지고 있다면 공의정체의 구상은 아예 성립하지 않았다. 그렇기 때문에 유력한 웅번의 하나인 죠슈번이 사라지면 곤란하다. 막부가 죠슈번을 타도하는 데 성공하면 막부의 권위와 권력이 다시 크게 강화되는 것은 물론이다. 이것을 막기 위해서 삿쵸동맹을 주선한 것은 아닐까? 그렇다면 료마는 막부 타도를 강하게 의식한 상에서 삿쵸동맹을 주선한 것은 아니라고 생각된다. 그리고 죠슈 토벌의 실패로 막부의 권위가 크게 추락하자 기회를 놓치지 않고 공의정체를 실현하기 위해 대정봉환을 건의하도록 배후조정을 했을 것이다.

과연 료마가 막부 타도에 관한 생각이 전혀 없었는가는 의문이지만, 적어도 암살되는 시점까지는 그가 막부 타도를 최우선으로 고려하지 않았다고 추측된다. 료마가 허망하게 암살되었기 때문에 그의 진심이 어디에 있었는가는 확실히 알기가 어렵게 되었으나, 적어도 무력에 의한 막부 타도를 최선책이나 유일한 수단으로 생각하지는 않았을 것이다.

느닷없이 요시노부가 대정봉환의 건의를 받은 후 이를 결단하기까지는 9일의 시간이 있었다. 이 9일 동안 요시노부는 거의 누구와도 의논하지 않고 혼자서 대정봉환을 결심했다. 상식적으로 이처럼 중대한 사항은 에도의 막부 수뇌들에게도 알린 후 골고루 의견을 청취한 상태에서 결정을 내려야 했다. 그러나 역시 제멋대로 행동하는 버릇이 있는 '고독한 쇼군' 요시노부는 그렇게 하지 않았다. 어차피 의견을 자문해도 맹렬한 반대에 부딪칠 게 불을 보듯 뻔했다.

그럼에도 불구하고 요시노부가 대정봉환의 건의를 받아들인 건 장래에 대한 정치구상과 계산에 의한 것이지, 아무 생각 없이 채택한 것은 결코 아니었다. 어차피 정권을 반환해도 조정에는 통치능력이 없었다. 또한 대정봉환이 실현된 이후에 정치판을 어떤 식으로 새로 만든다 하더라도 막부의 대표인 요시노부의 우위는 흔들리지 않는다. 웅번과 권력을 나눠 갖는 것은 불가피하게 되겠지만, 그래도 정치의 주도권은 여전히 그에게 있었다. 요시노부가 쇼군의 자리를 내놓고 단순히 다이묘로 격하되어도 막대한 직할영지와 직속 군대를 보유한 '슈퍼 다이묘'가 될 것은 분명한 사실이다.

노골적으로 요시노부를 공격하고 반대하는 번은 사쓰마나 죠슈번 정도의 극소수에 불과했고, 대부분의 번은 형세를 관망하거나 요시노부를 지지했다. 천황을 우두머리로 내세운 웅번과의 연합정권을 만들어도 정치적 재능이 뛰어난 요시노부는 주도권을 쥘 자신이 있었다. 이러한 계산 하에 그는 대정봉환을 행한 것이었다.

위험한 도박이지만 그것은 요시노부에게 승산이 있는 도박이었다. 그렇기 때문에 조정에 제출한 대정봉환의 상표문에는 영지의 반환에 관한 내용도 없었고 막부 직속의 군대를 어떻게 할 것인가에 관한 언급도 없었다. 즉, 실질적으로 막번체제의 해체를 도모하기 위해서 상표문을 제출한 것은 아니었다. 다만 장래 막부와 웅번의 세력이 권력을 분할하는 공의정체론을 받아들일 수 있다고 암시하는 정도에 머물렀다. 즉, 요시노부가 대정봉환으로 의도한 것은 막부의 실질적인 멸망이나 막번체제의 해체가 아니라, 공의정체론의 구상을 받아들여 정치체제를 재편하자는 제안에 양보할 수 있다는 데 불과했다.

남다른 정치적 재능을 가진 요시노부는 고토 쇼지로가 대정봉환의 건의를 하기 이전부터 나름대로 장래에 관한 정치구상을 가다듬고 있었다. 죠슈번과 전쟁에서는 패배했고 사쓰마번은 4후 회의를 계기로 완전히 등을 돌린 상태였다. 그래서 요시노부는 막부의 권력을 일정부분 희생하여 조정과 더욱 정치적으로 밀착하는 방법으로 위기를 타개한다는 생각을 하고 있었다. 여기에 관해서 그가 구체적으로 정확히 어떠한 구상을 가지고 있었는지는 알기가 어렵다. 그것은 자신의 회고와 주변 사람들의 증언이 크게 엇갈리기 때문이다. 요시노부가 쇼군을 사퇴한 후 나이 어린 소년에 불과한 메이지 천황의 섭정(摂政)으로 취임, 배후에서 권력을 주무르려고 구상했다는 주장도 있다. 아무튼 요시노부의 입장에서 대정봉환의 건의는 전혀 뜻밖의 제안은 아니었고, 절대로 받아들이기 불가능한 성질의 것이라고 생각하지 않았다는 점은 분명하다.

10월 12일 요시노부는 막부의 주요 인사를 교토의 니죠성(二条城)에 호출하여 대정봉환의 결심을 알렸고, 13일에는 10만 석 이상의 다이묘의 가신들을 불러 마찬가지의 조치를 취했다. 그리고 14일 역사적인 대정봉환의 상표문을 조정에 제출했다. 15일에는 조정에 직접 출두하여 대정봉환의 결심을 알리고, 16일에는 10만 석 이상의 번에게, 17일에는 1만 석 이상의 번의 중신을 니죠성으로 불러 모아 대정봉환이 실현되었다는 사실을 알렸다. 10월 24일에는 마침내 쇼군직의 사직서를 제출했다. 이것이 대정봉환이 실시된 일련의 절차였다.

주목할 점은 요시노부가 대정봉환의 상표문을 제출하고 쇼군직의 사직서를 제출하기까지 무려 10일의 시간적인 간격이 있었다는 점이다. 요시노부가 진정으로 정권을 조정에 반납할 생각이 있었다면 대정봉환의 상표문을 제출하는 것과 동시에 쇼군직의 사표도 제출하는 게 상식적으로 생각해도 옳다. 그가 대정봉환을 결심한 이유가 순수한 동기에서 비롯된 건 아니라는 사실을 뒷받침하는 증거 가운데 하나다.

후세의 사람들 중에는 요시노부의 이러한 대정봉환을 높이 평가하는 의견도 있다. 요시노부가 자신의 기득권을 희생하고 일본의 장래를 위해서 권력을 내놓았다는 것이다. 그러나 그의 이기적인 성격을 생각하면 그다지 설득력 있는 주장은 아니다. 이것은 요시노부가 나중에 늙어서 회고담을 말할 때 자신의 입장을 정당화하고 미화한 일련의 발언에서 비롯되었다.

막부를 비롯한 막번체제의 기득권자의 위치에 있는 자들은 당연한 반응이지만 요시노부의 독단적인 조치에 반발했다. 그들은 대정봉환의 상표문을 각하하지 않고 그대로 받아들인 조정에 대해서도 강렬한 반감을 나타냈다. 그래서 후다이 다이묘가 중심이 되어 조정으로부터 받은 관직과 위계(位階) 반환의 탄원서를 집단으로 제출하는 사태가 벌어졌다. 쇼군이 사표를 제출한 이상 도쿠가와 가신단 출신의 후다이 다이묘들은 형식상으로 더 이상 도쿠가와의 신하가 아니라 천황의 신하가 되어야 했다. 이것을 거부한다는 생각을 행동으로 옮겨서 집단행동에 들어간 것이었다. 조정이 대정봉환을 받아들인 데 대한 일종의 항의 시위였다.

조정은 대정봉환 후의 새로운 정치질서를 모색하기 위해서 11월말까지 다이묘들의 상경을 명령했고, 특히 유력한 다이묘 8명을 지목하여 상경을 재촉했다. 역시 요시노부의 예상대로 조정은 권력을 되돌려 받아도 감당을 하지 못했다. 요시노부가 쇼군의 사표를 제출한 10월 24일의 이틀 후인 26일에 조정은 제후들이 상경하기로 예정된 11월말까지 요시노부에게 임시로 다시 국내 통치를 위임한다고 지시했을 정도였다.

중대한 정치적 정변으로 조정의 상경명령이 내려졌음에도 불구하고 상경한 다이묘는 16명에 불과했다. 그나마 6명은 할 일이 없자 다시 돌아갔다. 대부분의 다이묘들은 형세관망을 하거나 무관심한 반응을 보였다. 조정은 혼란과 무기력상태에 빠져 벗어나지 못했고, 느닷없는 쇼군의 사표제출을 받고 장래에 무엇을 해야 할지 대책이 서지 않았다.

이러한 상황은 무력으로 막부 타도를 계획하고 있었던 오쿠보나 사이고에게도 마찬가지였다. 앞서 말한 것처럼 사이고나 오쿠보는 요시노부가 대정봉환의 건의를 거부하는 것을 빌미로 막부 타도의 확실한 명분을 얻으려고 생각했다. 그러나 예상을 뛰어넘는 요시노부의 결단에 한동안 손을 놓을 수밖에 없었다. 오쿠보는 요시노부가 대정봉환을 받아들이지 않으면, 이것을 신호탄으로 막부 타도의 명분을 얻기 위해 10월 13일 유명한 '토막(討幕)의 밀칙(密勅)'을 얻어냈지만 사실상 그것은 휴지조각이 되어 버렸다. 요시노부가 대정봉환의 상표문을 제출하기 바로 전날의 일이었다.

토막의 밀칙은 그야말로 베일에 가려진 존재였다. 이러한 문서가 실제로 존재한다는 사실이 알려진 건 메이지 10년 무렵이었고, 비록 사진판이지만 실물이 공개된 것은 히로히토 천황이 통치하던 1936년이다. 어째서 수십 년 동안 그것을 이렇게 철저한 비밀로 붙인 것일까? 상식적으로 생각하면 막부 타도의 중요한 명분으로 자랑스럽게 일찌감치 공개되었어야 옳다.

이 밀칙의 문장을 기초한 자는 조정 내부에서 왕정복고파의 핵심인물인 이와쿠라 도모미의 참모 다마마쓰 미사오(玉松操)였다. 그리고 토막의 밀칙을 작성해 달라고 의뢰한 자는 사쓰마번의 오쿠보였다. 오쿠보는 단순히 막부 타도의 명분을 얻기 위해서만 밀칙의 작성을 요구한 게 아니었다. 사쓰마번 내부에서 일어나고 있는 막부 타도 방침에 대한 반발을 잠재우기 위해서도 그것은 반드시 필요했다.

교토에서 사쓰마번의 정치공작을 주도하는 오쿠보와 사이고는 막부 타도의 계획을 철저하게 비밀에 붙였지만, 역시 완벽한 비밀 유지는 어려웠다. 막부 타도에 나서는 것은 매우 위험한 도박이었다. 만약 실패하면 사쓰마번은 멸망한다. 가장 앞장서 반대한 자는 히사미쓰의 3남이자 오른팔인 시마즈 즈쇼(島津図書)였다.

히사미쓰가 직접 나서 병력의 출동이 막부 타도를 위한 목적이 아니라는 포고문을 내야 할 정도로 동요는 심각했다. 그 누구도 무력에 의한 막부 타도가 100% 성공한다고 자신하지 못하는 상황에서 강력하게 반대하는 보수파를 잠재우기 위한 확실한 명분이 필요한 상황이었다. 막부를 타도하라는 내용을 가진 천황의 칙명이라면 가능했다. 그러나 평범한 칙명이 아니라 막부를 타도하라는 엄청난 내용의 칙명을 정상적인 절차로 손에 얻기는 불가능한 것이 현실이었다.

정상적인 절차로 획득하려 한다면 조정의 토의를 거쳐야 하고 내용이 외부에 누설되는 게 불가피하므로, 극비리에 작성되어야만 했다. 그래서 '밀칙(密勅)'이었다. 이처럼 그것은 무리하게 만들어지는 과정에서 문제점을 노출하지 않을 수 없었고, 막부가 멸망한 이후에도 수십 년 동안이나 비밀에 붙여진 것이다.

토막의 밀칙에는 3인의 서명자가 있었다. 산죠 사네나루(三条実愛), 나카야마 타다요시(中山忠能), 나카미카도 쓰네유키(中御門経之)가 그들이다. 이들 모두 이와쿠라의 정치적 동지이고 특히 나카야마는 메이지 천황의 외할아버지였다.

토막의 밀칙은 어디까지나 메이지 천황의 뜻을 받들어 신하가 대신 작성하는 형식을 취했다. 그래서 3인의 공경이 서명자가 된 것이다. 밀칙은 2통이 작성되었는데 각각 사쓰마와 죠슈번 앞으로 1통씩이었다. 여기서 중요한 점은 나카야마가 실제로 밀칙의 작성에 관여한 바가 없다는 사실이었다.

사쓰마번 앞으로 보내는 밀칙은 산죠 사네나루가 작성했고, 죠슈번에게 보내는 것은 나카미카도가 만들었다. 문제는 서명까지도 그렇게 했다는 점이다. 결국 사쓰마번 앞으로 보내는 밀칙의 3인의 서명은 산죠가 혼자서 다하고, 죠슈번 앞으로 보내는 밀칙은 나카미카도가 전부 서명했다. 이것이 원인이 되어 문서 위조의 논란이 일어나지 않을 수가 없었다. 과연 메이지 천황의 승인을 얻고서 밀칙을 작성한 것인지 그 여부도 확실하지 않다.

당시 15세에 불과한 소년이 이런 엄청난 내용의 밀칙을 정확히 이해하고 승인할 능력은 물론 없었다고 봐야 한다. 그래서 천황의 뜻을 받들어 신하가 대신 작성하는 형식을 취한 것이다. 게다가 메이지 천황이 전혀 알지도 못하는 가운데 왕정복고파의 공경들이 멋대로 밀칙을 만들어 사쓰마와 죠슈번에게 건넸을 가능성도 무척 높았다.

상식적으로 생각해서 메이지 천황의 승인을 얻어 정당한 절차에 의해 작성된 것이라면, 오랜 세월동안 밀칙의 존재 자체를 비밀에 붙여야 할 이유가 없다. 그러나 실제로는 막부 타도를 지지하는 극소수의 공경들이 멋대로 만들어낸 문서였다. 그렇기 때문에 밀칙은 세상에 나타나서는 안 되는 존재다. 단지 내부적으로 막부 타도의 명분을 정당화하는 근거로 은밀히 활용되는 정도에 그쳐야만 했다.

토막의 밀칙을 작성하도록 배후조종한 오쿠보의 경우는 이미 천황의 권위의 상대화를 인식하고, 칙명에 관해서도 자신의 정치적 목적을 위해서 수단화하는 단계에 이르렀다. 즉, 자신의 정치적 신조에 어긋나는 칙명이라면 설사 천황이 내린 칙명이라도 무시해버린다는 의식을 가지고 있었다. 토막의 밀칙이 정당한 절차에 의해서 작성된 것인지 아닌지는 상관이 없었다.

그야말로 마키아벨리즘의 전형적인 사고방식이었다. 이러한 사고방식은 오쿠보가 사망하기까지 변하지 않았고, 천황의 권위를 자신의 정치적 이익을 위해서 마음대로 주무르는 것을 주저하지 않았다. 이러한 사정은 밀칙의 작성을 지휘한 이와쿠라 도모미도 마찬가지였다.

그들의 관점에서 소년 천황은 결재서류에 도장을 찍어 주는 존재에 지나지 않았다. 고메이 천황이 살아있었다면 막부를 타도하라는 내용의 칙허는 결코 용납할 수 없었을 것이고, 그래서 이와쿠라가 고메이 천황을 암살한 게 아닌가라는 의혹이 제기되는 것이다.

아무튼 결과적으로 요시노부의 정치적 도박인 대정봉환은 기대한 만큼의 효과를 거두지 못한 것도 사실이었다. 우선 에도의 막부 수뇌부들과 이렇다 할 협의도 없이 멋대로 대정봉환을 결정한 탓으로, 요시노부에 대한 반감을 더욱 증폭시키는 결과를 야기했다. 막부 내부의 분열과 동요는 요시노부의 예상을 뛰어 넘을 정도로 심각한 상황이었다. 한편, 막부를 타도하고자 획책하는 세력에 대해서는 일시적으로나마 막부 타도의 명분을 잠재우는 효과가 있었지만, 그 이상의 효과는 기대하기 어려웠다.

　대정봉환을 건의한 고토 쇼지로는 이 기회를 이용해서 공의정체론에 입각한 정치구상을 본격적으로 실현하기 위해 교토에서 분주하게 활동을 개시했다. 그러나 조정 내부에서 막부를 지지하는 공경들은 공의정체라는 낯선 정치구상에 거부감마저 나타내는 형편이었다. 또한 요시노부를 비롯한 교토의 막부세력은 대정봉환을 계기로 에도 막부의 지지를 얻기는커녕 강렬한 저항에 부딪쳐 지도력을 발휘하는 게 매우 어려운 상황을 맞이했다. 만약 요시노부가 막부 내부에서 공의정체론에 대한 공감대를 형성하도록 노력한 후에 대정봉환을 건의했다면 상황은 크게 달라졌을 것이다. 다시 말해서 모처럼 대정봉환의 결단을 내렸음에도 불구하고, 요시노부가 얻은 정치적 이익은 거의 없다는 말이다. 교토는 대정봉환 이후 정치적 공황상태에 빠졌다.

5

왕정복고의 쿠데타

요시노부가 대정봉환을 하고나서 왕정복고의 쿠데타가 있기까지 1달 반
정도의 시간적 공백이 있었다. 이 공백 기간에서 시작되는 1867년에서 68년
초에 걸치는 겨울은 일본 역사상 가장 긴박한 시기였다고 해도 과언이 아닐
정도로 역동적으로 움직였다. 막부를 타도하고자 하는 세력에게는 대정봉환
의 충격으로부터 벗어나 새롭게 막부 타도를 위한 방법을 모색하고 행동으
로 옮기는 시간이었다.

토막의 밀칙을 앞세워서 출병 반대론을 잠재우는 데 성공한 사쓰마번은
마침내 10월말 다시 2차 출병을 결정하고, 11월 13일에는 막부 타도를 위한
병력을 출발시켰다. 이번에는 보수파의 반발에 신경을 쓰지 않아도 되는 당
당한 출발이었다. 번주 시마즈 타다요시(島津忠義)와 사이고가 직접 병력을
인솔했다. 타다요시는 명색이 다이묘임에도 불구하고, 설치고 돌아다니는 친
아버지 히사미쓰로 인해 그때까지 한 번도 상경한 적이 없었다.

예전에 오쿠보가 구상한 것을 바탕으로 지난번과는 다르게 대규모 병력이 출발했다. 그래봤자 선박 4척에 불과한 매우 조촐한 규모였다. 제2차 세계대전 당시 연합군의 노르망디 상륙작전처럼 웅장하고 거대한 규모의 병력과 선박이 출발한 것과는 상당한 거리가 있지만, 역사의 전환점을 만드는 병력이 출발했다는 점에서는 마찬가지였다.

사쓰마번의 병력이 출발하고 바로 이틀 후에는 료마가 암살당했다. 료마는 교토의 하숙집에서 나카오카 신타로(中岡愼太郎)와 밀담을 나누던 중에 습격을 받아 33세의 나이로 사망했다. 암살의 배후에는 교토소사대로서 교토의 치안을 담당한 구와나(桑名)번이 있었다. 굳이 암살에 나선 이유는 대정봉환을 배후에서 사주한 것으로 증오를 샀기 때문이다. 결국 료마는 막부 멸망 직전에 메이지 시대를 보지 못하고 세상을 떠났다. 이것으로 도사번은 너무나 귀중한 2명의 인재를 한꺼번에 잃는 결과가 되었다.

11월 28일에는 히로시마번의 병력이 입경하고, 12월 1일에는 죠슈번의 병력이 교토에 들어갔다. 병력이 속속 도착하는 사이 11월 15일에 교토에 도착한 오쿠보는 조정을 상대로 정치공작을 개시했다. 대정봉환의 건의를 신호탄으로 무리하게 토막의 밀칙까지 만들어 계획한 쿠데타가 무효로 되자, 동요하는 이와쿠라를 비롯한 조정의 왕정복고파를 달래서 단결시키고 쿠데타 계획을 다시 세웠다.

이번에도 실패하면 무척 곤란했다. 또다시 계획이 좌절된다면 무력토막파의 내부에 걷잡을 수 없는 동요와 분열이 발생할 우려가 높았다. 특히 겁이 많고 소심한 조정의 공경들을 회유하기가 무척 어려워진다. 이번에야말로 기필코 성공한다는 확신을 갖지는 못했으나, 그때까지 축적된 경험을 바탕으로 계획을 새롭게 세우는 데 커다란 어려움은 없었다. 참고모델은 8·18 쿠데타였다.

8·18 쿠데타 당시 사쓰마번은 아이즈번과 손잡고 죠슈번과 존왕양이파를

교토로부터 몰아냈다. 이러한 방식의 기본구도는 그대로 두고 단지 역할만 바꾸면 되었다. 이번에는 사쓰마번과 죠슈번이 손을 잡고 교토의 막부세력을 추방하는 형식으로 진행하면 그만이다. 8·18 쿠데타에는 천황의 결심이 무척 중요한 역할을 했지만, 현재의 천황은 있으나 마나한 소년 천황이었다. 쿠데타에 대한 천황의 의향은 신경 쓰지 않아도 상관없었다. 이미 성공한 전례가 있었기 때문에 실수만 하지 않는다면 성공할 가능성은 높았다.

문제는 쿠데타가 성공한 후에 벌어질 막부 측의 역습에 어떻게 대처하느냐였다. 이미 본 것처럼 8·18 쿠데타 당시 죠슈번은 즉시 역습을 가하지 않고 쿠데타 다음날 그대로 교토를 떠났다. 그러나 막부는 순순히 쉽게 물러날 존재가 아니었다. 특히나 교토를 근거지로 활동하는 '교토 쇼군' 요시노부는 쉽사리 교토를 버리고 에도로 되돌아갈 위인이 아니다. 막부의 역습을 막기 위해서는 강력한 병력이 필요했다. 이 부분에 대한 자신감이 오쿠보나 이와쿠라에게는 없었다.

교토에 집결하고 있는 사쓰마와 죠슈번의 병력을 합쳐도 막부군의 1/3도 되지 않았다. 만약 역습을 막지 못하고 교토를 요시노부에게 탈취당할 경우를 상정하여 천황을 옹립, 도망가는 복안이 마련되었다. 그러나 이것은 임시 처치에 불과했다. 그 이후에는 어떻게 해야 할 것인가? 여기에 관해서는 명쾌한 대책을 마련하지 못했다. 서일본 지역의 다이묘들에게 천황의 이름으로 막부 타도의 명령을 내리고 막부와 결사항전의 태세를 취한다는 정도에 불과했다.

한심하게 교토를 막부에게 빼앗기고 천황을 옹립해서 도피 중인 무력토막파에게 서일본의 다이묘들이 얼마나 호응을 해줄지는 미지수였다. 그렇기 때문에 최초의 단계에서 막부의 역습을 물리치느냐의 여부가 쿠데타 성공의 핵심적인 관건이었다. 이 부분은 권모술수나 협잡으로 해결할 수 있는 문제가 결코 아니다. 그렇기 때문에 쿠데타의 진정한 성공 여부는 교토에서 쿠데타 세력의 군사지휘를 담당하는 사이고 다카모리의 어깨에 달려있었다고 해도 과언이 아니었다.

한편, 쿠데타가 성공한다면 정치판을 어떻게 재편성해야 할 것인가? 여기에 관해서 사이고나 오쿠보를 비롯한 무력토막파에게 특별한 복안이 있는 것은 아니다. 기껏해야 이와쿠라의 신념인 왕정복고와 천황의 정부를 만든다는 정도밖에는 없었다. 그래서 공의정체파의 정국구상을 모델로 채용했다. 일단은 왕정복고(王政復古)를 이념으로 표방했다. 즉, 천황을 간판으로 내세운 천황의 정부를 만드는 것을 목표로 삼았다.

새롭게 만들어지는 천황의 정부는 어떤 방식으로 구성할 것인가? 이 부분은 거의 전적으로 공의정체파의 구상을 모방했다. 즉, 양원제의 의회제도를 채택한 것이다. 상원은 조정의 중신이나 다이묘들로 구성하고, 하원은 신분이 낮은 조정의 공경이나 유력한 번의 무사 중에서 선발해 만든다. 여기에다가 천황의 나이가 어리다는 문제점을 보완하기 위해 명망 있는 인물을 하나 골라서 총재(総裁)로 삼는다. 일단 이것이 신정부의 기본골격이 되었다.

이것은 사실상 공의정체파의 정치구상 중에서 웅번과 막부가 공존하는 개념을 제외하고는 그대로 모방한 것이라고 지적해도 무방할 정도로 노골적인 모방이었다. 막부 타도를 외치는 핵심인물들 중에서 공의정체파의 정치구상을 뛰어넘는 구상력과 비전을 가진 인물은 없었다고 해도 과언이 아니다. 게다가 공의정체파의 이념을 표방하면 공의정체를 지지하는 번을 아군으로 회유하고 포섭하기가 쉬워진다. 오쿠보나 기도는 기본적으로 실무형의 정치가 타입이며, 서구의 정치이론에 해박한 지식이나 식견이 있는 것도 아니었다.

오쿠보보다는 존왕양이운동에 투신한 경험이 있는 기도 다카요시가 이상가 기질이 풍부했지만, 기본 성격은 어디까지나 실무형 정치가였다. 그렇기 때문에 무력에 의한 막부 타도를 획책한 것이다. 애당초 오쿠보나 기도에게 막부를 타도하고 나서 의회정치나 민주정치를 하겠다는 포부는 희박했다. 일단 눈앞의 막부를 타도하고 권력을 잡는 게 무엇보다도 중요했다. 즉, 나름대로의 이상향을 만들고 이를 추구하는 것이 아니라, 현실의 권력을 움켜쥐는 목표가 가장 우선시되었다. 일단 권력을 잡아야지 이상이든 포부든 펼칠 수 있기 때문이다.

1867년 12월로 접어들자 쿠데타 계획은 가시거리의 범위에 들어왔다. 무력토막파는 고토 쇼지로의 약속위반으로 일단 제쳐둔 도사번에 다시 접근하기 시작했다. 한 명의 아군이라도 아쉬운 상황에서 웅번의 대표주자 중 하나인 도사번은 귀중한 존재였다. 도사번의 포섭에 성공했을 경우 장점은 앞서 말한 대로다.

사이고와 오쿠보는 왕정복고 쿠데타의 밑바탕에 공의정체의 구상이 있다는 것을 내세워 고토를 회유했다. 고토 역시 대정봉환 이후에 공의정체 운동이 생각만큼 진전되지 않는 데 흔들리고 있던 참이었다. 무력으로 막부를 타도한다는 생각에 내심으로 찬성하지 않았지만, 고토는 일단 회유에 넘어가는 시늉을 했다.

만약 쿠데타에 참가하기를 거절했는데 왕정복고의 쿠데타가 성공하면 도사번은 그야말로 '낙동강 오리알의 신세'가 되고 말 것이다. 이 점을 고려해서 고토는 정치의 새로운 흐름에 낙오되지 않기 위해 찬동하는 자세를 나타냈다. 아울러 쿠데타 실행을 연기해 달라고 요구했다. 도사번의 실권자인 야마우치 요도의 상경을 위한 시간적 여유를 그 명목으로 내세웠다.

이를 위해서 고토는 이와쿠라를 방문하고 원래 12월 5일로 예정된 쿠데타 계획을 12월 8일로 늦추어 달라고 요청했다. 이와쿠라가 이것을 승낙하자 12월 5일에는 더욱 날짜의 연기를 요청하는 한편, 은밀히 에치젠번의 요시나가를 방문하여 쇼군 요시노부에게 쿠데타 계획이 진행되고 있다는 사실을 알려주라고 부탁했다. 고토의 행위는 무력토막파의 입장에서는 명백한 배신행위였다. 그러나 고토가 추구하는 공의정체의 구상에 입각했을 때는 자신의 신넘에 따른 행동이었다. 그는 왕정복고가 이루어진 이후 만들어질 천황의 정부에도 요시노부가 참가하기를 희망했다.

한편, 대정봉환 이후 행동이 자유롭지 않게 된 요시노부는 이미 쿠데타를 적극적으로 제지할 힘이나 권능은 없었다. 그래서 일단 지켜보고 사태의 추이에 따라서 대응책을 결정하는 정도로 방침을 세웠다. 12월 6일 야마우치 요도가 1,000명의 병력을 이끌고 오사카에 도착했다. 그러나 대부분의 병력을 오사카에 남겨두고 상경했다. 어찌되었든 일단 병력을 모두 이끌고 상경했어야 옳지만, 도사번은 끝까지 막부 타도에 적극적으로 참가하기를 거부했다.

12월 7일 쿠데타 계획은 9일로 연기되었다. 고토가 집요하게 시행의 연기를 계속 요구한 데다가, 메이지 천황의 외할아버지에 해당하는 나카야마가 천황이 타고 갈 가마의 준비를 이유로 연기하자고 요구했기 때문이었다. 앞서 말한 것처럼 만약 쿠데타가 실패할 경우에는 천황을 옹립하고 교토를 탈출할 계획을 세웠지만, 천황이 타고 갈 가마가 없으면 곤란하다는 점을 이유로 내세웠다. 그러나 실제로 나카야마는 쿠데타가 실패할 경우를 의식해서 심리적인 동요를 일으키고 있었기 때문에 이러한 요청을 한 것이었다.

쿠데타 실행의 전날인 12월 8일 조정에서 죠슈번에 대한 처분을 결정하는 회의가 개시되었다. 다이묘들의 의견을 청취한 상태에서 결정을 내린다는 방침을 세웠으므로, 회의의 소집에 상당한 시간이 걸렸다. 그날 저녁 야마우치 요도가 교토에 도착했으나 이미 그가 할 수 있는 것은 아무 것도 없었다. 밤이 되자 죠슈번을 전면 복권한다는 방침이 결정되었다. 그러나 형식상 다이묘들의 의견을 듣기 위해 의견 제출을 요구하는 절차를 밟았기 때문에 회의는 철야로 계속되었다. 아울러 8·18 쿠데타로 추방된 공경들에 대한 사면도 결정되었다.

평소의 태도와는 다르게 요시노부는 회의에 참가해 이를 저지하려는 시도를 하지 않았다. 이미 쿠데타가 예정된 사실을 알고 있는 이상 섣불리 움직이는 것은 좋지 않다고 판단했기 때문이다. 철야회의의 결과 시간이 8일에서 9일로 바뀌자 쿠데타를 획책하던 세력들이 병력배치의 계획을 최종적으로 가다듬으며 준비하기 시작했다.

본래의 계획으로는 9일 새벽에 쿠데타를 시작해야 했지만, 회의가 빨리 끝나지 않았으므로 9일 오전으로 연기되었다. 9일 오전 8시 무렵 철야의 회의가 마침내 끝나고 참석자들이 빠져나오기 시작했다. 그러나 쿠데타를 지지하는 다이묘들과 공경들은 끝까지 남아 회의실 자리를 지키고 있었다.

오전 10시 무렵 이 사실을 통보받자 집에서 기다리고 있던 이와쿠라는 의복을 갖춰 입고 왕정복고의 선언문을 비롯한 서류를 넣은 상자를 들고 집을 나섰다. 드디어 왕정복고의 쿠데타가 시작된 것이다. 사이고의 지휘로 병력이 출동해 궁궐 문을 접수하고 출입을 차단했다. 여기에 참가한 것은 도사(土佐)번과 에치젠(越前)번, 오와리(尾張)번, 히로시마(広島)번이었다. 전부 공의정체를 지지하는 유력한 번들이다. 그러나 참가한 병력은 극소수였고 어디까지나 사쓰마번의 병력이 압도적인 우세로 주도권을 잡았다. 한편, 아직 복권을 조정으로부터 정식으로 통보받지 않은 죠슈번의 병력은 이러한 역사적인 쿠데타에 참가하는 게 불가능했다.

궁궐의 출입문을 수비하던 아이즈(会津)번이나 구와나(桑名)번과의 무력충돌은 일어나지 않았다. 모두 순순히 경비하던 문을 떠나서 철수했다. 도사번의 야마우치 요도는 8일 개최된 조정의 회의에도 참석하지 않았고, 9일 아침 쿠데타에 참가하기 위해 도사번의 병력이 출동하는 것도 제지하지 않고 그저 술만 마셨다.

쿠데타에 적극 참가하기로 마음먹었다면 사쓰마번과 어깨를 나란히 하는 것도 가능한 실력이 있었지만, 자신의 이상과 다르게 전개되는 현실의 정치 상황에 갈등하는 야마우치는 술로 괴로움을 잊으려는 듯했다. 그는 스스로를 '취옹(醉翁)' 즉 술 취한 늙은이라고 부를 정도로 술을 좋아했고, 직접 만난 적이 있는 영국의 외교관 새토의 관찰에 의하면 지나친 음주로 코가 빨갛고 치아상태가 좋지 않았다고 한다. 야마우치는 이러한 태도를 고집해 도사번의 장래를 망치고, 시종일관 주도권을 빼앗긴 상태에서 무력토막파에게 질질 끌려 다니는 운명을 맞았다. 정치의 새로운 흐름을 재빨리 파악하고 신속하게 태도를 전환하는 능력이 그에게는 없었던 것이다.

'복고(復古)'라는 단어는 문자 그대로 과거로 돌아가는 것을 의미한다. 그래서 왕정복고는 표면상의 의미로는 무사정권이 통치하던 시절을 천황이 통치했던 과거로 되돌린다는 의미를 가지고 있었다. 문제는 과거의 어느 시점으로 돌아가느냐에 있었다.

쿠데타를 일으킨 측에서 주장하는 바로는 단지 막부의 폐지만을 의미하는 게 아니었다. 조정의 전통적인 섭정·관백을 비롯하여 5섭가 제도를 포함한 조정의 기본 질서도 역시 폐지해 전면적으로 부정한다고 공표했다. 그렇다면 일본 역사에 막부가 등장하기 시작하는 9세기 이전으로 되돌리지 않으면 안 되었다. 여기서 복고의 정확한 시점을 어디에 두어야 하는지가 문제다.

왕정복고를 주장하는 측은 진무(神武) 천황의 창업 시대로 되돌아간다고 주장했다. 이것은 이와쿠라의 참모인 다마마쓰 미사오의 아이디어를 채택한 것이었지만, 사실 이러한 주장을 최초에 한 발상자는 존왕양이파의 사상적 리더였던 마키 이즈미(眞木和泉)였다. 이미 존왕양이운동은 역사 속의 유물이 되었으나 무력토막파는 공의정체구상이든 존왕양이 사상이든 필요하다면 모방하기를 주저하지 않았다. 막부 타도라는 점에 있어서 무력토막파는 존왕양이파와 공감대가 형성되어 있었고, 그 한도에서는 존왕양이파와 손을 잡는 것도 가능했다.

진무(神武) 천황은 한국으로 따지면 단군에 해당하는 인물이다. 즉, 왕정복고는 일본이라는 국가가 시작하는 처음으로 되돌아가 모든 것을 새롭게 시작하자는 주장이다. 다시 말해서 혁명을 하고자 한 것이다. 그러나 표면상의 표현은 어디까지나 '복고'였다. 겉으로는 복고라는 용어를 사용해서 과거로 돌아간다는 보수적이고 과거지향적인 뉘앙스의 표현을 사용했지만, 실제로는 '혁명'을 의미했다.

알기 쉽게 윈도우의 경우를 예로 들자면, 겉으로는 시스템 복원을 한다고 말하면서 실제로는 복원의 시점을 윈도우가 최초에 설치된 시점으로 되돌린 경우에 해당한다. 그렇게 된다면 시스템의 재설치 내지 초기화와 마찬가지의 결과가 된다. 여기에 왕정복고의 트릭이 있었다. 겉 다르고 속 다른 일본인의 특성상 이러한 트릭은 별로 이상하지 않다.

이러한 눈속임은 막부 타도의 명분에서도 사용되었다. 왕정복고파가 막부 타도의 명목으로 표면상 주장한 사상적 근거는 존왕양이였다. 천황이 쇄국을 명령하는 데 위반해 막부가 개국과 자유무역을 추구한 사실을 막부 타도의 명분으로 내세웠다. 이러한 명분과는 정반대로 막부 타도의 핵심세력인 사쓰마번과 죠슈번은 이미 개국과 부국강병 노선을 추구하고 있었다. 그럼에도 불구하고 존왕양이를 내세운 것은 막부 타도의 뚜렷한 명분이 없었기 때문에 궁색하게도 존왕양이를 내세운 것이다.

이것은 당시에도 오해를 불러일으켰고 막부 멸망 후에 쇄국체제로 돌아가지 않는 메이지 신정부에 대해서 존왕양이파 낭사들이 반란을 일으키는 구실을 제공했다. 겉으로 보기에는 왕정복고와 쇄국체제로 되돌아간다는 것은 모순되지 않는다. 과거로 돌아간다는 게 개국과 자유무역을 추구하던 시대의 이전으로 돌아간다는 의미라고 주장해도 결코 이상하지 않았다. 상황을 정확하게 파악하지 못하면 오해에 오해를 불러일으킬 수밖에 없었다.

12월 9일의 오후가 되자 조정의 중신들과 다이묘들이 명령을 받아서 속속 회의에 참가하기 시작했다. 사쓰마의 번주인 시마즈 타다요시(島津忠義)와 도사번의 야마우치 요도도 참석했다. 참석자들이 집결하고 분위기가 무르익자 왕정복고의 선언이 이루어졌다. 도쿠가와 막부와 교토수호직·교토소사대의 폐지와 아울러 섭정·관백을 비롯한 전통적인 조정의 관직과 5섭가의 전부를 폐지했다. 아울러 니죠 나리유키(二条斉敬)와 아사히코(朝彦) 친왕을 비롯한 막부를 지지하는 조정의 공경 21명에게 궁궐에 출입하는 것을 정지하는 조치도 취했다. 그리고 미리 계획한 대로 새롭게 3개의 핵심적인 관직이 신설되었다. 총재(総裁), 의정(議定), 참여(参与)가 그것이다.

총재에는 조정 내부의 막부 타도를 지지하는 자 중에서 가장 출신성분이 좋은 다루히토(熾仁) 친왕이 취임했다. 상원에 해당하는 의정(議定)에는 토막의 밀칙에 서명한 3명의 중신과 사쓰마번을 비롯한 쿠데타에 병력을 차출한 5번의 다이묘에다가 친왕(親王) 2명이 추가되어 합계 10명이 임명되었다. 아울러 하원에 해당하는 참여(参与)에는 이와쿠라를 비롯한 신분이 낮은 하급공경 5명과 쿠데타에 참가한 5번으로부터 각각 3명씩 추천에 의해서 임명하는 것으로 정했다. 결국 참여의 총계는 20명이었다. 이것이 새롭게 출발하는 천황 정부의 멤버였다. 매우 빈약하고 초라한 것을 알 수가 있다.

총재를 포함해 신정부의 총인원은 31명. 이 중에서 조정으로부터 선발한 공경이나 친왕은 전부 막부 타도를 지지하는 자들로 채웠지만, 이와쿠라를 제외하고는 변변한 정치력을 가진 인물들이 아니었다. 그 이외의 사람 중에서 적극적으로 막부 타도를 지지한 자는 사쓰마번의 번주와 번사 3명, 하급공경 5명으로 합계 9명.

결국 31명 중에서 막부 타도를 지지하는 무력토막파 세력은 15명이었고 나머지 16명은 공의정체파인 셈이었다. 수적으로는 대등하나 무력토막파에는 이와쿠라와 오쿠보를 제외하고는 정치력을 가진 인물이 없었다. 대충 인선을 마무리하자 어느새 저녁 무렵이 되었고, 그때부터 본격적으로 회의를 시작했다.

회의의 의제는 요시노부에게 사관납지(辞官納地)를 명령하고 아울러 교토수호직·교토소사대를 없애자는 것이었다. 사관납지는 문자 그대로 요시노부가 조정에 가지고 있는 관직을 삭탈하고 막부가 통치하는 직할영지를 조정에게 반환하라는 뜻이다. '요시노부 죽이기'를 의도한 것임은 말할 필요도 없다. 요시노부가 조정에서 갖고 있던 정식의 관직은 내대신(內大臣)이었다. 이를 박탈한다는 것이다. 그러면 이미 쇼군을 사임한 요시노부는 형식상으로는 아무 것도 아닌 존재가 된다. 회의 도중에 막부로부터 교토수호직과 교토소사대를 폐지한다는 연락이 왔기 때문에 의제는 '요시노부 죽이기'에 집중되었다.

묵묵히 회의의 경과를 지켜보던 야마우치 요도가 이를 참지 못하고 강하게 항의했다. 나이 어린 소년 천황을 앞세워 멋대로 정치판을 휘젓는 행위를 강도 높게 비난하자, 여기에 대해 불경스럽게도 천황을 모욕한다고 이와쿠라가 반박하면서 치열한 설전이 전개되었다. 본래 막부 타도를 전제로 쿠데타에 참가한 게 아닌 공의정체파 다이묘들이 야마우치를 지지하면서, 회의는 무력토막파와 공의정체파로 갈라져 대립양상을 보이기 시작했다.

아무 것도 모르는 어린 천황을 꼭두각시로 내세워서 막부의 숨통을 누른다고 야마우치가 무력토막파를 비난한 것 자체는 예리한 지적이지만, 술에 취한 상태에서 너무 직설적으로 생각을 표현하는 바람에 이와쿠라의 반격을 허용한 건 실수였다.

이것이 원인이 되어 공의정체파는 회의의 주도권을 확실하게 잡지 못했다. 수적으로 크게 열세가 아니었으나 무력토막파는 이와쿠라를 제외하고는 공의정체파와 대등하게 싸울 인물이 없었으므로, 상황은 불리하게 돌아갔다. 앞서 말한 것처럼 쿠데타에 참가한 5개의 번 중에서 막부 타도를 적극적으로 지지하는 번은 사쓰마번이 유일했다.

치열한 논쟁과 설전이 계속된 후 회의가 잠시 휴게상태에 들어간 틈을 이용, 궁지에 몰린 이와쿠라는 급히 전령을 사이고에게 보내서 대책을 물었다.

사이고는 단검으로 순식간에 해결하면 그만이라는 답변을 했다. 여기에 용기를 얻은 이와쿠라는 야마우치에게 입 다물고 가만히 있지 않으면 암살한다는 메시지를 간접적으로 전했다. 안색이 창백해진 야마우치는 술이 깨는 것을 느꼈다. 휴식시간이 끝나고 다시 회의가 재개되자 야마우치는 꿀 먹은 벙어리가 되었고 무력토막파의 페이스로 회의는 진행되었다.

회의의 결과는 요시노부의 관직을 한 단계 낮추고, 400만 석의 직할영지 중에서 200만 석의 반납을 명령하는 것으로 결론이 났다. 공포분위기를 조성해서 공의정체파의 반발을 일단 잠재웠지만, 요시노부에게 극단적인 처분을 내리면 공의정체파를 완전히 적으로 돌리고 반격을 받을 우려가 있었다. 그래서 이를 의식하여 상당히 온건한 처분으로 바꾼 것이다. 형식상으로는 요시노부가 이미 대정봉환을 한 이상 직할영지의 반납을 명령하는 게 부당한 요구는 아니었다.

왕정복고의 이념으로부터 이론상 당연히 왕토왕민(王土王民)의 사상이 도출되었다. 이것은 일본의 모든 토지와 인민은 천황의 소유라는 사고방식이다. 그러므로 땅 주인이 누구이든지간에 천황의 정부가 땅을 내놓으라고 명령하면 복종해야 한다는 것이다.

냉정하게 생각하면 요시노부는 더 이상 쇼군이 아니므로 내대신이라는 조정의 중요한 관직에 앉아 있을 명분도 없었고, 400만 석 중에서 200만 석이 삭감되어도 여전히 평범한 다이묘를 압도적으로 능가하는 경제적 실력을 보유하는 사실에는 변함이 없었다. 그렇기 때문에 도저히 받아들일 수 없는 조건은 아니었다. 직속군대도 없고 직속영지도 없는 빈털터리 천황의 정부가 영지의 헌납을 요구하는 건 곰곰이 생각해보면 오히려 당연한 것이다.

그럼에도 불구하고 요시노부의 측근들은 이 소식을 듣자 거의 광분상태에 도달했다. 특히 아이즈번과 구와나번이 그러했다. 이를 사실상의 선전포고로 받아들였다. 사태를 방치하면 요시노부가 원하지 않는 전쟁이 시작될 게 분명했다. 그래서 그는 12월 12일 교토의 니죠성을 떠나 13일에는 오사카성에 들어갔다. 흥분해서 날뛰는 아이즈번의 번주 가타모리(松平容保)와 구와나번의 번주 사다아키(松平定敬)를 동반한 것은 물론이다. 이것은 이와쿠라나 오쿠보의 기대에 어긋나는 조치였다.

본래의 계획에 의한다면 직할영지의 반환을 명령해서 요시노부를 자극하고, 상대가 도발해 오면 격파한 후에 이를 계기로 막부 타도의 확실한 명분을 얻으려고 했다. 그러나 역시 똑똑한 요시노부는 역습을 유도하는 잔꾀에 말려들지 않았다.

그가 순순히 오사카로 물러났음에도 불구하고 무력토막파가 무턱대고 요시노부를 압박하다가는 오히려 막부와 공의정체파의 반발을 사고 정치적으로 고립당할 우려가 있었다. 그래서 강경책을 사용하는 것은 일단 보류되었지만, 온건한 태도를 취하는 게 궁극적인 해결책이 아니라는 사실도 분명하였다.

부득이하게 요시노부에 대해서 온건한 태도를 나타내자 공의정체파의 간판인물 중 하나인 에치젠의 요시나가가 신정부 내에서 요시노부의 대리인처럼 행동하면서 눈부신 활약을 했다. 그는 요시노부에게만 영지의 반환을 명령하는 것은 부당하다는 점을 물고 늘어졌다. 요시노부뿐만 아니라, 전국의 모든 다이묘들도 경제력에 응해서 같이 부담해야 한다고 강력하게 주장한 것이다. 사실 여기에 관해서는 아무리 권모술수와 협잡의 달인인 이와쿠라나 오쿠보라 하더라도 반박하기가 곤란했다.

24일의 회의에서 치열한 설전이 벌어졌지만 논리정연하게 자신의 주장을 펼치는 요시나가의 의견이 관철되기에 이르렀다. 결국 요시노부에게 보내는 조정의 명령서에 영지의 반환에 관한 문구는 없어졌다. 공의정체파의 정치적 승리였다. 26일 요시나가는 오사카에 도착하여 요시노부를 만났고, 회의의 결정사항을 알린 후 요시노부가 교토로 상경하는 문제에 대해서 합의했다.

상경 후에는 요시노부가 신정부의 요직인 의정(議定)에 임명되는 것도 확실시되었다. 그렇게 되면 막부와 웅번의 세력으로 신정부를 구상한다는 공의정체파의 구상이 실현되는 것을 의미했다.

상황이 오쿠보나 이와쿠라가 의도한 바와는 완전히 정반대의 상황으로 흘러가고 있었다. 이와쿠라나 오쿠보는 권모술수나 협잡에 있어서는 남부러울 것이 없는 희대의 인물들이지만, 정치가로서 정치력에 있어서는 결코 초일류가 아니었다. 진정으로 오쿠보나 이와쿠라가 정치력에 자신이 있었다면 애당초 왕정복고를 쿠데타 방식으로 한다고 결정하지도 않았을 것이다.

어릴 적부터 총명하고 똑똑하다고 명성을 날리던 요시노부나 요시나가를 상대로 정치적 게임을 하면서, 권모술수나 협잡으로 잔꾀를 부려 승리하기에는 한계가 있었다. 요시노부가 상경해서 신정부의 관직에 취임하면 상황이 무력토막파에게 매우 불리해지는 것은 누구의 눈에도 분명한 사실이다. 신정부 내부에서 공의정체파의 우세는 결정적으로 된다. 즉, 왕정복고의 쿠데타를 완전히 다른 방향으로 바꿀 가능성이 매우 높았다. 또한 오사카라는 경제의 중심지와 교통의 요충지를 장악한 요시노부는 에도에 있던 함대와 신식 군대를 오사카로 호출하는 한편, 프랑스의 군사교관들도 오사카로 오도록 요청하면서 은근히 교토에 군사적 위압을 가하는 것도 잊지 않았다. 그러면서도 섣불리 역습을 유도하는 잔꾀에 말려들지 않는 신중한 태도를 보였다.

시간을 주면 줄수록 무력토막파에게 불리해지는 것은 분명해 졌지만, 이를 역전시킬 뾰족한 방법도 없었다. 벌써 1867년은 저물어 가는 상황임에도 불구하고 막부 타도의 뚜렷한 명분을 얻을 실마리는 보이지 않았다. 되도록이면 요시노부가 교토로 상경하기 전에 끝장내야 했다.

상황의 추이로 볼 때 무력으로 대결해서 단칼에 승부를 보는 방법밖에는 없었다. 그러나 무력토막파의 핵심세력 중 하나인 죠슈번의 실권자 기도 다카요시는 무력에 의해 단칼에 승부하는 것을 주저했다. 만약 막부군에게 패배하면 돌이킬 수 없는 타격이 되기 때문이다.

특단의 조치가 필요한 상황에서 결국 해결사로 나선 사람이 사이고였다. 그는 에도에 있는 사쓰마번의 번저에 은신해있던 존왕양이파 낭사들을 풀어서 에도의 치안을 교란하도록 지시했다. 닥치는 대로 방화와 약탈을 하면서 막부가 도발해 오도록 한다는 수법이었다. 작전은 성공했다.

사이고의 명령으로 낭사들을 관리하고 있었던 마스미쓰 규노스케(益滿体之助)의 지휘 아래 계획을 실행하자, 에도의 시가지 경비를 담당하고 있었던 쇼나이(庄内)번은 대포까지 동원하여 사쓰마번의 번저를 불태우고 마스미쓰를 체포했다. 이 때가 12월 25일이었다. 이것이 본래 사이고의 아이디어에 의한 것인지 아닌지는 불분명하지만 효과는 확실하게 나타났다.

에도에서 일어난 소식이 오사카에 전해지자 요시노부의 측근들은 격앙했다. 게다가 12월 27일에는 교토에서 사쓰마번과 죠슈번의 병력을 주축으로 대규모 열병식이 행해졌다. 여기에 동원된 사쓰마번의 병력 1,500명은 신식 소총으로 무장하고 군악대까지 동원하여 위세를 뽐내며, 공의정체파와 요시노부에게 무력대결을 불사한다는 무언의 메시지를 전달했다.

이러한 상황에 자극을 받은 아이즈번이 주축이 되어 요시노부에게 천황과 조정을 농락하는 간신배들, 특히 사쓰마번을 지목하며 무력에 의한 타도를 강력하게 요청했다. 오사카에 있는 막부군 전체가 이성을 잃고 요시노부에게 아우성을 쳤다. 이제 요시노부가 이들을 통제하는 것은 거의 불가능한 상황이 되었다. 무력토막파가 원하는 무력대결의 방향으로 사태가 진행되고 있었다. 참으면 복이 오는 상황에서 막부군은 참지 못하고 뛰쳐나간 것이다.

6

도바·후시미 전투와 막부의 멸망

해가 바뀌어 1868년 1월 2일 막부군은 둘로 나뉘어 교토로 진군하기 시작했다. 병력은 1만 5천명. 오사카를 출발해 교토로 접근하기 위해서는 두 개의 주요 도로가 있었다. 하나는 교토를 왼쪽으로 접근하는 도바(鳥羽) 방면의 도로이고, 다른 하나는 오른쪽으로 접근하는 후시미(伏見) 방면의 도로가 바로 그것이다. 막부군은 대규모 병력을 동원해서 진군했으므로 양쪽의 도로를 동시에 전진하기로 결정했다.

도바 방면에서는 구와나번의 병력이 선두로 진군하고, 후시미 방면은 아이즈번의 병력이 선봉을 맡았다. 이를 저지하고 방어하기 위해서 동원된 것은 사쓰마번의 병력 3,000명과 죠슈번의 병력 1,500명을 주축으로 하는 '정부군'이 있었다.

도사번은 적어도 1,000명 이상의 병력을 동원할 능력이 있었지만 야마우치 요도의 명령으로 절대 참전하지 말라고 지시받았다. 그래서 무력토막파에 동조하는 도사번의 병력 일부가 명령을 어기고 탈출해 합류하는 정도에 머물렀다. 이 역사적인 전투에 정부군 편에 서서 참전하지 않은 것이 도사번의 운명을 결정적으로 망치게 됐다.

전두환이 일으킨 12·12 쿠데타가 성공하자 가장 득세한 세력은 보안사 출신의 인물들이었다. 보안사 이외에도 특전사를 비롯한 많은 부대가 참가했지만 쿠데타의 핵심 역할을 보안사가 했기 때문이다. 특히 참모총장을 연행해 지휘계통을 마비시킨 게 결정적으로 쿠데타를 성공시켰다.

이것과 마찬가지로 역사의 전환점이 된 도바·후시미 전투에서 오직 사쓰마와 죠슈번의 병력만이 적극적으로 참가했기 때문에, 막부가 멸망한 후 이 양 번의 출신자들이 신정부를 좌지우지하게 되었다. 특히 도바·후시미 전투의 이전부터 왕정복고의 쿠데타를 주도한 사쓰마번의 우위가 두드러졌다. 때로는 순간의 선택이 평생을 좌우하는 법이다. 야마우치가 적극적으로 도바·후시미 전투에 참가하기로 결정했다면, 일본의 근대사가 상당히 달라졌을 것이라는 점은 확실하다.

양쪽을 비교해 보면 수적으로는 막부군이 훨씬 우세했지만 화력 면에서는 그렇지가 않았다. 정부군은 암스트롱포는 물론이고 탄피를 사용하는 후장식 라이플 소총과 최신식의 연발소총을 대량으로 장비했다. 비록 구식인 전장식 소총을 사용했다 하더라도 라이플 소총이라는 것은 기본이다. 즉, 장비 면에 있어서 이 전투의 2년 전에 끝난 남북전쟁 당시의 미군과 대등한 수준이었다. 게다가 훈련이나 전투경험에서 징병제를 기반으로 구성된 군대보다도 우수했기 때문에, 병력의 열세에도 불구하고 사기가 매우 높았다.

설상가상으로 막부군은 전투태세를 취하지 않고 진군하는 중대한 실수를 저질렀다. 조정으로부터 요시노부에게 상경명령을 내렸으므로 당연히 교토에 진입할 자격이 있다고 생각한 것이다. 막부군이 보유한 소총은 화승총이거나 이를 개량한 총이 대부분이었고 전장식이었다. 라이플 소총은 간부급

이상에게만 지급될 정도로 수량이 부족했다.

전장식 소총은 막대기로 총구를 통해 총탄을 삽입해야지 사격이 가능하다. 게다가 화승총은 여기에 더해서 심지에 불을 붙이고 타들어가는 시간까지 감안해야 하므로 더욱 많은 시간이 필요하다. 그래서 즉각적인 전투태세에 들어가기는 불가능하다. 만약 정부군이 선제공격을 가하면 기선을 제압당하고 전투태세를 취하기도 전에 막대한 피해를 입게 된다. 이러한 사실을 잘 알고 있는 정부군은 선제공격의 장점을 잘 활용했다.

최초의 전투는 1월 3일 오후 5시 무렵 도바 방면에서 시작되었다. 이 방면을 진군하던 막부군은 도로를 막아서고 진로를 방해하는 사쓰마군과 통과를 요구하면서 옥신각신 지루한 설전을 벌이며 대치했다. 후시미 방면에서도 마찬가지로 전진을 저지당하고 대치상태가 계속됐다. 그보다 몇 시간 전인 3일 정오 무렵에 조정에서 이와쿠라의 주도로 회의가 열리고 있었는데, 회의 결과 막부군의 철수를 명령하며 불복할 경우 토벌한다는 결정을 내렸다.

종전부터 이와쿠라와 오쿠보는 요시노부의 상경을 저지할 명분으로서, 아이즈번과 구와나번의 병력을 동반하지 않은 채로 상경을 허락해야 한다는 주장을 펼쳤다. 요시노부가 친위병력을 거느리고 교토에 들어온다면 무력토막파의 유일한 장점이라고 할 수 있는 무력에 있어서의 우위도 사라지기 때문이다. 그래서 요시노부가 아이즈번과 구와나번의 병력을 이끌고 상경한다는 건 무력토막파의 입장에서는 막부 타도를 위한 결정적인 구실을 제공하는 것을 의미했다.

이러한 결정이 알려지지 않은 동안 양 군의 팽팽한 대치상황이 계속되었다. 그러다가 느닷없이 사쓰마 측에서 대포를 발사했다. 철수를 거부하는 막부군을 토벌하라는 조정의 명령이 전달되었기 때문이었다. 이것을 신호로 정부군 진영에서 일제사격을 개시했고, 막부군은 일방적으로 학살당하기 시작했다. 후시미 방면에서 대치 중이던 양 군도 총성과 포성을 듣고 전투를 시작했지만, 막부군이 밀렸다. 암스트롱포의 정확한 장거리 포격으로 크게 타격을 받고 단숨에 대열이 무너지는 결과가 되었다.

또한 막부군에는 유능한 군사 지휘관이 없었다. 그런 이유로 방어하는 신정부군의 배후를 찌르거나 수적인 우위를 이용한 양동작전을 펼치는 등의 다채로운 전법을 구사하지 못하고 단조로운 정면 돌격만을 거듭했다. 그래서 피해만 더욱 커지는 결과가 되었다. 밤이 되자 야습도 시도했지만 헛수고였다.

용맹을 자랑하던 아이즈번의 병력 800명 중에서 500명의 사상자가 발생했을 정도로 전투는 격렬했지만 화력의 차이는 극복하기 어려웠다. 다음날인 1월 4일 아침 전열을 가다듬고 다시 막부군이 전진을 시도했으나, 대포를 정면에 두고 이를 미끼로 유인한 정부군 소총부대의 매복에 걸려들어 막대한 손실을 입고 패주했다. 게다가 이날부터 정부군은 천황의 깃발을 내걸기 시작했다.

천황의 깃발은 '금기(錦旗)'라고도 하며 황실을 상징하는 국화잎 무늬를 수놓은 것에 불과하다. 그러나 이는 정부군이라는 표시이며 이 깃발을 가진 군대를 향해서 공격하면 역적으로 간주됐다. 이것을 계기로 형세를 관망하던 번의 상당수가 정부군에 참가하거나 협조하기 시작했고, 막부군의 사기는 급속도로 저하되었다. 전투는 5일에도 있었지만 이미 대세는 크게 기울어졌다. 막부군은 일단 오사카를 향해서 철수했다.

비록 도바·후시미 전투에서 패하기는 했지만 이것은 어디까지나 전초전에 불과했다. 요시노부가 마음만 먹는다면 10만 이상의 병력을 동원하는 것도 어렵지 않았다. 도바·후시미 전투의 결과를 보고 재빠르게 정부군 쪽에 붙은 번도 있었으나 아직 세력이 미미했다. 죠슈번은 역적으로 몰리고 고립무원의 상황에서도 막대한 병력으로 밀어붙이는 막부군과 싸워서 버텼다. 역적으로 몰린 것은 별로 중요하지 않았다. 어차피 지면 역적, 이기면 충신이 되는 게 권력의 생리다. 장기전으로 간다면 막부에게 승산이 있었다.

천혜의 교통의 요충지인 오사카를 계속 장악하고 결사항전의 의지를 보이는 한편, 막부를 지지하는 번의 병력을 계속 집결시키며 병력의 우위를 이용한 소모전으로 나간다면 교토의 탈환도 가능했다. 교토만 탈환해도 도바·후시미의 패전을 만회하는 것은 물론이고 왕정복고 이전의 상태로 되돌릴 수 있다.

신정부가 메이지 천황을 앞세워 저항한다면 극약처방으로 새로운 천황을 옹립해 대항하면 그만이었다. 최종적인 승리를 위해서 요시노부에게 필요한 것은 군건한 항전의 의지를 만천하에 나타내며 세력을 오사카에 집결시키는 것이었다. 그러나 요시노부는 도바·후시미 전투에서 패배했다는 소식을 듣자 특유의 제멋대로 행동하는 버릇을 이번에도 유감없이 드러냈다.

처음에는 진두에 서서 직접 반격을 지휘한다고 말해 주변을 안심시킨 후, 1월 6일 밤 몰래 측근을 대동하고 오사카성을 빠져나와서 다음날 오사카 앞바다에 대기하고 있던 군함 가이요마루(開陽丸)에 옮겨 탔다. 게다가 악천후에도 불구하고 쫓기듯이 8일에 출발하여 에도로 돌아가 버렸다. 이 황당한 돌발행동에 오사카성에 있던 막부군은 저절로 와해되어 자신들의 본거지나 본국으로 되돌아가기 시작했다. 요시노부는 '교토 쇼군'의 한계를 유감없이 보여준 것이다.

'교토 쇼군' 요시노부를 뒷받침하는 것에는 두 개의 기둥이 있었다. 하나는 고메이 천황의 절대적인 신임이고, 다른 하나는 요시노부의 친위부대라고 할 수 있는 아이즈번과 구와나번의 군사력이다. 고메이 천황이 사망한 후 도바·후시미 전투의 패배로 친위부대도 괴멸적인 타격을 입었다. 요시노부가 의존하는 유일한 서구열강인 프랑스의 군사지원이나 경제원조는 프랑스 본국의 정책 변화로 바랄 수도 없는 형편이다. 그러자 의욕을 상실하고 제멋대로 에도로 돌아가 버리고 만 것이다. '교토 쇼군' 요시노부가 에도로 되돌아 갔다는 것은 저항을 포기했다는 의미다.

이것과 비슷한 황당한 사례는 한국의 현대사에서도 보인다. 박정희가 5·16 쿠데타를 일으키고 쿠데타군이 서울로 진입하자, 당시 총리였던 장면은 주위에 알리지도 않고 제멋대로 잠적해 버렸다. 단지 쿠데타군을 포위하고 위협만 해도 진압이 가능한 상황이었으나, 통수권자인 장면이 잠적하는 바람에 5·16이 성공했다고 말해도 과언이 아니다. 그냥 자리를 지키고 단호하게 쿠데타 진압명령만 내리면 그만이었지만, 상황을 비관적으로 판단하고 너무 발 빠르게 행동한 것이 돌이킬 수 없는 실수가 되었다.

무력토막파의 입장에서는 요시노부가 에도로 도망친 것은 도바·후시미 전투의 승전을 훨씬 능가하는 결정적인 승리였다. 요시노부가 오사카성을 빠져나온 다음날인 1월 7일 조정의 정식명령으로 요시노부를 토벌하라는 명령이 내려졌다.

불과 며칠 사이에 상황이 완전히 바뀌고 신정부 내부에서 공의정체파의 리더인 야마우치 요도와 요시나가는 의정(議定)을 사퇴하기에 이르렀다. 이제는 누구의 눈치도 보지 않고 막부를 타도할 수 있게 되었고, 하늘을 찌르는 기세가 충만했다. 요시노부가 경제의 중심지인 오사카를 포기한 덕분에 자금사정에도 숨통이 트였다. 그러나 할 일은 태산같이 많았다.

1월이 지나가기도 전에 교토와 오사카 주변의 다이묘들은 신정부에 대한 지지와 항복의 의사를 밝혔지만, 막부의 근거지인 관동지역은 여전히 형세관망의 자세를 취했다. 2월에 들어서자 신정부의 총재인 다루히토 친왕이 동일본 지역의 정벌을 위한 우두머리(총독)로 임명되었고, 속속 토벌군이 에도를 향해서 출발하였다. 정부군의 세력은 5만 명 이상으로 팽창했지만, 역시 핵심은 사쓰마번과 죠슈번의 병력이다. 그렇기 때문에 토벌군의 참모 중 하나로 임명된 데 불과한 사이고 다카모리가 실질적인 정부군의 총지휘자였다.

토벌군은 자금 부족으로 진격하다가 멈추기를 반복했다. 당시 일본의 경제계를 주름잡던 미쓰이(三井)와 오노(小野), 시마다(島田) 가문이 2월 12일부로 신정부의 자금담당을 맡으면서 겨우 사정이 호전되었지만, 이것만으로는 모자라 고리대금업자로부터 막대한 액수의 돈을 빌려야만 했다. 여기에도 역시 미쓰이가 신정부를 지지하는 태도를 취한 것이 큰 도움이 되었다. 형세를 관망하던 금융업자와 사채업자들이 미쓰이의 적극적인 태도에 영향을 받아 순순히 돈을 빌려주는 방향으로 태도를 전환했기 때문이었다.

정부군의 우두머리인 다루히토 친왕은 3월 5일 슨푸(駿府)에 도착하고 에도를 공격하기 위한 태세를 정비하기 시작했다. 그러나 요시노부는 에도에 없었다. 그는 토벌군이 에도를 향해서 진군한다는 소식을 듣자 신정부에 무조건 복종한다는 뜻의 탄원서를 제출한 후 에도 외곽의 우에노(上野)에 있는 관영사(寬永寺)라는 절에 틀어박혀 근신의 자세를 나타냈다. 이 공백을 메우고 막부의 실권을 장악한 가쓰 가이슈(勝海舟)가 요시노부의 구명을 위한 정치공작을 담당했다.

가쓰 가이슈는 막부와 웅번이 연합해서 정치판을 재편성해야 한다는 소신을 가진 탓에 요시노부에게 중용되지 못했으며, 권력의 핵심에서 항상 겉돌았다. 우습게도 요시노부가 실각하고 막부가 멸망하는 단계가 되어서야 비로소 막부권력의 핵심에 등장하고 요시노부를 살리기 위해 나서게 되었다. 가쓰는 사이고 다카모리에게 보내는 사절로 담력이 있는 야마오카 데쓰타로(山岡鉄太郎)를 발탁했다. 그리고 도바·후시미 전투의 발단을 만든 에도에서 테러공작을 지휘하다가 체포된 사쓰마번의 마스미쓰 규노스케(益満体之助)를 안내역으로 붙이는 조치를 취했다.

마스미쓰 덕분에 야마오카는 3월 9일 무사히 사이고를 만나 가쓰 가이슈의 의사를 전달했다. 그래서 요시노부에 대한 처분의 내용은 약간 완화되었지만, 그로부터 4일 후에 직접 사이고와 가쓰가 회담을 하고 나서야 비로소 요시노부의 생명을 구하는 게 가능하게 되었다. 사이고는 가쓰와 예전에도

회담한 적이 있었고, 그를 뛰어난 인재로 높이 평가한 탓도 있어서 요구를 순순히 들어줬다.

이 회담을 마친 후 사이고는 정부군의 우두머리인 다루히토 친왕에게 요시노부를 구명하기 위한 탄원서를 제출할 정도로 적극적으로 움직였다. 그 결과 에도 총공격도 중지되었다. 예전부터 사이고가 막부 타도를 성공시키기 위해서 반드시 요시노부의 목을 베어야 한다고 강경하게 주장한 것과는 180도 달라진 태도였다. 무력토막파의 내부에서는 막부가 멸망한 것을 확실하게 인식시키기 위해서 요시노부를 처형해야 한다는 강력한 공감대가 형성되어 있었다.

만약 에도를 무혈로 점령한다면 요시노부를 처형할 명분이 없어진다. 또한 요시노부를 처형하지 못한다면 아이즈번의 번주인 마쓰다이라 가타모리(松平容保)를 비롯한 요시노부의 측근들을 처단할 명분도 역시 없어지고 만다. 결국 막부의 멸망에도 불구하고 신정부 내에서 무력토막파의 입지가 정치적으로 손상을 입는 셈이었다. 실제로 교토에서는 마쓰다이라 요시나가가 무조건 항복의 자세를 나타내는 요시노부를 처형해서는 안 된다는 정치공작을 진행했다.

이러한 사정에도 불구하고 사이고가 굳이 요시노부를 살려주기로 결심한 것은 막부가 사이고와 친분이 있는 가쓰 가이슈를 내세워 요시노부를 살려달라고 간곡하게 부탁하는데다가, 영국공사 파크스가 이미 항복의 뜻을 밝힌 막부를 무자비하게 몰아세우는 데 거부감을 느끼고 신정부군에 대한 의료지원의 협조를 거부한 것도 그 배경에 있었다.

이렇게 해서 에도성은 별다른 마찰 없이 4월 11일 정식으로 인도되었다. 요시노부는 친가에 해당하는 미토번에 맡겨져 처형은 간신히 피했다. 그러나 막부 전체로 보면 아직 항복과는 거리가 있었다. 요시노부가 처형되지 않았기 때문에 막부가 멸망했다는 사실을 피부로 실감하지 못한 후유증이라고 봐도 무방했다. 에도성을 인도한 후에 막부군이 항복을 거부하고 대량으로 탈주했으며, 특히 요시노부가 근신했던 우에노(上野)에 집결한 3,000명 정도의 막부군은 에도의 치안을 위협하기도 했다.

이들은 스스로를 창의대(彰義隊, 쇼기타이)라고 부르며 무리지어 에도 시가지를 활보하는 한편, 신정부군의 병사를 향해 노골적으로 야유하는 것도 주저하지 않았다. 창의대의 핵심은 역시 요시노부의 가신들이었고, 여기에 탈주한 막부군이 가세해서 세력이 크게 불어났다. 그렇기 때문에 신정부군은 에도의 새로운 주인이 되었음에도 불구하고 섣불리 창의대를 건드리기가 어려웠다. 그러나 죠슈군을 대표하는 오무라 마스지로(大村益次郞)가 에도에 도착하자 상황이 크게 달라졌다.

에도의 치안을 확립하기 위해서 오무라는 창의대의 토벌을 강력하게 주장했다. 여기에 대한 반대의 주장도 많았지만 사이고가 오무라를 지지했기 때문에 5월 15일 마침내 토벌작전이 시작됐다.

정부군의 주력부대는 사쓰마번과 죠슈번에서 차출한 정예 병력으로 구성되었으나, 방어하는 측도 필사적이었으므로 쉽게 방어선을 돌파하지 못했다. 그러나 사가(佐賀)번이 보유한 암스트롱포가 위력을 발휘하자 상황이 달라졌다. 아무리 견고한 방어진지라도 정확한 장거리 포격에는 속수무책으로 당할 수밖에 없는 법이다.

사가번이 보유한 암스트롱포의 상당수는 스스로 만든 용광로에서 제조한 것이었다. 일본 최초로 용광로를 건설하는 데 성공한 번이 사가번이며, 사쓰마번의 나리아키라가 건설한 것이 2번째이다. 비록 나리아키라처럼 체계적이고 종합적으로 근대화정책을 수행하지는 않았지만, 사가번은 나가사키의 바로 옆에 있다는 지리적인 장점으로 서구문물을 쉽게 수입하고 접할 수가 있었다. 덕분에 당시 여러 분야에서 일본 최초나 최고라는 수식어를 가질 정도로 기술력이 가장 앞서 있었다.

불과 단 하루만에 창의대를 격멸한 결과 에도의 치안이 확립된 것은 물론이며, 그때까지 형세를 관망하던 관동지역의 번들이 신정부 지지로 완전히 돌아섰다. 그래서 관동지역에는 더 이상 신정부에 대한 대규모 저항세력은 존재하지 않게 되었다. 이제 남은 것은 일본의 동북지역에 불과했다.

이를 계기로 오무라는 신정부 내에서 죠슈번의 위상을 크게 높이고 자신의 군사적인 재능을 뽐냈다. 그가 창의대를 토벌하는 과정에서 사쓰마의 병력은 방어가 견고한 정면공격을 하도록 지시하고 죠슈군은 측면공격을 맡긴 탓에, 이 전투에서 사쓰마군의 피해가 가장 컸다. 그러나 창의대 토벌의 공적은 죠슈번의 오무라가 독차지했기 때문에 사이고의 측근들이 불만을 가졌으나, 사이고는 그것에 개의치 않았다. 아무튼 창의대 토벌로 말미암아 이제 일본의 동북지역만이 신정부에 대한 위협세력으로 남게 되었다.

7

무진전쟁

일본의 동북지역에 있던 다이묘 중에는 도자마 다이묘도 많았지만, 역사적으로 도쿠가와 막부와 나쁜 인연이나 감정을 가진 번은 드문 편이었다. 동북지역의 다이묘들이 신정부를 지지하느냐 아니냐의 향배는 아이즈번에 대한 처분에 달려있었다. 그러나 아이즈번이 신정부의 핵심 세력 중 하나인 죠슈번과 불구대천의 원수지간인 것은 누구나 아는 사실이었다. 특히 죠슈번의 실세인 기도 다카요시는 예전에 존왕양이운동의 리더였던 만큼 증오심에 불타서 아이즈번을 반드시 타도하려고 작정했다.

신정부가 아이즈번에 대해서 요시노부에게 했듯이 관대한 처분을 내리면 동북지역의 형세도 신정부 지지로 돌아설 가능성이 많았다. 아이즈번의 번주인 마쓰다이라 가타모리는 1868년 2월에 요시노부에 대한 관대한 처분을 요청하는 탄원서를 신정부에 제출했다. 탄원서의 내용 중에는 가타모리가 번주의 자리에서 물러나 근신한다는 사항도 있었지만, 신정부는 이를 완전히 무시했다. 이미 오래전에 가타모리는 신정부로부터 요시노부와 더불어 '역적'으로 지목된 가장 대표적인 인물이었고, 아이즈번은 좋든 싫든 신정부군과의 대결을 피할 수 없었다.

사실 따지고 보면 아이즈번이 죠슈번과 원수지간이 된 것은 자발적인 뜻에 의한 게 아니라, 교토수호직에 임명된 관계로 부득이하게 생긴 결과에 불과했다. 그럼에도 불구하고 아이즈번에 대한 무자비한 처벌을 내린다면 죠슈번의 아이즈번에 대한 개인적인 복수가 된다. 여기에 또한 쇼나이(庄內)번의 상황도 마찬가지였다. 쇼나이번은 에도의 사쓰마 번저를 불태워 도바·후시미 전투의 원인을 만들었지만, 에도의 치안을 담당한 이상 정당한 행동이었다. 비록 쇼나이번이 역적으로 지명된 것은 아니나, 사쓰마번의 비위를 건드렸으므로 무사히 넘어갈 가능성은 많지 않았다.

이러한 아이즈번이나 쇼나이번에 신정부가 관대한 처분을 내린다면 애당초 동북지방에서 전쟁이 일어날 가능성은 많지 않았다. 그러나 신정부 내부에서 무력토막파의 정치적 입지에 관련해서는 사정이 달랐다.

요시노부를 처형하지 못한 것을 계기로 교토에서 다시 공의정체파가 힘을 얻었으며, 이들을 누르고 무력토막파가 압도적 우위를 확보하기 위해서는 실력행사를 통해 무력토막파가 가진 군사력과 힘의 우위를 내외에 과시할 필요가 절박했다. 아이즈번에 대한 관대한 처분을 내린다면 가뜩이나 교토에서 다시 암약하기 시작하는 공의정체파가 더욱 기세를 올릴 가능성이 컸다. 이러한 정치적 배경이 있었기 때문에 신정부의 실력자들이 아이즈번을 무력으로 토벌하는 방침을 취한 것이다. 즉, 굳이 전쟁을 하지 않아도 되는 상황임에도 불구하고 순전히 정치적 이유에서 전쟁을 벌였다는 말이다. 아울러 외교적인 관점에서도 신정부가 일본의 지배자라는 사실을 서구열강으로부터 확실하게 인정받을 필요성도 있었다.

한편, 신정부의 강경한 자세와 아울러 아이즈번과 쇼나이번의 처지를 동정한 동북지역의 다이묘들이 연합해 '열번(列藩)동맹'이 성립하기에 이르렀다. 물론 겉으로는 궁지에 몰린 아이즈번과 쇼나이번을 돕는다는 목적을 표방했으며, 동맹의 핵심은 센다이(仙台)번과 요네자와(米沢)번이었다.

센다이번은 석고만으로 따지면 62만 석으로 당시 동북지방 최대의 번이었다. 그럼에도 불구하고 동북지방의 구석에 위치한다는 지리적인 약점으로 중앙의 정치무대에 이렇다 할 활약은 거의 하지 못했다. 한편, 요네자와번의 경우는 전국(戦国)시대에 맹장으로 이름을 떨친 우에스기 겐신(上杉謙信)과 운명을 같이한 번이었다. 본래의 근거지는 아이즈번의 중심지인 와카마쓰(若松)였지만, 겐신의 사망 후 도쿠가와 이에야스에 의해 요네자와로 쫓겨났고 세력이 크게 위축되었다. 그럼에도 불구하고 긍지를 잃지 않고 언젠가는 중원에 진출한다는 포부를 항상 가지고 있었기 때문에 동맹의 리더로서 적극적으로 참가한 것이다.

동맹은 4월 19일에 정식으로 성립했고 센다이번이 동맹의 우두머리, 즉 맹주로 추대됐다. 여기에 참가한 번은 무려 31개에 이르렀다. 그러나 동맹의 성격과 내용은 매우 애매했다. 그것은 신정부에 대해서 아이즈번과 쇼나이번에 대한 관대한 처분을 탄원하기 위해서 모였다는 성격을 크게 탈피하지 못했기 때문이다.

공화정치나 공의정체론 등과 같은 확고한 정치이념을 표방한 것도 아니었고, 신정부가 강경한 태도를 나타낼 경우 어떻게 대처할 것인가에 관해서도 뚜렷한 방침이 없었다. 그저 아이즈번을 도와 동북지방을 사수한다는 정도였다. 물론 신정부군을 격퇴한 후에는 새로운 천황을 내세워 독자적인 정권을 수립하고 장차 사쓰마번과 죠슈번을 토벌한다는 구상을 제시한 인물도 있었지만, 우선 당장은 신정부군의 침공을 막는다는 발등의 불부터 꺼야 했다.

열번동맹의 세력은 겉으로 보기에는 거대했지만 신망을 갖춘 뛰어난 군사 지휘관이 없었으므로, 동맹군을 하나로 모아서 통일된 지휘를 하기도 곤란한 상황이었다. 센다이번의 경우 최소한 3만 정도의 병력을 보유하고 있었지만,

동맹의 상징적인 구심점에 불과했고 군사적으로는 무능한 존재였다. 근대화된 장비를 갖춘 병력이 아니라면 수적으로 아무리 많아도 별다른 도움이 되지 못하는 것은 이미 증명된 사실이다.

한편, 정부군의 작전계획을 입안한 인물은 오무라 마스지로였다. 그는 열번동맹이 아이즈번을 돕기 위해 결성한 점에 착안하고, 문제의 핵심인 아이즈번을 격파하는 데 중점을 두었다. 일단 아이즈번이 몰락하면 동맹군의 세력이 크게 약화될 게 분명했고, 그 기회를 노려 동맹의 분열공작을 추진하면 쉽게 동맹을 무너트릴 수 있다는 전망을 가졌다. 결국 동북지방을 평정하는 문제의 핵심은 얼마나 신속하게 아이즈번을 격파하는가에 달려있는 셈이었다.

아이즈번 공략을 담당한 지휘자는 도사번 무력토막파의 간판인물인 이타가키 다이스케(板垣退助)였다. 이타가키 역시 아이즈번을 재빨리 제압하는 것이 전쟁의 향방에 결정적인 열쇠라는 점을 잘 알고 있었으며, 전투에 불리한 겨울이 오기 전에 반드시 아이즈번을 항복시키려고 했다. 이렇게 해서 신정부군과 열번동맹군 사이의 전쟁이 시작됐다. 1868년이 12간지로 무진년에 해당하기 때문에 일본에서는 이를 '무진(戊辰, 보신)전쟁'이라고 부른다.

주의할 점은 막부 타도의 과정에서 별다른 활약을 하지 못한 도사번의 이타가키에게 아이즈번의 토벌을 담당하도록 한 것은 신정부 내에서 사쓰마번이나 죠슈번이 직접 아이즈번을 공격할 경우에 나타나는 부작용을 고려한 용의주도한 조치였다는 사실이다. 사쓰마번이나 죠슈번이 동북지방 토벌의 표면에 등장할 경우 열번동맹이 주장하는 것처럼 개인적인 복수를 위해서 전쟁을 벌이는 꼴이 되고 만다.

실제로 사쓰마번의 번주인 시마즈 타다요시(島津忠義)가 몸소 병력을 이끌고 참가하려는 것을 사이고가 필사적으로 제지한다는 장면도 연출되었다. 즉, 동북지방을 토벌해서 진정한 천하통일을 달성해야 하지만, 여기에 관련

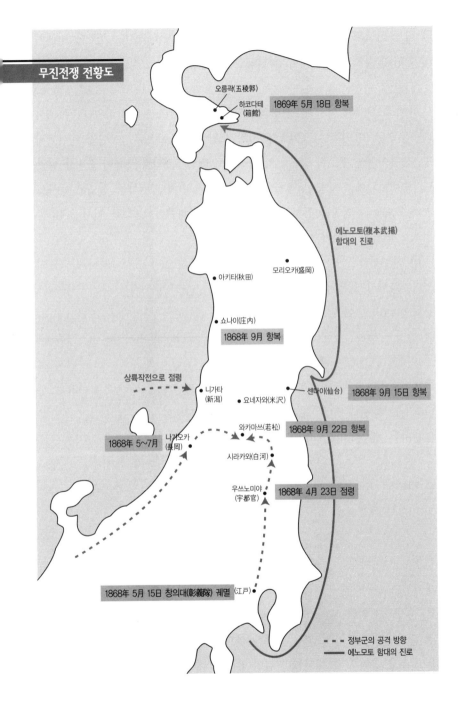

무진전쟁 전황도

오릉곽(五稜郭)

하코다테
(箱館)

1869年 5月 18日 항복

에노모토(複本武揚)
함대의 진로

모리오카(盛岡)

아키타(秋田)

쇼나이(庄內)

1868年 9月 항복

상륙작전으로 점령

니가타
(新潟)

센다이(仙台)

1868年 9月 15日 항복

요네자와(米沢)

와카마쓰(若松)

1868年 9月 22日 항복

나가오카
(長岡)

1868年 5~7月

시라카와(白河)

우쓰노미야
(宇都官)

1868年 4月 23日 점령

1868年 5月 15日 창의대(彰義隊) 궤멸 (江戶)

- - - - 정부군의 공격 방향
ㅡㅡㅡ 에노모토 함대의 진로

해 막부 타도의 핵심세력인 사쓰마번과 죠슈번은 어디까지나 조연에 머물러야 한다는 것이 무진전쟁에 임하는 신정부의 숨은 고민이었다.

아이즈 공략의 서막은 아이즈번의 현관에 해당하는 시라카와(白河)에서 시작되었다. 아이즈번은 이곳을 지키기 위해서 1,000명의 병력을 파견했지만, 센다이번을 비롯한 동맹군의 지원으로 대략 3,000명 가량이 수비를 맡았다. 수비하기에는 충분한 병력이었다. 여기에 비해 공격하는 정부군은 사쓰마와 죠슈번의 병력을 합쳐서 700명 정도에 불과했다. 그러나 어처구니없을 정도로 쉽사리 시라카와를 빼앗기고 말았다.

이 전투에서 오합지졸을 모아서 만든 동맹군의 약점이 적나라하게 노출되었다. 화력의 열세와 지휘부의 무능과 분열, 수적인 우세를 살리지 못하는 용병의 미숙 등이 일방적인 패배의 주요한 원인으로 지적됐다. 그리고 이러한 양상은 무진전쟁에 임하는 내내 동맹군이 나타낸 특징이었다.

멸망할지도 모른다는 절대적인 위기상황에 몰렸기 때문에, 아이즈번은 신식무기를 도입하고 병제를 개혁하지 않을 수 없었다. 그럼에도 불구하고 개혁은 철저하지 못했다. 죠슈번의 기병대처럼 신분의 구별 없이 널리 병사를 모집하는 게 아니라, 어디까지나 봉건적인 신분에 구속되었다. 무사출신과 농민은 신분의 벽을 넘지 못하고 따로 부대를 만들었으며, 무사출신 중에서도 신분의 상하에 따라 소속이 달랐다. 라이플 소총 역시 간부급에게만 지급될 정도로 부족했다.

정부군은 여세를 몰아 신속하게 아이즈번의 영지와 주변지역으로 침공을 개시했고 연전연승을 거뒀다. 그래서 아이즈번의 본거지인 와카마쓰(若松)로 진격하기 위한 분위기가 무르익었다. 아이즈번은 동북지역에 위치했으므로 본거지인 와카마쓰 역시 험준한 산으로 둘러싸인 방어하기에 좋은 지형을 갖추고 있었다. 그래서 고갯길만 잘 수비하면 대병력의 침공도 쉽게 저지하는 것이 가능하다. 문제는 이러한 주요한 고갯길이 무려 16개나 된다는 점이다. 결과적으로 고갯길을 전부 방어하고자 한다면 병력이 분산되어 방어력이 크게 약화되지 않을 수가 없었다.

차라리 외곽방어를 포기하고 와카마쓰성에서 농성해 견고한 방어태세를 갖추는 편이 현명했으나, 미련하게 외곽방어를 고집하다가 참담한 비극이 일어났다. 정부군이 8월 21일 아침 16개의 고개 중에서 동쪽에 위치한 보나리(母成)라는 고개를 급습해 돌파한 것이다. 이 고개를 공격할 것으로 예상하지 못한 아이즈번은 막부군의 패잔병과 신선조의 잔당에게 수비를 맡겼다. 여기에 비해 정부군은 8,000명의 압도적인 병력으로 쇄도했으므로 방어진지는 순식간에 돌파당했다.

정부군이 고개를 넘어 너무나 빠른 속도로 진격한 탓에, 와카마쓰성으로 미처 피난하지 못하고 가족단위로 집단 자살하는 상황이 도처에서 일어났다. 게다가 정부군 병사들이 서슴없이 살인·방화·약탈을 저질러 와카마쓰의 시가지는 문자 그대로 아비규환의 상태였다. 와카마쓰성은 일명 쓰루가(鶴ヶ城)성이라고도 하며, 비록 에도성이나 오사카성처럼 유명한 성은 아니지만, 방어하기에 유리하도록 대단히 견고하게 지어진 성이었다. 그래서 정부군의 밤낮 없는 맹공격에도 불구하고 잘 버텼다. 암스트롱포도 워낙 견고한 성채에는 큰 효과를 발휘하기 어려웠다.

그럼에도 불구하고 희망은 없었다. 언젠가는 지원군이 온다는 희망을 갖고 농성하는 게 아니라, 더 이상 물러날 곳이 없는 막다른 골목에서 필사적으로 하는 농성에 불과했다. 식량이 다 떨어지면 굶어 죽든가 항복하든가 둘 중의 하나다. 아이즈번에게 지원 병력을 보낼 수 있는 가장 가까운 위치에 있는 번으로는 요네자와(米沢)번이 있었다. 이를 잘 알고 있는 이타가키는 사자를 파견하여 요네자와번을 회유했다. 본래 이타가키의 출신 번인 도사번과 요네자와번은 인척관계를 통한 친밀한 관계에 있었다.

이타가키는 와카마쓰성의 함락은 시간문제라는 점을 강조하고, 요네자와 번이 항복하면 관대한 처분을 내린다고 약속했다. 여기에 굴복한 요네자와번 은 8월 28일 항복을 결정했다. 그래서 요네자와번은 항복의 표시로 와카마쓰 성을 지원하기 위한 병력이 아니라, 오히려 공격하기 위한 병력을 파견했다. 이 여파로 센다이번도 9월 13일 항복을 결정하고 사자를 정부군 진영에 파 견하는 연쇄반응을 일으켰다. 결국 동맹의 핵심 세력이 와카마쓰성이 함락되 기도 전에 항복하는 상황이 된 것이다.

아이즈번의 희망은 완전히 사라졌고 와카마쓰성에 대한 정부군의 공격은 날이 갈수록 기세가 올랐다. 와카마쓰성을 공격하는 정부군 중에 지원을 기 대했던 동맹군이 섞여있는 광경을 발견하고, 농성하던 아이즈번의 병사들이 얼마나 참담한 심경이 되었을까는 짐작하기 어렵지 않다. 결국 가타모리는 더 이상의 저항은 의미가 없다고 생각하고 9월 22일 항복했다.

특이한 점은 항복의 표시로 백기를 내걸었다는 점이다. 본래 백기는 일본 에서 항복을 의미하는 깃발이 아니었지만, 페리 제독이 일본을 방문해 백기 를 계양한 것이 계기가 되어 어느새 일본에서도 항복의 의사표시를 나타내 는 상징이 되었다. 가타모리는 요시노부와는 다르게 끝까지 항전했음에도 불 구하고 처형이 결정되지는 않았다. 그러나 아이즈번의 공중분해는 불가피했 다. 영지를 몰수당하고 척박한 땅을 새로운 영지로 받아 사실상 쫓겨나고 말 았다.

아이즈번의 항복으로 무진전쟁은 일단락되었지만, 아직 완전히 끝난 것은 아니었다. 막부 해군의 지휘관인 에노모토 다케아키(榎本武揚)가 아직 항복하 지 않았기 때문이다. 그는 막부가 파견한 유학생 자격으로 네덜란드에 유학을 다녀온 경력이 있었고 국제법에 해박한 지식을 가진 촉망받는 인재였다.

본래 막부가 항복한 조건 중에는 에도성의 인도뿐만 아니라 막부가 소유한 모든 무기나 함선의 인도도 포함되어 있었다. 그러나 막부 해군의 실세인 에노모토는 군함의 인도를 거부하고 시나 가와(品川) 앞바다에서 형세를 관망하는 태도를 취했다.

이러한 에노모토의 거취가 열번동맹에게는 매우 중요한 변수였다. 왜냐하면 해군력이 거의 없는 열번동맹의 해군력을 대폭 증강하는 것은 물론이며, 정부군의 해군을 견제해서 상륙작전을 저지하는 것과 아울러 니가타(新潟) 항구의 방어도 가능하게 되기 때문이다. 니가타

에노모토 다케아키(榎本武揚)

는 당시 열번동맹이 가지고 있는 가장 중요한 항구였다. 대외무역이 가능한 이 항구를 통해서 신식무기를 수입하고 동맹군의 전력을 크게 향상시키려는 계획이 있었으므로 반드시 지켜야만 했다.

도바·후시미 전투를 계기로 정부군의 화력상의 우위는 널리 인식되었고, 열번동맹군도 신식 라이플 소총을 대량으로 장비한다면 정부군과 대등하게 맞설 수 있다는 희망이 생겼다. 이를 위해 네덜란드의 무역상인 소넬(Sonell) 형제로부터 대량의 무기구입을 위한 계약을 체결하고 무기의 인도를 기다리는 상황이었다. 그러나 에노모토는 거듭되는 독촉에도 불구하고 움직이지 않았다. 그 이유는 여러 가지가 있었지만 가장 중요한 원인은 스톤월 (stonewall)호를 인수하는 데 집착했기 때문이다.

스톤월호는 배수량이 불과 1,300톤 정도의 작은 함선이지만 매우 특별한 군함이었다. 비록 암스트롱포를 배의 앞부분에 1문, 뒤에 2문을 장착한 데 불과한 빈약한 화력을 가진 군함이나, 배의 전체를 철판으로 두른 장갑함으로서 문자 그대로 '철갑선'이므로 막강한 방어력을 자랑했다. 어지간한 대포의 직격탄도 견디는 게 가능할 정도였다. 그래서 스톤월호를 누가 인수하

느냐에 따라서 해군력의 우열이 바뀐다. 아직까지는 에노모토가 보유한 해군력이 최강이나 신정부가 스톤월호를 보유하면 에노모토의 해군도 위태롭게 된다.

문제의 이 군함은 본래 요시노부가 군사력 증강의 일환으로 미국에 주문한 것으로서, 아직 대금을 완전히 지불하지 못한 사정으로 일본에 도착한 후에도 인도하지 않고 있었던 상태였다. 당시 서구열강은 신정부의 요청에 따라서 국외중립을 선언했고 미국 역시 마찬가지였기 때문에, 스톤월호를 인수하려는 에노모토의 집요한 설득도 통하지 않았다. 아무튼 에노모토가 움직이지 않은 탓에 니가타 항구는 정부군에게 점령당했고, 열번동맹 측은 신무기 구입과 물자의 보급에 결정적인 타격을 받게 됐다.

에노모토가 마침내 움직여서 센다이번에 도착한 것은 정부군이 와카마쓰성을 포위하고 맹공격을 펼치던 무렵이었다. 그럼에도 불구하고 에노모토는 뻔뻔하게 센다이번이 항복하는 것을 저지하려고 설득을 시도했다. 그는 애당초 열번동맹이 정부군에 맞서기에는 너무나 허약한 동맹이라는 점을 간파하고 별다른 기대를 하지 않았다. 그래서 적극적으로 열번동맹을 도우려 하지 않은 것이다. 그 대신 홋카이도에 독자적인 정권을 만들어 새로운 국가를 건설한다는 엉뚱한 야망을 가지고 있었다.

에노모토가 이끄는 함대는 센다이번의 항복을 계기로 더욱 북상하여 미야코(宮古)에서 보급을 받고 10월 21일에는 홋카이도에 상륙하였다. 총병력은 3,000명 정도였다. 홋카이도를 지배하던 마쓰마에(松前)번은 별다른 군사력이 없었으므로 손쉽게 제압했으며, 무역항 하코다테(箱館)와 오릉곽(五稜郭)이라고 이름이 붙여진 요새도 접수했다.

오릉곽은 근대서양의 축성술을 모방해서 1864년에 지어진 것으로, 방어하기에 유리한 5각형의 독특한 별모양으로 만들어져 오릉곽이라고 불렸다. 성의 주변에는 호를 깊게 파서 다리를 건너야지 통과가 가능했으며, 호의 바깥

쪽에는 일부러 땅을 깎아서 급격한 경사면을 만들었다. 이것은 성을 향한 급속한 돌격을 방지하고 성의 보루에서 사격하기 편리하도록 고안한 것이다. 이 요새를 설계한 사람은 다케다 아야사부로(武田斐三郎)이며, 그는 개국사상가 사쿠마 쇼잔의 제자였다.

홋카이도를 평정한 후 에노모토는 투표를 통해 일본 역사상 유일무이한 공화정부를 성립시켰다. 사실 투표할 필요도 없었지만, 근대적인 공화정치를 표방한 만큼 겉치레 행위에 불과하더라도 투표를 해야만 했다. 투표의 결과 에노모토가 우두머리인 총재(總裁)로 선출되었다. 이러한 형식을 갖춘 덕분에 서국열강으로부터 정식으로 국제법상의 교전단체로 승인받을 수 있었다.

특이한 점은 막부 육군의 훈련을 담당한 프랑스군의 군사교관들 중에서 일부가 개인적인 자격으로 에노모토를 따라 홋카이도까지 와서 참전했다는 사실이다. 막부가 신정부에게 항복함에 따라서 국외중립을 선언한 프랑스는 군사고문단에게 귀국을 명령했지만, 포병장교 브류네(Jules Brunet)를 리더로 하는 일부 군인들은 사표를 제출하고 에노모토를 따라 참전했다. 이것이 무진전쟁에서 외국의 군인이 개입한 유일한 사례다.

에노모토 정권의 운명은 정부군의 상륙을 저지할 해군력에 달려 있었다. 그렇지만 함대의 기함이라고 할 수 있는 가이요(開陽)가 홋카이도 공략을 지원하던 도중 폭풍우에 밀려 좌초해 버리고 말았다. 게다가 이를 지원하기 위해서 달려온 진소쿠(神速)도 마찬가지로 좌초했고, 가이요와 진소쿠는 결국 침몰해 버렸다.

신정부군의 해군과 싸우기도 전에 가장 막강한 주력함이 사라지는 참담한 결과를 앞에 두고, 에노모토가 선택할 수 있는 방법은 극히 제한될 수밖에 없었다. 이와는 반대로 열번동맹이 해체된 덕분에 신정부는 미국으로부터 스톤월호를 인수했고, 해군력이 크게 강해졌다. 그래서 에노모토가 정부군의 홋카이도 침공을 막을 수 있는 유일한 방법인 해군력에서 현저한 열세에 빠지는 결과가 되었다. 이제는 정부군의 홋카이도 상륙작전을 저지할 방법이 없었다.

홋카이도를 평정하기 위한 정부군이 출발한 것은 다음해인 메이지 2년 (1869) 3월이었다. 항해와 전투에 불리한 겨울을 피해서 다음해 봄을 기다렸다가 공격에 나선 것이다. 정부군의 해군과 수송선이 중간 기항지인 미야코 (宮古)에 입항한 사실을 알자, 에노모토는 이를 기다렸다가 요격하기 보다는 적극적으로 선제공격을 가하기로 결심했다. 목표는 역시 스톤월호였다. 스톤월호를 포획하는 게 가능하다면 정부군의 홋카이도 상륙작전을 저지하는 것은 어렵지 않았다. 그래서 기습공격으로 스톤월호를 탈취한다는 결사적인 공격작전을 세웠다.

이 계획에 따라서 3척의 함선이 출발했지만 폭풍우 때문에 뿔뿔이 흩어지고 결국 가이텐(回天)만으로 스톤월호를 습격하기로 결정했다. 가이텐은 아직 어둠이 가시지 않은 3월 25일 새벽녘 미야코에 조용히 접근했고, 스톤월호를 발견하자 나란히 붙어서 공격병력을 내리려고 하였다. 그러나 가이텐은 스크루로 추진력을 얻는 증기선이 아니라 선체의 밖에 붙은 커다란 바퀴를 회전시켜 항해하는 구조였다. 그래서 스톤월호와 나란히 붙는 게 원천적으로 불가능했으며 뱃머리를 접근시켜서 병력을 내려야 했다. 결국 이것이 작전의 실패를 초래한 원인이 되고 만다. 그것은 신속하게 병력을 내리는 것이 불가능했기 때문이다.

적의 기습을 알아차린 스톤월호 승무원의 반격에도 불구하고 필사적으로 공격을 계속했지만, 이윽고 스톤월호에 장착된 개틀링 기관포가 불을 뿜기 시작하자 가이텐의 함장마저 전사했고 눈물을 머금고 철수하지 않을 수가 없었다.

뜻밖의 기습공격에 놀란 신정부군의 함대는 서둘러 미야코를 출발했고,

4월 9일에는 홋카이도에 상륙해 진격을 개시했다. 에노모토는 해안에서 이를 요격하려고 시도했으나, 병력의 차이는 물론이고 해상에서 정부군의 군함이 맹렬하게 함포사격을 가했기 때문에 오릉곽으로 쫓겨 들어가지 않을 수 없었다. 그나마 남아 있던 에노모토의 함대도 전멸당하는 운명에 처하고 말았다.

신정부군의 실질적인 지휘관은 사쓰마번 출신으로 사이고의 심복인 구로다 기요타카(黑田淸隆)였다. 그는 에노모토에게 항복을 권고했지만, 승산이 없다는 것을 뻔히 알면서도 에노모토는 이를 완강하게 거절했다. 그러나 정부군이 오릉곽 주변의 포대를 맹렬히 공격해서 점령하고 압박을 가하자, 항복을 거절한지 불과 4일 후인 5월 17일에는 스스로 항복하는 어이없는 행동을 하고 말았다.

차라리 처음부터 깨끗이 항복해서 불필요한 희생을 줄이든가 그게 아니라면 끝까지 싸우다 장렬하게 전사하는 게 옳았지만, 에노모토는 부하들만 희생시키고 자신은 목숨을 구걸한다는 추태를 연출했다. 이보다 전에 에노모토는 항복을 권고받자 거절하는 한편, 네덜란드어로 된 해상(海上)국제법에 관한 서적을 구로다에게 기증하였다. 네덜란드에 유학을 다녀온 덕분에 얻어온 것으로 당시 일본에서는 매우 희귀한 서적이었고, 전쟁으로 소실될까봐 우려해 취한 조치였다.

이것을 계기로 구로다의 호감을 사게 된 에노모토는 처음에는 사형이 결정되었으나, 구로다의 필사적인 구명운동 덕분에 목숨을 건졌다. 게다가 메이지 5년(1872)에는 사면을 받고 석방되었다. 이러한 와중에 두 사람은 돈독한 우정을 쌓는 친구가 되었으며, 나중에 구로다가 메이지 시대에 사쓰마 세력을 대표하는 실력자가 되면서 에노모토도 크게 출세했다.

한편, 오릉곽이 함락되자 에노모토를 따라 참전한 프랑스 군인들은 근처에 있던 프랑스 군함에 구조를 요청해서 일단 요코하마로 갔고, 요코하마에서 군함을 갈아타고 마르세이유를 통해 귀국했다. 끝까지 막부와 의리를 지킨 브류네는 귀국지시를 어겼다는 명령불복종을 이유로 일시 예비역에 편입되었지만, 다시 현역으로 복귀해서 파리코뮌 당시에는 지휘관으로 진압을 담당했다.

앞서 본 것처럼 무진전쟁의 핵심은 아이즈번을 타도하는 데 있었지만, 후세에 가장 관심을 받고 유명하게 된 인물은 나가오카(長岡)번의 실권자인 가와이 쓰구노스케(河井繼之助)였다. 마치 사카모토 료마처럼 살아 있을 당시에는 눈에 띄는 존재가 아니었으나, 역사가에 의해서 발굴되어 각광을 받게 된 경우에 해당한다.

나가오카번은 본래 열번동맹에 참가할 뜻이 없었다. 그렇다고 적극적으로 신정부를 지지한 것도 아니었다. 무진전쟁을 죠슈번의 아이즈번에 대한 개인적인 원한으로 시작된 전쟁으로 인식했기 때문이다.

가와이는 평화적으로 사태를 해결하길 원했고, 정부군과 동맹군의 사이에서 나가오카번을 중립적인 입장에 서게 하려고 정부군 진영을 방문했다. 가와이를 상대한 자는 군감(軍監)의 직책에 있던 이와무라 다카토시(岩村高俊)였다. 그는 가와이에게 정부를 지지하든지 반역자가 되든지 양자택일을 하라고 강요해서 타협의 여지를 만들지 않았다. 이와무라는 도사번 출신으로 당시 20대 후반의 나이에 불과한 애송이였다. 도사번의 존왕양이운동에 참가한 덕분에 어린 나이에도 불구하고 파격적으로 출세한 경우다.

이와무라의 융통성 없는 태도에 분노한 가와이는 열번동맹에 참가하기로 결심을 굳혔다. 나가오카번은 규모가 작은 번이지만 동북지방에서 가장 근대적인 무기를 장비했으므로 결코 만만한 상대는 아니었다. 특히 당시 일본에는 거의 없었던 개틀링 기관총을 2문이나 갖추고 있었고, 라이플 소총인 미니에 소총도 대량으로 구입하여 모든 병사들에게 지급할 정도였다. 가와이는 개국사상가 사쿠마 쇼잔(佐久間象山)의 가르침을 받은 덕택에 서양문물에 대해서 해박한 지식을 가지고 있었으며, 예전부터 근대적인 군비증강에 지대한 관심을 기울였다. 그러나 불과 1,000명에 지나지 않은 병력의 열세를 극복하지 못하고 5월 19일 나가오카성을 정부군에게 빼앗기고 말았다. 그럼에도 불구하고 가와이는 침착하게 후퇴해 전열을 재정비하고 정부군과 대치했다.

전쟁의 승패를 결정하는 열쇠는 니가타(新潟) 항구에 있었다. 가와이는 니가타 항구를 통해서 탄약을 비롯한 보급을 원활히 받고 있었던 반면에, 신정부군의 주력인 사쓰마와 죠슈번의 병력은 보급을 위한 항구를 확보하지 못했다. 그래서 신정부군이 니가타를 탈취하지 않는 이상은 대규모 공세를 펼치기가 어려웠다.

이러한 사정으로 정부군은 7월에 들어서자 니가타 항구를 점령하기 위한 작전에 돌입했다. 만약 에노모토의 함대가 니가타항을 방어했다면 빈약한 해군력을 가진 신정부군은 과감한 상륙작전을 펼치지 못했을 것이다. 그러나 에노모토의 함대가 움직이지 않았기 때문에 동맹군의 해군력은 전혀 없었다.

정부군이 니가타 점령을 위한 상륙작전을 펼치기 전날인 7월 24일 밤 가와이는 결사대를 이끌고 나가오카성을 기습적으로 공격했다. 나가오카성의 동북쪽에 있던 늪을 밤새 통과해서 새벽녘에 일제히 돌격한 것이다. 수비하던 정부군은 제대로 반격도 못하고 도망치기에 바빴으며, 정부군 지휘관인 죠슈번의 야마가타 아리토모(山県有朋) 역시 마찬가지였다. 가와이는 대포만 하더라도 무려 120문을 포획했다는 기록이 있을 정도로 막대한 보급품을 손에 넣었다. 무진전쟁 전체를 통틀어서 동맹군이 전투다운 전투를 해서 빛나는 승리를 거둔 유일한 사례가 바로 나가오카성의 탈환작전이었다.

일단 도망친 야마가타는 나가오카성을 탈환하기 위해서 맹렬한 반격에 나섰고 7월 29일에는 다시 탈환하는 데 성공했다. 정부군의 역습에 쉽게 당한 이유는 가와이가 7월 25일에 길을 건너다가 왼쪽다리에 총을 맞고 쓰러져 지휘할 수 없었기 때문이다. 일단 나가오카번의 병사들은 가와이의 지시로 아이즈번을 향해서 후퇴했지만, 그는 도중에 병세가 악화되어 8월 16일에 사망하고 말았다. 가와이의 죽음과 니가타 항구의 점령으로 신정부군이 아이즈번을 공격하기 위한 걸림돌이 없어졌다.

　무진전쟁의 승리로 비로소 신정부는 일본의 전국을 통일하는 게 가능했다. 막부의 신하 중에는 최후까지 신정부군과 싸우다가 장렬히 전사해 막부에 대한 충절을 지킨 자도 있고 자살한 사람도 있었다. 물론 이와는 정반대로 항복하고 목숨을 구걸한 경우가 더욱 많았다. 가장 특이한 존재는 신선조의 잔당들이다. 교토의 존왕양이파를 탄압하면서 공을 세운 덕분에 이들은 평민출신임에도 불구하고 막부의 신하로 등용되었다.

　용병검객집단이라는 성격상 굳이 막부와 운명을 같이 할 필요는 없었지만, 이들의 대다수는 막부의 신하라는 이유로 신정부군과 싸우는 길을 택했다. 어차피 항복해도 존왕양이파 탄압에 앞장선 과거가 있었으므로, 신정부의 핵심세력 중의 하나인 죠슈번 출신자들이 살려두려고 하지 않았다.

　신선조의 우두머리인 곤도 이사미(近藤勇)는 에도를 향해 동쪽으로 진군하는 신정부군과 맞서 싸우다가 패했고, 그 이후 신병을 모집하면서 아이즈번으로 향하던 도중에 체포되어 처형당했다. 체포당한 그는 신분을 숨기고 다른 사람처럼 행세했으나 워낙 유명한 인물이므로 정체가 발각되지 않을 수 없었다. 그러나 신선조의 2인자인 히지카타 도시죠(土方歲三)는 에노모토를 따라 홋카이도까지 갔고, 끝내는 장렬하게 전사했다.

　무진전쟁에서 신정부군에게 대항한 번은 대부분 혹독한 처벌을 받았다. 열번동맹의 맹주로 추대된 센다이(仙台)번의 경우는 석고가 62만 석에서 18만 석으로 대폭 삭감을 당했다. 또한 무진전쟁을 일으킨 원인을 제공한 아이즈번은 23만 석에서 3만 석으로 삭감되었으며, 아울러 아이즈번이라는 이름자체가 아예 말살당해 버렸다. 그나마 그 3만 석의 새로운 영지는 개척하기도 어려운 매우 척박한 토지였으므로, 실제로 경작 가능한 토지로 환산하면

7천석밖에 되지 않았다고 한다.

그럼에도 불구하고 아이즈번의 가신 중에서 절반 이상은 주군에 대한 의리를 저버리지 않고 묵묵히 새로운 영지로 따라갔다. 이들이 얼마나 혹독한 고통을 겪었는지는 말로 표현하기 어려울 정도다. 그러나 이와는 정반대로 쇼나이(庄內)번은 매우 관대하게 다루어졌다. 사이고 다카모리가 앞장서 구명에 노력했기 때문이다.

아이즈번은 죠슈번의 원수이고, 쇼나이번은 사쓰마번의 원수로 여겨졌다. 그래서 쇼나이번도 끝까지 필사적으로 신정부군과 맞서지 않을 수가 없었다. 끝까지 저항한 것을 이유로 혹독한 처벌이 예상되었지만 뜻밖에도 사이고는 쇼나이번이 항복하자 즉시 철수하라고 지시했다. 쇼나이번의 번주조차 체포하려 하지 않았다. 14만 석을 12만 석으로 삭감당하기는 했으나, 영지를 옮기라는 명령도 흐지부지되고 말았다. 결국 쇼나이번은 2만 석으로 삭감당하는 것 이외에는 별다른 처벌을 받지 않은 셈이다.

여기에 크게 감동한 쇼나이번에서는 메이지 3년(1870)에 번주가 직접 50명을 이끌고, 당시 가고시마에 있던 사이고를 찾아가 반년 간에 걸쳐서 가르침을 받을 정도였다. 물론 사이고의 은혜에 보답하려는 것만이 아니라, 신정부의 유력한 실력자와 친분을 쌓아 장차 도움을 받으려는 의도도 있었다.

한편, 도쿠가와 막부는 멸망했지만 도쿠가와 가문 자체가 사라진 것은 아니었다. '마지막 쇼군' 요시노부를 살려준 이상 도쿠가와 가문을 멸망시키기도 곤란했다. 신정부는 도쿠가와 가문을 슨푸(駿府)로 이동하라고 명령하고 석고 70만 석의 시즈오카(靜岡)번을 창설하도록 했다.

언뜻 보기에 70만 석이면 막대한 석고이지만 본래 막부의 직할령이 400만 석이고, 여기에다가 막부 직속의 가신에게 준 영지 400만 석을 더한 800만 석에 비하면 형편없이 삭감된 것이다. 시즈오카번의 번주에는 3경의 하나인 다야스(田安) 가문 출신의 도쿠가와 이에사토(德川家達)가 6세의 나이로 취임했다.

　시즈오카번이 만들어지자 막부 직속의 가신 중에서 6,500명 정도가 따라갔다. 가족까지 합치면 4만 명 가까이 되는 수치다. 막부가 멸망한 이상 봉급을 받을 수 있을지도 불투명한 상황임에도 불구하고, 그들은 끝까지 막부에 충성을 다하는 자들이었다. 이 중에는 요시노부의 목숨을 구해준 가쓰 가이슈도 포함되어 있었다.

　시즈오카번은 갑자기 불어난 무사의 숫자로 인해 심각한 재정곤란을 겪지 않을 수 없었지만, 요시노부의 재정참모로 신임이 두터웠던 시부사와 에이치(渋沢栄一)를 불러들이면서 상황을 호전시켰다. 시부사와는 프랑스로 차관을 빌리러 간 요시노부의 친동생 도쿠가와 아키타케(德川昭武)를 수행하여 유럽에 체류하고 있던 당시 막부가 멸망했다는 소식을 들었다. 귀국한 아키타케는 요시노부의 친가인 미토번의 번주로 취임했고, 시부사와는 미토번 출신이나 특별히 차출되어 시즈오카번의 재정을 책임지며 눈부신 활약을 하다가 그 능력을 인정받아 신정부의 경제를 담당하는 대장성으로부터 부름을 받고 떠났다.

　요시노부는 철저하게 은둔생활을 하면서 막부가 멸망한 이후 단 한 번도 표면에 등장하지 않았다. 나중에 사면 받아 행동의 자유를 얻었으나 결코 신정부와 거리를 좁히려고 하지 않았다. 그는 80세가 넘게 장수했음에도 불구하고 격동의 과거를 회고한 것을 제외하고는 시즈오카에서 여생을 바둑 등으로 소일하면서 보냈다. 이례적일 정도로 장수한 덕분에 메이지 시대를 끝까지 지켜보는 게 가능했지만, 어떠한 심정을 가지고 있었는지 특별한 감상을 말하지는 않았다고 한다.

〈2권에 계속〉

제1권 관련 연표

연도	내용
1853년 (嘉永 6년)	4월 : 미국의 페리 함대, 류큐(琉球)에 내항 5월 : 페리 함대 오가사와라(小笠原)에서 석탄저장소 부지를 구입 6월 : 페리, 우라가(浦賀)에 내항해서 국서수령을 강압적으로 요구 막부, 구리하마(久里浜)에서 대통령의 국서를 수령 7월 : 아베 마사히로(阿部正弘), 미국의 국서를 공개해서 의견을 요구하고 페리 내항을 조정에 보고 러시아 사절 프티아틴, 나사카키에 내항 9월 : 막부, 대형선박 건조금지를 해제하고 네덜란드에 군함을 발주 11월 : 막부, 해안방어 강화를 위해서 에도만 경비를 히코네(彦根)번 등에게 명령 12월 : 프티아틴, 나가사키에 재도항
1854년 (安政 원년)	1월 : 페리 함대, 가나가와(神奈川) 앞바다에 재도항 3월 : 미일화친 조약의 체결, 시모다(下田)·하코다테(箱館)를 개항 프티아틴, 나가사키에 내항 요시다 쇼인(吉田松陰), 시모다(下田) 앞바다의 미국 함대로 밀항을 기도 하다가 포박 4월 : 요시다 쇼인(吉田松陰)의 밀항에 연좌해서 사쿠마 쇼잔(佐久間象山)이 투 옥됨 7월 : 영국 함대가 나가사키를 방문 8월 : 영일화친조약 체결 9월 : 프티아틴, 오사카에 내항 11월 : 대지진 발생, 시모다(下田)에 해일이 내습하고 프티아틴 승선의 디아나호 대파 12월 : 러일화친조약 체결
1855년 (安政 2년)	3월 : 프티아틴, 이즈(伊豆)반도 헤다(戸田)에서 건조한 범선을 타고 귀국 6월 : 네덜란드, 증기선을 막부에 기증 9월 : 막부, 조정에 미국·영국·러시아 화친조약의 등본을 제출하고 승인을 얻음 10월 : 에도에 대지진 발생 네덜란드 군사고문단이 나가사키에서 해군전습을 개시 12월 : 난일(蘭日)화친조약 체결
1855년 (安政 2년)	2월 : 막부, 준비 중이었던 양학소(洋學所)를 설립하고 번서조소(蕃書調所)로 개칭

연도	내용
1856년 (安政 3년)	7월 : 네덜란드 상관장 쿠르티우스, 막부에 영국과의 통상조약체결을 권고 미국의 주일총영사 해리스, 시모다(下田)에 내항
1857년 (安政 4년)	1월 : 막부, 번서조소를 개교하고 막부신하의 자제만 입학을 허가 2월 : 쿠르티우스, 애로호 사건을 나가사키 봉행에게 알리고 막부의 통상거절방침을 경고 5월 : 미일협약 체결(시모다 협약) 8월 : 프티아틴, 나가사키에 내항 10월 : 마쓰다이라 요시나가(松平慶永)들, 요시노부(慶喜)를 차기 쇼군으로 건의 해리스 에도성을 방문
1858년 (安政 5년)	1월 : 홋타 마사요시(堀田正睦), 통상조약의 승인을 얻기 위해서 상경 3월 : 천황, 조약조인거부의 방침을 전달 6월 : 미일수호통상조약, 무역장정조인 도쿠가와 이에모치(德川家茂)를 차기 쇼군으로 결정 8월 : 천황, 조약체결을 불만으로 하는 칙서를 은밀히 미토번에 전달 9월 : 이이 나오스케(井伊直弼), 교토에서 숙청을 개시 10월 : 하시모토 사나이(橋本左內), 에도에서 구금 12월 : 죠슈(長州)번, 요시다 쇼인(吉田松陰)을 투옥
1859년 (安政 6년)	5월 : 영국주일 총영사 얼코크 부임 막부, 요코하마(橫浜)·나가사키(長崎)·하코다테(箱館)을 개항하고 자유무역을 허가 6월 : 막부, 개항장에서 선박에 탑재한 무기구입을 허가 8월 : 프랑스 주일총영사 베르쿠르 부임 10월 : 하시모토 사나이(橋本左內)·요시다 쇼인(吉田松陰) 처형
1860년 (万延 원년)	1월 : 막부의 사절단이 미국함정에 탑승하고 출항(4월 조약비준서를 교환) 3월 : 대로(大老) 이이 나오스케(井伊直弼) 암살 5품(五品) 에도 회송령 6월 : 포루투갈·일본 수호통상조약 조인 8월 : 조정, 가즈노미야(和宮)를 쇼군에게 시집보내는 것을 승인 12월 : 미국 통역관 휴스켄 암살
1861년 (文久 원년)	2월 : 러시아 군함, 쓰시마(対馬) 점령을 목적으로 강제점거 3월 : 막부, 프랑스·네덜란드·러시아·미국·영국에 대해서 에도·오사카·효고·니가타의 개시(開市)·개항의 5년 연기를 요청 죠슈(長州)번사 나가이 우타(長井雅樂) 항해원략책을 건의

연도	내용
1861년 (文久 원년)	4월 : 막부, 중국 상해(上海)에 교역을 위해서 무역선을 파견
	5월 : 신축 중의 영국 공사관을 존왕양이파 낭사들이 습격
	6월 : 영국, 쓰시마(対馬)에서 러시아함의 퇴거를 요구(8월 러시아함 퇴거)
	10월 : 가즈노미야(和宮) 에도로 향하다(11월 도착)
	12월 : 막부 사절단, 개시개항연기 교섭을 위해서 유럽으로 출항
1862년 (文久 2년)	1월 : 노중(老中) 안도 노부마사(安藤信正), 미토(水戸) 낭사들에게 습격을 받고 부상
	2월 : 쇼군 이에모치(家茂), 가즈노미야(和宮)와의 결혼식을 에도성에서 거행
	4월 : 시마즈 히사미쓰(島津久光), 병력을 이끌고 입경
	5월 : 막부 사절단 「런던각서」에 조인 영국공사관 경비 중의 마쓰모토(松本)번사가 영국 수병을 살상함
	7월 : 막부, 요시노부(一橋慶喜)를 쇼군후견직에, 요시나가(松平慶永)를 정사총재직에 임명
	8월 : 나마무기(生麦) 사건 막부, 아이즈(会津)번의 마쓰다이라 다카모리(松平容保)를 교토수호직(京都守護職)에 임명
	12월 : 조정, 국사어용괘(国事御用掛)를 설치 죠슈(長州)번의 다카스기 신사쿠(高杉晋作), 건설 중이던 영국공사관에 방화
1863년 (万延 원년)	3월 : 쇼군 이에모치(家茂), 교토로 상경
	4월 : 막부, 조정의 명령에 의해서 10만석 이상의 다이묘에 친병 차출을 명령, 교토를 경비시킴 쇼군 이에모치(家茂), 고메이(孝明) 천황에게 양이기한을 5월 10일로 봉답
	5월 : 막부, 각국에 3항 폐쇄 통고(실시하지 않음) 막부, 나마무기 사건의 배상금 44만달러를 지불 죠슈(長州)번, 시모노세키(下関)해협 통과의 미국, 프랑스, 네덜란드 상선을 차례로 포격 막부, 영불 수비병의 요코하마 주둔을 허가
	7월 : 영국 함대 가고시마(鹿児島)를 포격
	8월 : 8·18의 쿠데타
	12월 : 조정, 요시노부(徳川慶喜)·요시나가(松平慶永)·야마우치 요도(山内豊信)·다테 무네나리(伊達宗城)들을 참여로 임명(익년 1월에는 히사미쓰도 임명)
1864년 (元治 원년)	3월 : 참여회의 해산 프랑스 공사 로슈 부임
	6월 : 신선조(新選組), 이케다야(池田屋) 습격

연도	내용
1864년 (元治 원년)	7월 : 사쿠마 쇼잔(佐久間象山) 암살 죠슈(長州)번, 교토를 침공했으나 구사카 겐즈이(久坂玄瑞)들 전사 조정, 막부에 죠슈(長州)번 토벌을 명령(제1차 죠슈 정벌)
	8월 : 영국·프랑스·미국·네덜란드의 연합 함대, 시모노세키(下関)해협을 포격
	11월 : 죠슈(長州)번, 막부에 대해서 복종의 뜻을 나타냄
	12월 : 다카스기 신사쿠(高杉晋作), 쿠데타를 일으킴
1865년 (慶応 원년)	6월 : 프랑스 공사 로슈, 막부에 파리만국박람회로 참가를 권유 사이고 다카모리(西郷隆盛), 죠슈(長州)번으로의 무기구입 원조를 수락
	7월 : 막부, 파리 만국박람회 참가를 결정 죠슈(長州)번, 사쓰마(薩摩)번의 중개로 무기구입
	10월 : 쇼군 이에모치(家茂), 천황에게 조약칙허와 효고개항을 주청
1866년 (慶応 2년)	1월 : 사카모토 료마(坂本龍馬)의 알선에 의해서 삿쵸(薩長)동맹이 성립
	6월 : 제2차 죠슈 토벌 개시
	7월 : 쇼군 이에모치(家茂) 사망(21세)
	8월 : 요시노부(一橋慶喜), 막부군의 해산을 조정에 요청
1867년 (慶応 3년)	1월 : 도쿠가와 아키타케(德川昭武), 파리만국박람회에 참가하기 위해서 요코하마 출범
	6월 : 사카모토 료마(坂本龍馬), 선중팔책(船中八策)을 기초
	10월 : 도사(土佐)번과 히로시마(広島)번, 막부로 대정봉환을 건의 요시노부(慶喜) 쇼군직을 사임
	11월 : 사카모토 료마(坂本龍馬)와 나가오카 신타로(中岡慎太郎), 교토에서 암살됨
	12월 : 왕정복고의 쿠데타
1868년 (慶応 4년, 明治 원년)	1월 : 도바(鳥羽)·후시미(伏見) 전투 요시노부(慶喜) 토벌령 발포 신정부, 왕정복고를 각국공사에게 통고 서구열강 국외중립을 선언
	3월 : 사이고 다카모리(西郷隆盛)·가쓰 가이슈(勝海舟)와 회견하고 에도성 무혈개성을 합의 5개조의 서문(誓文)
	4월 : 신정부군, 에도성에 입성
	5월 : 열번(列藩)동맹 성립
	9월 : 메이지(明治)로 연호를 바꿈 아이즈(会津)번 항복
	10월 : 에도성을 도쿄성(東京城)으로 개칭
	12월 : 에노모토 다케아키(榎本武揚)들, 홋카이도(北海道)를 점령

세계사 관련 연표

연도	내용
1853년	3월 : 중국, 태평천국군 남경을 점령
	11월 : 크림전쟁 발발
1854년	5월 : 미국, 캔사스-네브라스카법 성립
1855년	5월 : 파리 국제박람회
	9월 : 크림반도의 세바스토폴 요새 함락
1856년	3월 : 크림전쟁 종결, 파리강화회의 체결
	10월 : 애로호 사건
	12월 : 남아프리카 공화국 성립
1857년	5월 : 인도에서 세포이의 반란 발생
1858년	5월 : 중국, 러시아와 아이훈조약 체결
	6월 : 중국, 열국과 천진(天津)조약 체결
	8월 : 영국, 인도의 직접통치 개시와 더불어 무굴제국 멸망
1859년	2월 : 프랑스, 인도차이나 침략 사이공을 점령
1860년	5월 : 이탈리아, 가리발디가 시칠리아 상륙
	10월 : 영불 연합군 북경에 입성
1861년	3월 : 러시아, 농노해방령 　　　 이탈리아 왕국 성립
	4월 : 미국, 남북전쟁 발발
1862년	9월 : 프러시아, 비스마르크가 수상에 취임해서 독일통일을 추진
1863년	1월 : 미국, 노예해방선언 발효
	11월 : 미국, 링컨 게티스버그 연설
1864년	10월 : 영국, 런던에서 제1차 인터내셔널 조직됨
1865년	4월 : 미국, 링컨 암살됨
1866년	6월 : 프러시아, 오스트리아와 전쟁
	10월 : 조선, 프랑스 함대의 공격으로 병인양요 발발
1867년	3월 : 미국, 러시아로부터 알래스카 구입
	6월 : 오스트리아-헝가리 제국 성립

연도	내용
1867년	7월 : 북독일연방 성립
	10월 : 파리 만국박람회 개최
1868년 (메이지 1년)	2월 : 영국, 제1차 디즈데일리 내각 성립
	7월 : 미국, 수정헌법 제14조(公民權)성립
	12월 : 영국, 제1차 글래드스톤 내각 성립

주요 참고문헌

(編)은 편저자, (著)는 원저자, (譯)은 번역자를 의미함

▶ 大久保利謙, 『政治史Ⅲ』(體系日本史叢書 시리즈), 1967

▶ 大日方純夫, 『近代日本の 警察と地域社會』, 2000

▶ 大野達三, 『日本の政治警察』 1973

▶ 大島淸 ; 加藤俊彦 ; 大內力, 『人物 日本資本主義 』(제1권~3권), 1974

▶ 杉本勳, 『科學史』(體系日本史叢書 시리즈), 1990

▶ 竹內理三, 『土地制度史』(體系日本史叢書 시리즈), 1973

▶ 竹內洋, 『學歷貴族の榮光と挫折』(日本の近代 시리즈 제12권), 1999

▶ 豊田穰, 『明治・大正の宰相』(1권~5권), 1984

▶ 성황용, 『근대동양외교사』, 1992

▶ 高野澄, 『物語 廢藩置縣』, 2001

▶ 豊田穰외 5인, 『明治維新의 主役들』, 1984

▶ 松下芳男, 『日本軍閥興亡史』, 2001

▶ 松本健一, 『開國, 維新』(日本の近代 시리즈 제1권), 1998

▶ 松村正義, 『國際交流史』, 2002

▶ 松尾正人, 『廢藩置縣の硏究』, 2001

▶ 松尾正人(編), 『維新政權の 成立』, 2001

▶ 芳卽正외 7인, 『薩摩の 7傑』, 2000

▶ 芳卽正, 『島津久光と明治維新』, 2002
　　　　　　『坂本龍馬と薩長同盟』, 1998

▶ 鈴木正辛, 『近代日本の 天皇制』, 1998

▶ 井上勳, 『王政復古』, 1995

▶ 井上勝生, 『開國と幕末變革』, 2002

▶ 毛利敏彦, 『大久保利通』, 1998
　　　　　　『明治6年政變』, 1999
　　　　　　『臺灣出兵』, 1996
　　　　　　『明治維新政治史序說』, 1967

『明治維新の再發見』, 1999

『明治維新政治外交史研究』, 2002

▶ 家近良樹, 『孝明天皇と一會桑』, 2002

▶ 久米邦武, 『(特命全權大使)米歐回覽實記』(제1권~제5권), 1878

▶ Satow, 『A diplomat in Japan』, 1998

▶ Nish lan, 『Iwakura mission in America & Europe』, 2002

▶ 坂本多加雄, 『明治國家の建設』(日本の近代 시리즈 제2권), 1999

▶ 御廚貴, 『明治國家の完成』(日本の近代 시리즈 제3권), 2001

▶ 戸部良一, 『逆說の軍隊』(日本の近代 시리즈 제9권), 1998

▶ 宮本又郎, 『企業家たちの 挑戰』(日本の近代 시리즈 제11권), 1999

▶ 宮地正人, 『國際政治下の 近代日本』, 1987

▶ 坂野潤治; 宮地正人(編), 『日本近代史における 轉換期の研究』, 1991

▶ 佐佐木隆, 『メディアと權力』(日本の近代 시리즈 제14권), 1999

▶ 鈴木淳, 『新技術の社會誌』(日本の近代 시리즈 제15권), 1999

▶ 原田務, 『明治の怪, 山縣有朋』, 2000

▶ 田中彰, 『高杉晋作と奇兵隊』, 1993

『岩倉使節團の 歷史的研究』, 2002

『幕末の 藩政改革』, 1981

『明治維新』(近代日本の軌跡 제1권), 1994

『近代日本の 內と外』, 1999

『幕末維新の 社會と思想』, 1999

『幕末維新史の 연구』, 1966

『吉田松陰』, 2001

▶ 奈良本辰也, 『高杉晋作』, 1997

▶ 新田均, 『「現人神」「國家神道」という 幻想』, 2003

▶ 岡崎久彦, 『陸奧宗光と その時代』, 2002

『小村壽太郎とその時代』, 2003

▶ 岡義武, 『近代日本の政治家』, 1960

▶ 升味準之輔, 『日本政治史』(제2권), 1988

▶ 小熊英二, 『〈日本人〉の 境界』, 1999

▶ 加藤陽子, 『徵兵制と近代日本』, 2000

▶ 加藤陽子 ; 박영준(譯), 『근대 일본의 전쟁 논리』, 2003

▶ 加藤祐三, 『幕末外交と開國』, 2004

▶ 家近良樹(編), 『幕政改革』, 2001

▶ 石井寬治, 『日本經濟史』, 1993

▶ 石井寬治 ; 原朗 ; 武田晴人(編), 『日本經濟史2 産業革命期』, 2000

▶ 利光三渾夫 ; 笠原英彦, 『日本の 官僚制』, 1998

▶ 海原徹, 『松下村塾の 明治維新』, 1999

　　　　　　『吉田松陰と松下村塾』, 2003

▶ 三谷太一郎, 『近代日本の 戰爭と政治』, 1998

　　　　　　『日本政黨政治の形成』, 1995

▶ 三谷博, 『ぺり-來航』, 2003

▶ 鹿島平和研究所, 『日本外交史』(제1권~7권), 1970

▶ 維新史料編纂事務局, 『維新史』(제1권~6권), 1941

▶ 文部省維新史料編纂會, 『槪觀 維新史』, 1940

▶ 由井正臣(編), 『樞密院の 研究』, 2003

▶ 石井孝, 『幕末貿易史の 研究』, 1944

▶ 佐藤秀夫, 『教育の 文化史』, 2004

▶ 伊藤之雄, 『立憲國家の 確立と伊藤博文』, 1999

　　　　　　『立憲國家と日露戰爭』, 2000

▶ 齋藤聖二, 『日淸戰爭の 軍事戰略』, 2003

▶ 吉野誠, 『明治維新と征韓論』, 2002

▶ 千本秀樹, 『天皇制の 侵略責任と戰後責任』, 2003

▶ 別宮暖郎, 『「坂の上の雲」では分からない日本海海戰』, 2005

▶ 中邨章, 『新版 官僚制と日本の政治』, 2001

▶ 中村政則(編), 『日本の 近代と資本主義』, 1992

▶ 中塚明, 『歴史の僞造おただす』, 1997

　　　　　　『近代日本の朝鮮認識』, 1993

▶ 山田朗, 『近代日本の 膨張と侵略』, 1997

▶ 山田公平, 『近代日本の國家形成と地方自治』, 1991

▶ 菊池城司, 『近代日本の 教育機會と社會階層』, 2003

▶ 安田浩, 『天皇の政治史』, 2000

▶ 安岡昭男, 『明治前期大陸政策史の硏究』, 1998

▶ 畑野勇, 『近代日本の軍産學複合體』, 2005

▶ 天野郁夫, 『學歷の社會史』, 2005

▶ 村井實, 『近代日本の 敎育と政治』, 2000

▶ 宇治敏彦 ; 이혁재(譯), 『일본총리열전』, 2002

▶ 川村眞二 ; 이혁재(譯), 『후쿠자와 유키치』, 2002

▶ 川田稔, 『原敬と山縣有朋』, 1998

▶ 川田敬一, 『近代日本の 國家形成と皇室財産』, 2001

▶ 新人物往來社(編), 『日露戰爭と日本海大海戰』, 2005

　　　　　　　　　　『阿部正弘のすべて』, 1997

▶ 今西一, 『近代日本の差別と性文化』, 1998

▶ 石井三記(編), 『近代法の再定位』, 2001

▶ 善家幸敏, 『日本における宗敎と政治』, 2005

▶ 星野芳郎, 『日本軍國主義の源流を問う』, 2004

▶ 星亮一, 『奧羽越列藩同盟』, 2002

▶ 源川眞希, 『近現代日本の地域政治構造』, 2001

▶ 黑川雄三, 『近代日本の軍事戰略槪史』, 2003

▶ 최문형, 『명성황후 시해의 진실을 밝힌다』, 2002

　　　　　　　『(국제관계로 본)러일전쟁과 일본의 한국병합』, 2004

▶ 土居良三, 『開國への布石 : 評傳 老中首座 阿部正弘』, 2000

▶ 高貫布士, 『激鬪 日露大戰爭』, 2003

▶ 檜山幸夫, 『日淸戰爭』, 2004

　　　　　　　『近代日本の形成と日淸戰爭』, 2001

▶ 西川長夫 ; 松宮秀治, 『國民國家形成と文化變容』, 1999

▶ 小西四郎(編), 『德川慶喜のすべて』, 1998

▶ 勝田政治, 『內務省と明治國家形成』, 2002

▶ 平間洋一, 『日露戰爭が變えた世界史』, 2005

▶ 平野武, 『明治憲法制定とその周邊』, 2004

▶ 猪飼隆明, 『西鄕隆盛』, 2001

▶ 加來耕三, 『西鄕隆盛と薩摩士道』, 1998

▶ 吉田常吉, 『安政の大獄』, 1996

▶ 福地惇, 『明治新政權の權力構造』, 1996

▶ 遠山茂樹, 『明治維新と天皇』, 2002

▶ 遠山茂樹 ; 安達淑子(共著), 『近代日本政治史必攜』, 1972

▶ 淸水伸, 『明治憲法制定史 上~下』, 1971

▶ 콘스탄틴 플레샤코프 ; 황의방(譯), 『짜르의 마지막 함대』, 2003

▶ 木村時夫(編), 『日本の近代化とアジア』, 1983

▶ 정일성, 『후쿠자와 유키치』, 2001
　　　　　『이토 히로부미』, 2002

▶ 박종원, 『福澤諭吉의 文明思想硏究』, 2000

▶ 福澤諭吉(著) ; 정명환(譯), 『文明論의 槪略』, 1987

▶ 도몬 후유지(著) ; 이강희, 『그늘 속의 참모들』, 2001

▶ 馬場明, 『日露戰爭後の滿洲問題』, 2003

▶ Townsend Harris(著) ; 坂田精一(譯), 『日本滯在記 上~下』, 1974

▶ 伊藤仁太郎, 『(巨人)星亨』, 1923

▶ 濱本浩, 『江藤新平』, 1941

▶ 本山桂川, 『桂太郎と原敬』, 1935

▶ 德富猪一郎, 『吉田松陰』, 1934

▶ 維新史料編纂事務局(編), 『維新史』, 1939-41

▶ 伊藤痴遊, 『岩倉具視, 三條實美』, 1935

▶ 五來欣造, 『人間 大隈重信』, 1955

▶ 土屋喬雄(譯) ; 王城肇(譯), 『ペルリ提督日本遠征記』(제1권~제2권), 1935

▶ 沼田哲, 『明治天皇と政治家群像』, 2002

▶ 藤村道生(著) ; 日本歷史學會(編), 『山縣有朋』, 1986
　　　　　　 ; 허남린(譯), 『청일전쟁』, 1997

▶ 嶋名政雄, 『乃木 '神話'と日淸·日露』, 2001

▶ 吉野誠, 『明治維新と征韓論』, 2002

▶ 岩波書店(編), 『(岩波講座)日本歷史』, 1976

▶ 日本近代史硏究會(編), 『(圖說)國民の歷史』, 1964

▶ 松本健一, 『開國·維新』(日本の近代 시리즈 제1권), 1998

▶ 坂本多加雄, 『明治國家の建設』(日本の近代 시리즈 제2권), 1999

▶ 有馬學, 『「國際化」の中の帝國日本』, 1999

▶ 角田房子(著) ; 김은숙(譯), 『閔妃暗殺』, 1988

▶ 이태영, 『차라리 민비를 변호함』, 1981

▶ 本山幸彦, 『明治國家の教育思想』, 1998

▶ 田村貞雄, 『形成期の明治國家』, 2001

▶ 渡邊隆喜, 『明治國家形成と地方自治』, 2001

▶ 박득준(編) ; 송상진(譯), 『日本帝國主義の朝鮮侵略史』, 2004

▶ 海野福壽, 『伊藤博文と韓國倂合』, 2004
　　　　　　　『日韓協約と韓國倂合』, 1995

▶ 장용걸, 『정한론과 조선인식』, 2004

▶ 이현희, 『정한론의 배경과 영향』, 2006

▶ 佐々木 隆, 明治人の力量, 2010

▶ 鈴木 淳, 維新の構想と展開, 2010

▶ 西川 誠, 明治天皇の大日本帝國, 2002